广州铁路职业技术学院资助出版
城市轨道交通机电技术系列规划教材

城市轨道交通工程车辆

主 编 刘庆才 陈淑荣

西南交通大学出版社
·成都·

图书在版编目（CIP）数据

城市轨道交通工程车辆 / 刘庆才，陈淑荣主编. —成都：西南交通大学出版社，2018.5
城市轨道交通机电技术系列规划教材
ISBN 978-7-5643-6192-1

Ⅰ.①城… Ⅱ.①刘… ②陈… Ⅲ.①城市铁路－铁路工程－工程车－职业教育－教材 Ⅳ.①U239.5

中国版本图书馆 CIP 数据核字（2018）第 108250 号

城市轨道交通机电技术系列规划教材

城市轨道交通工程车辆

主编 刘庆才 陈淑荣

责任编辑	张文越
封面设计	何东琳设计工作室
出版发行	西南交通大学出版社 （四川省成都市二环路北一段 111 号 西南交通大学创新大厦 21 楼）
发行部电话	028-87600564　028-87600533
邮政编码	610031
网址	http://www.xnjdcbs.com
印刷	四川森林印务有限责任公司
成品尺寸	185 mm×260 mm
印张	18.75
字数	467 千
版次	2018 年 5 月第 1 版
印次	2018 年 5 月第 1 次
书号	ISBN 978-7-5643-6192-1
定价	48.00 元

课件咨询电话：028-87600533
图书如有印装质量问题　本社负责退换
版权所有　盗版必究　举报电话：028-87600562

前 言

随着国内轨道交通行业的快速发展，各大城市已经和即将建成大量的地铁线路，为了适应地铁日常检修需要，城市轨道交通工程车辆作为地铁车辆段的标准配备也越来越多。因为城市轨道交通工程车辆种类较多，车型各异，给现场维护人员的维护管理带来较大困难，也对轨道交通类院校相关人才培养提出了比较高的要求。因为轨道工程车辆不像地铁车辆那样装备数量多，因此没有吸引到很多教师的过多关注，公开出版且适合高职院校使用的教材少之又少，这增加了职业技能人才培养的难度。

广州铁路职业技术学院机电设备维修与管理专业主要面向轨道交通行业车站和车辆修造厂培养人才，因此开设了与工程车辆相关的课程，但一直缺乏满意的相关教材。为了解决上述问题，促进城市轨道交通工程车辆维护管理人才的培养，满足专业教学要求，在以往为有关企业开设轨道工程车辆订单班的基础上，筹划编写了本书。全书由刘庆才、陈淑荣担任主编。在本书编写过程中，编者得到了广州铁路职业技术学院教务处唐湘桃副教授等领导的大力支持和帮助；此外，深圳地铁的陈宇、崔红军，广州地铁的陈星云，中车集团的桂诺，广州铁路职业技术学院的陈选民、邹伟全、万学春、亓晓彬等领导和同事对本书的编写提出了许多宝贵意见和建议，在此一并表示感谢。

本书介绍了城市轨道交通车辆段常用的内燃机车、接触网检测车、接触网检修作业车、接触网检修辅助作业车、轨道检测车、隧道清洗车、公铁两用车、平板车、工程车制动系统的结构原理、使用、保养维护等内容，适合国内职业院校轨道交通相关专业工程车辆原理和检修教学，也可用于轨道交通行业企业员工培训和现场工程技术人员学习使用。

本书出版得到了广州铁路职业技术学院机电设备维修与管理专业广东省品牌专业建设项目和广东省现代学徒制试点项目资助，特此说明。

限于时间和编者水平有限，书中难免存在疏漏和不妥之处，希望广大读者不吝指出，以便再版修正。

编　者

2018 年 3 月于广州

目 录

第一章 城市轨道交通工程车辆综述 ………………………………… 1
- 第一节 城市轨道交通工程车辆类别 …………………………… 1
- 第二节 工程车辆的基本结构 …………………………………… 2

第二章 内燃机车 ………………………………………………………… 21
- 第一节 机车总体 ………………………………………………… 21
- 第二节 机车柴油机辅助传动系统 ……………………………… 28
- 第三节 机车液力传动装置 ……………………………………… 34
- 第四节 机车传动系统 …………………………………………… 43
- 第五节 机车传动系统使用及维护 ……………………………… 47
- 第六节 机车转向架 ……………………………………………… 54
- 第七节 机车制动系统 …………………………………………… 64
- 第八节 机车车体 ………………………………………………… 68
- 第九节 机车电气控制系统 ……………………………………… 71

第三章 接触网检测车 …………………………………………………… 93
- 第一节 接触网检测车结构 ……………………………………… 93
- 第二节 接触网检测车主要系统 ………………………………… 104
- 第三节 接触网检测车操作 ……………………………………… 115
- 第四节 接触网检测车维护保养 ………………………………… 122

第四章 轨道检测车 ……………………………………………………… 134
- 第一节 轨道检测车功能及技术参数 …………………………… 134
- 第二节 轨道检测车主要结构及保养 …………………………… 136
- 第三节 轨道检测车维护保养 …………………………………… 147

第五章 接触网检修作业车 ……………………………………………… 151
- 第一节 接触网检修作业车 ……………………………………… 151
- 第二节 接触网作业车电气系统 ………………………………… 163
- 第三节 接触网作业车保养 ……………………………………… 177

第六章　接触网检修辅助作业车 ··· 180
第一节　接触网检修辅助作业车功能和参数 ··· 180
第二节　辅助作业车结构及维护保养 ··· 181
第三节　电气系统及维护 ··· 184
第四节　接触网辅助作业车放线装置 ··· 191

第七章　隧道清洗车 ··· 194
第一节　隧道清洗车功能参数 ··· 194
第二节　隧道清洗车结构组成 ··· 195

第八章　公铁两用车 ··· 202
第一节　公铁两用车功能和参数 ··· 202
第二节　公铁两用车结构原理与维护 ··· 202

第九章　平板车 ··· 206
第一节　平板车结构 ··· 206
第二节　平板车维修 ··· 209

第十章　工程车制动系统 ··· 216
第一节　JZ-7 型空气制动系统原理 ··· 216
第二节　H6 型空气制动系统原理 ··· 267
第三节　104 型空气制动系统原理 ··· 278
第四节　120 型空气制动系统原理 ··· 283

参考文献 ··· 293

第一章　城市轨道交通工程车辆综述

第一节　城市轨道交通工程车辆类别

一、工程车辆的分类

工程车辆是保证地铁安全运营不可或缺的设备，担负着紧急救援、调车作业、供电设备和线路维修、线路和接触网检测、钢轨打磨修复等工作。

按照车辆有无动力，工程车辆可分为有动力工程车辆和无动力工程车辆。

按照其具有的功能和担负的主要任务，工程车辆分为内燃机车、网轨检测车、钢轨打磨车、隧道清洗车、接触网作业车、携吊平车、平板车、公铁两用车等。

二、工程车辆的特点

1. 工程车辆的基本特点

工程车辆是地铁车辆段的重要配属设备，因而工程车辆有其独有的特点：

（1）工程车辆种类繁多，功能各异，有内燃机车、网轨检测车、钢轨打磨车、隧道清洗车、接触网作业车、携吊平车、平板车、公铁两用车等。

（2）由于工程车辆主要用于车辆段与综合基地、区间、车站、隧道的接触网、轨道等的维护维修，因此车内设置座位数量少，服务性设施设备简单。

（3）由于城市轨道的设备维护大多安排在夜间，因此对工程车辆的隔音和降噪有严格要求，以最大限度地降低噪声对乘客和沿线居民的影响。

（4）作为城市轨道交通的组成部分，工程车辆的外观造型和色彩必须考虑城市文化、环境美化，与城市景观相协调。

2. 工程车辆的功能特点

1）内燃机车

内燃机车主要用于车辆段与综合基地内地铁列车调车作业的牵引，区间、车站、隧道的事故列车的救援牵引，设备、物资的运输车辆及其他无动力轨道车辆的牵引作业，以及为其他无动力轨道车辆提供作业电源，该车各项功能满足地铁车辆段与综合基地场内的各项作业要求。

2）网轨检测车

网轨检测车是连挂在内燃机车或其他轨道工程车辆后部进行轨道、限界、接触网检测的车辆。网轨检测车主要由车辆、轨道检测系统、接触网检测系统、限界检测系统等部分组成。

车辆内、外部安装有轨检、网检设备及其附件。车辆本身不设走行动力，由动力机车牵引运行。车辆内部设轨道检测间、接触网检测间、会议室、副驾驶室，各间能相互独立使用，主要用于接触网、轨道、隧道限界参数等检测、处理和传输，并为其他项目检测设备预留接口。

3）钢轨打磨车

钢轨打磨车主要用于对钢轨的波浪磨耗和轨廓变形进行打磨修正，从而提高车辆运行的稳定性，减少车辆的冲击载荷，延长车辆和钢轨等设备的使用寿命，确保运行安全。

4）隧道清洗车

隧道清洗车是采用吹扫、吸尘、高压水洗或单独水洗等方式对地铁线路轨道、道床、接触网绝缘子和隧道壁进行全截面清洁作业，从而保证地铁线路有清洁和安全的行车环境。

5）接触网作业车

接触网作业车是专为地铁电气化铁路接触网施工用的专用车辆，该车无动力，作业时与接触网架线作业车连挂，组成作业车组。接触网作业车主要用于接触网导线和承力索的架设、日常维护和事故抢险。

6）携吊平车

携吊平车是在内燃机车或轨道车牵引下吊装运输线路施工、检修或救援用的物资、器材、设备的车辆。

7）平板车

平板车是主要用于工务、通信信号、工程部门的轻便运输车辆。一般，平板车需要由内燃机车牵引。

8）公铁两用车

公铁两用车是在标准轨距线路上牵引一列或一辆电动客车作地面调车运行，铁路作业完成后即可在铁路与道路交叉的道口处下道，在公路上行驶，转线作业可不经道岔，调头时无需转盘或三角线，使调车作业方便、灵活、省时；也可作为车辆上下移车台的牵引设备。

第二节　工程车辆的基本结构

一、工程车辆的基本构造

除网轨检测车、隧道清洗车、放线车、平板车没有动力外，其余工程车辆的基本构造包括发动机、传动装置、车体和车架、走行部、制动系统、电气系统及辅助装置七大部分，为讨论方便，以下简称此类车辆为机车。

（1）发动机是机车的动力装置，其作用是将燃料的化学能转变为机械能。机车主要采用的是柴油机，即利用柴油燃烧时所产生的燃气直接推动活塞做功。

（2）传动装置的作用是将发动机的机械能传给走行部分，力求发动机的功率得到充分发挥，并形成乘务人员的工作场所。

（3）走行部（转向架）的作用是承受机车的上部质量，将传动装置传递来的功率转换为机车的牵引力和速度，保证机车运行平稳和安全。

（4）制动系统的主要作用是机车遇到紧急情况需要降低速度，或者进站需要停车时产生制动力，使机车减速或停车。

（5）电气系统的功能是通过各种电器元件实现机车启动、调速、充电、照明等，保证机车各系统正常运行。

（6）辅助装置的作用是保证发动机、传动装置和走行部的正常工作和可靠运行。辅助装置包括燃油供给系统、冷却水系统、机油系统、空调系统、液压系统等，此外还有信号装置、灭火器以及随车工具等。

二、工程车辆的牵引

1. 影响机车运行的力

作为牵引动力机车，影响机车运行的力主要有 3 种：

（1）机车牵引力，使机车运动并可以控制的外力。

（2）列车阻力，在运动中产生的与列车运行方向相反的不可控制的力。列车阻力包括机车阻力和车辆阻力。

（3）制动力，与列车运行方向相反的使机车减速或停止的可控制的外力。

以上 3 种力在一般情况下不同时存在。在牵引工况下，牵引力和阻力同时存在；惰行工况下，只有阻力存在；在制动工况下，制动力和阻力同时存在。

2. 牵引力

1）牵引力的形成

柴油机产生的扭矩通过输出轴、传动装置使车轮获得扭矩 W，如果机车被调离钢轨，则扭矩作为内力矩，只能使车轮发生旋转运动，而不能使机车发生平移运动。当机车置于钢轨上使车轮和钢轨成为有压力的接触时，就产生车轮作用可以控制的力 F，F 所引起的钢轨作用于车轮的反作用力 F_1 就是使机车发生运行的外力。这种由钢轨沿机车运行方向加于动轮轮周的切向外力就是机车轮周牵引力，简称机车牵引力。

2）黏着定律

轮周牵引力是钢轨对动轮的反作用力，所以它的大小随着作用在动轮上的力矩 M 的大小变化，并由司机改变主控制器手柄来实现。当力 F 增大时，反作用力 F_1 同样随之增大，这时动轮上的接触点与钢轨上的接触点没有相对滑动。车轮与钢轨间的黏着力 $F_{黏}$ 的极限接近于轮轨间的摩擦力，即一个动轮黏着力的最大值。

$$F_{黏\,max} = W_{min} \cdot Q \tag{1-1}$$

式中　$F_{黏\,max}$——由轮轨间的黏着条件决定的黏着力，N；

W_{min}——轮轨间的最大物理黏着系数（接近静摩擦系数）；

Q——动轮荷重，kN。

3）黏着系数

物理黏着系数 W 由多种因素决定，它在一定的范围内变化。当车轮在钢轨上滚动时，W_{min} 接近于静摩擦系数。W_{min} 值与轮荷重、线路刚度、机车传动装置和走行部的结构、轮箱和钢轨的材质及其表面状态、车速等因素有关。在干钢轨上撒上一层细石英砂，W_{min} 值可高达0.6，而一般干钢轨的 W_{min} 值为 0.3~0.5。轨面上有一层微观薄油膜，将使该值减少，甚至可能小到 0.15 以下。车轮荷重不同，则凹凸不平的轮轨接触面的变形（弹性变形和塑性变形）也不同，使 W_{min} 值也发生变化，最大黏着系数作为物理值具有随机性，变化范围很大，而且影响因素很多，所以很难准确计算。

黏着系数的确定一般都是根据大量实验，将实验结果用于统计方法整理成经验公式用作计算的依据。由经验公式计算求得的黏着系数称为计算黏着系数，用 $W_{计}$ 表示。

我国目前内燃机车常用的计算黏着系数公式为

$$W_{计} = 0.25 + 8/(10 + 20v) \tag{1-2}$$

式中　v——机车运行速度，km/h。

这个计算黏着系数在正常条件下不需要撒砂就能实现。在恶劣条件下，通过撒砂也能基本实现。

在曲线半径 $R = 300 ~ 600$ m 的曲线上，计算黏着系数有所下降，可用式（1-3）计算：

$$W = W_{计}(0.67 + 0.005R) \tag{1-3}$$

式中　W——曲线上的计算黏着系数；

　　　R——曲线半径，m。

近年来，由于科学技术的发展，特别是电力牵引的发展，牵引力和制动力都逐渐增大，轮轨间的黏着已成为限制增大牵引力和制动力的关键问题。

目前，提高黏着系数的措施，除了减少轴重转移、减少簧下质量、撒砂以及轮对在构架内的定位刚度不过大外，还采用对轨面进行化学处理。

3. 阻　力

机车在牵引过程中需要克服列车阻力。

列车阻力包括机车阻力和车辆阻力两部分。根据引起阻力的原因，阻力可分为基本阻力和附加阻力两类。

1）基本阻力

基本阻力在列车运行中总是存在。由于列车在平直道上运行时一般只有基本阻力，所以基本阻力常称为平直道上的阻力。基本阻力是由列车内部之间和列车外部之间相互摩擦或冲击产生的。机车或列车在各种工况下都有基本阻力存在。引起基本阻力的主要因素有：

① 滚动轴承的滚动摩擦或滑动轴承的滑动摩擦。

② 车轮与钢轨间的滚动摩擦和滑动摩擦。

③ 冲击和振动引起的阻力。

④ 冲击阻力。

机车车轮的基本阻力与车轮的构造有关。

2）附加阻力

附加阻力只发生在特定情况下，如列车在坡道上运行时，有坡道阻力；在曲线上运行时，有曲线阻力；列车起动时，有起动附加阻力，等等。

坡道阻力是列车进入坡道后，列车重力产生的沿坡道斜面的分力。

曲线阻力是列车通过曲线时增加的阻力。引起曲线阻力的原因有：

① 车轮对于钢轨的横向及纵向滑动。
② 轮缘与钢轨内侧的摩擦。
③ 滚动轴承的轴端摩擦或滑动轴承的轴瓦轴颈的摩擦。
④ 车辆心盘及旁承因转向架的回转而发生的摩擦。

曲线阻力与许多因素有关，如曲线半径、运行速度、外轨超高、车重、轴距、轮面的磨耗程度等。

3）隧道空气附加阻力

列车进入隧道后，使隧道的空气产生阻塞现象。由于列车进入隧道，使空气流动的截面面积减少，因而空气流动的速度升高，以及列车头部的空气被压缩和尾部的空气被稀释的情况比隧道外加剧，所以使得作用在列车上的空气阻力增大。这种增加的空气阻力称为隧道空气附加阻力。

列车的隧道空气阻力与许多因素有关，如隧道内的运行速度、列车长度、列车进风面积、隧道长度、隧道净空面积、隧道洞门形状、列车头部和尾部形状等。

4）起动阻力

列车停车后，轮载使轨面下沉，轴颈轴承间有油膜破坏，油的黏度因油温下降而显著增大（特别是在低温情况下），以致重新起动时的阻力远大于基本阻力。这种因车辆停留而增加的阻力称为起动阻力。起动阻力的大小与起动停留时间、外界温度、轴重润滑油种类、轴承种类及车辆走行部分的状态有关。

列车阻力随所处环境的不同而变化，也与机车车辆的结构设计、保养质量以及减振材料等有关。影响阻力的因素极为复杂，变化也很大，很难进行理论推算。因此，在实际计算中阻力数值都是结合具体情况从多次试验中找到一般平均值。

4. 制动力

机车车辆进行速度调整控制或者停车时，需要施加制动。机车车辆的制动力主要由空气制动装置产生。一般，制动是通过空气制动系统，使闸瓦压紧轮对产生制动力。当列车在长大坡道上运行时，电力机车或者电传动的内燃机车还采用电阻制动，部分液力传动的内燃机车采用液力制动，以减少闸瓦磨耗。

在制动工况时，列车依靠惯性惰行，现以一个轮对为分离体来讨论闸瓦压紧轮对产生的制动力。轮对以 ω 的角速度在轨面惯性滚动，车辆以线速度 v 惰行，设一块闸瓦压力为 K，一个轮对的闸瓦压力为 $2K$，车轮与闸瓦间的摩擦系数为 f，产生摩擦力 $2Kf$。该摩擦力仍为轮对系数的一个内力，不能对其位移产生影响，但由于 $2Kf$ 以及车轮在钢轨上黏着状态的存在，使得车轮对钢轨有一个作用力 F，因而引起钢轨对车轮的反作用力 $F_反$，这个外力 $F_反$ 就是一个车轮的制动力。

机车或列车运行时，增大制动力可以缩短制动距离，提高行车的安全性。但是，也和机车的牵引力一样，必须遵守黏着定律，不能无限制地增大制动力。

三、工程车辆的牵引性能

1. 内燃机车的功率

内燃机车的功率一般是指机车柴油机的功率。

柴油机的功率有小时功率、持续功率及装车功率之分，三者的概念如下：

1）持续功率

在指定的环境下（按国际标准，气压100 kPa和气温300 K），在正常修理周期内，柴油机能够持续发出的最大功率。

2）小时功率

在和持续功率同样的环境下，紧接着持续功率工作后，柴油机允许连续运转1 h所发出的最大功率，在这样的运转情况下，柴油机的零部件的热负荷（即活塞、活塞环和缸套的温度）和机械负荷（运动件的机械应力）均须在允许值内，小时功率一般为持续功率的110%。

3）装车功率

装车功率也称最大运用功率，是在正常修理周期内，由环境状况和使用条件决定的柴油机最大有效功率。

环境状况和使用条件的变化对柴油机工作有很大影响。气温和海拔高度的增加均会导致柴油机功率的下降。柴油机因其用途不同，负荷状况不同，故装机功率也不同。

在标定以上功率时，首先考虑柴油机的质量，因为质量是柴油机出力大小、工作可靠和使用寿命的根本保证。在同样的质量下，柴油机功率定得大，其工作可靠性和工作寿命就会相应降低，只有通过持续的试验，并对实际运用情况和结果作系统的调查研究，在切实掌握所生产的柴油机质量的基础上，才能比较正确地标定以上各功率。

2. 机车理想牵引特性

机车的司机手柄有若干挡位，或者有柴油机转速控制手柄，每一挡位（或者手柄每个位置）对应某一转速和某一功率。当司机手柄在最高位置，那么柴油机就会运行在全功率，为了保证柴油机的功率在不同的机车转速下充分发挥，牵引力应该按一定功率变化。

根据公式：

$$F_K \cdot v = 3\,600 N_{辅} \cdot N_{传} \cdot N_e \quad (1\text{-}4)$$

式中　F_K——机车轮周牵引力，N；

N_e——柴油机输出功率，kW；

$N_{辅}$——考虑驱动辅助装置消耗功率的系数；

$N_{传}$——传动装置效率。

当 N_e、$N_{辅}$、$N_{传}$ 等一定时，$F_K v =$ 常数，就是机车轮周牵引力 F_K 与机车速度 v 成反比关系，该关系曲线为一双曲线，这个曲线称为等功率曲线。低速时，牵引力大，随着速度的增加，牵引力逐渐降低，这称为机车理想牵引特性。机车设置传动装置就是使论证的牵引力与速度的关系接近于理想牵引特性，从而使柴油机功率得到充分发挥。

在高速工况下，速度受到最大运用速度 v_{max} 的限制；在低速工况下，牵引力受到机车黏着的限制，根据轮轨的黏着条件（不发生空转），机车可能实现的最大论证牵引力 F_{max} 不能大于机车的最大黏着牵引力 $F_{黏\,max}$。

$$F_{K\,max} \leq F_{黏\,max} \quad (1\text{-}5)$$

$$F_{黏\,max} = 1\,000 P W_{max}\,(\text{N}) \quad (1\text{-}6)$$

式中　P——机车质量，kN；

W_{max}——机车最大物理黏着系数。

四、内燃机车的特征速度和特征牵引力

1. 机车的 3 个特征速度

1) 机车的最大运用速度

机车的最大运用速度 v_{max} 是设计机车给定的最大速度,根据这个速度确定传动装置、走行部等结构和参数,校验曲线通过以及选用制动方式等。

机车最大运用速度的确定是个比较复杂的问题,并由多种因素决定。按照任务的不同对机车的最大运用速度有不同的要求:线路允许的最大速度,如通过曲线的限制速度;机车制动能力所允许的最高速度等。

机车的最大运用速度就是在综合考虑上述因素以及运行品质、强度等因素后确定的,机车的试验速度一般要求比最大运用速度大 10 km/h。

2) 机车计算速度

机车牵引规定质量的车列通过计算(限制)坡道的最低运行速度称为机车计算速度 $v_{计}$。或者说,用以计算机车牵引质量的速度称为机车计算速度。

3) 机车持续速度

机车持续速度 $v_{持}$ 是指机车在全功率工况下,其冷却装置的能力所能允许的持续最低速度。

对液力传动内燃机车来说,在持续速度 $v_{持}$ 下,液力工作油的油温允许接近平均值。因此,液力传动机车的持续速度是由冷却液力工作油的能力决定的。在实际运用中,要求机车的最低持续运行速度不低于 $v_{持}$,总之,冷却液力工作油的能力是 $v_{持}$ 的决定因素。

2. 内燃机车的 3 个特征牵引力

内燃机车的 3 个特征牵引力是指起动牵引力、计算牵引力和持续牵引力。

1) 起动牵引力

机车起动时所能发出的最大牵引力称为起动牵引力。

根据统计资料,对于成组驱动的机车,可取

$$F_{起} = 0.33P \tag{1-7}$$

式中 $F_{起}$——起动牵引力,kN;
     P——机车质量,kN。

2) 计算牵引力

在全功率工况下,对应机车的计算速度 $v_{计}$ 下的牵引力称为计算牵引力 $F_{计}$。计算牵引力受计算速度的机车黏着的限制。根据实验,对于成组的动力机车,可取

$$F = 0.23P \text{(kN)} \tag{1-8}$$

3) 持续牵引力

机车在全功率工况下运行时,对应持续速度的牵引力称为持续牵引力。

五、工程车辆的限界要求

为保证地铁的运营安全,一切建筑物、设备设施在任何情况下均不得侵入地铁的建筑限

界。与机车、车辆直接相互作用的设备，在使用中不得超过规定的侵入范围。

地铁线路在设计时已经规定了相应建筑物的接近限界和机车车辆限界，并根据要求制订了限界图和限界门。地铁工程车设计要求必须满足车辆的限界要求，工程车到达地铁线路后要过相应的限界门检验后，才能在相应的车辆段和正线上运行。

投入使用后的工程车，如需进行改造，必须符合车辆限界的要求，在不能确定的情况下，须重新进行限界门检测，不符合要求的必须整改合格后才能上线运用。在检修和运用中，要加强工程车侧门、走行部的紧固检查，防止因侧门打开、部件松脱而造成侵界从而引发行车事故。

六、工程车辆的车体和车架

机车车体的作用在于保护机车上的机器设备不受雨、雪、风、沙的侵袭，并通过隔音、隔热改善乘务人员的工作条件。

车体底架是机车各种设备如柴油机、传动装置及车体的安装基础，同时又承受和传递垂向力、纵向力、横向力。因此，要求底架在铅垂面和水平面内具有足够的强度和刚度，以保证安装在它上面的各种设备和部件的工作安全可靠。

车体分非承载式车体和承载式车体两种。非承载式车体不必进行特殊设计，只要求能保证其本身工作可靠所必需的强度和刚度即可。承载式车体，即车体及车架作为一个整体结合在一起，成为一个完整的、具有足够强度和刚度的、能更好地承受各种方向的力的承载体系。

1. 非承载式车体及车架

1）非承载式车体

按车体外形分，非承载式车体分罩式（外走道式）和棚式（内走道式）两种。

（1）罩式车体。

罩式车体外形矮小，动力室、冷却室内不能通行，司机室布置在机车的一端或中部，当工作人员检查机器设备时，必须打开车体侧面的门。西安地铁的JW0201、JW0202就是罩式车体。

（2）棚式车体。

棚式车体外形高大，其内部除安放柴油机、传动装置外，还有供工作人员通行的走道，以便在运行中随时进行设备检查和排除临时发生的故障。这种车体的司机室布置在车体的一端或两端。西安地铁的GD0201、GD0202、GD0203就是棚式车体。车体由外表面和骨架组成，在外表面和内壁之间填充隔音、隔热材料。

2）非承载式车架

非承载式车体的车架，一般为中梁承载式车架。中梁承载式车架一般包括中梁、侧梁、横梁、端梁、车钩牵引箱、上心盘、架车座等部分。中梁是车架的主要受力部件。例如GD0201车的主车架由左、右两根纵向中梁，前后牵引梁，中间横梁和外围板组成，具有足够的强度和刚度。

2. 承载式车体及车架

1）承载式车体

按结构形式的不同，承载式车体分为桁架式和框架式两种。

（1）桁架式侧壁承载车体。

桁架式侧壁承载车体一般由桁架、侧壁、斜杠、底架、车顶和司机室等部分组成。这种结构的优点是车体外壁不承受载荷，可以对焊接工艺要求低些。缺点是侧壁斜杠、侧壁开孔的大小和位置往往受到限制，同时也不能最大限度地减轻机车的质量。

（2）框架式承载车体。

框架式承载车体具有加强的立柱，由立柱、中间杠、上下弦杠构成框架，由框架和覆盖在其外面的钢板构成侧壁，承受全部载荷和纵向力。这种结构的优点是车体有增大的强度和刚度；侧壁开孔不受限制，能最大限度地减轻机车质量。缺点是对钢板和焊接工艺有较高要求。

2）承载式车体的底架

无论是桁架式侧壁承载车体，还是框架式承载车体，其车体底架一般都由箱形侧梁、牵引梁、横梁和纵梁组成。机车上设备的质量是通过底架结构而传到侧壁上去的。纵向力通过端部牵引梁而传到侧壁。

承载式车体的底架与非承载式车架相比较，承载式车体的底架没有两根贯穿车辆上的长粗工字梁，因而使车架高度降低，质量轻、节约钢材。一般大功率机车多采用框架式承载车体。

七、车钩及缓冲器

车钩及缓冲器是机车车辆的重要部件，它们的用途是：将机车与车辆连接成列车，在列车运行中传递牵引力，缓和及衰减在列车运行中由于牵引力变化和制动力前后不一致而引起的冲击和振动。因此它们具有连接、牵引和缓冲作用。

列车牵引时，机车牵引力经车架、车架上的缓冲铁、缓冲器、车钩尾框和尾销作用给车钩，冲击力（压缩力）与牵引力相反，经缓冲器传递给车架。总之，牵引力或冲击力都是经缓冲器传递的，所以在牵引或制动过程中产生的冲击力都可通过缓冲器得到缓冲和衰减，以提高机车车辆运行的平稳性。

1. 车　钩

车钩由钩体、钩舌、钩舌锁铁、钩锁、钩舌销和钩提组成。钩体、钩舌、钩舌锁铁由铸铁制成。地铁工程车一般使用13号车钩。

车钩的主要作用有：① 闭锁位置，为机车车辆连挂后的车钩状态，此时两钩抱合。② 开锁位置，是摘车时的位置。③ 全开位置，是准备连挂钩时的位置。

车钩能相对于车体上下左右略做移动，以适应机车车辆通过曲线和坡道。

2. 缓冲器

缓冲器用来减少机车车辆受到冲击时产生的作用力，以防止机车车辆损坏。缓冲器有板弹簧缓冲器和橡胶缓冲器两种。

八、工程车的走行部

走行部是支撑车体并担负机车、车辆沿着轨道走行的支撑走行装置。工程车辆走行部分为车架式走行部和转向架走行部。铁路发展的初期，世界各国大多采用将轮对安装于车体下面的二轴车上的车架式结构。

由于通过小半径曲线的需要，二轴车的轴距不能太大，另外，机车（车辆）的轴重、长度和容积均受到限制。如果把两个或多个轮对专用的构架（或侧架）连接，组成一个小车，称为转向架，车体坐落在两个转向架上，由于这种带转向架结构具有许多明显优势，因此现代大多数轨道机车（车辆）的走行装置都采用转向架结构形式。

为了改善车辆的运行品质，在走行部上设有弹簧减振装置和制动装置，为了便于通过曲线，一般在车体和转向架之间设有心盘或回转轴，转向架相对车体转动。

1. 车架式走行部

车架式走行部，相当于整个车架就是一个转向架。其结构包括轮对、轴箱。

（1）轮对：走行部的重要部件，是直接向钢轨传递机车质量，通过钢轨间的黏着产生牵引力或制动力，并通过轮对的回转实现机车在钢轨上的运行。轮对主要由车轴、车轮及驱动装置组成。

（2）轴箱：联系车架和轮对的活动环节，它除了保证轮对进行回转运动外，还能使轮对适应线路等条件，相对于车架上下、左右和前后活动，轴箱装在车轴两端座上，用来将全部簧上载荷包括铅垂方向的动载荷传递给车轴，并将来自轮对的牵引力或制动力传到车架上。轴箱有滚动轴承轴箱和滑动轴承轴箱之分。地铁工程车一般采用滑动轴承轴箱。

（3）弹簧装置：用来保证一定的轴重分配，缓和线路不平稳对机车的冲击并保证机车在垂向的运行平稳性。弹簧装置一般由弹簧（圆弹簧、板弹簧、橡胶簧）减振器组成。

两轴车的轴箱分别通过弹簧装置和轴箱拉杆直接连接到车架上，其他驱动机构、基础制动装置与有转向架的机车基本相同。

2. 转向架

1）转向架的功能与结构

大多数机车的走行部采用转向架机构。转向架如图1-1、图1-2所示，其任务是：

① 承受车架以上各部分的质量，包括车体、车架、动力装置以及辅助装置等。

② 保证必要的黏着，并把轮轨接触处产生的轮周牵引力传递给车架车钩，牵引列车前进；缓和线路不平顺对机车的冲击和保证机车具有较好的运行平稳性。

③ 保证机车顺利通过曲线。

④ 产生必要的制动力，以便使机车在规定的制动距离内停车。

图1-1 转向架

图1-2 转向架

2）转向架的主要组成部分：
① 构架：转向架的骨架，承受和传递垂向力及水平力。
② 弹簧装置：用来保证一定的轴重分配，缓和线路不平稳对机车的冲击并保证机车在垂向的运行平稳性。

机车的弹簧装置一般由弹簧（圆弹簧、板弹簧、橡胶簧）、均衡梁、各连接件（杠件、销、垫片、螺帽等）和减振器组成。

设置在转向架与轴箱之间的弹簧装置是一系弹簧，设置在车体与转向架之间的是二系弹簧。采用两系弹簧悬挂，可减少弹簧装置的合成刚度，改善机车在铅垂方向的运行平稳性和减少机车对线路的作用力。

减振器不仅可以装在铅垂方向，也可装在水平方向。减振器有摩擦减振器和液压减振器两种，其中液压减振器主要是利用液体黏滞阻力做负功来吸收振动能量，地铁工程车一般采用液压减振器。

③ 车体与转向架的连接装置：用以传递车体与转向架间的垂向力及水平力（纵向力如牵引力或制动力，横向力如通过曲线的车体未平衡离心力等），使转向架式机车通过曲线时能相对于车体回转，它既是承载装置，又是活动关节。

④ 轮对和轴箱：轮对直接向钢轨传递机车质量，通过轮轨间的黏着产生牵引力和制动力，并通过轮对的回转实现机车在钢轨上的运行。轴箱是联系构架和轮对的活动环节，它除了保证轮对进行回转运动外，还能使轮对适应线路等条件，相对于构架上下、左右和前后活动。

地铁工程车一般采用滚动轴承轴箱。

⑤ 驱动机构：将机车动力装置的功率最后传递给轮对。机械、液力传动内燃机的驱动机构由万向轴、车轴齿轮箱等组成。电传动内燃机车的驱动机构由牵引电机、车轴齿轮箱组成。

万向轴由法兰盘、花键套、花键轴、十字头组、轴承盖等组成。

车轴齿轮箱结构有单级车轴齿轮箱、两级车轴齿轮箱两种。单级车轴齿轮箱只有一对锥齿轮。它的优点是结构简单、质量轻；缺点是减速比不大。两级车轴齿轮箱由一对锥齿轮及一对圆柱齿轮构成。它的优点是减速比比较大，缺点是结构复杂。

⑥ 基础制动装置：由制动缸传来的力，经杠杆系统增大若干倍，传递给闸瓦，使其压紧车轮，对机车进行制动。

3）转向架的分类

转向架的形式有多种多样，其主要区别在于：转向架的轴数和类型、弹簧悬挂系统的结构与参数、轴箱定位方式、垂向载荷的传递方式、轮对支撑方式、制动装置的安装类型等多方面。机车的转向架主要按照转向架的轴数、弹簧悬挂方式、轴箱定位方式等分类。

（1）按转向架的轴数分类。

按轴数分类，转向架有二轴、三轴和多轴。西安地铁的内燃机车、网轨检测车等就是二轴转向架，铁路客货运主型东风 DF_4 内燃机车、韶山 SS 型电力机车的转向架就是三轴转向架。国外大功率机车还有四轴转向架，如美国的 DD-35 型内燃机车的转向架就是四轴转向架。

转向架的轴数一般是根据机车或车辆总重和每根车轴的允许轴重确定的，例如，某机车有两根三轴转向架，转向架的每根允许轴重为 25 t，因此，其最大质量（自重与载重之和）不能超过 150 t（$6 \times 25 = 150$）。

（2）按照弹簧装置的悬挂方式分类。

转向架按照弹簧悬挂方式分为一系弹簧悬挂转向架和二系弹簧悬挂转向架。

① 一系弹簧悬挂转向架：在采用一系弹簧悬挂的车辆上，在车体至轮对之间，只设有一系弹簧悬挂减振装置。所谓"一系"，就是指车体的振动只经过一次（空间三维方向均包括）弹簧减振装置实施减振。该装置在转向架中设置的位置，有的是设在车体（摇枕）与构架之间，有的是设在构架与轮对轴箱之间。采用一系弹簧悬挂，转向架构造比较简单，便于检修、构造，成本比较低。一般一系弹簧转向架多用于低、中速机车。

② 二系弹簧悬挂转向架：在采用二系弹簧悬挂的车辆上，在车体至轮对之间，设有二系弹簧悬挂装置。在转向架中同时有摇枕弹簧减振装置和轴箱减振装置，使车体的振动经历二次弹簧减振装置衰减。

显而易见，二系悬挂的转向架结构比较复杂，采用的零部件数目明显增多，但由于它是先后两次充分利用从车体底架至轮对之间的有限空间，具有较大的弹簧装置总静扰度，并对摇枕圆管和轴箱悬挂分别选择各自的阻尼及刚度，确定适宜的扰度，明显地改善了车辆的运行品质。所以，二系悬挂多用在高速机车上。

另外，多系悬挂转向架，因其结构过分复杂，而且只要设计合理，二系悬挂装置已能满足车辆运行平稳性要求，因此，多系悬挂很少使用。

除了以上分类方式外，还可按机车车速进行分类，如转向架可分为高速转向架（车速在 200 km/h 及以上）、快速转向架（车速为 140~200 km/h）和普通转向架（车速在 140 km/h 以下）。

九、弹簧与减振器

机车的弹簧装置一般由弹簧（圆弹簧、板弹簧、橡胶簧）、均衡梁、各连接件（销、垫片、螺母等）和减振器组成。

弹簧装置有两个作用：一是给机车各轴以一定的质量分配，并使所分配的质量在车轮行经不平线路时不致发生显著变化；二是当机车车轮行经不平稳处或车轮不圆而发生冲击时，弹簧装置可缓和其对机车的冲击。

1. 机车常用的弹簧

1）圆弹簧

圆弹簧一般安装在转向架构架和轴箱之间作为一系弹簧，这种弹簧比较轻，静扰度小，工作灵敏，但无减振能力，可与减振器配合使用。

有时圆弹簧的尺寸受到安装处所的位置限制或者簧条太粗，为了利用弹簧内部空间，往往采用双圈圆弹簧，甚至三圈圆弹簧来代替单圈圆弹簧。为了防止因振动而导致内外圈卡死，两圈弹簧的螺旋方向应相反，地铁绝大多数工程车辆使用的就是这种弹簧。

2）橡胶弹簧

橡胶弹簧一般安装在车体与转向架之间作为二系弹簧，这种弹簧减振性能好，特别是能吸收高频振动的能力；并且质量轻，不存在突然折损的可能，使用中不需经常检查。

2. 液压减振器

现代机车上，广泛采用圆弹簧与减振器相结合的形式，既达到能衰减振动，又能保持弹簧装置工作灵活的目的。减振器不仅安装在铅垂方向，也可安装在水平方向，减振器有摩擦减振器和液压减振器两种。

1）摩擦减振器

摩擦减振器是借摩擦面的相对滑动产生阻尼的减振器。摩擦减振器结构简单，成本低，制造维修比较方便，缺点是摩擦力随表面状态的改变而变化，摩擦力与振动速度基本无关，所以可能出现低速时阻尼过大，影响弹簧的灵敏度，较高速度下出现阻尼不足，振幅过大现象。

2）液压减振器

液压减振器主要是利用液体黏滞阻力做负功来吸收振动能量。液压减振器的优点在于它的阻力是振动速度的函数，因此它有较好的减振性能，得到广泛应用。地铁工程车多采用液压减振器。

十、车体与转向架的连接装置

车体与转向架的连接装置的作用是：保证机车的质量、纵向力（牵引力及制动力）、横向力的正常传递，轴重的均匀分配和车体在转向架上的安定；允许转向架在机车进出曲线时能相对于车体回转运动。因此，它既是承载装置，又是活动关节。

车体与转向架之间的连接装置有多种类型，普遍使用的有两类：一类为有心盘（或牵引销）和旁承的结构；另一类为有牵引杆装置和旁承相结合的结构。地铁工程车辆一般采用有心盘（或牵引销）和旁承的结构。

1. 有心盘（或牵引销）和旁承的连接装置

在车体与转向架之间的连接装置中，心盘（或牵引销）只传递纵向力和横向力，车体质量全部由旁承传递。旁承可以是弹性的，也可以是刚性的，根据设计要求的不同，一个转向架上可以设置两个旁承，也可以设置4个旁承。

深圳地铁内燃机车就是这种连接装置，转向架与车体的连接有牵引销和4个旁承，牵引销只传递纵向力和横向力，并作为机车过曲线时，车体与转向架相对回转的中心，车体质量全部由4个旁承支撑，旁承在车体与转向架相对回转时，还起动摩擦副的作用。

2. 有牵引杆装置和旁承的连接装置

为了传递牵引力，使转向架相对于车体转动和横动，以及在转向架中部空间被其他部件占用的时候，在液力传动、电传动内燃机车上多采用杆件系统来代替心盘或牵引销的作用，这套杆件系统就叫牵引杆装置。

牵引杆机构的特点是转向架并没有固定的回转中心，而是在一个有限的范围内变动，并且允许车体相对于转向架横向移动。

十一、轴箱和轮对

轴箱是联系构架和轮对的活动关节，它除了保证轮对进行回转运动外，还能使轮对适应线路等条件，相对于构架上下、左右和前后摇动。轮对直接向钢轨传递机车质量，并通过钢轨间的黏着产生牵引力和制动力，通过轮对的回转实现机车在钢轨上的运行。

1. 轴　箱

轴箱如图1-3所示，装在车轴两端端颈上，用来将全部簧上载荷包括铅垂方向的动载荷传给车轴并将来自轮对的牵引力或制动力传动到构架上去，此外，它还传递轮对与构架间的横向及纵向作用力。

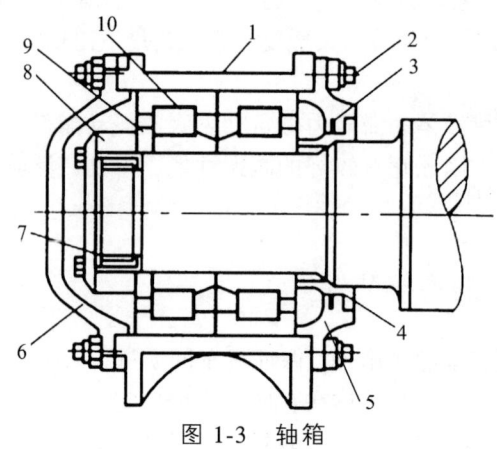

图1-3　轴箱

1—轴箱体；2—螺栓；3—密封图；4—防尘挡圈；5—轴箱后盖；6—轴箱前盖；
7—防松板；8—紧定螺母；9—挡圈；10—轴承

轴箱对构架而言是个活动关节，轴箱与构架的连接方式对机车的运行品质有很大影响，这一连接通常称为轴箱定位。轴箱定位应保证轴箱能够相对于转向架构架在弹簧振动方向做垂向运动，在机车通过曲线时还能少量横移。

轴箱定位一般分为导框定位、无导框定位和W形橡胶堆式定位3种形式。

1）导框式定位轴箱

一般结构上，导框是焊在构架侧壁上的一个铸钢件，轴箱上的导槽和构架上的导框相配合组成导框定位。

轴箱导框定位中，轴箱在导框内可上下移动，也可在规定的轴箱对构架的横动量范围内左右移动。考虑到机车振动、轴重分配不均等引起的弹簧变形可能使轴箱碰到侧梁或轴箱托板，轴箱顶至侧梁底面的距离和轴箱底部至轴箱托板的距离有一定要求。为了便于修理，在轴箱导框与轴箱相接触的摩擦面上，各装有耐磨的衬板。为了保证车轮经线路不平处时轴箱可作垂向运动而不被卡住，侧面衬板上、下部可做成倾斜面。在机车保养上应定期向轴箱与导框之间加润滑油。

2）无导框定位

无导框定位也称拉杆式定位，它是指轴箱用两根带有橡胶关节的轴箱拉杆与构架相连接，当轴箱上下跳动时，两个轴箱拉杆分别以构架拉杆的两个心轴为圆心做一定弧度的上下摆动。如果拉杆为纯刚性的，则轴箱中心的运动轨迹为一条曲线，即一方面上下跳动，一方面转动；但由于拉杆两端是橡胶关节，所以在实际上，轴箱中心运动的轨迹接近一条直线。

轴箱拉杆由拉杆体、长芯轴、短芯轴、橡胶套、橡胶垫、卡环及端盖组成。拉杆的两端通过长、短芯轴与轴箱拉杆座连接。

采用这种带有橡胶关节的轴箱拉杆定位方式，轴箱可依靠橡胶关节的径向、轴向及扭转弹性变形，实现各个方向的相对位移，使轮对与构架的联系成为弹性，适当增加它的横向刚度和纵向刚度，可以显著改善机车的运行平稳性。

这种无导框轴箱的优点是：轴箱与构架不需要润滑，也不存在磨损，轮对不能横向运动，有利于改善蛇形运动；轮对与构架的弹性连接具有缓和冲击、隔音的作用，轮对磨耗比导框定位的小，因此，无导框轴箱已在我国轻型机车上广泛采用。地铁的内燃机车就是这种拉杆式定位轴箱。

应该指出，采用拉杆定位的轴箱，轴箱相对于构架的上下位移，将受到拉杆轴套的约束，实际上就相当于在垂向加入了一个并联弹簧，因而使一系列弹簧悬挂的刚性增大。

3）V形橡胶堆式定位轴箱

采用这种V形橡胶堆式轴箱定位方式，V形橡胶堆支承构架质量起轴箱弹簧作用，还能传递纵向力及横向力，每一轴箱前后各装一个金属橡胶夹层弹簧，一端与车架固接，另一端与轴箱固接，此橡胶弹簧在垂向载荷作用下，橡胶受到剪切压缩变形。改变橡胶弹簧的安装角度，可以得到不同的垂向刚度和纵向刚度。

V形橡胶弹簧具有质量轻、结构简单、吸收高频振动、降噪等优点，但是弹性能力强的橡胶容易老化。地铁的网轨检测车就是这种V形弹簧定位轴箱。

2. 轮　对

轮对如图1-4所示，是机车走行部分最重要的部件之一，它由车轴和车轮组成。

图 1-4　轮对

轮对的主要作用是：机车全部质量通过轮对支承在钢轨上；通过轮对与钢轨的黏着力产生牵引力和制动力；通过轮对滚动使机车前进。此外，轮对在机车运行中的受载作用力比较复杂繁重，当车轮行经钢轨接头、道岔等线路不平顺处，轮对承受全部垂向和纵向的冲击。

轮对由一根车轴和两个相同的车轮组成。在车轴与车轴部位采用过盈配合，使两者牢固地结合在一起，为保证安全，绝对不允许有任何松动的现象发生。

因此，对车辆轮对的要求是：应有足够的强度，以保证在容许的最高速度和最大载荷下安全运行；应在强度足够和保证一定使用寿命的前提下，使其质量最小，并具有一定弹性，以减小轮轨之间的相互作用力；应能适应车辆直线运行，同时又能顺利通过曲线；还应具有必要的抗脱轨的安全性。

车轮的故障有踏面磨耗、轮缘磨耗、踏面擦伤与剥离、车轮裂纹等，它们直接威胁到行车安全，因此，必须加强检查，及时发现并妥善处理。

3. 车　轴

车轴如图 1-5 和 1-6 所示，是机车转向架中最重要的部件之一。铁路机车车辆的车轴绝大多数是圆截面心轴，它的质量好坏直接关系到运行的安全，所以在制造和维修中，必须严格要求。

图 1-5　车轴

图 1-6　车轴

由于车轴各部位受力状态不同及装配的需要不同，其直径也不一样。车轴分轴颈、轮座、轴身、防尘板座四部分。各部位作用如下：

（1）轴颈：用以安装滚动轴承（或安装滑动轴承的轴瓦），负担着车辆质量，并承载各方向的静、动载荷。

（2）轮座：车轴与车轮配合的部位。

（3）轴身：车轴中央部分，该部位受力较小。

（4）防尘板座：车轴与防尘板的配合部位，其直径比轴径大，比轮座直径小，两者之间是轴颈和轮座的中间过渡部分，以减小应力集中。

车轴所受的载荷有：

（1）机车的自重和动态附加载荷，由车轴齿轮箱经过从动齿轮传动轮对的扭矩。

（2）牵引力的弯曲作用：通过曲线时的侧压力、车轴齿轮箱的轴颈载荷等。

由于主要的应力都是交变的，所以多数车轴的折损是由疲劳所引起的。开裂多发生在两个区域，即轴颈的圆肩部分，轮座的外缘部分。在设计车轴时，必须尽可能地减少车轴上的应力集中。为此，在车轴上不同直径连接处，均用圆弧过渡，并且圆弧半径要尽可能大些。

4. 车　轮

目前，我国铁路机车车轮绝大多数使用整体辗钢轮，它包括踏面、轮缘、轮辋、轮毂和辐板等部分。

车轮与钢轨的接触面称为踏面。车轮上一个突出的圆弧部分称为轮缘，以保持机车、车辆沿钢轨运行。轮心上和轮毂套装的部分称为轮辋。轮毂是轮与轴相互配合的部分。辐板是连接轮毂与轮辋的部分，辐板上一般有两个圆孔，便于轮对在机加工与机床固定及搬运轮对之用。

直径较大的车轮，是把轮毂套装在轮心上，轮心装在车轴上。轮心还是套装车轴齿轮箱从动齿轮的部分。

踏面滚动圆直径即为车轮的名义直径，一般左右两轮缘内侧距离为 1 353 mm。

轮缘和踏面是与钢轨直接接触的部分。为了使轮对在钢轨上平行运行，顺利通过曲线，降低轮缘和踏面的磨耗，延长镟修时间，轮缘和踏面应有合理的外形，我国规定的车轮外形，如图 1-7 所示。

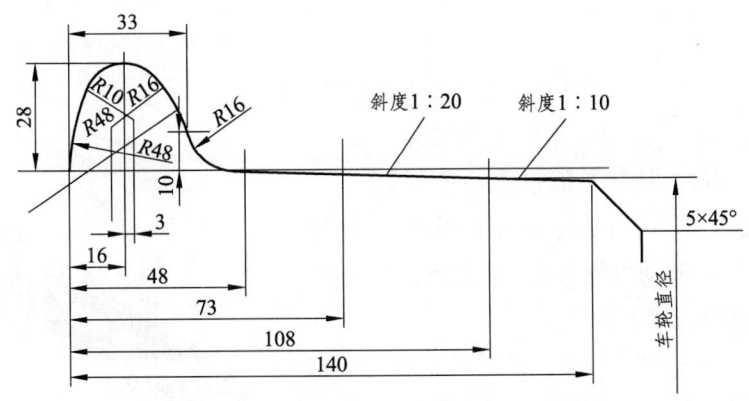

图 1-7　车轮轮缘踏面外形

车轮踏面需要做成一定斜度，其作用是：

（1）便于通过曲线。机车车辆在曲线上运行，由于离心力的作用，轮对偏向外轨，于是在外轨上滚动的车轮与钢轨接触的部分直径较大，而沿内轨滚动的车轮与钢轨接触部分直径较小，使滚动中的轮对、外侧的车轮沿外轨行走的路程长，内侧的车轮沿内轨行走的路程短，这正好和曲线区间路线的外轨长内轨短的情况相适应，这样可使轮对比较顺利地通过曲线，减少车轮在钢轨上的滑行。

（2）可自动调中。在直线线路上运行时，如果车辆中心线与轨道中心线不一致，则轮对可在滚动过程中自动纠正偏离位置。

（3）踏面磨耗沿宽度方向比较均匀。

从以上分析可知，车轮踏面必须有斜度，而斜度的存在也是轮对发生蛇行运动的原因。

锥形踏面与钢轨的接触，仅为狭小面积接触，因此产生局部磨耗，使踏面呈凹形，但踏面到达某种凹形程度后，外形便相对稳定，如果把踏面外形设计成磨耗型踏面外形，轮轨接触条件就能稳定，因此国内外提出了采用曲形踏面（或称磨耗型踏面）设计。曲形踏面的优点是：延长了镟轮公里和减少镟轮时的车削量，在同样的接触应力下，允许更高的轴重，以减少曲线上的轮缘磨耗。但曲形踏面的缺点是降低了机车的运行临界速度。

车轮的形状、尺寸、材质是多种多样的，按其用途可分为客车用、货车用、机车用等。车轮按其结构分为整体轮与轮毂轮。

十二、驱动机构与制动装置

机车驱动机构的作用是将机车动轮装置的功率最后传递给轮对。根据机车传动方式的不同，其驱动机构也有不同。

电传动机车的驱动机构是一种减速装置，实现高转速、小扭矩的牵引电动输出较大力矩到车轴。

机械传动机车的驱动机构由离合器、变速箱、传动轴、固定轴、换向阀、车轴齿轮箱等主要部件组成。

液力传动机车的驱动机构由传动箱、万向节、传动轴、固定轴、车轴齿轮箱等部件组成。

目前，地铁工程车辆没有电传动机构，都是机械传动和液力传动方式。

1. 万向轴

万向轴如图 1-8 所示，是传动系统中的主要部件之一，它将各传动部件连接成一个完整的部件，将柴油机的功率传至各部件，使机车能正常运行。

万向轴由法兰盘、十字节、花键轴等组成。实践证明，采用万向轴传递动力效率高，同时还具有工作稳定、维护简单等优点。

机车的万向轴是在高速或者重载下工作的，其本身尺寸比较大，所以组成比较复杂，一般情况下万向轴必须通过动平衡试验，以提高平稳性和可靠性，延长万向轴和轴承的使用寿命。

图 1-8 万向轴

2. 车轴齿轮箱

车轴齿轮箱如图 1-9 所示，是整个驱动系统中的最后一环，它的作用是将万向轴的功率改变方向后传给机车轮对，所以车轴齿轮箱中一定要有一对锥齿轮。车轴齿轮箱可分为两种类型：一类是一级齿轮箱，又称单级箱；另一类是二级齿轮箱，又称两级箱。

图 1-9 车轴齿轮箱

（1）单级车轴齿轮箱。

单级齿轮箱只有一对锥齿轮。它的优点是结构简单、质量轻；缺点是减速比不大。

（2）两级车轴齿轮箱。

两级车轴齿轮箱由一对锥齿轮及一对圆柱齿轮构成。动力的传递是先圆柱齿轮后锥齿轮。这种结构的特点是锥齿轮低速不高，但是会受到来自车轮与钢轨的冲击影响。

3. 车轴齿轮箱平衡杆

车轴齿轮箱是用滚动轴承自由支承在车轴上的，当机车牵引时，出于受轮对牵引力的反扭矩作用，齿轮箱有向下翻转的趋势，因此车轴齿轮箱必须用平衡杆来支撑。设计平衡杆时，应注意使其平行于轨面，在位置允许的情况下越长越好，以便减少机车运行中因振动而受到的垂向力。

支座应具有合适的弹性。若弹性大，则由于簧上部分振动而引起的平衡杆中的力就小，但是弹性过大，会因车轴齿轮箱在动轴上的旋转角度过大而影响万向轴的正常工作。

一般车轴齿轮箱平衡杆一端通过橡胶缓冲垫与转向架构架连接，另一端通过关节轴承与车轴齿轮箱的拉臂座连接，可以适应转向架与轮对之间的横向及垂直位移。

十三、基础制动装置

机车进站要停车或者遇到紧急情况下要求紧急停车，或者在下长大坡道控制车速时，都需要在机车上设制动装置，以提供必需的制动力。内燃机车上一般除了安装机车基础制动装置外，还有其他制动装置，如电传动内燃机车上装有电阻制动装置，液力传动机车上装有液力制动装置，此外还有停车状态时的手制动装置。

地铁工程车上都装有空气制动装置和手制动装置，空气制动装置和手制动装置都是通过基础制动装置最后作用在轮对上的。

基础制动装置的作用是将制动缸鞲鞴的推力（或者手制动装置手柄上的力）经杠杆系统增大后传给闸瓦压紧轮箍，通过轮轨黏着产生制动。

基础制动有单侧制动和双侧制动之分，每个轮对有4块闸瓦分别挂在车轮的两侧，称双侧制动；每个轮对只有两块闸瓦分别挂在左右车轮的一侧，称单侧制动。

单侧制动构造简单且容易布置，但制动时轴箱受力不平衡，闸瓦压力大，单位面积发热量大，摩擦系数低，制动效果比双侧制动差。一般在小功率、速度低的机车上采用单侧制动，大功率、高速度机车采用双侧制动。

基础制动装置由于经常使用，必然产生磨损，致使轮瓦间隙不断增大，这样制动缸鞲鞴行程会增加，因而降低了制动效果。为此，必须调节基础制动拉杆，使闸瓦接近车轮踏面。

一般同一轮对左右两侧的制动杠杆托架上安装有横向连接拉杆，以限制闸瓦制动时横向窜动，防止闸瓦偏磨。

闸瓦磨耗到厚度小于规定值时必须更换，而且同一轮对上的闸瓦同时更换。

十四、曲线通过概述

1. 机车的振动

机车是一个多自由度的振动系统，作用于机车上的各种激扰力使它产生复杂运动的过程。引起机车振动的因素可概括为三类：线路的构造和状态、轮对的构造和状态、柴油机-传动机组和辅助机组的构造和状态。由于这些因素引起振动是随机车速度的增加而加剧的，所以高速机车振动问题显得比较突出。

为了保证机车运行平稳舒适、减轻对机车本身和线路的破坏作用、确保行车运行品质，故采用理论分析与实验相结合的方法，研究机车在运行中产生的力学过程，掌握机车转向架的振动规律，以便合理设计机车有关结构，正确选定弹簧装置、轴箱定位横动装置、减速器等参数，并为有关零部件的强度计算提供必要数据。

2．机车的蛇行运动

由于车轮的踏面为锥形，加上轮缘与钢轨存在间隙，当轮对中心在行进中偶然偏离直线轨道的中心时，两轮便以不同直径的滚动圆在钢轨上滚动，使轮对在行进中发生横向摆动，围绕其重心的垂轴来回摇动，这种波形运动称为蛇行运动。蛇行运动是铁路机车车辆特有的运动。

假定机车车体与转向架连接的二系弹簧悬挂装置中有横动装置，即允许机车车体转向架横移，则机车的蛇行运动可分为：

（1）车体蛇行：车体剧烈侧摆并伴以摇头、侧滚，通常在速度不是很高时出现。

（2）转向架蛇行：转向架构架侧摆和摇头振动很大，车体振动相对较小，通常出现在较高速度行驶时。

（3）轮对蛇行：如果轮对在构架的定位刚度很硬，则轮对和转向架一起蛇行运动；如果轮对在构架中的定位刚度较软，则在高速下会发生轮对剧烈侧摆和摇头。

随着机车运行速度从低到高的增加，车体蛇行首先发生，通常称为一次蛇行，转向架蛇行称为二次蛇行。

剧烈的蛇行运动不仅破坏机车车辆运行的平稳性，而且还破坏线路，甚至会引起脱轨事故，以致严重妨碍列车速度的提高。这个问题在铁路工作者深入研究之后，采取了有效措施，使列车稳定运行的速度达到350 km/h 以上。

3．机车的曲线通过概述

机车车辆通过曲线一般是依靠轮缘引导的，由于机车质量大、轴阻强（特别是两轴车）、通过曲线时轮轨间产生横向的相互作用力，所以机车通过曲线远比车辆困难。大的横向相互作用力能够引起大的钢轨应力，轮缘磨耗和钢轨磨耗严重时还可能使机车脱轨。

地铁线路曲线比较多，钢轨磨耗比较严重，严重的磨耗会增加机车镟轮或更换轮对，也增加了钢轨打磨和更换工作量，所以研究机车车辆曲线通过和设法改善机车车辆曲线通过，具有重要意义。

机车曲线通过有两个互相联系的研究内容：几何曲线通过和动力曲线通过。

（1）几何曲线通过。

几何曲线通过研究机车与线路的几何关系、机车自身相关部分在曲线上的几何关系。研究机车的几何曲线通过，也为研究机车的动力曲线通过提供有关数据。

研究几何曲线通过主要解决以下问题：确定机车所能通过的曲线的最小半径，以及通过最小半径所需的轮对横动量；给出机车转向架通过曲线时的转心位置；确定在曲线上机车转向架对于车体的偏转角，以及车体与建筑限界的关系。

（2）动力曲线通过。

动力曲线通过主要研究机车以不同速度通过曲线时与线路的相互作用，探讨机车安全通过曲线的条件和措施，为机车和线路的强度计算及轮缘磨耗提供有关数据。

第二章 内燃机车

第一节 机车总体

一、机车总体布置

GK0C 型机车（带柴油发电机组）是由资阳内燃机车厂开发，采用美国进口 CAT3412E 型柴油机装车的新型液力传动内燃机车。柴油机装车功率为 560 kW，机车计算黏着质量为 64 t，轴式为 B-B，机车最大速度为 50 km/h，适用于地铁列车的调车及列车救援作业，也包括冶金、矿山、石化、码头等企业的调车和小运转作业。

GK0C 型机车（带柴油发电机组）选用进口柴油机，采用微机控制装置，司机室舒适，机车可靠性及总体技术水平高。机车总体布置图见图 2-1。

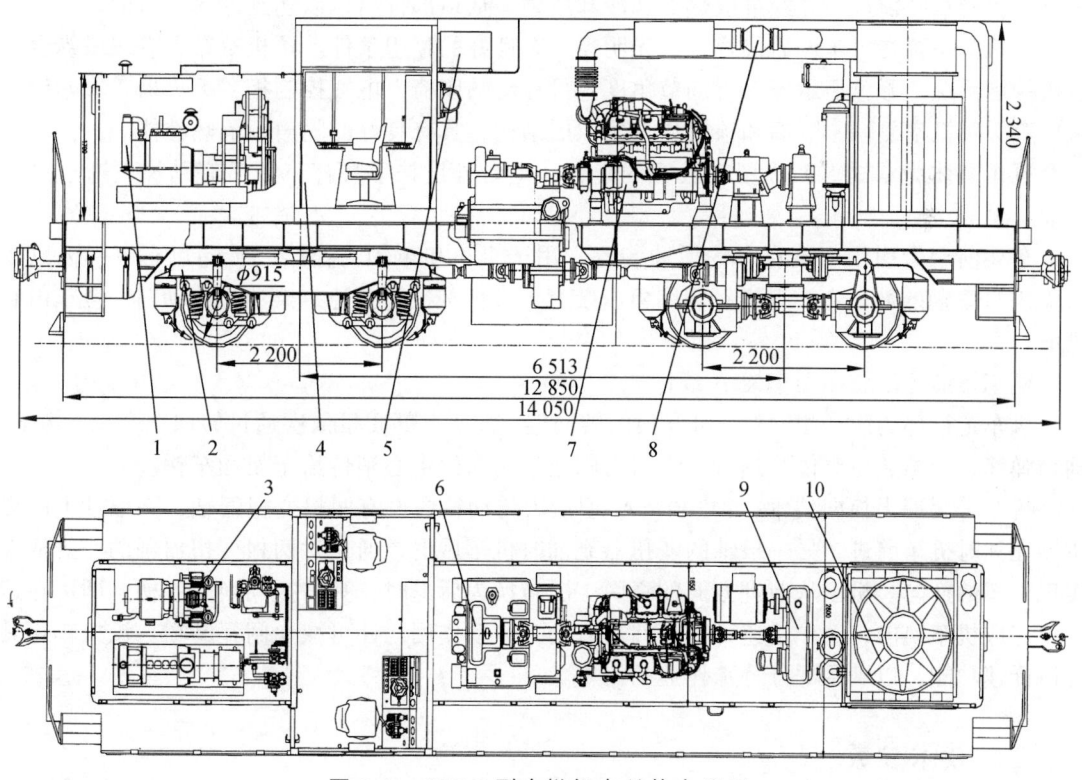

图 2-1 GK0C 型内燃机车总体布置图

1—柴油发电机组；2—转向架；3—空气压缩机；4—司机室操纵台；5—空调机；6—液力传动器；7—柴油机；8—废气处理装置；9—辅助齿轮箱；10—冷却风扇

从柴油机到轮对的功率传递路线如下：

柴油机→第一万向轴→液力传动箱→第二万向轴→二级车轴齿轮箱→第二、三轮对/第三万向轴→一级车轴齿轮箱→第一、四轮对。

机车车体采用全钢焊接结构，从前到后分为冷却室、动力室、司机室、辅机室四部分。主车架由左、右两根纵向中梁，前后牵引梁，中间横梁和外围板组成，具有足够的强度和刚度。

辅机室布置空气压缩机、阀类安装架等空气制动系统部件和一台柴油发电机组，总风缸布置在辅机室下部两侧。

动力室内装有 CAT3412E 型柴油机及其辅助装置，CAT3412E 型柴油机具有体积小、质量轻、启动快、油耗低的特点。

柴油机通过弹性支座安装在主车架上，其上方为排气消音器和废气处理装置。柴油机进气系统从侧面进风，柴油机前上方装有膨胀水箱。功率输出端通过弹性联轴节及第一万向轴与液力传动箱连接，经第二、三万向轴，转向架车轴齿轮箱驱动轮对；自由端通过辅助万向轴与辅助齿轮箱连接驱动辅助发电机和静液压泵。柴油机采用其自带的电机启动。

ZJ2007YA 型液力传动箱安装在机车中部的动力室的主车架地板梁上。冷却风扇及其钢结构通过侧墙上边梁安装在冷却室，由静液压泵驱动静液压马达，从而带动风扇工作；散热器共 18 组，与冷却风扇组成一体。该室的侧面装有百叶窗，当百叶窗和冷却风扇开启时，外界空气由侧百叶窗进入并经过散热器和冷却风扇，从顶部排出，以达到散热的目的。

司机室布置在机车偏后位置，采光明亮，有良好的瞭望条件。司机室布置有双操纵台，微机控制系统，彩色显示屏，可调节角度、可移动的座椅，电气控制柜，灭火器，衣帽钩，风扇等。司机室侧墙、隔墙和顶棚均采用双层结构，具有良好的隔声、隔热性能。

机车车体为罩式，四周留有较宽的走台，走台外设扶手栏杆，前后有踏梯，适于调车作业。

车架前后牵引梁内装有车钩缓冲装置，用于机车和车辆的连接，传递机车牵引力以及承受来自车辆的冲击力。车架一侧围板内装有免维护碱性蓄电池，柴油机启动前，全车由它供电。

机车燃油箱吊装在主车架中部下方。

机车走行部为两个相同的、可互换的转向架。车架上部质量依次通过转向架旁承、构架、轴箱弹簧、轴箱、轮对传给钢轨。牵引力则通过转向架中心销传给车架和车钩。

机车采用液力换向技术，ZJ2007YA 型液力传动箱内设有两根变扭器轴，一根轴上的变扭器充油时机车前进，另一根轴的变扭器充油时机车后退，通过对两根变扭器轴的充排油来实现机车的换向。机车从前进方向的牵引工况转换为后退时，只需扳动换向手柄，即可在运行中完成机车换向，动作迅速可靠，并具有动力制动作用，还可减少闸瓦磨损。该机车还具有恒低速功能，以满足部分特殊作业的需要。

二、技术参数

1. 机车主要技术参数

用途：地铁车辆调车及救援

轨距：1 435 mm

机车限界：符合地铁机车车辆限界

运用条件：−2～+40 ℃

柴油机装车功率：560 kW

轴式：B-B

轮径：915 mm

轴重：<16 t

机车计算整备质量：<64 t

转向架轴距：2 200 mm

通过最小曲线半径：100 m

机车最大速度：50 km/h

机车持续速度：8 km/h

机车牵引力

最大起动牵引力：149.27 kN（传动箱特性决定）

持续牵引力：124.33 kN

车钩中心距：14 050 mm

车钩中心距轨面高度：880 mm

机车外形尺寸（长×宽×高）：14 050 mm×3 000 mm×3 800 mm

燃油箱容量：1 640 L

机油储备量：68 L

冷却水储备量：400 L

砂储备量：400 kg

液力传动箱传动油储量：325 kg

车轴齿轮箱润滑油储量：36 kg

2. 柴油机主要参数

型号：CAT3412E

标定功率（UIC标准）：597 kW

装车功率：560 kW

标定转速：2 100 r/min

最低空转稳定转速：725 r/min

曲轴旋转方向：面对输出端为逆时针

燃油消耗率：220 g/kW·h

启动方式：电机启动

柴油机净重：2 032 kg

最大外形尺寸（长×宽×高）：1 937 mm×1 376 mm×1 266 mm

3. 液力传动箱参数

型号：ZJ2007YA

变扭器型号：B45

换向方式：液力换向
输入功率：520 kW
液力传动箱净重：4 610 kg

4. 齿轮箱参数

车轴齿轮箱传动比
一级车轴齿轮箱：15/40
二级车轴齿轮箱：30/62 × 15/40

5. 冷却装置参数

散热器形式：强化铜散热器
散热器组数：18 组
风扇形式：轴流式
风扇直径：1 280 mm
风扇驱动形式：静液压泵/马达
风扇最高转速：1 150 r/min

6. 转向架参数

形式：全电焊无导框二轴转向架
轴距：2 200 mm
弹簧悬挂装置及减振方式
一系：螺旋弹簧 + 油压减振器
二系：油浴摩擦滚柱式旁承
牵引装置形式：中心销
制动装置形式：踏面制动单元 + 停车制动
停车制动力：120 kN

7. 空气压缩机参数

型号：W-1.6/9-1
排气压力：9 个大气压
排气量：1.6 m^3/min
驱动方式：直流电机驱动
外形尺寸：1 166 mm × 640 mm × 800 mm
净重：392 kg

8. 空气制动装置

制动机型号：JZ-7 型
基础制动方式：单元制动器，单侧闸瓦制动，并带有闸瓦间隙自动调节机构

9. 辅助发电机参数

形式：ZQF-38ATH
额定功率：38 kW

额定电压：115 V

传动方式：机械传动

发电机转速：1 571～3 580 r/min

10. 蓄电池参数

型号：GNCl20 碱性镍镉蓄电池

蓄电池电压：24 V

11. 其　他

总风缸容量：400 L

总风缸空气压力：900 kPa

制动风缸空气压力：550 kPa

三、机车整备

1. 机车用水

做好机车冷却水处理工作对保养好冷却系统部件，保证良好的散热性能，发挥机车功率，节约燃油，减缓柴油机机体和钢套的腐蚀，延长机车检修周期均有很大作用。

（1）机车冷却水处理包括选用防垢、缓蚀效能高的添加剂配方，严格检验制度，检查水的配药质量，监督机车使用冷却水质量和换水制度，以及检查处理后的效果。

（2）机车冷却用水应满足 CAT3412E 型柴油机的用水要求。

（3）对机车使用中的冷却水应建立定期质量检验制度，每次小轮修（两个月）应检验一次，水质应符合 CAT3412E 型柴油机的用水要求。当水质不合格时，要及时分析原因，及时处理，连续检验直至水质符合要求为止。

（4）机车乘务员在机车正常运用情况下，不得任意加没有添加剂的水，正常蒸发耗水应回段后及时补充。由于冷却系统发生故障应急上了自来水后，返段后向有关部门报告，并通知化验室及时检验水质。

（5）机车检修时可将冷却水放到容器内备用，不必换新。

2. 机车用燃油

柴油机用国家标准 GB 252 所规定的"0 牌号的轻柴油"。

3. 润滑油（脂）

机车各部分需用的润滑油和润滑脂见表 2-1。

表 2-1　GK0C 型内燃机车用润滑油（脂）汇总表

序号	部件名称	油（脂）规格	附注
1	柴油机	满足 CAT3412E 型柴油机的要求	
2	液力传动箱	新型液力传动油	
3	车轴齿轮箱	SYB1152-79 HC-14 型柴油机油	
4	转向架旁承	SYB1152-79 HC-11 型柴油机油	

续表

序号	部件名称	油（脂）规格	附注
5	空气压缩机	L-DAB 型	
6	刮雨器各运动部件	仪表油 GB487-65 HY-8	
7	转向架油压减振器		
8	转向架牵引装置	GB491-65 ZG3 钙基润滑脂	
9	制动缸皮碗		
10	车钩缓冲装置		
11	万向轴轴承及花键	铁路滚动轴承 I 型锂基脂	
12	车轴齿轮箱拉臂关节轴承		
13	转向架轴承		
14	空气压缩机电动机	硫化钼复合钙基润滑脂 HSY-103	
15	各型电机（除序号 14 外）	3 号锂基润滑脂	必须将原有润滑脂洗净后换用
16	传动箱弹性联轴节		

四、机车使用

1. 柴油机启动前的检查

柴油机启动前对机车各部件需进行检查的内容如下：

（1）油位检查按表 2-2。

（2）机车燃油系统、水系统和空气管路系统中的各种阀门均应按相关说明书有关章节的规定开启或关闭。

（3）检查冷却水水位，水位不足时（由膨胀水箱水位玻璃管显示），应及时补足，当机车下部膨胀水箱溢出水时，表示已注满水。

（4）检查各运动件螺栓的紧固状态。

（5）注意所有仪表是否正常。

表 2-2 需要检查的油位及油位标记

序号	名　称	油位标记
1	柴油机油底壳	按 CAT 公司的柴油机使用说明书规定
2	液力传动箱	油尺上下刻度之间偏高位置
3	车轴齿轮箱	油尺上下刻度之间
4	燃油箱	油位表
5	空气压缩机	油位表上下刻度之间偏高位置

2. 柴油机启动

（1）司机控制器手轮置于零位，换向手柄置于中间位。

（2）手掀启动按钮后启动发电机驱动柴油机。此时柴油机应点火启动，如果连续两次不能启动，应找出原因，排除故障后才允许第三次启动。

3. 机车启动与运转

（1）水温高于 30 ℃ 时，柴油机可部分加载；当水温高于 65 ℃ 时，柴油机方可在全负荷下工作，以防其他故障。

（2）允许柴油机在空转 725 r/min 下进行暖机。若要提高柴油机的空转转速，需将机车换向手柄置于前进位或后退位，换挡选择开关置于自动位和手动位之间的中间位。

（3）机车启动前将换向手柄置于前进位或后退位。

（4）机车运行中应注意各仪表所显示数值是否正确。

（5）柴油机冷却水出口温度：正常 70~92 ℃，出口水温超过 103 ℃ 时，红灯亮，警铃响；出口水温超过 105 ℃ 时，柴油机自动停机。

（6）变扭器工作油温不得高于 110 ℃，超过时红灯亮，警铃响；如超过 120 ℃，柴油机自动卸载。

（7）变扭器壳温不得超过 125 ℃，如壳温超过 125 ℃，红灯亮，警铃响。

（8）膨胀水箱的水位不应过低，当水位低于 1/3 时，红灯亮，警铃响。

（9）冷却风扇的工作是由水系统的水温通过温度调节阀（恒温元件）自动控制的，当水温达到 88 ℃ 时风扇开始转动，水温达到 98 ℃ 时达到全速。

（10）行车中进行"非常位"紧急制动时，柴油机自动卸载。

（11）机车速度不得超过 50 km/h，在通过道岔和曲线时应适当减速，以保证安全和减少轮缘磨耗。

4. 机车换向

机车采用液力换向，因此可不停车直接换向。当机车运行中换向手柄从前进位（或后退位）移至后退位（或前进位）时，机车即在运行中自动完成减速、停车和换向运行的动作。

为保护传动系统，避免在司机控制器手轮处于高位时进行换向，机车设有保护装置。当司机控制器手轮高于 8 手把位下进行换向时，柴油机转速将自动降到 8 位以下，换向完成后，柴油机将自动恢复到换向前的转速。

5. 机车停车

（1）司机控制器置于"零"位，实施空气制动后停车，柴油机转速回到惰转转速 725 r/min，换向手柄置于中间位。

（2）较长时间停放机车，应将蓄电池电源开关切断，盘车时要切断电源。

（3）长时间停车应将换向手柄取下。

五、机车无火回送

机车无火回送是机车在柴油机不工作状态下作附挂运转。机车无火回送时的整备工作如下：

（1）蓄电池应充足电，蓄电池闸刀断开，司机控制器手轮置于"零"位，取下换向手柄，所有开关均置于断开位置。

（2）将柴油机、散热器、热交换器、燃油箱及油、水系统内部的润滑油、燃油和水完全排净，将所有的排水阀置于开启状态。冬季要注意防冻。

（3）侧百叶窗、侧门各进风口、动力室通风机进风口在冬季均应用防寒被封闭。

（4）液力传动箱、车轴齿轮箱和辅助齿轮箱内的润滑油应保持在正常工作时的高度。

（5）需将常压限压阀调整到 250 kPa，并将自动制动阀手把置于手把取出位，并取下手把，单独制动阀置于运转位，开通无火装置塞门，将闸瓦间隙尽量调整到最大位置，从系统中切除风源净化装置。

（6）拆开第二万向轴，并将其装在木箱内随车发运，木箱内应加油纸防潮。

（7）在司机室外挂发送车年、月、日、到达处所及机车总重揭示牌。

（8）机车附挂货列无火回送时不限速，一般应有两名人员轮流值班护送。

六、机车检修要求

机车除日常检查维护外，还需进行定期检查和维修，以便及时了解机车各部分的技术状态，采取相应措施和更换已使用到期的零部件，确保机车正常运用。

检修一般可分为日检、中检、定修（小轮修、大轮修）、架修和大修，在正常情况下上述检修分别当机车已运用：每天、一个月、（两个月、一年）、两年和六年进行。机车的检修可根据使用情况适当调整，检修细则由使用单位根据相关说明书的要求确定。

第二节　机车柴油机辅助传动系统

一、燃油系统

GK0C 型内燃机车采用 CAT3412E 型柴油机，该柴油机提供的燃油系统基本上是完备的，仅需将供油管、回油管与燃油箱及燃油泵的接头接上，参见图 2-2。

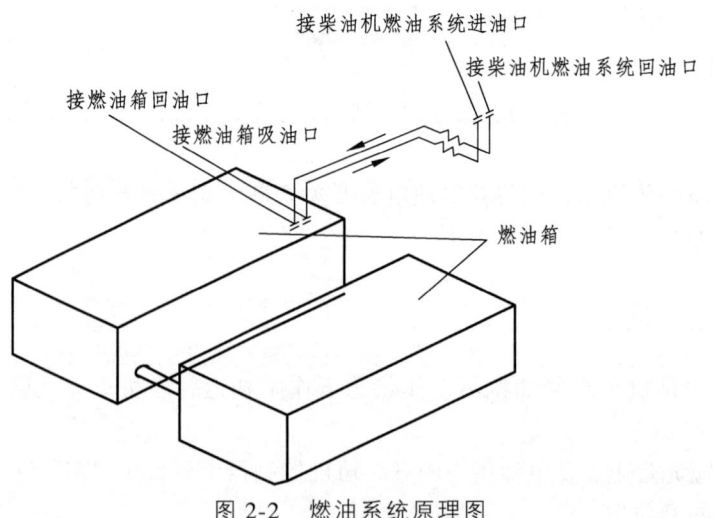

图 2-2　燃油系统原理图

1. 燃油箱

燃油箱是内燃机车储存燃油的容器，箱体由钢板焊接成形，箱内焊有隔板，它既可增加油箱强度和刚度，又可防止燃油在箱内随机车的运行而剧烈振荡。

GK0C型机车的燃油箱由两个对称的油箱组成，容量 2×820 L，为下挂式油箱。底部用连通管连接。

油箱体设有吸油口、回油口。油箱两侧设有加油口（加油口参见图2-3），顶部设有通气管；油箱两端设有油位表，可显示油箱储油量的多少；油箱底部设有排油堵，用于排出燃油箱内的燃油及污物和积水。油箱顶部及两端设有清洗孔，用于油箱清洗。

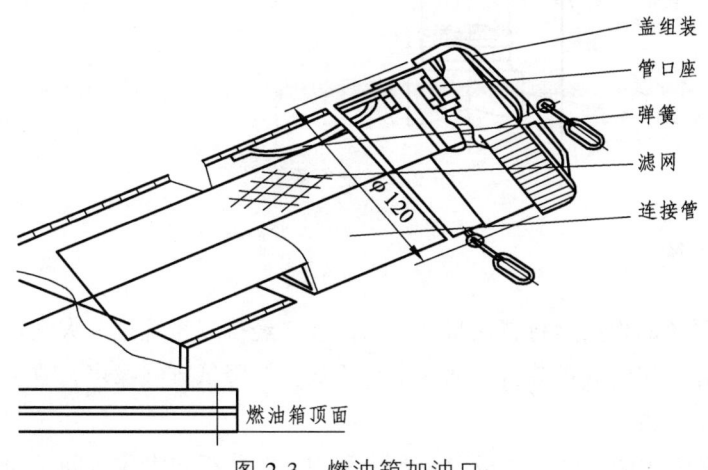

图 2-3　燃油箱加油口

燃油箱的日常维护保养：

（1）定期清洗加油口内滤网；发现滤网破损应修补或更换。

（2）运用一个架修期（2年）后油箱应进行清洗，并检查内部锈蚀情况。

（3）当油位表玻璃被污染、看不清油位时，应拆下清洗或更换。检查封板、吊挂等处螺栓不得松动。橡胶衬垫老化或破损时应更换。

2. 管　路

检查管路接头，如有松动应及时拧紧。燃油系统中的软管如发现变质老化或破损应更换。

二、机油系统

CAT3412E型柴油机可以在不预供润滑油的情况下低温直接启动，因而机车不另设辅助润滑油系统。

三、进气系统

机车进气系统由进气筒、软管、空气滤清器等组成。它的主要作用是滤去空气中的尘埃、水滴，供给柴油机以充足而清洁的空气，减少活塞、气缸缸套、气门等的磨损。进气系统对称安装在动力室侧墙的上部，参见图2-4。柴油机工作时，空气从侧墙外经进气筒上滤网吸入，经进气筒空气滤清器进行滤清后，清洁空气进入增压器。空气滤清器的内部结构及拆装清洗见空气滤清器使用与保养手册。

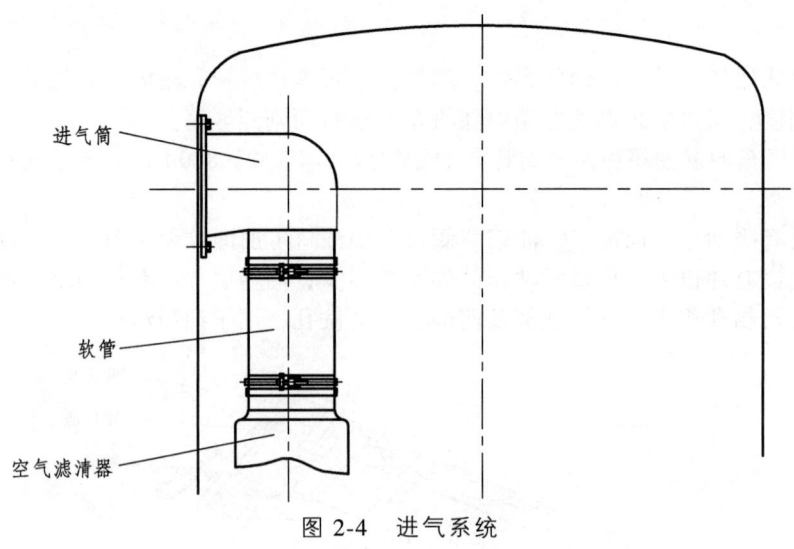

图 2-4 进气系统

四、排气系统

柴油机排气系统的作用是将柴油机增压器的废气经排气系统排入大气。排气系统由波纹管、弯头、消音器、尾气处理装置、通风机等组成。为降低排气噪声，改善司机工作条件，排气系统中装有消音器。

GK0C 型机车采用的是微穿孔板消音器，利用微穿孔板与室体之间空间吸收声能，能够全频地有效降低噪声。

GK0C 型排气系统如图 2-5 所示。

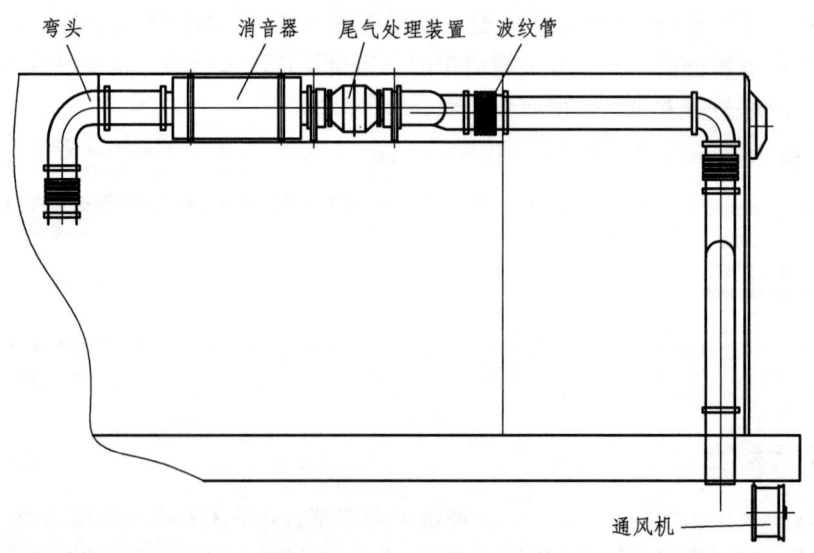

图 2-5 排气系统

由于柴油机排气温度甚高，且带油污并有腐蚀性等特点，每运行一年，应将消声器拆开检查，清洗干净。如发现微穿孔板有破裂的地方，应及时进行更换或焊补。

尾气处理装置用来清除柴油机排气中的CO、HC和部分颗粒物,以达到净化排气的作用。其结构及使用维护参见尾气处理装置使用维护手册。

五、机车水系统

1. 机车水系统的组成和原理

机车水系统由散热器,工作油热交换器,冷却风扇,侧、顶防护罩,膨胀水箱及管路等组成。其工作原理见图2-6。

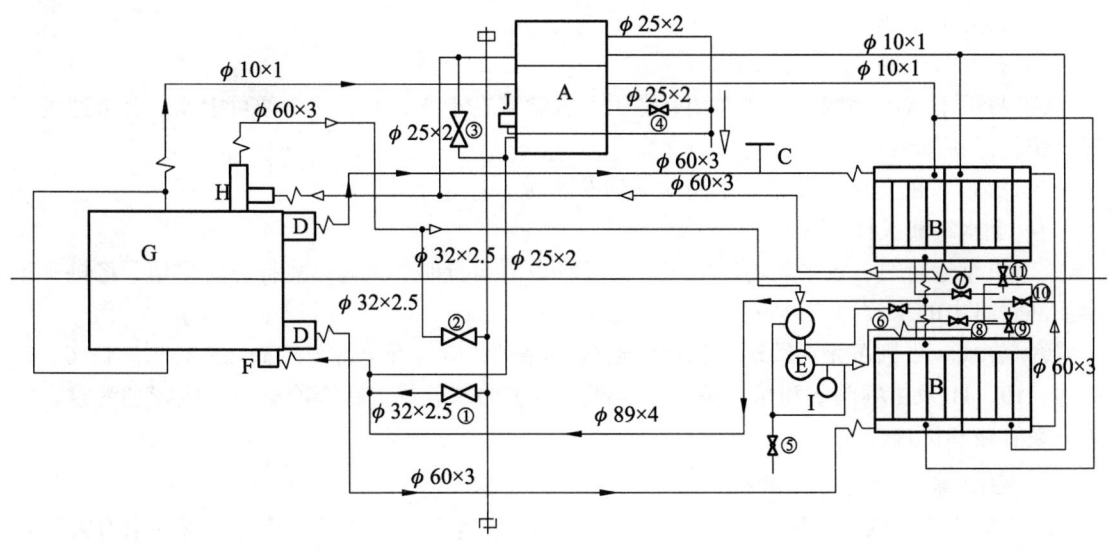

图例	
A	膨胀水箱
B	散热器组
C	温度调节阀
D	恒温器
E	工作油热交换器
F	冷却水泵
G	柴油机
H	辅助水泵
I	温度继电器

图例	
→	高温冷却水主管路及流向
⇒	上水、排水管路及流向
= =	气温及流向
═	柴油机补水及流向
⇒	膨胀水箱溢水管及流向
∿	软管
⋈	截止阀
⋈	塞门
中	上水接头
→	低温冷却水主管路及流向

图2-6 水管路系统

水系统回路的作用是冷却散热,保持柴油机和传动装置在适宜的温度下工作。水系统分为柴油机冷却和传动工作油冷却两个独立的循环回路,其循环回路为:

① 柴油机冷却循环回路,见图2-7。

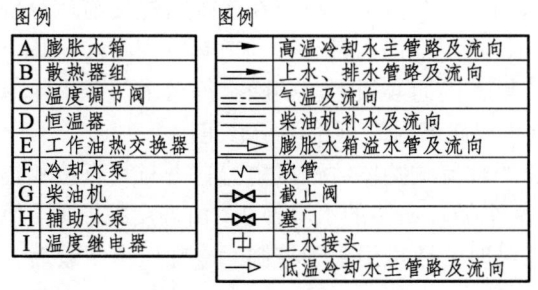

图2-7 水系统循环管路

② 传动箱工作油冷却循环回路，见图 2-8。

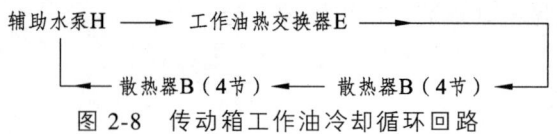

图 2-8　传动箱工作油冷却循环回路

2. 机车水系统的使用和维护

上水，机车两侧均有上水接头，可在任一侧上水，步骤如下（参见图 2-6）：

① 关闭放水阀 6、7、8、9、10、11。

② 打开上水阀 1、2 和阀 3、4。

③ 打开放气阀 5，见水关闭。

④ 将不上水的一侧防尘堵关闭，将压力水源接在上水侧接头上，便可上水，上水速度不宜过快，以便管内空气排尽。

⑤ 膨胀水箱上水位表显示水满即应切断水源，停止上水。

⑥ 上水结束关闭阀 1、2、3、4。

⑦ 机车运行时，各水阀均应关闭。在寒冷季节运行时，更应注意打开防尘堵，将机车车架下部管路中的水放掉，以防冻裂。

⑧ 放水。当机车无火回送、长期停运或封存时，应打开全部放水阀 1、2、3、4、6、7、8、9、10、11 及排气阀 5 和防尘堵，将全部水系统的水放尽。在寒冷季节更应特别注意，以防冻裂管路和部件。

3. 主要部件的使用与维护

（1）散热器：机车采用水、空气热交换形式的散热单节。17 个由冷却扁管外串有散热片的单流道散热器单节直列安装在散热器安装架两侧。每个散热器单节在连接箱焊接前后分别进行 400 kPa 和 500 kPa 的水压试验，保压 5 min，不得泄漏。散热片与散热管焊接应牢固。当散热器上存有过多尘埃时，将大大降低传热效果，因而必须定期扫除。每运用两个小轮修（3~4 个月）用压缩空气喷扫积灰。散热片有压皱或碰弯时，可用镊子修正。

（2）冷却风扇：冷却风扇是有 8 个扭曲叶片的轴流式整体铸铝风扇。它由与其直接相连的静液压马达驱动。冷却风扇的转动和停止，受两个循环回路的水温控制，由温度控制阀（恒温元件）或温度继电器自动控制，当自动控制失灵时，还可用手动控制。冷却风扇组装后，需进行静平衡试验，其不平衡力矩允差为 0.012 8 N·m。

（3）工作油热交换器：冷却液力传动工作油使传动装置保持在一定温度下工作。该热交换器水流管内、油流管外，用数个环形和耳形隔板相间安装，使油流不断地分离和混合，呈现一定的旋转状态，促进传热系数的提高。热交换器首次运用一个中检期后，需外观检查热交换器的密封性，以后每运用一个轮修（一年）清洗一次，更换 O 形密封圈，并进行油腔 1 200 kPa、水腔 620 kPa 的水压试验，历时 5 min 不得泄漏。水压试验后，油水腔用压缩空气将水吹干净。

（4）膨胀水箱：位于机车动力室前方上部，起蓄水、补水和放气作用。膨胀水箱分高低温两部分，用隔板分开。在高温水箱的侧面上方装有压力调节阀，使柴油机冷却水系统成闭式加压回路。必要时打开压力阀即可在车内给水箱补水。

注意：在打开阀盖之前，必须确认整个水系统内的水温低于当地水的沸点，否则有可能对乘务人员的身体造成伤害。

在水箱壁板正面装有水位表、两个低水位报警用的液位继电器安装座和放气管接头。水箱底部有溢水管接头及补水管接头。打开两块 φ120 mm 盖板，取出水位继电器和压力阀，即可清洗膨胀水箱。

六、柴油机安装

1. 柴油机弹性支承

GK0C 型机车选用 CAT3412E 柴油机，为缓和柴油机与机车车架间的振动，以及对机车在运行中来自线路的冲击进行缓和，改善柴油机工作条件，使柴油机在整个工作范围内均可避免发生共振，采用弹性支承的结构将柴油机固定在机车主车架上。

GK0C 型机车柴油机的安装与 CK5B 型机车柴油机安装结构形式相似，由前、后共三点支承组成。三点支承优点在于调整方便、柴油机在机车运作状态下更稳定。具体为前支承采用一组锥形橡胶弹性支承，后支承采用左、右各一组相同的锥形橡胶弹性支承的布置形式。前支承通过连接架与柴油机前支承装配在一起，后支承通过连接板与柴油机飞轮壳的两侧底面 8 个 5/8-11 美制螺栓装配在一起。

如图 2-9 所示弹性支承结构示意图，件 2 支承为锥形腔的铸钢件，通过螺钉与前支承架或连接架紧固，件 9 支承座为锥形中空铸钢件，通过件 8 垫片安放在座补板的凹形圆盘内。座补板焊接在主车架上。

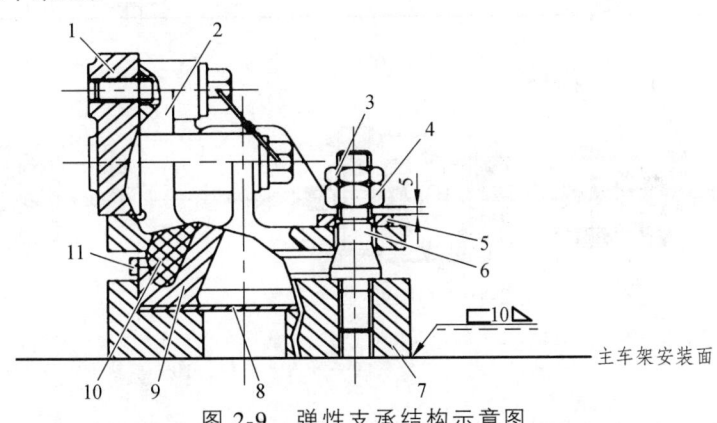

图 2-9　弹性支承结构示意图

1—连接架；2—支承；3，4—螺母；5—垫圈；6—螺栓；7—座补板；
8—垫片；9—支承座；10—减振器；11—挡圈

支承与支承座的内、外锥形面之间放置橡胶减振器。支承与座补板间用两个螺栓连接。为保证柴油机工作时有 3~4 mm 的垂向振动振幅下的隔振效果，件 5 垫圈的底面与件 4 螺母间应保持 5 mm 间隙。

橡胶减振器静挠度值，在垂向载荷 9 kN 作用下应为 5.5~7.5 mm，且装到同一台柴油机的 3 个橡胶减振器的静挠度差值不得大于 1 mm。

2. CAT3412E 柴油机弹性联轴节

柴油机输出端采用永进-盖斯林格弹性阻尼联轴节，其一端与柴油机输出端飞轮相连，另一端与传动箱第一万向轴相连。柴油机自由端同样采用永进-盖斯林格弹性阻尼联轴节，其一端与柴油机自由端相连，另一端与辅助万向轴相连，作为柴油机辅助功率输出。

应定期用测油尺检查弹性联轴节油位，必要时需补充润滑油（14 号机油）。其油位应保持在最低液面线与最高液面线之间，最低液面线为内部空腔的 60%，最高液面线为内部空腔的 90%。

第三节　机车液力传动装置

一、传动系统概况

GK0C 型液力传动内燃机车功率传递系统由主传动系统及辅助传动系统组成，参见传动系统总图（图 2-10）。

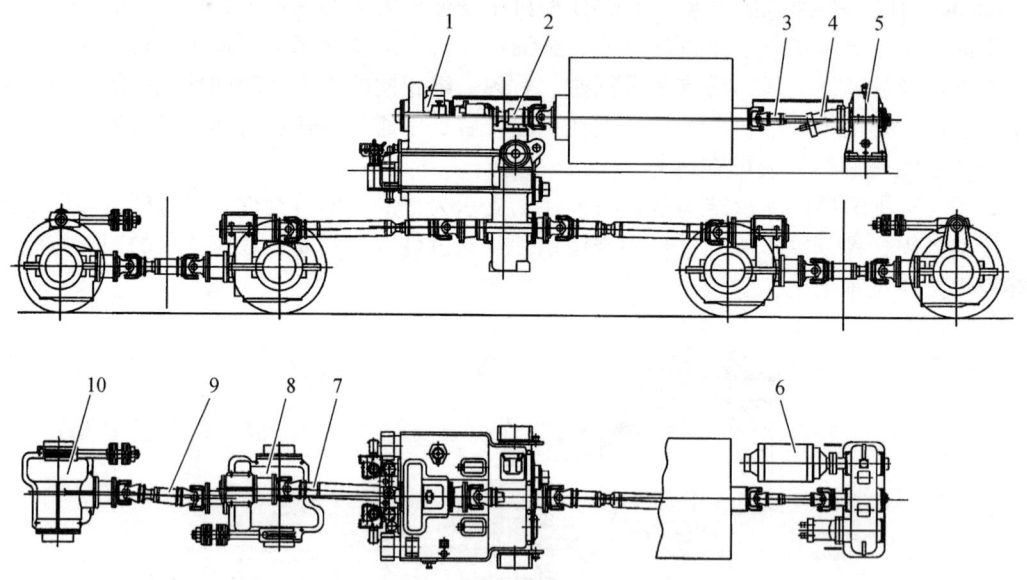

图 2-10　GK0C 型液力传动装置
1—液力传动箱；2—第一万向轴；3—辅助万向轴；4—静液压系统；5—辅助齿轮箱；6—发电机；
7—第二万向轴；8—车轴齿轮箱（二级）；9—第三万向轴；10—车轴齿轮箱（一级）

主传动系统中，发动机牵引功率首先经第一万向轴传递给 ZJ2007YA 型液力传动箱，传动箱两端输出，经两根第二万向轴分别传递到 2、3 位车轴齿轮箱，再经两根第三万向轴分别传递至 1、4 位车轴齿轮箱，经压装在车轴齿轮箱上的大螺旋锥齿轮驱动轮对。

辅助传动系统中，发动机自由端输出辅助功率，经辅助万向轴传递到辅助齿轮箱，辅助齿轮箱分别驱动启动发电机和静液压泵，静液压泵通过液压管路带动静液压马达，静液压马达驱动机车冷却风扇。

二、液力传动箱原理

ZJ2007YA 型液力传动箱具有液力换向功能与柴油机配套使用，可使柴油机外特性转变为机车理想的牵引特性。其输入法兰经第一万向轴与柴油机弹性联轴节相连，面对输入法兰看，为顺时针旋转。

传动箱的牵引部分设置了两套变矩器轴总成，分别用于机车前进方向和后退方向的牵引。

每套变矩器轴总成上装有结构基本相同的变矩器，分别对两套变矩器轴总成的变矩器充油，可以改变传动箱输出轴的转向，从而改变机车运行方向。

变矩器是利用工作油来传递功率的。变矩器包括泵轮、涡轮和导轮（导向轮固定不动）。泵轮将柴油机的机械能转换为工作油的动能，进入涡轮后，在涡轮中偏转、减速，工作油将液体的动能转化为涡轮的机械能。从涡轮流出的工作油经固定的导轮再次进入泵轮的入口，由此形成了变矩器的内部液流循环。由于导向轮的存在，使得涡轮上的扭矩在不同的涡轮转速下具有不同的数值，这样，变矩器就起到了改变扭矩的作用。当涡轮被外力固定不动时，涡轮获得扭矩最大，随着涡轮转速的升高，其扭矩逐渐降低。

传动箱完全为液力操作方式，取消了易磨损的机械换向装置，可靠性高，维护工作量小。其最大的优点是：在一定的运行速度下，可通过向反向变矩器充油来减速列车。动力制动的大小可通过调整柴油机转速加以调节。

传动箱同时具有恒低速（输出轴低转速）功能，根据机车设定的速度，传动箱通过调节前进和后退变矩器的工作油充量自动调整输出转矩，实现机车的恒低速。

三、液力传动箱功率传递

1. 扭矩传递过程

功率传递过程示意见图 2-11 ~ 2-15。

如图 2-11 所示，输入轴 10 经齿轮 101、102 和 103，分别驱动泵轮 111 及 121。

当变矩器 11 充油时，扭矩作用在涡轮 112 上，经涡轮轴 23 和齿轮 231/212 传递给中间轴 21，再经齿轮 211/201 传递到输出轴 20。此时若为牵引工况，则输出轴转向与输入轴转向相反，机车前向运行。

当变矩器 12 充油时，扭矩作用在涡轮 122 上，经涡轮轴 24 和齿轮 241/221/212 传递给中间轴 21，再经齿轮 211/201 传递到输出轴 20。此时若为牵引工况，则输出轴转向与输入轴转向相同，机车后向运行。

2. 控制过程

1）供 油

柴油机驱动泵轮轴 105 经齿轮 615/614，613/612 驱动供油泵 61 的泵轮 616。在柴油机惰转时，供油泵 61 开始从传动箱油池抽油，经油道 611 进入转换阀 35，再经油道 671 进入热交换器 67。由热交换器 67 出来的油再经油道 672，673 和 674 分别通到主控制阀 50F 和 50B。如果传动箱在 0 挡（即两个变矩器均不充油），则工作油经主控制滑阀 501 和 502 返回油池。

在传动箱上部，装设有控制泵 62，用来供给控制系统所需的压力油（图 2-12）。在结构上，控制泵与主动排空泵总成一个部件。由输入轴上的齿轮 646 驱动，从供油泵 61 经热交换器 67 来的油经油道 672，662 进入控制泵入口，被升压后经油道 660、滤清器 68 及油道 681 去液力换向控制阀 30，控制油压力由安全阀 622 限压，过多的油经安全阀返回油道 621 及 662。

2）牵引运行

如图 2-13 所示，以机车前向运行为例。前向电控阀（F）来的控制风经管道 301 进入换向阀 31，推动滑阀 311 抵达其下极端位，控制油从油道 681 经油道 682、换向阀 31 进入交换阀34。在此，控制油分两路：一路经油道333、制动阀33、油道334，进入限压阀36，与弹簧力共同将排油口关闭（此时制动阀33的滑阀331在弹簧力的作用下位于上极端位）。另一路经油道341进入主控阀50F，将滑阀501推至下极端位（图2-15），使供油道673与油道114相通，变矩器11充油工作，机车前向（F向）牵引运行。机车前向运行时，从动润滑泵64工作，油道643有油压，而油道644没有油压，车向阀32的滑阀321被推至上极端位，使控制油进入制动阀33的滑阀331的下端，与弹簧力共同克服油道645来的油压，保证滑阀331位于上极端位。

当管道301释压，滑阀311在弹簧力作用下回至上极端位，切断从油道682来的控制油。同时，滑阀501上的油经油道341、交换阀34、换向阀31释压，滑阀501在弹簧力的作用下回至上极端位。

50F供油道被切断，同时变矩器11的进油道114和排油道115经主控制阀50F与传动箱油池相通，变矩器11排油，牵引力中断。同时去限压阀36的控制油经油道334、制动阀33、油道333、交换阀34、换向阀31与油池相通释压。制动阀33的滑阀331下端的控制油经车向阀32、换向阀31也释压，如图2-12所示。

机车做后向（B向）牵引运行时原理相同。

3）动力制动与换向

设机车作前向运行（图2-14），前向变矩器11充油时，司机将换向手柄从前向移至后向位，管道301释压，滑阀311被弹簧推回上极端位。同时压力风进入管道302，滑阀312被压至下极端位，从油道683来的控制油经换向阀31、交换阀34后分两路。

此时，由于机车趋于前向运行，车向阀32的滑阀321仍被油道643来的压力油推至上极端位，滑阀321将去制动阀33的滑阀331下端的油路切断。同时，制动阀33的滑阀331下端的油经车向阀32、换向阀31回油箱，释压。滑阀331被油道645来的压力油推至下极端位，使限压阀36的滑阀361下端的油经油道334、制动阀33、车向阀32也释压。

进入交换阀34的两路控制油路径如下：

① 一路经油道333、制动阀33、油道332进入转换阀35的滑阀351的上端，将滑阀351推至下极端位，使供油泵61来的油经油道611，转换阀35，油道355、352、673、674进入主控制阀50F、50B。

② 另一路经油道342进入主控制阀50B的滑阀502上方，将滑阀502推至下极端位，使油道674与油道124相通，向泵涡轮反向转动的变矩器12充油。

同时，由于管道301已释压，滑阀311被弹簧推至上极端位，从油道682来的控制油被切断，而主控制阀50F的控制油经油道341、交换阀34、换向阀31与油池相通、释压，滑阀501被弹簧推至上极端位，使变矩器11内的油经油道114、115，主控制阀50F排空。变矩器12充油后涡轮就产生与列车运行方向相反的制动扭矩，对机车施行动力制动。

变矩器12的排油道125经油道126、362就进入限压阀36的滑阀361上端。由于此时滑阀361下端没有压力油，仅有弹簧力，当作用在滑阀361上端的变矩器12排油压力大于弹簧力时，滑阀361下移，打开限压阀36的排油口。变矩器12排油压力越高（制动力矩越大），排油口开度越大，回油箱的油越多，从而限制了变矩器12内的压力，起到限制最大制动力矩的作用，以免零部件损坏、冷却能力不够和制动力超过轮轨间黏着力等问题。同时变矩器12的工作油经排油道125及油道126和353进入转换阀35上滑阀354的下端。

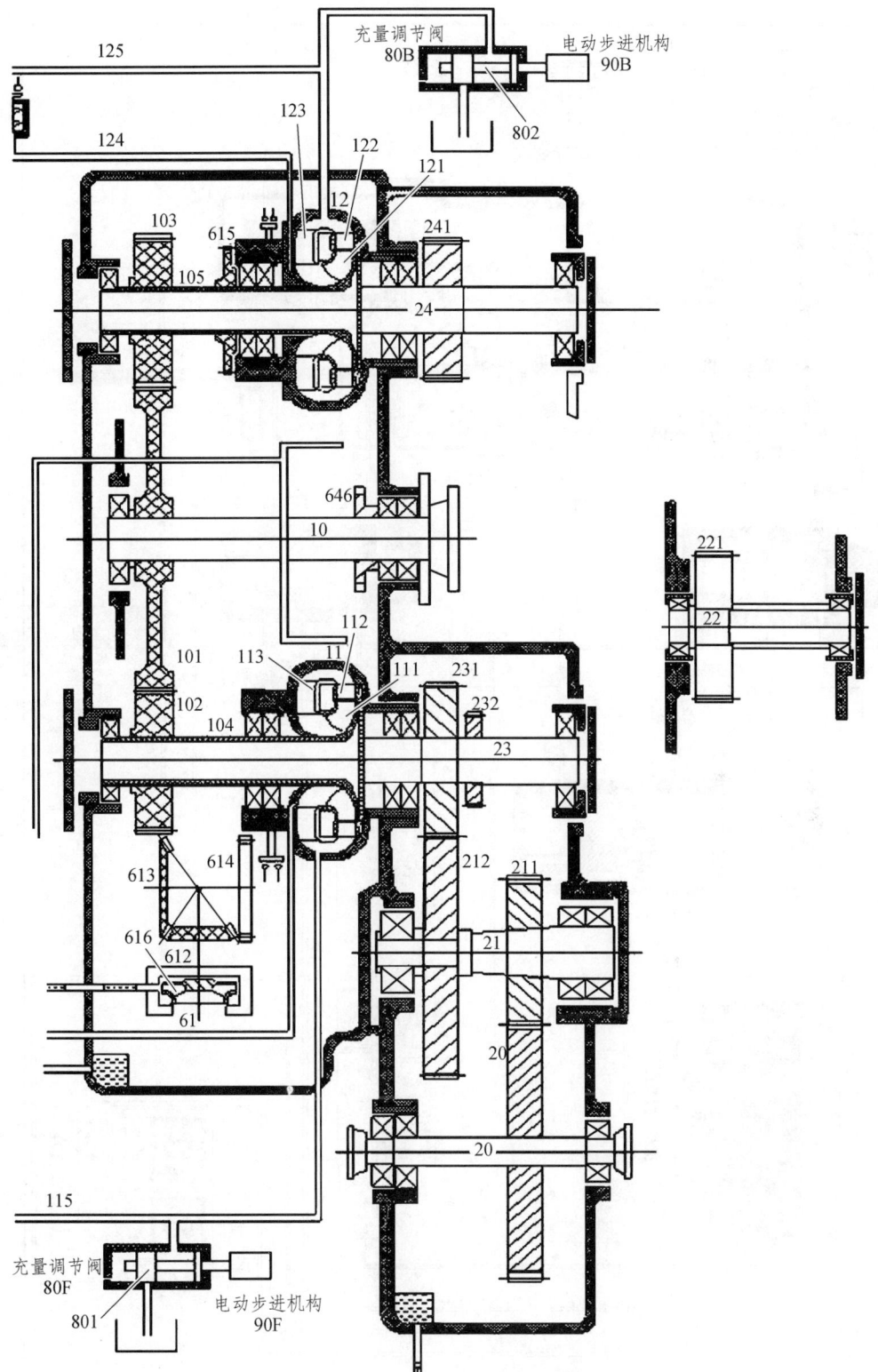

图 2-11 液力传动箱结构图

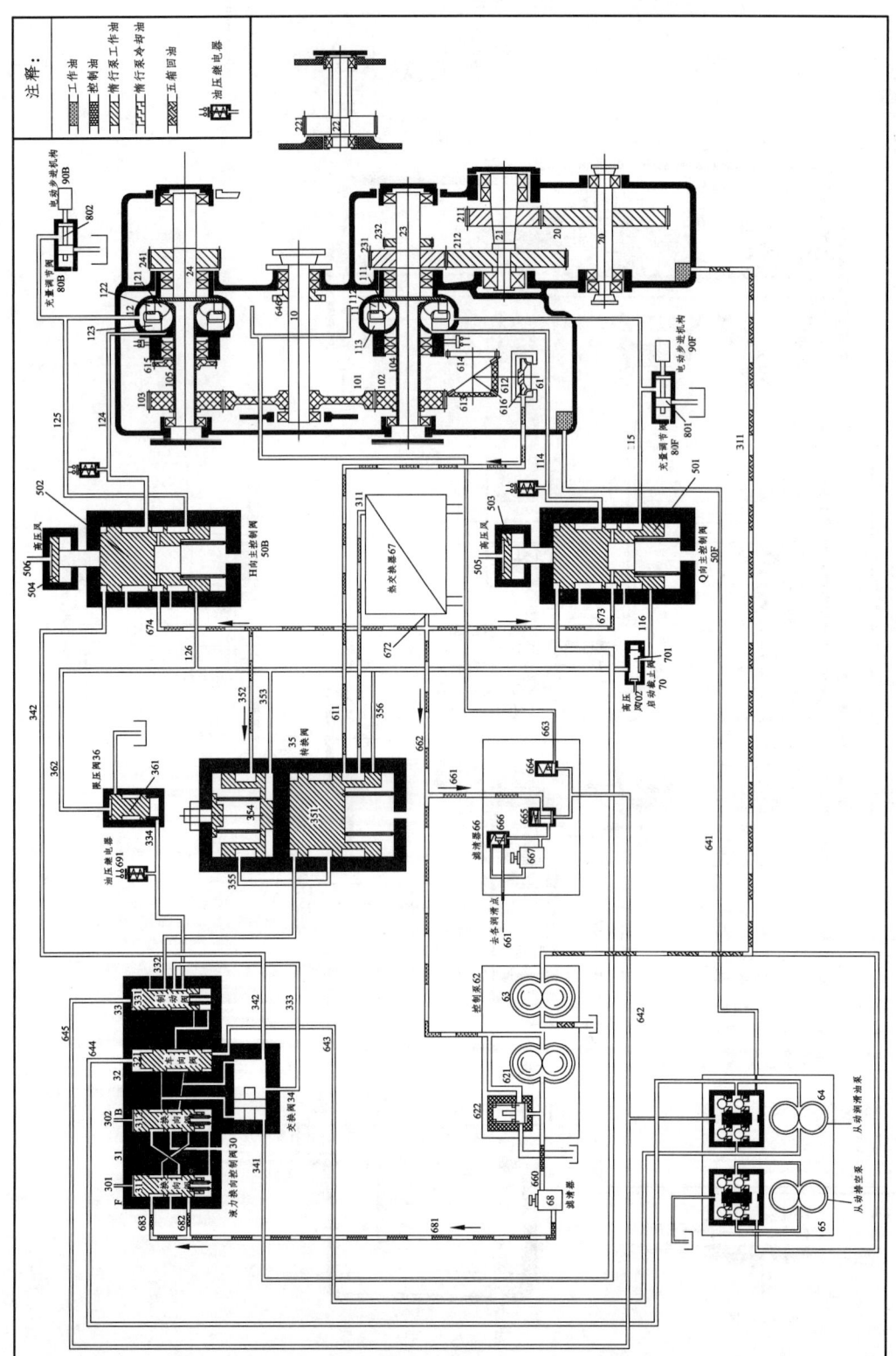

图 2-12 机车处于静止状态

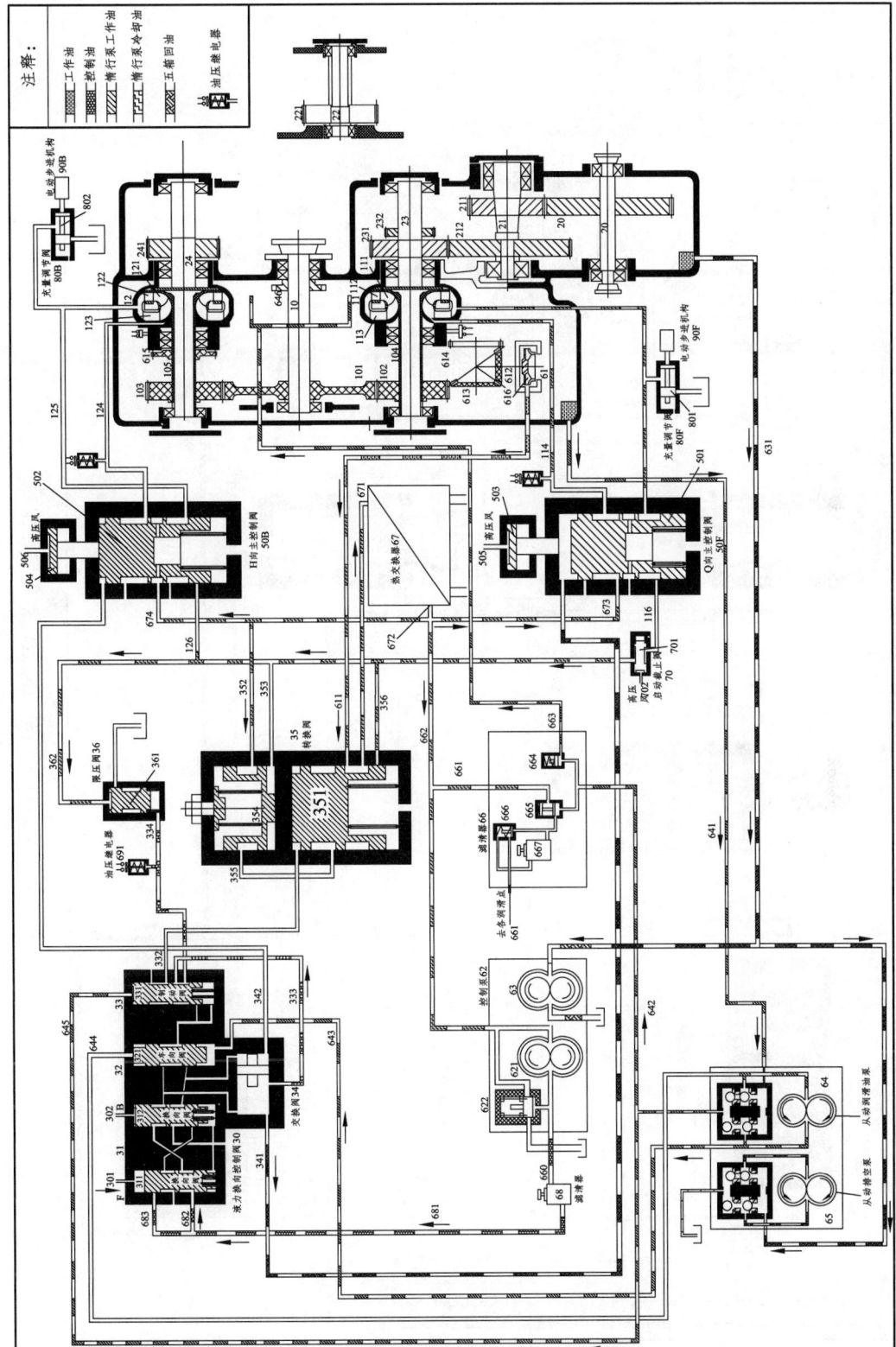

图 2-13 机车前向运行

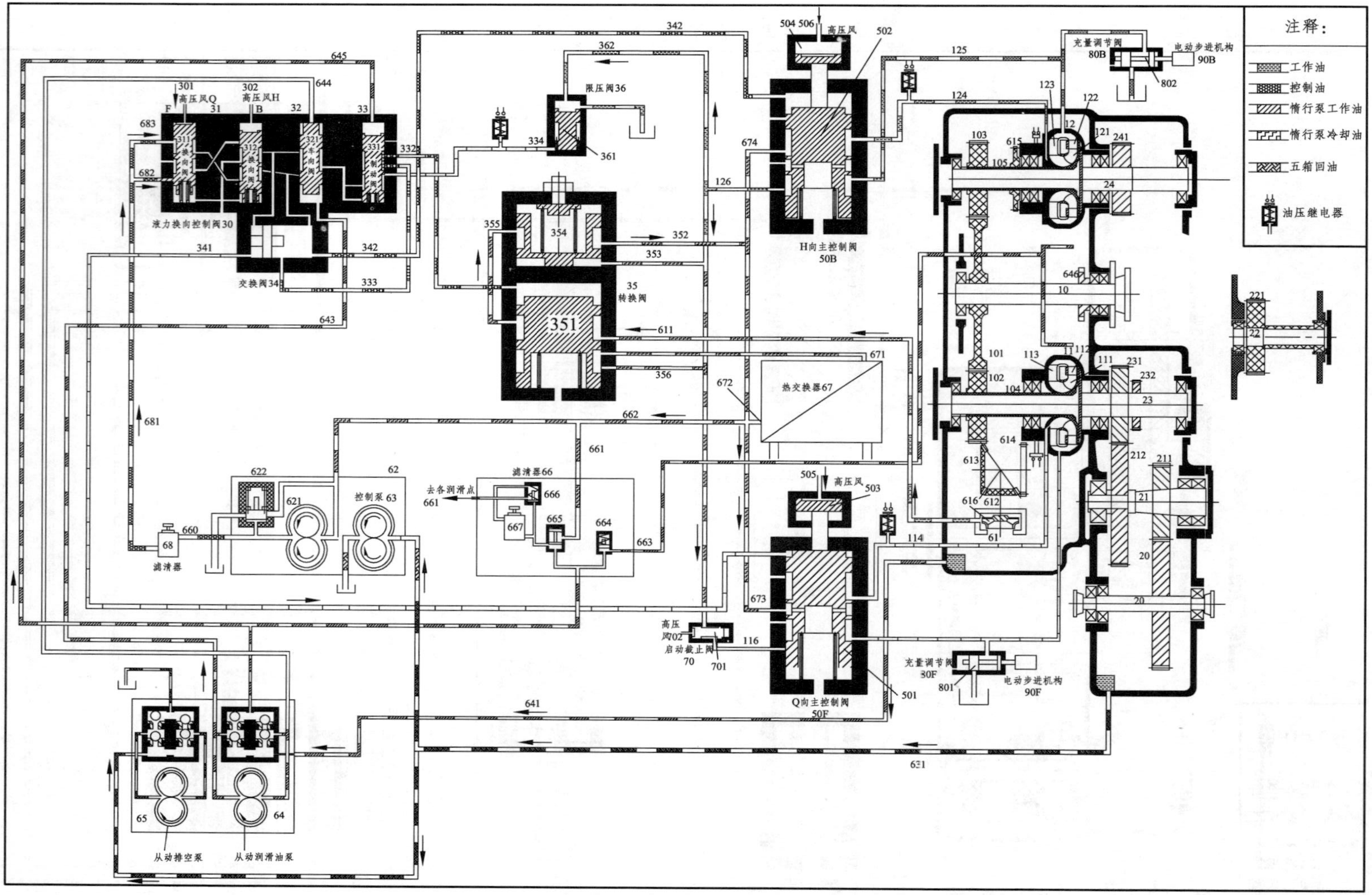

图 2-14 机车前向运行后向液力制动

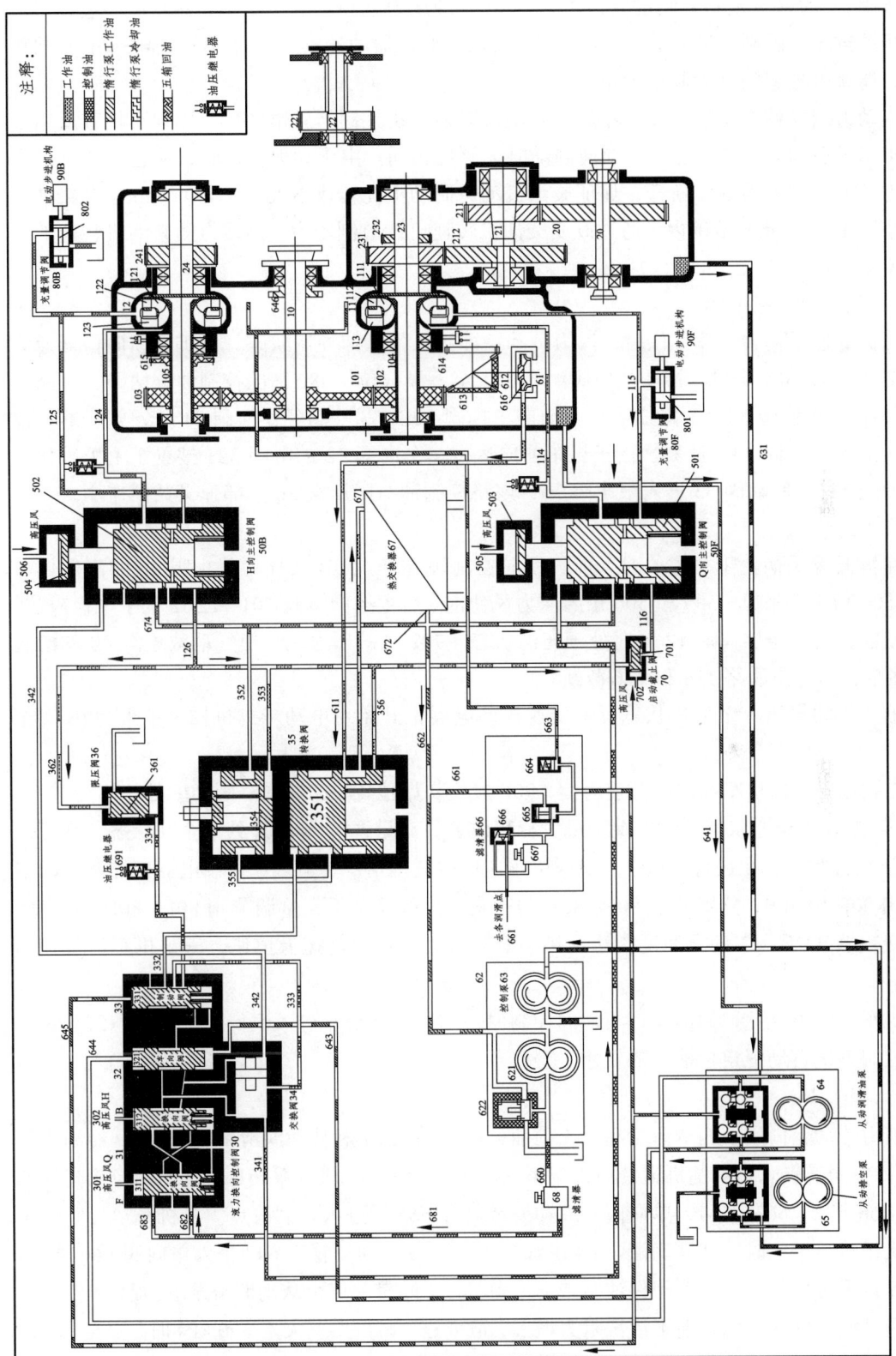

图 2-15 机车恒低速运行（前向）

当阀 35 的弹簧预紧力调定后，变矩器 12 排油压力越高，滑阀 354 上移越多，进油口截面面积就越小，限制了进入油道 352、674、124，变矩器的油量，在它与限压阀 36 的共同作用下，能获得理想的动力制动力矩。

当动力制动使机车速度降至零后，若不及时将司机控制器置惰转位，则列车接着反向运行。机车做后向（B 向）运行，前向制动时，原理相同。由于动力制动时，油道 334 的油没有压力，油压继电器 691 断开，保证柴油机动力制动工况转速不大于 1 400 r/min。在柴油机转速小于 1 400 r/min 范围内，通过改变柴油机转速可调节制动力，制动力随柴油机转速的增大而增大。

4）机车恒低速工作

当恒低速手柄置于非零位时，液力传动箱即进入恒低速控制状态，以机车前向恒低速为例（图 2-15），301 来风，推动换向阀滑阀 311 至下极限位，682 来的控制油分两路：一路经换向阀 31、交换阀 34、油路 341 进入前向主控阀 50F；另一路经换向阀 31、交换阀 34、油路 333 进入制动阀 33，此刻，由于机车前向运行，车向阀 32 的滑阀 321 被置于上极限位，控制油经 333、制动阀 33 进入限压阀 36，该路控制油与限压阀 36 下部弹簧共同作用，关闭排油口。

在恒低速手柄置于非零位时，前、后向控制阀 50F、50B 及气动截止阀 70 的高压风口 505、506 和 702 来风，505 和 506 来的压力风使前、后主控阀滑阀 501 和 502 置于下极限位，结果使前、后变矩器 11、12 同时处于充油状态。702 来的压力风，使气动截止阀 70 的滑阀 701 移至右端，使油路 116 和 126 截断。

液力传动箱进入恒低速状态，恒低速控制电器柜开始对电动步进机构 90F 和 90B 实施控制。

在初始时，以机车前向恒低速为例，90F 置于初始位置，充量调节阀 80F 处于闭合状态，变矩器 11 处于全充状态，90B 置于最大行程位置，充量调节阀 80B 处于全开状态，变矩器 12 处于全排状态，在运行过程中，根据机车速度的波动情况，恒低速控制电器柜控制电动步进机构 90F 和 90B，分别调整 80F、80B 的行程，从而控制了充量调节阀 80F、80B 的开度，调整变矩器 11 和 12 的充油度，达到控制液力传动箱输出转速低恒速，满足机车恒低速的要求。

机车后向恒低速控制的原理与前向控制原理相同。在机车进入恒低速控制状态时，机车电气控制系统自动恒定柴油机的转速。

5）润　滑

液力传动箱内用于润滑齿轮和轴承的油，由供油泵 61 和从动润滑泵 64 提供，经滤清器 66 进入各润滑点。当柴油机运转而机车不动时（图 2-12），供油泵 61 出来的油经热交换器 67 和管道 672、662、661，单向阀 666 和滤清元件 667 后进入各润滑点。当机车运行（无论柴油机运转与否）时，从动润滑泵 64 由油池抽油，压力油经管道 642 进入单向阀 666 下方，克服弹簧压力使其上升，关闭供油泵来油油道 661，润滑油仅由从动润滑泵 64 提供。

当滤清元件 667 因长期不清洗阻力增大，造成进、出口压差大于 160 kPa 时，安全阀 665 打开，来油不经滤清元件而直接进入润滑油路。

6）冷　却

牵引工况时，换向阀滑阀与车向阀滑阀位置相互配合，使控制油进入制动阀滑阀331下方与弹簧推力配合，克服上方从动润滑油泵油压，故滑阀331处于上极端位，切断油道333，并使油道332释压，转换阀351被弹簧推至上极端位，构成以下工作油冷却循环通路：供油泵61→管道611→转换阀35→管道671→热交换器67→管道672→油道673（同时674）→主控制阀50F（或50B）→管道114（或124）→变矩器11（或12）→泵轮油封和涡轮油封间隙→传动箱油池。

制动工况时，换向阀滑阀与车向阀滑阀不对应，控制油不能进入滑阀331下方，故滑阀331在从动润滑油泵压力作用下处于下极端位，控制油经交换阀34、管道333、制动阀33、管道332进入转换阀35的滑阀351上方，将滑阀351压到下极端位，构成以下工作油冷却循环通路，见图2-16。

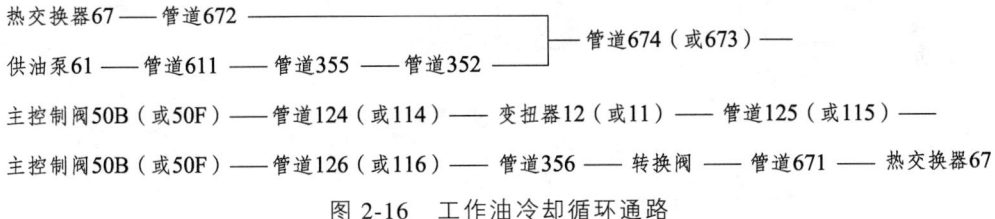

图 2-16　工作油冷却循环通路

第四节　机车传动系统

一、辅助传动系统组成

辅助传动系统由辅助万向轴、辅助齿轮箱及静液压系统组成。

当柴油机运转时，柴油机自由端通过辅助万向轴驱动辅助齿轮箱。辅助齿轮箱驱动辅助发电机发电和静液压泵运转。静液压泵经静液压系统最终驱动冷却风扇旋转。

1）辅助万向轴

辅助万向轴用于将柴油机自由端与辅助齿轮箱相连接，传递功率、扭矩。

2）辅助齿轮箱

辅助齿轮箱结构图参见图2-17。

辅助齿轮箱的输入轴上装有两个齿轮，其中一个与辅助电机轴齿轮啮合，辅助电机轴经弹性柱销联轴节与辅助发电机连接；另一个用于驱动静液压泵传动轴齿轮，静液压泵传动轴为带有内花键结构的空心轴，静液压泵端部的花键轴插入其中，由此驱动静液压泵工作。输入轴末端装有齿轮油泵，从下箱经滤清器抽油，并将压力油经分油器送至各润滑点。分油器内设定压阀，可限制润滑油压不致过高。在上箱体顶部有通气器，下箱体侧面装有油标。

3）静液压系统

静液压系统示意简图见图2-18。

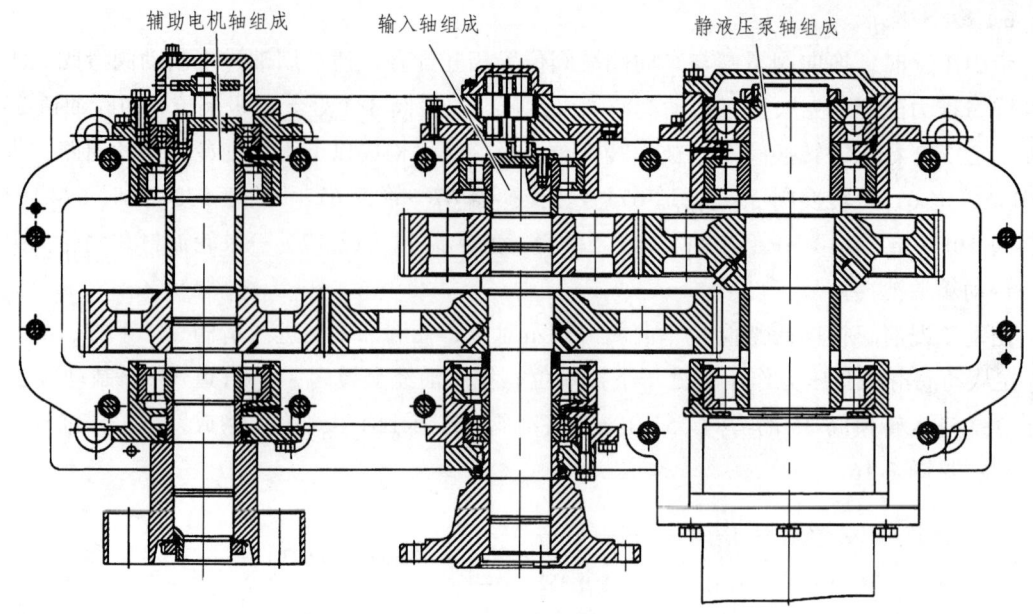

图 2-17 辅助齿轮箱

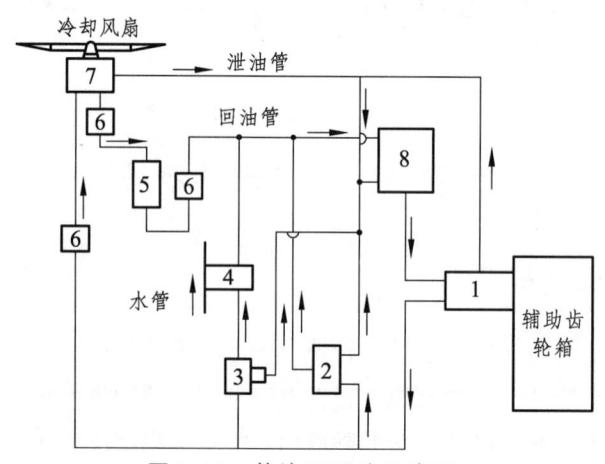

图 2-18 静液压系统示意图

1—静液压泵；2—安全阀；3—气动截止阀；4—温度控制阀；5—液压油散热器；
6—高压软管；7—静液压马达；8—静液压油箱

静液压系统工作时，静液压泵将机械能转变成液压油的液压能，液压油经高压管路进入静液压马达，静液压马达将液压能转变为机械能，驱动冷却风扇旋转。然后，液压油经过液压油散热器冷却后经油箱再回到静液压泵循环工作。

具有液压能的液压油通过与静液压马达并联的温度控制阀的节流来实现冷却风扇无级调速，使柴油机冷却水温的波动保持在一定范围内，起到平滑调节冷却水温的作用。在系统中设有安全阀，以缓和管路冲击，避免系统过载。当温度控制阀失灵时，司机可通过电器开关关闭气动截止阀，使冷却风扇全速运转。此时，风扇转速不受水温的调节，仅与柴油机转速有关。

二、万向轴

连接柴油机与辅助齿轮箱的万向轴称为辅助万向轴，它所传递的功率和扭矩都较小。主传动万向轴包括连接柴油机与传动箱的第一万向轴、连接传动箱与车轴齿轮箱的第二万向轴和连接两个车轴齿轮箱的第三万向轴，它们用于传递牵引功率，承受较大的扭矩，其额定工作扭矩为 $2.45 \times 10^4 \mathrm{N \cdot m}$（2 500 kgf·m）。

主传动万向轴的花键轴如图 2-19 所示，与花键套采用矩形花键连接，以补偿由于机车通过曲线及垂直、横向位移时引起的万向轴长度变化。由于在工作时花键轴与花键套之间有一定的相对运动，为避免磨损过快，花键副应有良好的润滑。

图 2-19 万向轴的花键

主传动万向轴十字销上装有双列短圆柱无保持架滚子轴承，轴承代号为 604710T。十字销端面与轴承套之间有一个游动的尼龙垫，可以防止端面与套直接接触造成擦伤。十字销颈部与轴承套之间还装设了密封用的迷宫环，可防止润滑脂泄漏及水、灰尘等进入轴承。十字销与轴承配合间隙过大，运转时容易引起振动。因此，装配时应严格控制径向游隙为 0.03~0.06 mm。

万向轴装配后必须进行动平衡试验，其不平衡量用两端燕尾槽内的平衡块来抵消，试验完后应将平衡块固定，以防使用中松脱或移动。整体拆装万向轴时，一般不得使花键轴与花键套分开，如有特殊情况需要分开时，必须先做出标记，以免装错方位破坏万向轴的平衡。

万向轴的安装：

（1）由于万向轴是依靠连接法兰间的摩擦力来传递扭矩的，因此安装前必须将万向轴法兰及被连接部件的法兰接触面清理干净。

（2）为了保证法兰接触面间有预定的接触压力，必须使用测力扳手按规定的扭紧力矩来紧固螺栓，各万向轴法兰螺栓扭紧力矩见表 2-3。

表 2-3 万向轴法兰拧紧力矩

名　称	安装位置	螺　栓	拧紧力矩/N·m
第一万向轴	柴油机与传动箱之间	M20×1.5×45/62	440（45 kgf·m）
第二万向轴	传动箱与车轴箱之间	M20×1.5×62	440（45 kgf·m）
第三万向轴	车轴箱与车轴箱之间	M20×1.5×62	440（45 kgf·m）
辅助万向轴	柴油机与辅助箱之间	M16×1.5×40/55	280（28.6 kgf·m）

（3）安装万向轴时，规定将花键套装在主动轴一侧，花键轴装在从动轴一侧。

（4）为保证安全，万向轴各螺栓的防松垫片只准使用一次，拆卸万向轴后再次安装时，必须装新的防松垫片。

三、车轴齿轮箱

每台机车有 4 个车轴齿轮箱，分为两类：一类是一级齿轮传动（参见图 2-20）；另一类是二级齿轮传动（参见图 2-21）。

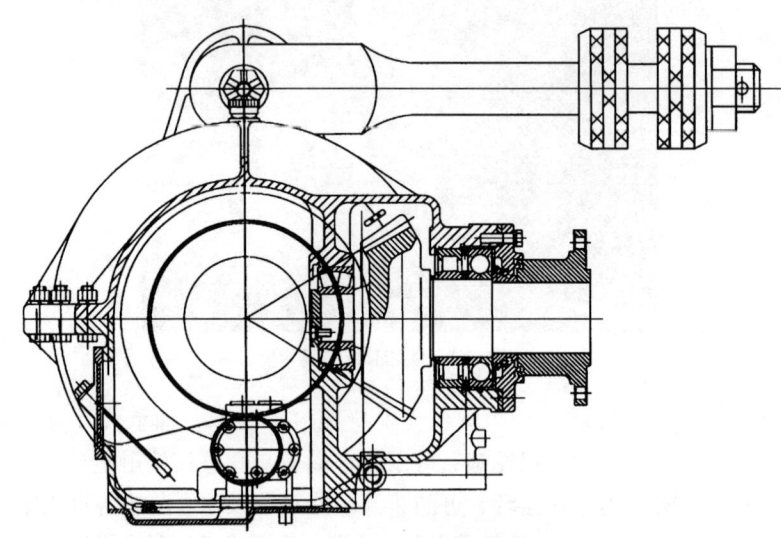

图 2-20　单级车轴齿轮箱

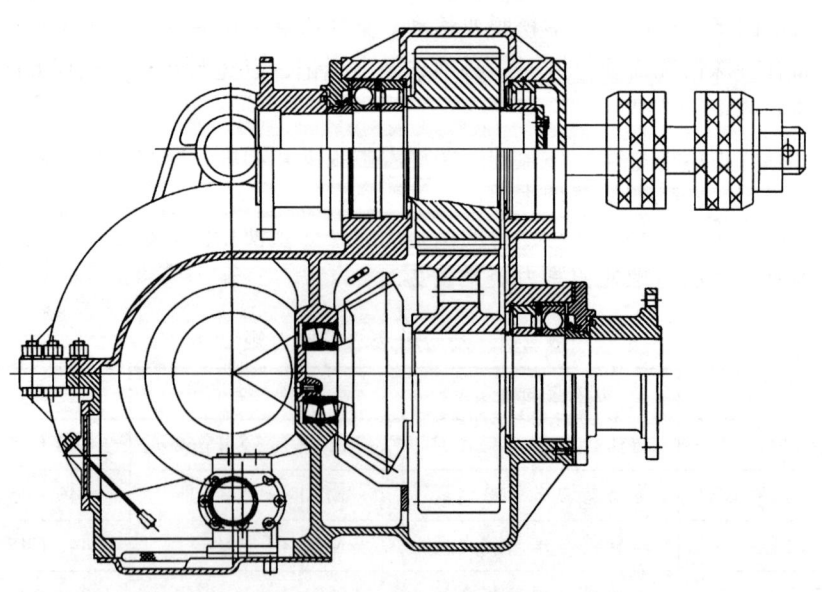

图 2-21　双级车轴齿轮箱

单级箱齿数比为 15/40，双级箱齿数比为 30/62×15/40。每个车轴箱内均装有双向齿轮油泵，使得机车在正、反向运行时都能供给润滑油。齿轮采用喷油和飞溅相结合的方式润滑。在油泵吸油口处装滤网，它靠弹簧片卡在油底壳上，由下箱体上的观察孔可以方便地拆装，便于经常清洗。

为了承受车轴齿轮箱的反作用力矩及缓和工况突变的冲击，使各轮对的牵引力分配均匀，在车轴箱上设置了拉臂，它的一端通过橡胶缓冲垫与转向架构架连接，另一端通过关节轴承与车轴齿轮箱的拉臂座连接，可以适应转向架构架与轮对之间的横向及垂直位移。

大螺旋锥齿轮上的轴向力，由两个与车轴过盈配合的紧圈来承受。紧圈还起着确定车轴齿轮箱与车轴间的横向相对位置的作用。若发现紧圈有松动，为确保安全，机车必须立即停止使用。

第五节　机车传动系统使用及维护

一、液力传动箱的使用与维护

1. 保　养

1）日常保养

液力传动箱的日常保养内容包括：

① 每天旋转两个滤清器手把并检查油位，油位应在停机几分钟后再检查。

② 每 300 工作小时左右（约 1 个月）清洗各滤清器芯子及外壳，注意有无金属磨屑。在投入运用初期，铜屑可能较多，这是轴承上保持架磨合所致，后期应逐渐减少；如不减少，甚至伴有较多的金属屑，则可能是传动件损坏的征兆，应特别注意。

③ 每 1 000 工作小时左右（约 3 个月），应取样检查油质，油质指标以所用传动油相应指标为依据。

油样应在柴油机停机时采取，因为此时油的状态较为均匀，油样具有代表性。若油有臭味，需作腐蚀试验。方法是在油样内放入铝片、铁片及铜片，将油加温，在 100 ℃下保温 3 h，若发现其中一片有腐蚀，就应更换工作油。换油时，也应在柴油机刚停机时放油，并同时清洗各泵进油口的滤网、磁钢和各滤清器芯子、外壳，注意磨屑的多少和有无金属碎块，必要时作进一步的检查。

④ 每 3 000 工作小时左右（约 10 个月）清洗各泵进油口滤网和磁钢。

传动箱各滤清器和各阀，如换挡阀、液力换向控制阀、控制阀手操纵、主控制阀以及工况操纵机构中，都装有 O 形密封圈，要经常注意它们是否完好，有无漏风、漏油现象。发现损坏应及时更换。各 O 形密封圈安装位置及规格如表 2-4 所示。

表 2-4 GK0C 型内燃机车用 O 形密封圈

序号	标准	名称	数量	材料
1		O 形密封圈 270×5.7	1	氟橡胶（FPM）
2		O 形密封圈 65×5.7	1	氟橡胶（FPM）
3		O 形密封圈 270×5.7	1	氟橡胶（FPM）
4		O 形密封圈 65×5.7	1	氟橡胶（FPM）
5		O 形密封圈 55×5.7	1	氟橡胶（FPM）
6		O 形密封圈 55×5.7	1	氟橡胶（FPM）
7		O 形密封圈 55×5.7	1	氟橡胶（FPM）
8		O 形密封圈 55×5.7	1	氟橡胶（FPM）
9	GB 3452.1—1992	O 形密封圈	1	25.8×3.55G
10	GB 3452.1—1992	O 形密封圈	1	37.5×3.55G
11	GB 3452.1—1992	O 形密封圈	1	18×2.65G
12	GB 3452.1—1992	O 形密封圈	1	60×5.3G
13	GB 3452.1—1992	O 形密封圈	1	20×2.65G
14	GB 1235—76	O 形密封圈 30×3.5	2	橡胶 I-3-HG4-329
15	GB 1235—76	O 形密封圈 16×2.4	1	橡胶 I-3
16	GB 3452.1—1992	O 形密封圈	2	43.7×3.55G
17	GB 3452.1—1992	O 形密封圈	3	48.7×3.55G
18	GB 1235—76	O 形密封圈 65×3.1	4	橡胶 I-1
19		O 形密封圈 18×2.4	1	氟橡胶（FPM）

2）初次投入运用期内的保养

在初次运用的 50 h 内，应每隔 2~3 天清洗各滤清器芯子一次；在运用的 50~300 h 内，每周清洗一次滤清器芯子，每两周清洗一次各泵的进口滤网及磁钢。

2. 液力传动工作油

液力传动装置所需的工作油，存储在传动箱、热交换器和管路中，共约 420 kg。

1）加 油

第一次加油应按以下步骤进行：

① 打开通气帽上的滤网，把油灌入传动箱，可使油面比油尺上刻线稍高。

② 起动柴油机，惰转几分钟后停机，此时由于传动箱内的部分油进入热交换器和管道中，需再次加油，使油面达到上下刻线之间，且靠近上刻线的位置。

③ 把通气帽和油尺装好。

应经常检查油位，发现油位低于下刻线时及时补加。

2）油 质

液力传动工作油，不仅在液力元件中用于传递功率，还用于润滑传动箱内齿轮、轴承等零部件。另外也作为控制系统的控制用油，对其综合性能要求较高。

工作油应有一定的重度，使液力元件能传递规定的功率。工作油应有一定的粘度。油的黏度较小可提高液力元件效率，减少管道阻力，但由于工作油同时起润滑作用，故在工作温度范围内黏度不应下降太多，否则润滑作用不良。

工作油要严格控制含水量，因为水会锈蚀机件，且对润滑不利。工作油不能含有皂脂，否则油中会产生持续泡沫；也不能含有溶于水的酸碱类，因为它们将引起零件腐蚀；也不能含有沥青，因为沥青在高温时会分离沉积在管壁、孔道及阀内部，以至引起阻塞。

工作油应能在 120 ℃ 的高温下长期工作，在凝点至 150 ℃ 的温度范围内，添加剂不会被析出或失效，此外，工作油中产生的泡沫越少越好，泡沫多了会降低传递的功率。

工作油必须由专业化工厂炼制，我厂规定采用河北辛集石油化工厂生产的新型液力传动油或与此种液力传动油成分、性能相当的其他品牌的液力传动油。

注意：工作油不能弄脏，也不能混入其他油种，因为这样的混合油有起泡沫的倾向。

3）油的使用期限和更换

合适的液力传动油，需要有不小于 2 000 h 的使用寿命。新传动箱上使用时，要在初次运用达 50~100 h 和 300~500 h，作第一、二次换油，换下来的油经滤清仍能使用。换油同时应对两个滤清器进行彻底清洗。若油中泡沫太多，可添加消泡剂，即先将二甲基硅油按 10% 的浓度溶于煤油，再按每吨工作油 85~100 cm^3 的比例将该溶液加入工作油内。

建议每隔三个月对油进行一次化验，当出现下列情况之一时需要换油：

① 含水量达到 0.2%时；

② 50 ℃ 时的黏度比新油高 6 cst（厘斯）时；

③ 总杂质（标准苯中不溶解物）达到 0.2%时；

④ 酸值高达 1.2~1.5 mg KOH/g 时；

⑤ 总盐基值比新油低 5%以上时；

⑥ 泡沫过多影响传递功率时。

需要换油时，通过四箱后端左右两个放油阀可以放油，两个放油阀均应打开，否则油无法放净。拆掉五箱底部油底壳上所设螺塞，可以将五箱内所存的工作油放掉。

二、机车起动、运行、制动及换向

1. 起 动

柴油机起动后惰转，机车各辅助系统正常，空气制动装置工作正常，此时机车才可起动。

（1）把司机换向手柄按需要置于机车前（Q）向或后（H）向所需位置。

（2）将控制器手轮置于"1"位，此时起动变扭器开始充油，逐渐提高手把位，当机车牵引力超过机车或列车起动阻力时，机车或列车便开始起动。

2. 运 行

机车严禁超速运行（不超过 52 km/h），以防止各传动件因转速过高而损坏。

3. 液力制动及换向

若机车正在前向牵引运行，需要使用液力制动时，可将司机换向手柄扳回后向，此时传动箱后向变扭器充油，产生制动扭矩使机车减速，制动扭矩随速度降低而增加。调节柴油机转速就可以调节制动扭矩的大小。当机车速度降低到零时，若不将司机控制手轮回到"0"位，机车将自动换向，向后运行；若不需机车接着向后运行，可等速度回到"0"位时立即将司机控制器手轮回"0"，同时实行空气制动。同理，机车正在后（H）向牵引运行时，也可直接将换向手柄扳至前（Q）向，以实现机车减速、停车或换向。

4. 注意事项

主控制阀、转换阀、充量调节阀、液力换向控制阀及变扭器轴部件是液力传动箱中的关键部件，这些部件的拆检必须由经制造厂培训过的人员完成。否则，造成的损失自负。

三、万向轴的使用与维护

应注意万向轴的维护保养，以保证传动装置能正常工作，保养主要是以下方面：

（1）各运动部分的润滑，润滑不良将大大缩短万向轴的使用寿命。万向轴十字销及花键套上均装有油杯，每运用半月（或250个工作小时）后，应用油枪补加一次润滑脂，万向轴规定加注GB7324滚动轴承锂基润滑脂2号（出厂时已加入）或成分、性能相当的其他锂基润滑脂，切勿与钠基油脂混合使用。加油时，应使储油空间充满油。

（2）万向轴装车前已做过动平衡试验，运用中要经常检查平衡块的位置和紧固状态，更换万向轴上的任一零件后，必须重新做动平衡试验，各万向轴允许的不平衡度不得大于 $18\,g\cdot mm/kg$。

拆下来的万向轴应水平存放在支架上，以防止变形。当更换万向轴十字销组成后，须重新扭紧轴承盖上的万向轴叉头螺钉。第一、二、三万向轴为 $M18\times1.5\times60$，扭紧力矩为 $335\,N\cdot m$（$34\,kgf\cdot m$），辅助万向轴为 $M12\times1.5\times50$，扭紧力矩为 $120\,N\cdot m$（$12\,kgf\cdot m$）。

装配后应按规定重新作动平衡试验。

四、车轴齿轮箱的使用与维护

车轴齿轮箱同机车安全运行关系极大，因此要常检查，检查拉臂、拉臂销有无损坏，锁紧螺母及各紧固件有无松动。

每隔半月（或250个工作小时），应通过拉臂销上的油嘴向关节轴承加注GB7324滚动轴承锂基润滑脂2号或相当的其他锂基润滑脂。在解体检查时，必须对拉臂销进行探伤检测。运用中要经常注意箱体温度，一般情况下，轴承座处箱壁温度不应超过外温+50℃。如果某一处轴承座温度过高，可能是该处轴承损坏或润滑油路不畅通；如果多处轴承座处温度过高，则应检查齿轮油泵是否损坏，滤网是否被堵塞。

车轴齿轮箱润滑油应采用同牌号的增压柴油机油。箱内油面过高或过低，都会造成整个箱子温度过高。检查油位时应先松开下箱油尺上的六角头螺塞，取出油尺用干净布擦净油尺罩后，将油尺放入油尺盖孔并紧贴盖孔平面（不能拧入螺孔）进行测量，油位应在图2-22所示范围内，检查油位后应将油尺插入并用扳手拧紧，以免松脱。

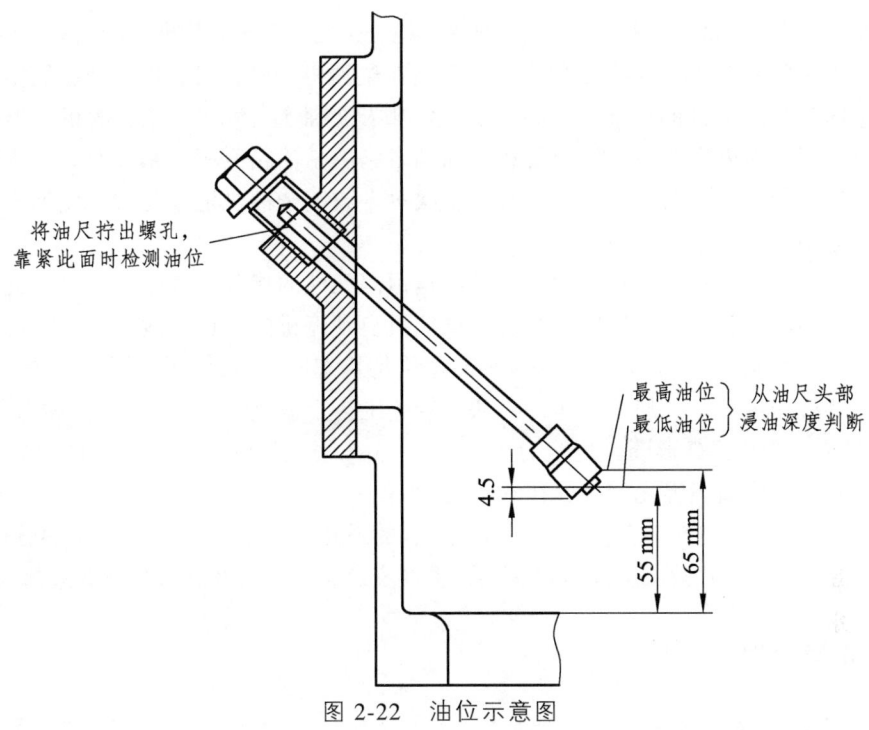

图 2-22 油位示意图

车轴齿轮箱换油期限一般为 500～600 h，要定期鉴定油质，若有下列情况应及时换油：
（1）含水量超过 0.2%；
（2）机械杂质超过 0.2%；
（3）酸值过高。

新机车或检修后开始使用的初期，要特别注意润滑油是否清洁，滤网是否被堵塞，必要时可卸去油尺盖，取出滤网和磁钢进行清洗，或连同油底壳一起拆下清洗。

换油时，可拆掉油底板和下箱底部的螺塞放油，取下透气帽，即可加入新油（也可经 200 目×0.05 铜丝布过滤后，通过油尺孔加油）。

五、辅助齿轮箱的使用与维护

辅助齿轮箱润滑油采用同牌号的增压柴油机油。

每天检查油位，应在柴油机停机 5 min 后进行，油位应在油标中部小圆凹槽的上下边缘之间。每天应检查各转动部件连接螺栓有无松动。每 3 个月换一次油，拆掉下箱体放油螺堵放油，拆下并清洗下箱体油泵进口处滤清器，恢复原状后，按规定从通气帽处加油。

六、静液压系统的使用与维护

静液压系统采用同牌号的增压柴油机油。运用中要经常检查静液压系统油箱油位，检查油位应在柴油机停机后 5 min 进行，油位应在油标的上下标孔中心线之间。液压系统的磁性滤清器应经常清洗，使工作油保持清洁，新配管子或更换液压元件后首次起机时，应空载运行 30 min，停机后清洗磁性滤清器。

检查液压元件及管路中各个接头处有无泄漏。检查系统有无异常振动，振动剧烈处应加管卡。

在初次运用两周（100～140 工作小时）后，在柴油机刚停机时，打开油箱底部的螺塞和静液压马达回油管最低处的放油阀，将油放出，放出的油经不大于 5 μm 的精滤器过滤后方能重新使用，否则须更换新油。放油后重新加油时，由于油箱容积和系统布置的限制，仅向油箱加一次油不能使整个系统充满油，必须多次盘车或使柴油机甩车几次，使油充满整个系统后，再向油箱中加油至规定油位。

运用中如发现风扇不转或转速太低，可能是恒温元件的橡胶膜片破裂失灵，此时感温元件就起不到对油路的开关控制作用，会造成柴油机自动停机的恶性事故。此时，应通过电器开关操纵气动截止阀，使冷却风扇全速运转。待维持机车回段后，立即更换失灵的恒温元件。更换恒温元件应先将机车冷却水放净，再从水管路上拆下温度控制阀，更换恒温元件。安装新恒温元件前，先将新 O 形圈（规格为 16×2.4）装入恒温元件上的槽内，在 O 形圈外表面涂一层润滑脂后，将新恒温元件拧紧在阀盖孔内。

安全阀对静液压系统的保护起着重要作用，它的最高压力在出厂前已调定，并进行过调压试验，禁止拆解。若出现故障必须整体更换，更换安全阀必须由经制造厂培训过的人员完成。

七、故障处理

1. 液力传动箱常见故障

（1）制动机缓解，司控器手轮挡位已提至足够高，但机车仍不能起动。原因及处理办法见表 2-5。

表 2-5 机车不能起动原因及处理方法

可能原因	处理方法
与换向阀滑阀 311 或 312 有关的电空系统有关的故障	排除故障
换向阀滑阀 311 或 312 卡滞或 O 形圈密封损坏	拆下换向阀滑阀清洗并用细砂纸或油石打磨拉伤处
控制泵损坏或控制泵上的安全阀卡滞，管路泄漏，控制用过滤器故障	检查控制滤清器入口油压，正常值为（680±50）kPa，若不正常应找出故障点并消除
主控阀滑阀卡在 0 挡位	拆下滑阀清洗并用细砂纸或油石打磨拉伤处
缺油	检查油位并补油
供油泵机械故障或进油口滤网堵塞	在液力传动箱出油管路测量供油压力，正常压力值（在柴油机最高转速时）不应小于 500 kPa

（2）动力制动工况时工作油温上升较快，制动力过大。原因及处理方法见表 2-6。

表 2-6 制动时油温升高，制动力过大原因及处理表

可能原因	处理方法
交换阀、制动阀滑阀、转换阀中有一阀卡滞，使制动变扭器充油量过多	找出故障点
司控器手把位太高	调节至较低的手把位

（3）柴油机最高转速时牵引力不足，原因及处理方法见表2-7。

表2-7 柴油机最高转速时牵引力不足

可能原因	处理方法
缺油	检查油位并补油
油种错误或油脏	更换液力传动箱、传动油热交换器和管路的油，清洗各泵的滤网
传动油乳化	检查传动油路中可能的漏水处，特别是传动油热交换器，按规范修理后，清洗液力传动箱并换油
变扭器充油管路泄漏或油封损坏	解体液力传动箱，更换损坏件
主控阀滑阀卡滞，进油口未全部打开	对主控阀进行清洗，拆下滑阀清洗并用细砂纸或油石打磨拉伤处
限位阀卡在排油位，或由于某种原因（如制动阀卡滞）造成限压阀的控制油不能进入限压阀，使变扭器不能充满	对动作不良的滑阀进行清洗，并用细砂纸或油石打磨拉伤处

（4）司控器在"0"位时仍有牵引力（制动力），故障原因及处理见表2-8。

表2-8 司控器"0"位故障及处理

可能原因	处理方法
与换向阀滑阀311或312有关的电空系统有关的故障	排除故障
换向阀滑阀311或312卡在工作位	拆下换向阀滑阀清洗并用细砂纸或油石打磨拉伤处
主控阀滑阀卡在充油位	拆下滑阀清洗并用细砂纸或油石打磨拉伤处
工作油位太高	检查油位，按规定控制液力传动箱油位

2. 静液压系统常见故障

（1）柴油机冷却水温超过91 ℃，风扇仍未动作。故障原因及处理见表2-9。

表2-9 柴油机超温冷却风扇不动作故障原因及处理表

可能原因	处理方法
温度控制阀滑阀卡在开通位或恒温元件失灵	对动作不良的滑阀进行清洗，并用细砂纸或油石打磨拉伤处，或更换恒温元件。应急处理时，按下"强迫冷却"开关，使气动截止阀关闭，强迫风扇全速转动
安全阀滑阀卡在开通位，使系统建立不起压力	对动作不良的滑阀进行清洗，并用细砂纸或油石打磨拉伤处

（2）柴油机冷却水温低于 85 ℃，风扇转速过高。故障原因及处理见表 2-10。

表 2-10　柴油机冷却水温不超 85 ℃，风扇转速过高故障原因及处理表

可能原因	处理方法
温度控制阀滑阀卡在关闭位或恒温元件失灵	对动作不良的滑阀进行清洗，并用细砂纸或油石打磨拉伤处，或更换恒温元件
气动截止阀滑阀卡在关闭位	对动作不良的滑阀进行清洗，并用细砂纸或油石打磨拉伤处

（3）柴油机冷却水温超过 101 ℃，风扇转速过高。故障原因及处理见表 2-11。

表 2-11　柴油机冷却水温超过 101 ℃ 时风扇转速过高故障原因及处理表

可能原因	处理方法
温度控制阀滑阀卡滞或恒温元件失灵	对动作不良的滑阀进行清洗，并用细砂纸或油石打磨拉伤处，或更换恒温元件。应急处理时，按下"强迫冷却"开关，使气动截止阀关闭，强迫风扇全速转动
安全阀滑阀卡在开通位，使系统建立不起压力	对动作不良的滑阀进行清洗，并用细砂纸或油石打磨拉伤处
静液压泵或马达有故障	检修或更换

第六节　机车转向架

一、转向架的作用

机车转向架又称机车走行部，主要起以下作用：

（1）承担车架以上各部分的全部质量，包括车体、车架、动力装置以及各种辅助装置和电机电器设施等。

（2）保证必要的轮轨黏着，使轮轨接触处产生轮周牵引力或制动力，以达到牵引列车运行或制动停车。

（3）缓和线路对机车的冲击，使机车在线路上运行时具有较好的运行平稳性和稳定性。

（4）保证机车顺利通过曲线。

（5）保证机车安全、可靠、经济和正点运行。

二、转向架的组成

GK0C 型机车转向架主要由构架、轮对轴箱、旁承、牵引装置、基础制动装置、砂箱装置和轮缘润滑装置等组成（图 2-23）。

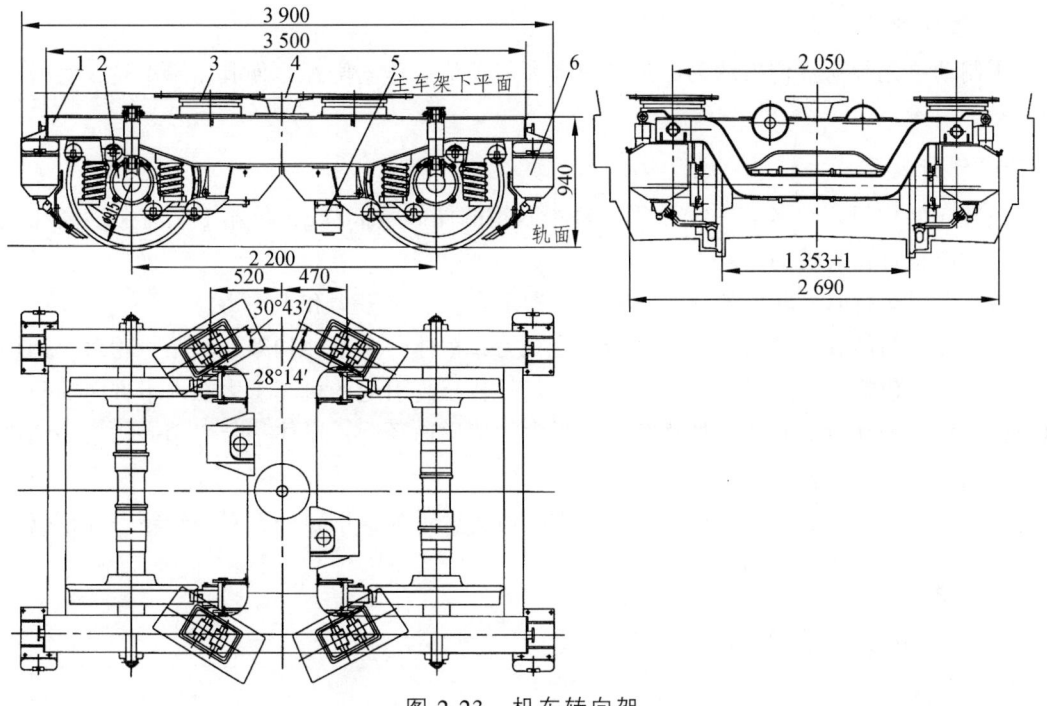

图 2-23 机车转向架

1—构架；2—轮对轴箱；3—旁承；4—牵引装置；5—基础制动装置；6—砂箱装置

1. 构 架

构架是转向架的骨架。通过它将轴箱、轮对、旁承、牵引装置、基础制动装置、停车制动装置和砂箱等组成一个整体。为了保证这些部件可靠地工作，构架必须有足够的强度和刚度，同时应有相互位置尺寸的精度要求。因此，构架采用强度大、刚性好、质量轻、截面呈箱形的全钢板组焊式结构。侧梁、端梁和横梁组焊成一体后作退火处理，整个构架采用二次加工。

2. 轮对轴箱

轮对直接向钢轨传递机车质量，通过轮轨间的黏着产生牵引力或制动力，并通过轮对的回转实现机车在钢轨上的运行。轴箱是联系构架和轮对的活动关节，它用两个两端带橡胶关节的轴箱拉杆将轴箱和构架弹性连接起来。轴箱通过轴承与轮对连接，起着对轮对的定位作用。既保证轮对的回转运动，还能使轮对适应线路等条件，相对于构架作各方向活动。

3. 旁 承

旁承支承着车体上部的全部质量。每台转向架设置 4 个旁承，其作用除承担车体上部质量外，当机车过曲线，车体与转向架产生相对回转时，起着摩擦副的作用。旁承中的橡胶垫作为悬挂装置的二系悬挂，衰减和隔离由轮对传至车体上部的高频振动。在直线上，4 个摩擦副还起到阻止机车蛇行运动，提高机车横向稳定性的作用。

4. 牵引装置

牵引装置将车体与转向架用牵引销连接，主要用于传递牵引力、制动力或横向力（如通过曲线时的车体未平衡离心力），承担车体与转向架间的转向和各种外力作用。

5. 基础制动装置

由制动单元制动缸传来的力，经楔角增大若干倍后传给闸瓦，使其压紧车轮，对机车进行制动。

6. 砂箱装置

在转向架构架四角各装一个砂箱，每个砂箱的储砂量 80 kg，砂箱下装有撒砂阀和撒砂管，并对应布置在端轴的车轮上。

机车牵引运行时，转向架承受三种力，即垂直力、水平力和纵向力。

垂直力包括静载荷和动载荷，其传递途径为：车体→旁承→构架→轴箱→轮对→钢轨。

水平力，包括机车通过曲线时的离心力，外轨超高引起的机车重力在水平方向的分力，以及机车水平振动所引起的附加载荷。水平力的传递途径为：车体→牵引销→构架→轴箱拉杆→轴箱→轮对→钢轨。

纵向力主要指牵引力和制动力。纵向力的传递途径为：钢轨→轮对→轴箱→轴箱拉杆→构架→牵引销→车体→车钩。

三、转向架技术参数

轴式：B-B；

构造速度/（km/h）：50；

轴重/t：16；

轴距/mm：2 200；

通过最小曲线半径/m：70；

轮径/mm：915；

轴箱轴承型号：NJ2232WB，NUHJ2232WB；

弹簧及减振方式：

一系：螺旋弹簧＋油压减振器；

二系：油浴摩擦滚柱式旁承；

牵引装置形式：中心销；

牵引中心高/mm：838；

制动装置形式：踏面制动单元＋停车制动；

停车制动力：120 kN。

四、构　架

构架是转向架的骨架，如图 2-24 所示，用以连接转向架各组成部分。它不仅承受机车上部所有设备的质量，而且还承受和传递机车在运行中产生的各种不同方向和随机运行的交变载荷，受力复杂。为了保证轮对轴箱、旁承、牵引装置、制动装置等部件可靠地工作，要求构架不仅有足够的强度和刚度，同时应具有足够的相互尺寸的精度要求。GK0C 型内燃机车构架采用了全钢板组焊成箱型截面的"日"字结构。

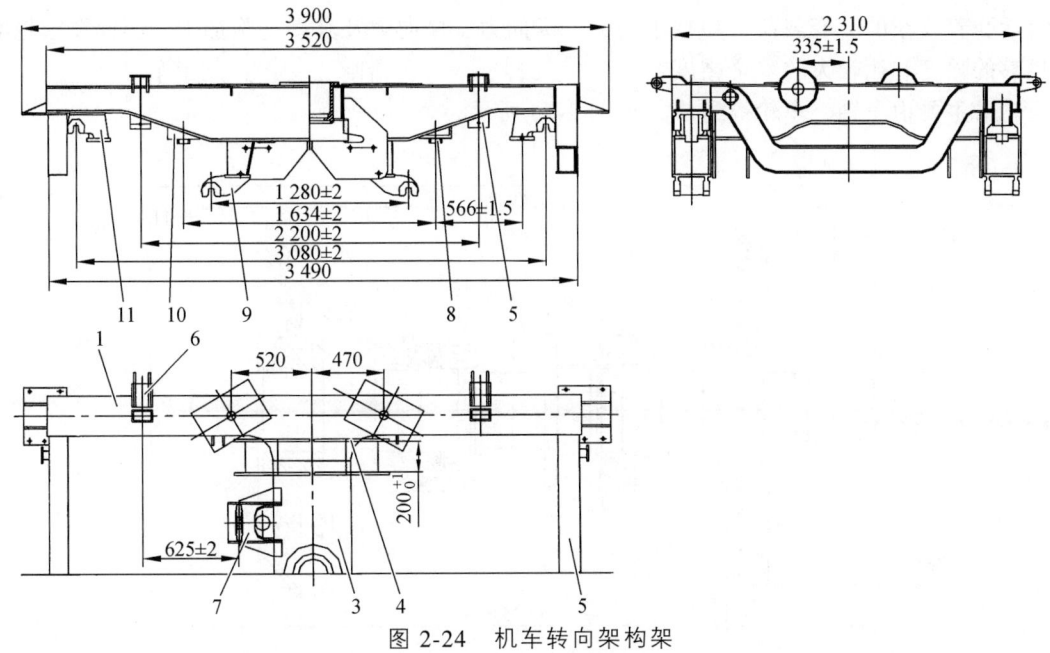

图 2-24 机车转向架构架

1—侧梁；2—端梁；3—横梁；4—制动座；5—轴箱挡；6—油压减振器座；7—车轴箱拉臂座；
8—弹簧挡圈；9—下拉杆座；10—弹簧安装座；11—上拉杆座

构架各钢板材质基本采用 Q235-A，所有焊缝用 E4303 焊条或 H08Mn2SiA 焊丝焊接，所有焊缝应符合（TB/T 1580—1995）《新造机车车辆焊接技术条件》的规定。而且焊缝的焊接次序应使所焊部件承受最小应力和最小变形。构架整体退火后，将各透气孔焊死并磨光，喷丸除锈，再涂 C06-1 铁红醇酸底漆 ZBG51010。

构架各梁均为封闭式，以防止水汽进入箱型内腔腐蚀钢板。所以在段修或厂修中，如用碱水冲洗，则必须将构架上裸露在外的所有孔用橡皮塞塞好后冲洗。

各弹簧座、上下拉杆座的纵向中心线与左右侧架的纵向中心线一致。构架的四角高差不大于 4 mm，四个上拉杆和四个下拉杆的转轴中心线（缺口处）对角线差不大于 4 mm，上下拉杆座及轴箱挡对构架中心线的位置度偏差不大于 1.5 mm，两侧梁横向中心线错位不大于 1.5 mm。

车轴箱拉臂座用于车轴齿轮箱的固定。

轮对通过轴箱及轴箱拉杆固定在构架上下拉杆座的梯形槽口内。机车运行时所产生的纵向力（牵引力和制动力）和横向力都是通过构架上下拉杆座的梯形槽进行传递的。因此，为了防止各轴之间不平行，以及与构架侧梁中心线不垂直，防止影响轮对定位和轮缘偏磨，规定各轴的上下拉杆座的梯形槽口中心线相互间距偏差不大于 2 mm；左右侧梁中心线 1 750 mm 的间距偏差为 2 mm。在构架侧梁的车轴中心线上焊有油压减振器座；在构架四角侧下部焊有砂箱座，砂箱吊板配焊在构架上，方便砂箱的组装；另外，构架四角焊有吊座以方便构架整体吊装。

五、轮　对

轮对是转向架的关键部件之一，其质量好坏直接关系到列车的行车安全。机车在运用中，轮对承受着复杂的交变载荷，包括垂向力、纵向力、横向力及其动态附加力。因此要求轮对有足够的强度和比较大的安全裕度。

轮对主要由车轴、车轮等组成，如图 2-25 所示。

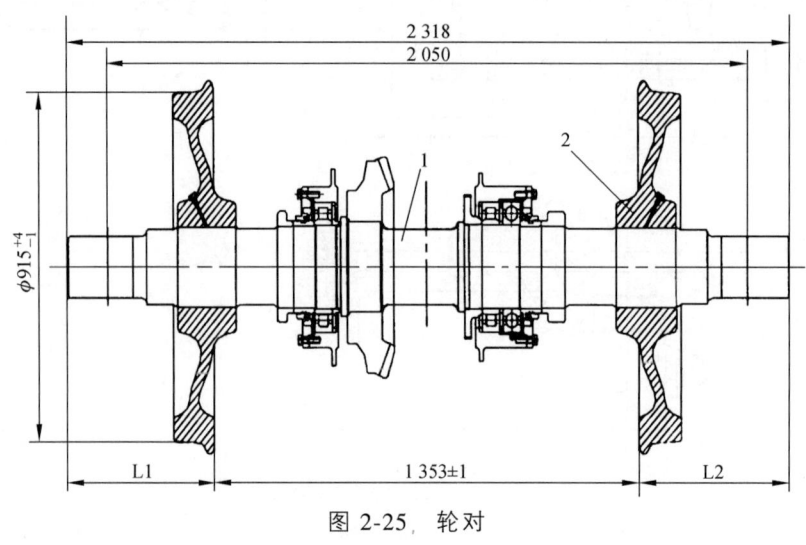

图 2-25　轮对
1—车轴；2—车轮

车轴在机车运行中承受较大的交变复杂载荷。车轴由专门的碳素钢锻制而成，代号为"JZ"，相当于 45 号钢，材料必须符合 GB 5068—1999《　　　　》的规定。而且还要按（TB/T 1618—1985）《机车车辆车轴超声波探伤》的规定进行探伤检查，加工完后按（TB/T 1619—1998）《机车车辆车轴磁粉探伤》的规定进行探伤检查。其余技术要求按（TB/T 1027—1991）《机车车轴技术条件》执行。车轴加工中要保证尺寸精度、形位公差和粗糙度要求。为了提高疲劳强度，轴颈和圆弧处采用滚压加工。

车轮与车轴配合过盈量为 0.21～0.26 mm。

压装 8 h 后，进行反压力检查，反压力为 1 280 kN，反压三次不得松动，并记录反压曲线。组装后的轮对，在专用机床上仿形加工踏面。车轮踏面用样板检查，踏面与样板之间的缝隙沿滚动圆表面不大于 0.5 mm，沿轮缘高度不大于 1 mm，沿轮缘厚度不大于 0.5 mm，检查时样板应紧贴轮缘内侧面。

轮对交验前应在车轴端面刻印上车轮与车轴、车轴与螺旋伞齿轮的实际过盈量。同时刻印上车轴熔炼炉号、轴号、工厂代号、材料代号及组装年月，以备在运用中查找。

六、轴　箱

GK0C 型机车轴箱采用弹性拉杆定位，如图 2-26 所示。轴箱与转向架构架用弹性拉杆定位，一系螺旋弹簧座与轴箱体铸成一体。轴箱拉杆两端都带有橡胶衬套和橡胶垫。轴箱相对构架的垂向和横向移动，靠橡胶的弹性变形获得。轴箱体上下拉杆梯形槽位于轴箱中心线的斜对称位置上，使轴箱受纵向力时保持平衡状态。轴箱体的上下拉杆座采用梯形槽结构，便于与拉杆的芯轴锥面保持良好的接触和紧固的连接。用螺栓将芯轴把紧在梯形槽内时，槽底必须留有 2～5 mm 的间隙。

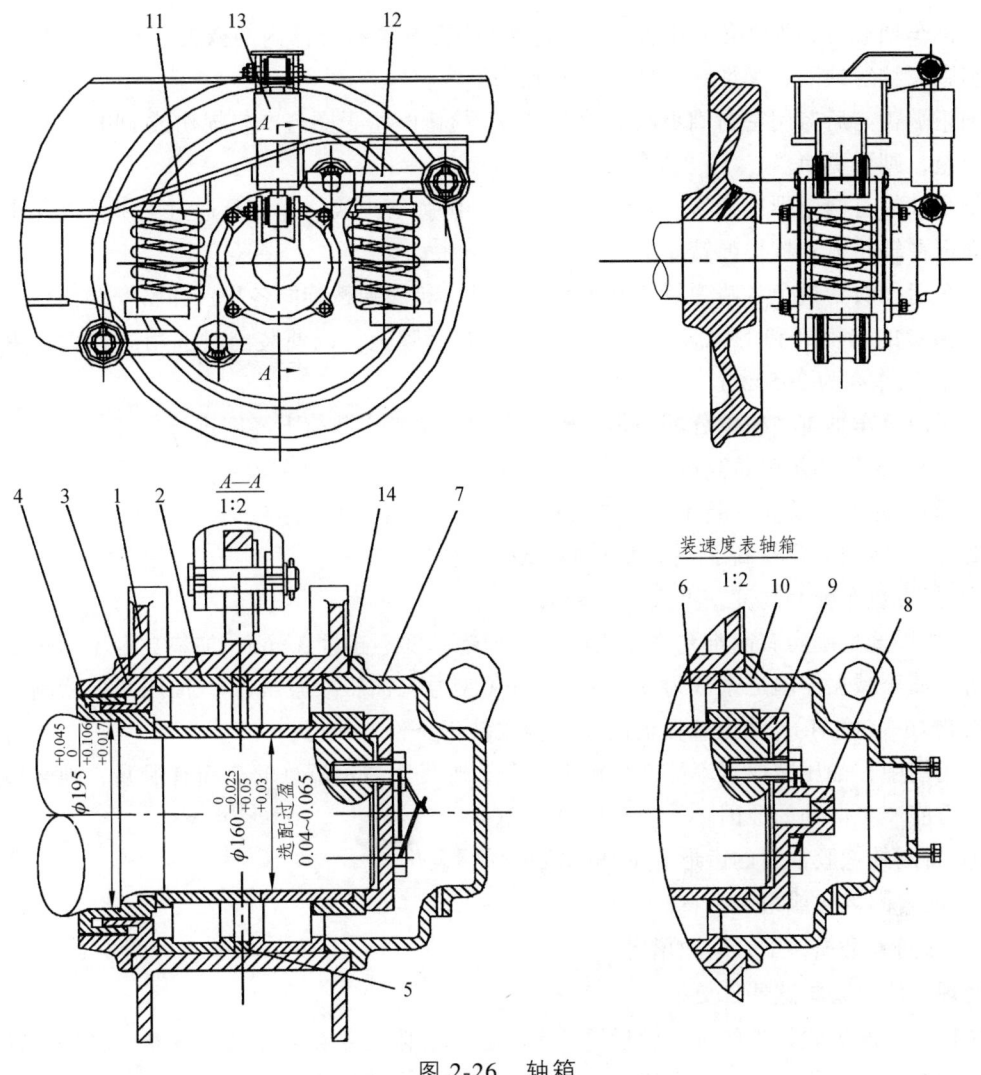

图 2-26 轴箱

1—轴箱体;2—NJ2232wB 滚动轴承;3—后盖;4—防尘圈;5—隔圈;6—NUHJ2232wB 滚动轴承;7—轴箱盖(一);8—压盖(一);9—压盖(二);10—轴箱盖(二);11—轴箱弹簧;12—轴箱拉杆(上,下);13—油压减振器;14—密封圈

轴箱拉杆由拉杆体、橡胶圈、芯轴、橡胶垫和端盖组成。

GK0C 型机车的轴箱拉杆设计成两头一样长,均为小头,以减小轴箱拉杆的横向刚度,有利于机车顺利通过曲线。芯轴两端都装有缓冲垫,用以增加横向弹性和防止冲击。轴箱拉杆具有一定的扭转弹性和横向刚度,当轴箱上下跳动时,利用拉杆橡胶的弹性缓和冲击和衰减振动。为了增加缓冲垫的压缩刚性,组装时用端盖将其压在拉杆体上,压缩变形量为 2 mm,压装后用卡环卡在芯轴上。芯轴用 45 号钢锻制并经调质处理,允许用 Q275 钢制造。

拉杆体为 ZG230-450(T)铸钢件。用专用压装工具将橡胶圈、芯轴压入拉杆体内。由于轴箱拉杆运用好坏直接影响到轮对的定位,关系轴承寿命、轮缘磨耗和机车制动等问题,检修中,橡胶圈和缓冲垫如果有微裂纹、局部鼓包、老化、弹性变形较大、挤出体外等现象,要及时更换。

在机车架修时,将轴箱拉杆端盖和缓冲垫拆下,检查拉杆体内的橡胶圈不得有挤出体外、老化和微裂纹等缺陷,弹性和刚性尚好的允许不换。

轴箱端盖与后盖用密封圈材料为橡胶Ⅲ-2。检修时密封圈若产生损伤或老化,直径变大,弹性变差,则要更换。

每个轴箱有两组螺旋弹簧,每组弹簧由二个圆弹簧组成。弹簧是通过上下弹簧座上的定位销固定在轴箱体和构架弹簧座上的孔内。

机车运行时为避免各圆弹簧相互卡死和接触,相邻弹簧旋向各异。弹簧交验前应将使用车型、弹簧的自由高和工作载荷下的高度冲打在标牌上,以便装配时选用。弹簧自由高为339 mm,工作高为265 mm。

为了使机车轴重、轮重分配均匀,轴箱弹簧应按工作载荷下高度进行选配:

① 同一轴箱两组弹簧高度差不大于 2 mm;
② 同一轮对弹簧高度差不大于 2 mm;
③ 同一转向架弹簧高度差不大于 4 mm;
④ 同一机车弹簧高度差不大于 6 mm;
⑤ 如果选配确实有困难允许加垫调整,加垫厚度不超过 3 mm,加垫数量不超过 2。

所用油压减振器阻尼系数为 588 N·s/cm(型号:油压减振器 I),油压减振器制造验收按(ZJT016—000.H)《油压减振器制造及验收技术条件》执行。

在运用中,油压减振器不能产生漏泄现象,如发现减振器外筒表面有泄漏,则必须进行修理。可能产生漏油的原因:

① 封圈的橡胶油封的齿形有损坏,或掉牙、老化。
② 油封圈老化或组装不良。
③ 导向套磨损,配合间隙增大。

处理方法就是将这些件更换。

减振器泄漏试验是把经过试验后示功图形正常、阻尼系数合格的减振器,水平放置 24 h 后,在端盖处无工作油渗漏为合格品。机车在运用中,要经常检查油压减振器筒体处是否存在渗漏油,橡胶垫是否存在老化、损坏,或橡胶件弹性变差的情况,如果有要进行修理或更换。在运用时,减振器体若发现缸体表面温度偏高,可能是因为缸内缺油,鞲鞴涨圈与体内表面产生拉毛等原因产生发热,要及时检查修理。

七、旁 承

GK0C 型机车转向架采用了四点旁承。车体上部的静载荷和动载荷,经旁承传给构架,再通过轴箱弹簧均匀分配给各车轴。GK0C 型机车(带柴油发电机组)采用滚柱式旁承,如图 2-27 所示,以进一步减小摩擦阻力和力矩,有利于机车顺利通过曲线。滚柱式旁承由旁承座、滚柱、滚柱座、橡胶垫、密封圈、密封圈座、旁承外座、底板、调整垫及磨耗板等组成。

旁承座和旁承外座用铸钢 ZG230-450(T)制造。滚柱用 65Mn 耐磨合金钢制造,探伤检查不允许有裂纹,热处理后表面硬度为 HRC50~55,ϕ55 的轴颈表面磨削后达到 R_a1.6 μm。滚柱座也用 65Mn 耐磨合金钢制造,热处理后表面硬度为 HRC50~55,ϕ55 的轴颈表面磨削

后达到 $R_a1.6\ \mu m$，两个 $R27.5\ mm$ 的圆柱面的同轴度偏差不大于 0.02 mm。橡胶垫的硬度为 HS50~60，表面不得有气泡、伤痕及棱角等缺陷。

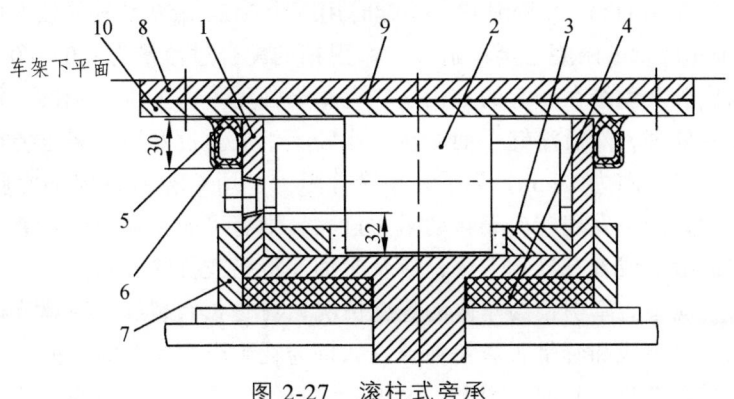

图 2-27 滚柱式旁承

1—旁承座；2—滚柱；3—滚柱座；4—橡胶垫；5—密封圈；6—密封圈座；
7—旁承外座；8—底板；9—调整垫；10—磨耗板

磨耗板用 65Mn 耐磨合金钢制造，探伤检查不允许有裂纹，热处理后表面硬度为 HRC40~50。

用调整垫调机车水平，最大加垫量不大于 4 mm，调整垫数量不得超过 3。加垫后同一转向架四旁承板下平面高度差不大于 1 mm，整车不大于 2 mm。旁承装配时要将异物清除干净，并在落车前加注 HCA-11 柴油机油。

八、牵引装置

机车车体与转向架之间主要靠中心销传递牵引力、制动力和横向力。

牵引装置主要由牵引销、底盖、橡胶套组成、压套、套等组成，如图 2-28 所示。

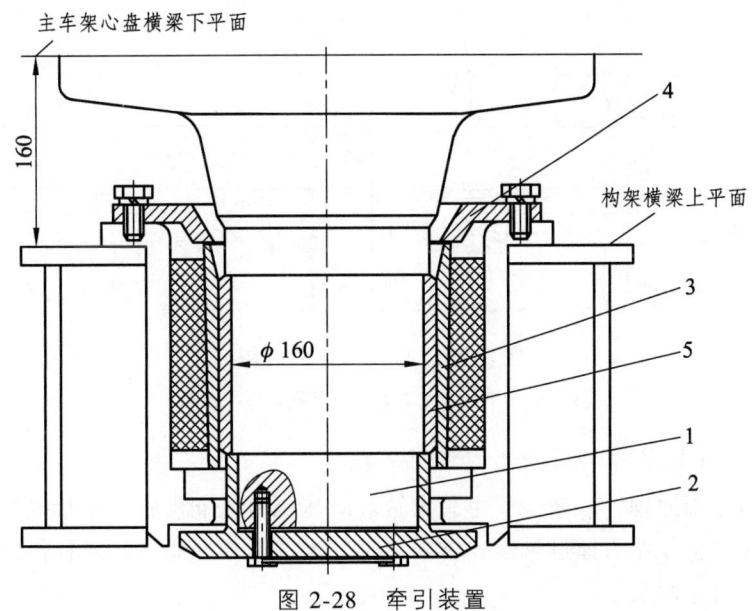

图 2-28 牵引装置

1—牵引销；2—底盖；3—橡胶套组成；4—压套；5—套

牵引销采用 20 号钢制造，须经抛丸处理和磁粉探伤检查，不得有裂纹，局部纵向裂纹（与中心线的夹角小于 30°的裂纹）经铲除后断面削弱在 1%以内者，允许焊修且焊后磨平。牵引销与车体焊接。底盖用 Q235-A 钢锻制。装配时用 3 个 M24×50 螺栓连接在中心销上。

套 5 用 $ZCuSn_5Pb_5Zn_5$ 耐磨合金制造，与牵引销的配合过盈量为 0.07~0.12 mm。橡胶套组成采用内套与橡胶套黏结在一起的结构，二者黏结强度不得少于 2 MPa，内套锥度 1：30 的圆锥面须经抛丸处理，然后涂锭子油防锈。橡胶套组成通过专用工装压装在构架的中心销座内，它与套的每侧间隙为 1 mm，为了减小摩擦阻力，用 GB491 钙基润滑脂 2 号润滑。

机车在运用中，如果发现转向架转动阻力过大，则有可能是牵引装置套与橡胶套组成的这一摩擦副间缺润滑油或者有异物卡住，应及时加润滑脂或排除异物。

机车架修时，应检查牵引销与车体的焊缝情况，看是否有裂纹、脱焊等缺陷，若有应立即焊补。检查橡胶套组成和套是否磨耗到限，如果磨耗到限则应及时更换。而且还要检查橡胶套组成的橡胶是否老化、起泡、变形过大等，一旦发生均应及时更换。并且在落车前要在橡胶套组成和套间涂 GB491 钙基润滑脂 2 号。

九、基础制动装置

GK0C 型机车基础制动装置采用踏面制动单元+停车制动的形式。踏面制动单元是制动缸与间隙调整器紧凑地组合为一体的制动单元，包括制动缸、力的放大机构及单向间隙调整器，可以自动补偿闸瓦和车轮磨耗产生的间隙。基础制动装置的结构布置如图 2-29 所示。

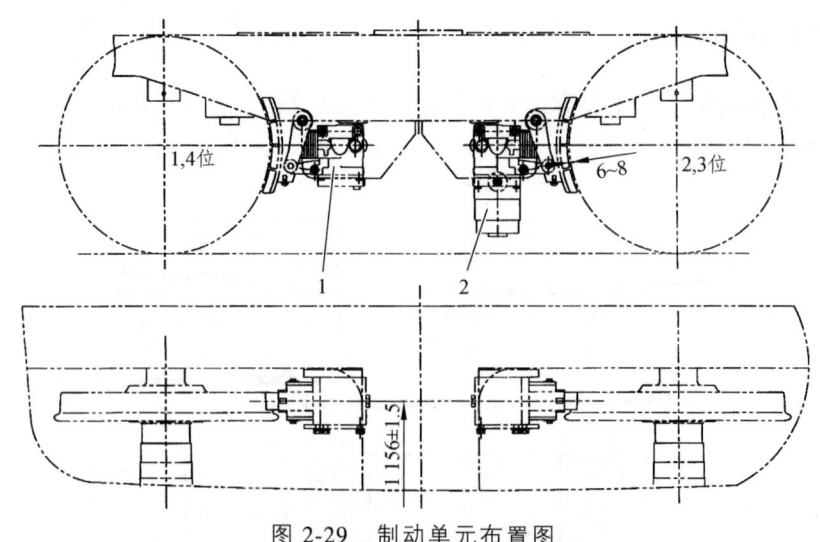

图 2-29 制动单元布置图

1—XFD-1 制动单元；2—XFD-2 制动单元

1. 制动单元和弹簧停车制动器的作用原理

制动单元的作用原理：压缩空气由总风缸经减压阀进入制动缸，推动鞲鞴移动，鞲鞴的楔形块使推筒移动。作用力通过轴承、轴承支架、推筒、调整螺母和丝杠传递到闸瓦上，使闸瓦抱住车轮，机车制动。

弹簧停车制动器的作用原理是：当压缩空气进入弹簧制动缸，鞲鞴使弹簧压缩，停车制动缓解；当弹簧制动缸的压缩空气排大气时，弹簧伸长推动制动缸鞲鞴向下运动，带动间隙调整器实现制动作用；当没有压缩空气而需要缓解机车时，可拉动缓解拉环，使棘轮与棘爪之间的锁闭脱开，获得机械式快速缓解。

2．弹簧停车制动器的的注意事项

（1）机车在无火回送或调车以后与其他车辆混编在一起时，必须接上列车管，并开通无动力装置，使机车能通过列车管向总风缸充风，当总风缸风压达到 450 kPa 以上时，方可启动。

（2）停车制动器未缓解时，严禁动车。

（3）总风缸无风时，弹簧停车制动器产生制动作用，动车前，可以利用手动缓解扳手进行缓解。

（4）总风缸无风时，弹簧停车制动器仅能实现一次制动和一次手动缓解作用。手动缓解后若需再制动，必须向总风缸充风，使总风缸风压达到 450 kPa 以上，或者采用铁鞋等其他制动方式。

十、砂箱装置

为了改善轮轨接触面的状态，防止车轮空转，提高黏着牵引力，在转向架的四个角设置了砂箱。每个砂箱的容量为 80 kg。砂箱顶部小盖的作用是：一方面打开小盖可往砂箱里装砂；另一方面当砂子由于长期不用或潮湿而凝结成块状时，还可以用棍搅拌。

另外为了使机车安全运行，防止机车发生脱轨及颠覆，在转向架的前端梁上装有排障器，能有效地防止异物对转向架的碰撞。排障板相对构架高度可以调整，排障刷下平面距轨面为 25 mm。当踏面磨耗后，可以适当上调排障板高度。

十一、检查、维护与保养

（1）在机车上进行焊接工作时，必须使地线接近焊接处，以防焊接电流通过轴箱轴承，将轴承烧坏。

（2）机车长期存放时，应每隔半月将机车移动一次，以变更轴箱轴承的接触点，防止轴承局部锈蚀。

（3）日常外观检查。轴箱弹簧是否有裂纹，若有，则必须更换。

（4）机车运行后停车时，日常检查轴箱温度，不得超过环境外温 + 30 ℃。

（5）日常外观检查车轮，不得有裂纹。

（6）外观检查构架有无裂纹及不良状况。

（7）检查轴箱拉杆体内的橡胶圈，不得挤出体外，不能有老化和微裂纹。橡胶垫不能有老化裂纹，若有缺陷均应及时更换。

（8）轴箱内使用铁路机车专用轮对滚动轴承脂，不得与其他牌号的润滑脂混用。机车架修时清洗轴箱、轴承，更换新润滑脂。

（9）闸瓦的使用厚度不得小于 20 mm。

十二、故障与处理

1. 转向架转动阻力过大

（1）可能原因是旁承内缺润滑油。处理办法是检查后补充 HCA-11 润滑油。

（2）可能原因是旁承内漏进水。处理办法是排水加油。

（3）可能原因是旁承内灰尘太多。处理办法是清洗旁承，更换新油。

（4）可能原因是牵引装置销套处不灵活。处理办法是加润滑脂。

（5）可能原因是牵引装置销套处有异物卡住。处理办法是排除异物。

2. 踏面制动单元缓解不良及轮瓦间隙不符合要求

（1）可能原因是空气漏泄。处理办法是更换皮碗。

（2）可能原因是轮瓦间隙太大。处理办法是经几次充排风后，闸瓦间隙自动调整到 $6 \sim 8$ mm。

（3）可能原因是轮瓦间隙上下不均。处理办法是将调节螺母旋转压缩（或放松）弹簧，使闸瓦间隙上下均匀为止，再将防松螺母紧固即可。

3. 撒砂不良

（1）可能原因是撒砂阀出风口堵塞。处理办法是拆撒砂阀清理。

（2）可能原因是砂子潮湿脏污。处理办法是更换干燥、清洁、筛过的砂。

（3）可能原因是连续撒砂时间过长。处理办法是采用间断撒砂，每踩 $5 \sim 10$ s，断开 $2 \sim 3$ s。

4. 一系弹簧拉杆弹性变差，运行中出现振动

可能原因是橡胶圈老化、破碎，橡胶垫剥离。处理办法是更换橡胶圈或橡胶垫。

5. 轴箱轴承发热

（1）可能原因是轴承内圈松动。处理办法是保证内圈与车轴轴颈的过盈量范围为 $0.04 \sim 0.065$ mm。

（2）可能原因是轴箱拉杆弹性元件失效。处理办法是更新失效后的弹性元件。

（3）可能原因是轴承制造偏差。处理办法是严格检查轴承原始尺寸，轴承间隙应符合要求，且不允许出现裂纹等缺陷。

（4）可能原因是轴承组装不良。处理办法是提高组装精度和组装质量，并按规定定量加注机车轮对滚动轴承脂。

第七节　机车制动系统

一、风源系统

风源系统为机车设备提供压缩空气，主要包括：空气压缩机、干燥器、总风缸等。空气压缩机产生的压缩空气经总风冷却器及干燥器的处理，使干燥、干净的总风进入总风缸，供机车制动机使用。

1. 空气压缩机

机车装配 1 台排量为 1.6 m³/min 的 W-1.6/9-1 型空气压缩机,最高排气压力为 900 kPa。在一级吸气温度不高于 −40 ℃ 时可连续运转。压缩机为 W 形结构,三缸、风冷、两级压缩往复活塞式空气压缩机。

压缩机通过电机经联轴器输入动力,带动空压机曲轴按指定方向旋转。曲轴中部的曲拐装有三组活塞连杆,曲轴的旋转式活塞在气缸内作往复运动,从而完成对空气的压缩。三个气缸中,两侧是一级气缸,中间是二级气缸。空压机采用飞溅式润滑,即连杆每下降一次,打油针击打润滑油使之飞溅,实现各摩擦面的润滑。压缩机的性能和结构参数如表 2-12 和表 2-13 所示。

表 2-12 空压机结构参数

结构形式	三缸、W 形
压缩级数	2
一级气缸数	2
一级气缸直径	115 mm
二级气缸数	1
二级气缸直径	90 mm
活塞行程	70 mm
驱动方式	直流电机驱动,弹性柱销联轴器
外形尺寸	575 mm × 640 mm × 650 mm
净重	170 kg

表 2-13 空压机性能参数

吸气压力	标准大气压
最大排气压力	900 kPa
转速	1 500 r/min
排气量	1.6 m³/min
驱动功率	≤12.6 kW
旋转方向	顺时针(自联轴器端)
冷却方式	风冷
润滑方式	飞溅润滑
润滑油	中国铁路空压机油 200#
润滑油压力	200 ~ 500 kPa
润滑油温度	≤80 ℃

2. 空气干燥器

机车装有 DJKG-A 型空气干燥器。DJKG-A 型空气干燥器是一种无热再生连续工作的压缩空气除湿装置。技术参数见表2-14。

表2-14 空气干燥器主要技术参数

处理空气量	$0 \sim 3.5 \text{ m}^3/\text{min}$
露点温度低于环境值的温度	夏季：10~20 °C；冬季：5~10 °C
工作压力	500~1 000 kPa
进气温度	5~55 °C
环境温度	-20~40 °C
控制方式	电气机械联合自动控制
控制电压	DC 110 V
再生方式	无热、常压

以该装置为核心，与其他辅助设备如散热器、油水分离器、电磁自动排污阀等，构成了机车风源净化系统，以清除压缩空气中的油分、水分、尘埃等有害杂质。经处理的压缩空气，可达到下述净化指标：

（1）露点温度低于环境值的温度：

夏季：10~20 °C，冬季：5~10 °C。

（2）含尘埃颗粒度：不大于20 μm。

（3）含油率：不大于10×10^{-6}。

3. 总风缸

采用两个容积为200 L的总风缸以储存压缩空气。

4. 辅助部件

（1）机车按双机重联要求采用增加总风缸管，不加装重联阀的结构，结构简单，操作方便。

（2）制动缸管采用$\phi 17$钢管分进制动缸。

（3）按要求在副台旁设一个紧急制动阀。

二、空气制动系统

1. 制动系统组成

机车装用两组JZ-7型空气制动机。JZ-7型空气制动机主要部件组成参见空气系统原理图2-30，本制动机可以操纵不同缓解性能的车辆制动。

安装于自动制动阀上的客、货转换阀和分配阀上的转换盖板，可适应一次缓解或阶段缓解型两种不同车辆制动机的要求。货车位用于一次缓解型制动机；客车位用于操纵具有阶段缓解性能的制动机。

其主要部件见第十章。

2. 机车单独制动

司机可以操纵单独制动阀只对机车施以制动或缓解。此时,机车的制动或缓解与列车的运行状态无关。单独制动性能见表 2-15。

表 2-15 机车单独制动性能表

项 目	要 求
全制动位制动缸最高压力	300 kPa
全制动位制动缸压力自零上升到 280 kPa 所须的时间	<3 s
运转位制动缸压力自 300 kPa 下降到 35 kPa 所须的时间	<4 s

3. 列车自动制动

当单独制动阀处于运转位时,司机可通过自动制动阀操纵全列车的过充、运转、缓解、制动和紧急制动。如果单独制动阀处于制动或缓解位,自动制动阀只能控制车辆的过充、运转、缓解、制动和紧急制动。自动制动性能见表 2-16。

表 2-16 列车自动制动性能

项 目	要 求
均衡风缸压力上升到最高压力所须的时间	<7 s
常用全制动位制动缸压力	330~360 kPa
常用全制动位制动缸压力自零上升到 330~360 kPa 所须的时间	<8 s
制动缸压力自 330~360 kPa 下降到 35 kPa 所须的时间	<9 s
紧急制动时,列车管压力降至零所须的时间	<3 s
紧急制动时制动缸最高压力	420~450 kPa
紧急制动后,制动缸压力上升到最高压力所须的时间	<7 s

4. 紧急制动

每端司机室均有一紧急制动阀。制动阀一旦失灵,或副司机发现特殊情况时必须立即停车,而又来不及通知司机时,可以拉下紧急制动阀,列车管中的压缩空气经此阀快速排入大气,列车迅速制动。

三、辅助空气系统

机车上的压缩空气还用于驱动两个低音喇叭、刮雨器、百叶窗风缸以及电空接触器等。

1. 风笛系统

风笛系统由风笛、鸣笛电磁阀及相关管路组成。机车的前向后向均设有两组低音风笛。当司机按下鸣笛按钮，对应喇叭的电磁阀得电，随着压力空气的进入，机车随即发出鸣笛声。

2. 控制用风系统

主要向机车控制部分提供风源。由调压阀（将风压调为550 kPa），控制风缸，滤尘器和电空阀箱组成。压力空气进入电空阀箱后经电空阀的动作，可以控制柴油机的操纵风缸、液力传动箱等各气动阀。

3. 刮雨器系统

机车司机室的前后窗以及司机室门上装有刮雨器，操纵台上装有刮雨器开关，打开开关，压力空气便可进入刮雨器促使其动作，刮除车窗表面雨水。

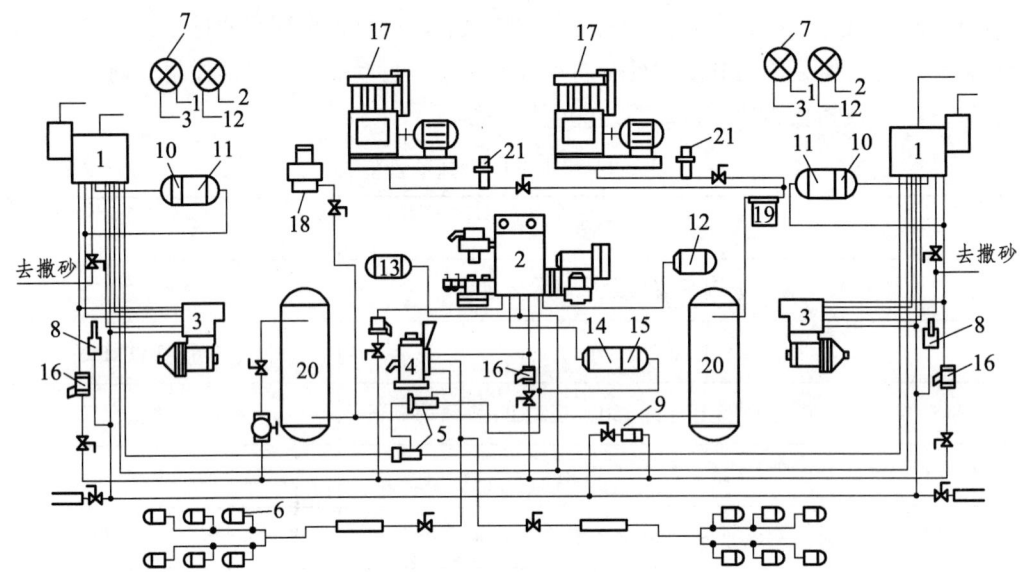

图 2-30　JZ-7型空气制动机原理图

第八节　机车车体

一、概　述

GK0C型内燃机车车体是一整体全钢焊接结构、车架承载的罩式车体。它是机车上部设备的安装基础和司乘人员的工作场所。该车体具有足够的强度和刚度，以承受和传递机车垂直力、横向力、牵引力、制动力以及运行中产生的冲击力。

GK0C型机车（带柴油发电机组）车体主要由车体钢结构及车钩缓冲装置等部件组成。

二、车体钢结构

1. 车体结构概述

车体钢结构由主车架、司机室、左右侧墙、前后端墙、间壁、车顶、扶手、侧梯、排障器等组成。

主车架由左右中梁、两组心盘横梁、四组吊车座梁、两组柴油机安装梁、两组牵引梁、端板与车钩冲击座、以及横梁、铁地板、传动箱密封地板、旁承座板等零部件组成。还有为调整机车重量与平衡的压铁装置。

外走廊及侧梯的扶手用钢管制成,经喷塑处理后用螺钉紧固在扶手头上,扶手距地板高度 1 000 mm。侧梯为三级板格式结构,第一级距轨面 440 mm,二、三级间隔分别为 340、345 mm。为方便司乘人员快捷上下车,在机车左侧中部设有登车的步梯。主车架是受力的重要部件,故各主要梁均采用 Q235 钢材料,由 12~25 mm 厚的钢板组焊成箱形结构。

车架两侧,前后相距 6 513 mm 的四组吊车座梁上设有吊座,供起吊或架起机车之用。

两组心盘横梁及旁承座板通过滚柱式旁承使车体座落在前后转向架上,牵引梁上设有从板座,磨耗板及防跳板等,以利于车钩缓冲装置的正确安装和使用。车架两侧外走廊下的中部围板内设有蓄电池箱(本车蓄电池仅装于右侧,左侧可作杂物箱使用)。为防滑,走廊地板面由 4 mm 厚的菱纹板组成。左右侧墙上设有多组侧门,沿两侧走廊可很方便地进入前、后机室内。侧门上设有供车内通风用的百叶窗及滤网。为增加侧墙刚度,减少振动,便于车内设备吊装,在两侧墙间增加了两根可拆梁,并在冷却室与动力室分界处设置了间壁与侧墙相连。

车顶为分段式活动结构,通过螺栓与侧墙或间壁相连。它分为冷却室车顶、动力室车顶、传动室及后机室车顶。每个活动车顶间设有固定(或可拆)的桥式过渡车顶,使活动车顶的安装、拆卸更为方便。

机车前后端板的下部设有全焊结构排障器,强度和外形有利于排除轨道障碍物。排障器由 6 个 M24 的螺栓紧固在端板上,通过排障器上的长圆孔可调整排障器距轨面的高度。即便在轮缘允许磨耗的状况下,也能调整到图纸规定高度。

机车固定重联时,在机车后端板上设有方便司乘人员去另车的翻板及安全链,当机车不需重联时,应掀起翻板呈竖起状并摘下挂于它车的安全链。

2. 主要技术参数

主车架长度/mm:12 850;

主车架宽度/mm:2 800;

车钩中心线距离/mm:14 050;

车钩中心距轨面高度/mm:880±10;

排障器极端距离/mm:13 450;

排障器距轨面高度/mm:100_{-5}^{0};

司机室宽度/mm:2 787;

司机室长度/mm:1 900;

前后机室宽度/mm:1 650;

车顶距轨面高度/mm：3 740；

车钩形式：TB/T 1594—1985 车钩（上作用）；

缓冲器形式：MX-1 型摩擦式橡胶缓冲器。

3. 车体维修

1）车体日常维护

（1）检查扶手、侧梯的状态是否安全可靠，扶手头、扶手座上的螺钉或螺栓是否松脱。安全链固定端是否处于拧紧状态。

（2）检查各侧门及蓄电池箱门关闭状态，门折页及把手是否正常。

（3）检查车顶与侧墙连接的安装螺母是否松动，顶部密封橡胶条处是否漏雨。

（4）检查主车架各排污槽及管是否畅通。

（5）检查排障器距轨面高度是否在要求范围内。

（6）检查车钩冲击座、吊车座梁、中梁及牵引梁等主要零部件焊缝是否开裂。

2）定期检修

（1）检修更换破损、老化变质的各种密封橡胶件。

（2）检查车体中部及两端部挠度变化并作记录。

（3）检查各侧门滤网，并定期清洗。

三、车钩缓冲装置

1. 结构概述

车钩缓冲装置位于机车主车架两端板冲击座及牵引梁内，用于机车与车辆的自动连接和分解，同时将机车牵引力传递给车辆，并承受来自车辆的冲击力。该装置主要由车钩、钩尾框、钩尾销、均衡梁、提钩杆及缓冲器等零部件组成。

车钩中心线距轨面高度为（880±10）mm，车钩采用 TB/T 1594—1985 内燃、电力机车车钩（上作用）。

钩尾框采用 HT95-00-75 钩尾框。缓冲器采用 TPH01-00B 即 MX-1 型摩擦式橡胶缓冲器。

2. 维护与检修

1）日常维护

（1）车钩提钩杆座螺栓不得松动。

（2）车钩均衡梁吊杆螺栓、钩尾框托板螺栓及钩尾销螺栓不得松动。

（3）车钩上锁销与上锁销杆的连接铆钉状态是否正常。

（4）车钩钩舌销的开口销状态是否正常。

（5）外观检查车钩、钩尾框及缓冲器状态是否正常。

（6）车钩三态作用良好。钩舌与钩腕内侧距离在闭锁位时为 112~122 mm，全开位时为 220~235 mm。

（7）检查车钩距轨面高度。

（8）检查从板座、从板、缓冲器、钩尾销、钩尾框及钩尾部各接触部分是否涂润滑脂。

3）定期检修

（1）车钩及钩尾框应定期分解清洗，并按（TB/T 456）《车钩、钩尾框技术条件》有关规定进行检查、探伤及焊修。

（2）钩舌与钩体上下承力面应接触良好。

（3）检修组装后，车钩三态作用应良好，钩舌开度应符合规定。

（4）车钩检修完后表面涂清油，车钩内及活动部位涂润滑脂。

（5）缓冲器应定期按规范清洗检修，必要时应更新。

（6）检查车钩在闭锁位置时，上锁销锁链应保持有 25～45 mm 的松余量。

四、附属装置

1. 车体内部结构

为给司乘人员提供良好的工作和休息环境，对 GK0C 型内燃机车车体进行了必要的内部装饰。在车体钢结构内表面喷涂有 3～5 mm 厚的 H98-2 自干阻尼胶（灰色），在司机室各墙体内填充了经包装的玻璃棉毡，在司机室顶棚中加装了软聚氨脂泡沫塑料，在司机室隔门内也填充了玻璃棉毡。这些材料的使用对机车防噪、隔热、抗振起到了很好作用。司机室内表面采用经喷塑处理的穿孔铝板，和谐的色彩使司机室环境舒适优雅。

2. 车门

司机室隔门为隔音、隔热和吸噪结构，采用 NT72-00-81-1 型通用机车侧门锁，司机可用一把钥匙开关任一隔门。机车出库前应检查门锁、门折页开关是否灵活，把手紧定螺钉应不得松动。定期检查门锁内各零件（主要是磨损件及弹簧）有无损坏，损坏者应予以更换。各转动部位涂适量润滑脂。

3. 车窗

司机操纵台上方设有望窗，车门上设有玻璃，司机室后端墙上部设有采光窗，上述门、窗玻璃均为铁道车辆用 6 mm 厚的钢化玻璃。司机室两侧墙上设有铝合金侧窗，侧窗为前后推拉式结构，玻璃为 5 mm 厚的钢化玻璃。必须检查各窗开关是否灵活，锁紧装置是否在正确位置，定期更换破损、老化变质的各种橡胶条。

4. 其他

机车设有司机座椅、衣物柜、遮阳板、衣帽钩等设备。动力室右侧墙上设有一台排风扇，采用 30K4-11N03A 型轴流式通风机及活动百叶窗结构。为了使机车安全运行，在机车上不同部位分别备有灭火器及足够数量的随车工具，灭火器必须按有关规定维护。

第九节　机车电气控制系统

一、电气控制系统概述

GK0C 机车电气控制系统作用是通过设置在机车司机室内的操纵台以及各电气箱中的开关、电器及控制器，对机车的启动、调速、制动、照明、显示等进行电气控制。

电气原理图包括输入电路图 2-31、空调控制电路图 2-32、照明电路图 2-34、柴油机控制电路图 2-35、主电路和恒低速控制电路图 2-36、输出电路图 2-37 和图 2-38、信号显示和传感器电路图 2-39、重联控制电路图 2-40 等八部分，此外还有控制主要元件图 2-33，用以表示机车全部电器的相互作用和相互联系。其中，FX2-80MT-D 型微机可编程控制器及其外围电路构成电气系统的控制核心。

本机车设有两个操纵台（Ⅰ端主操纵台、Ⅱ端副操纵台），为使机车控制系统操作不出现混乱，特别设置了操作位选择开关 SAS（见图 2-31），使几个重要的控制只能在Ⅰ端或Ⅱ端中的一个操纵台上控制。其余的控制，司机则可以在司机室内任一操纵台上操作。在此以Ⅰ端主操纵台为例作简要说明。

电气控制系统电路见图 2-31 至 2-39 所示。

二、供　电

1. DC 24 V 供电系统

机车采用不接地双线供电制，供电电压标称值分为 DC 24 V 和 DC 110 V。

在柴油机启动前，由电压标定值为 DC 24 V 的 GNC120 型镍-镉碱性蓄电池组向 24 V 用电回路供电，当柴油机启动运转后改由柴油机直接驱动的发电机向机车供电，当柴油机的转速在 725～2 100 r/min 内变化时，柴油机自配套控制系统使直流发电机均能以标称电压 DC 24 V 供电，同时向蓄电池充电。

由 PLC 控制系统的工作电压为 DC 24 V，为保证其正常工作，在电气柜内设置两台 DC 24 V-DC 24 V 直流电源变换器 APS 互为备份，该电源变换器将柴油机发电机输出的 24 V 电压转换成稳定的 DC 24 V 电压值给 PLC 控制系统和机车 24 V 控制回路供电。

2. DC 110 V 供电系统

在柴油机启动运转前，机车无 DC 110 V 电源。

柴油机启动后经变速箱驱动的辅助发电机提供 DC 110 V 电源，向机车 110 V 用电回路供电。当柴油机的转速在 725～2 100 r/min 内变化时，辅助发电机的转速在 1 171～3 392 r/min 内变化，为了使电压恒定，在发电机并激绕组回路中，设置一台电压调整器控制并激绕组中电流值，保证以 DC 110 V±2 V 的电压供电。

三、柴油机的启动

1. 启动前的准备工作

（1）闭合蓄电池闸刀开关 SK，蓄电池组总电压应在 24 V 以上（图 2-38）。

（2）闭合总控制开关 FSM 及单极自动开关 1～10，12～15FS（图 2-34、图 2-35、图 2-36、图 2-38）。

（3）根据司机所在操纵台位置，将电器柜上操作位置选择开关 SAS 置Ⅰ位（或Ⅱ位），确定机车Ⅰ端（或Ⅱ端）操纵台为当前主控制操作位（图 2-31）。

（4）将Ⅰ端（或Ⅱ端）操纵台上的司机控制器 1ADS（或 2ADS）的方向控制手柄和调速控制手柄置于零位，见图 2-31 输入电路。

（5）检查各油水系统及有关机械部分应一切正常。

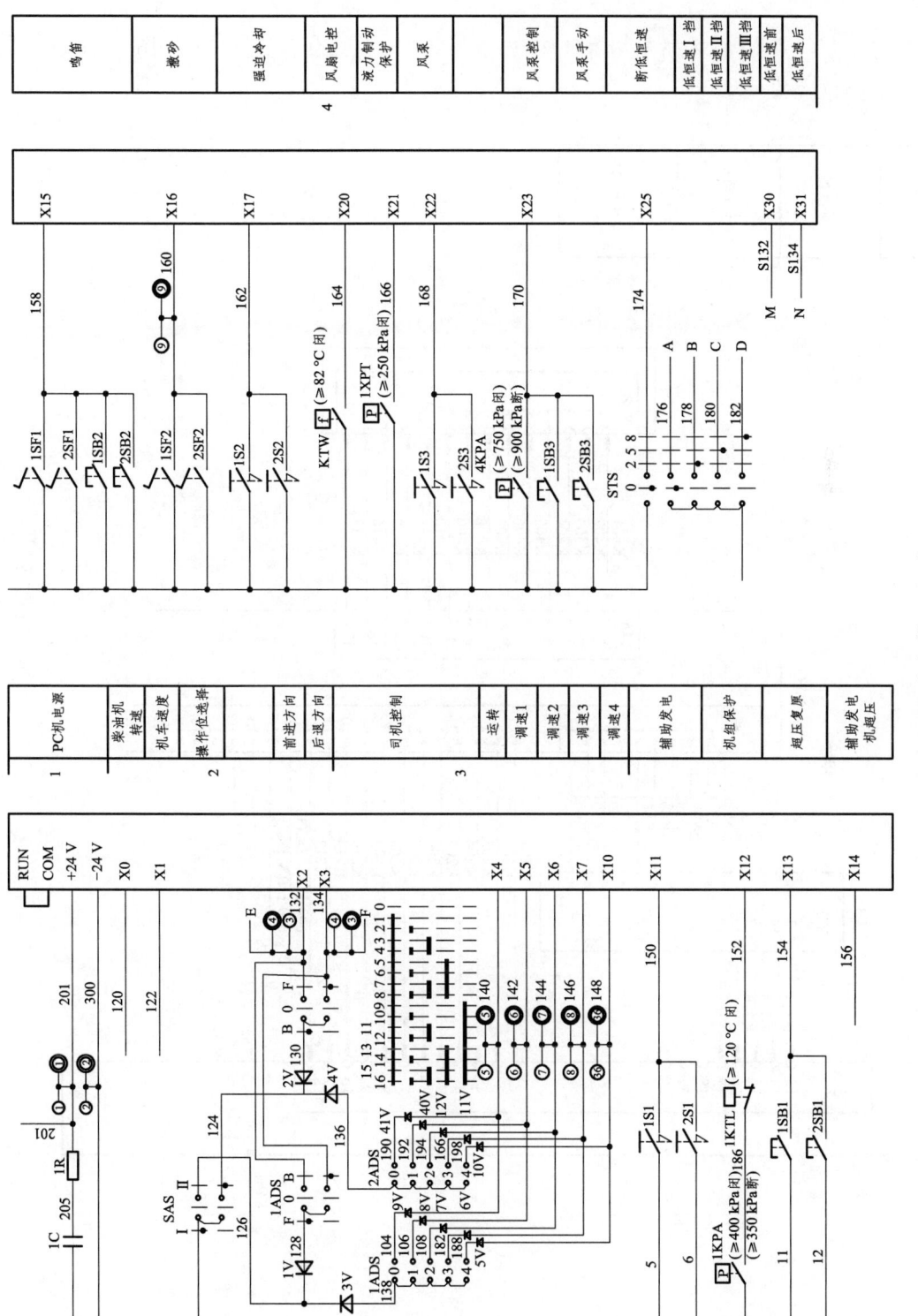

图 2-31 电气输入电路

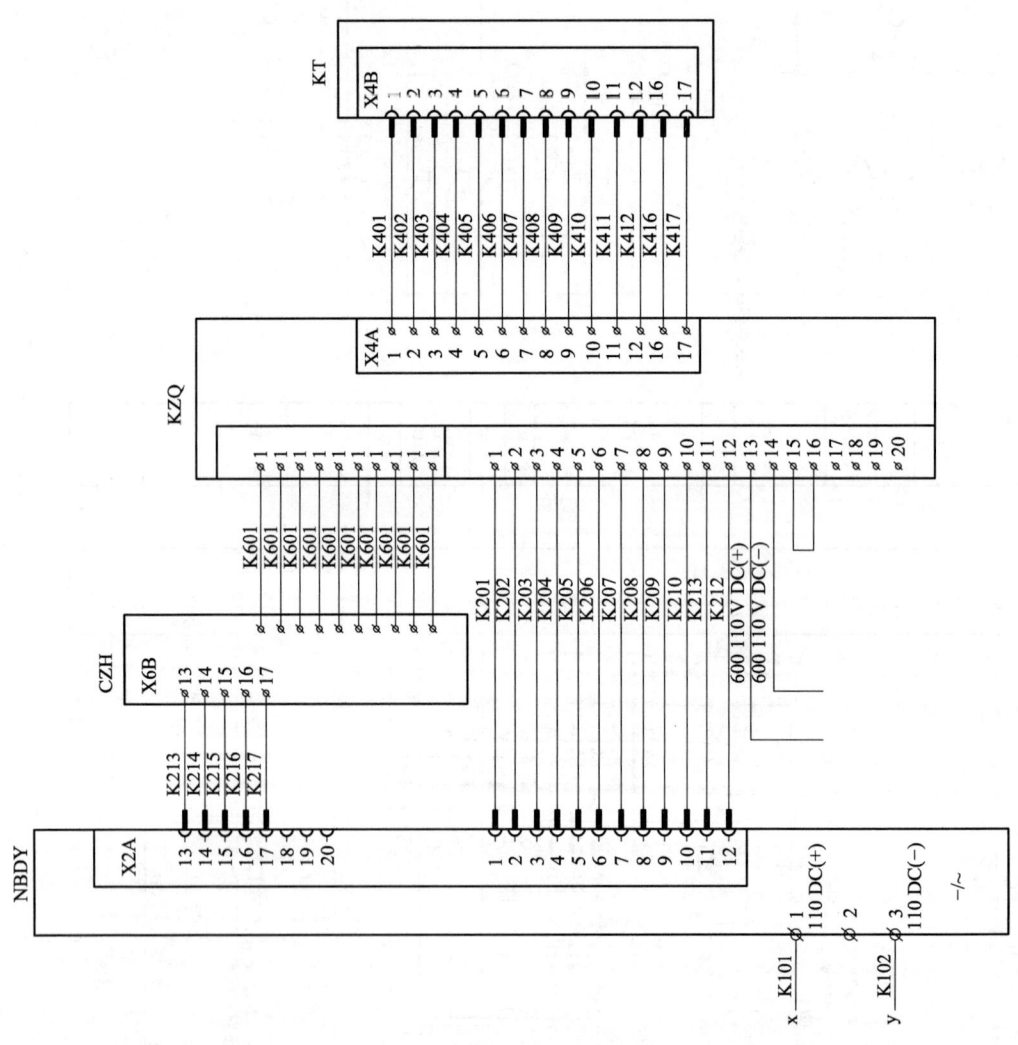

图 2-32 空调控制电路

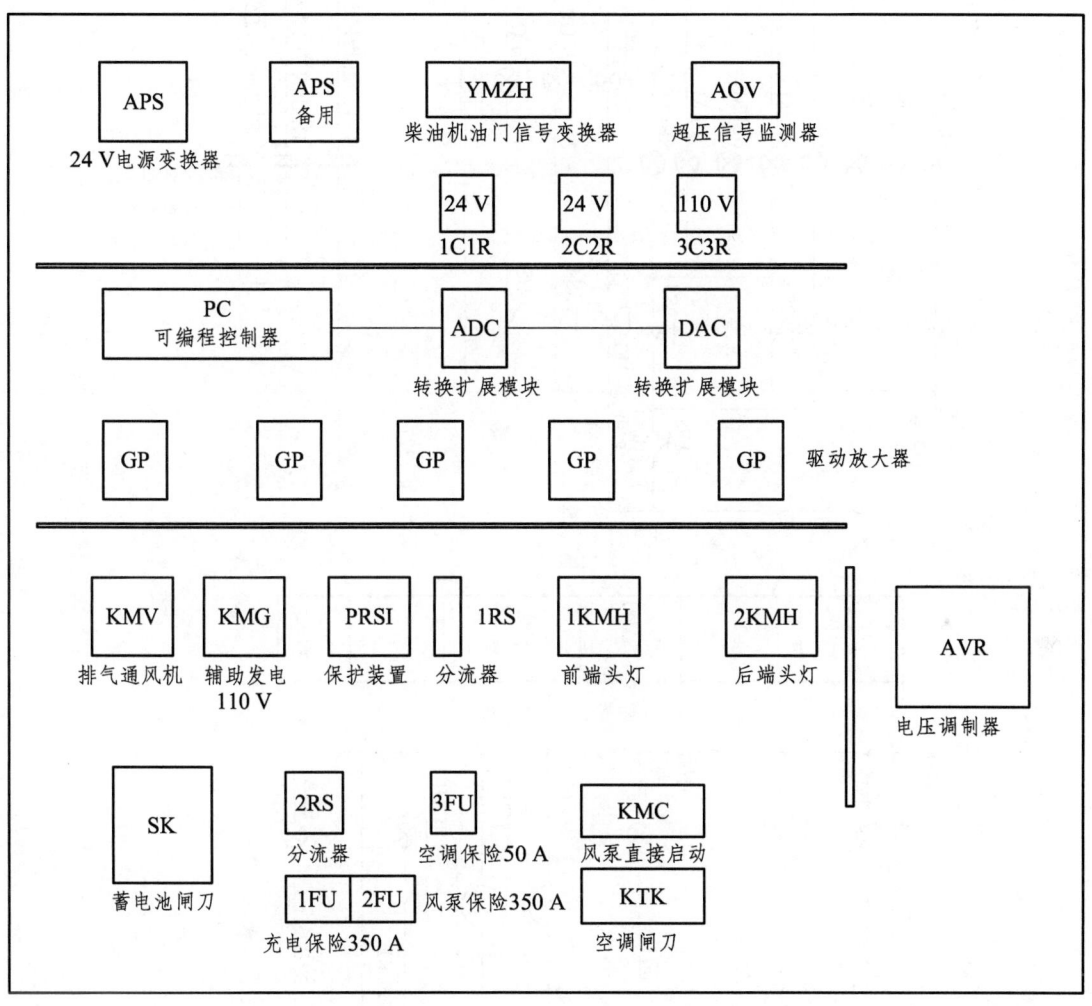

图 2-33 元件表

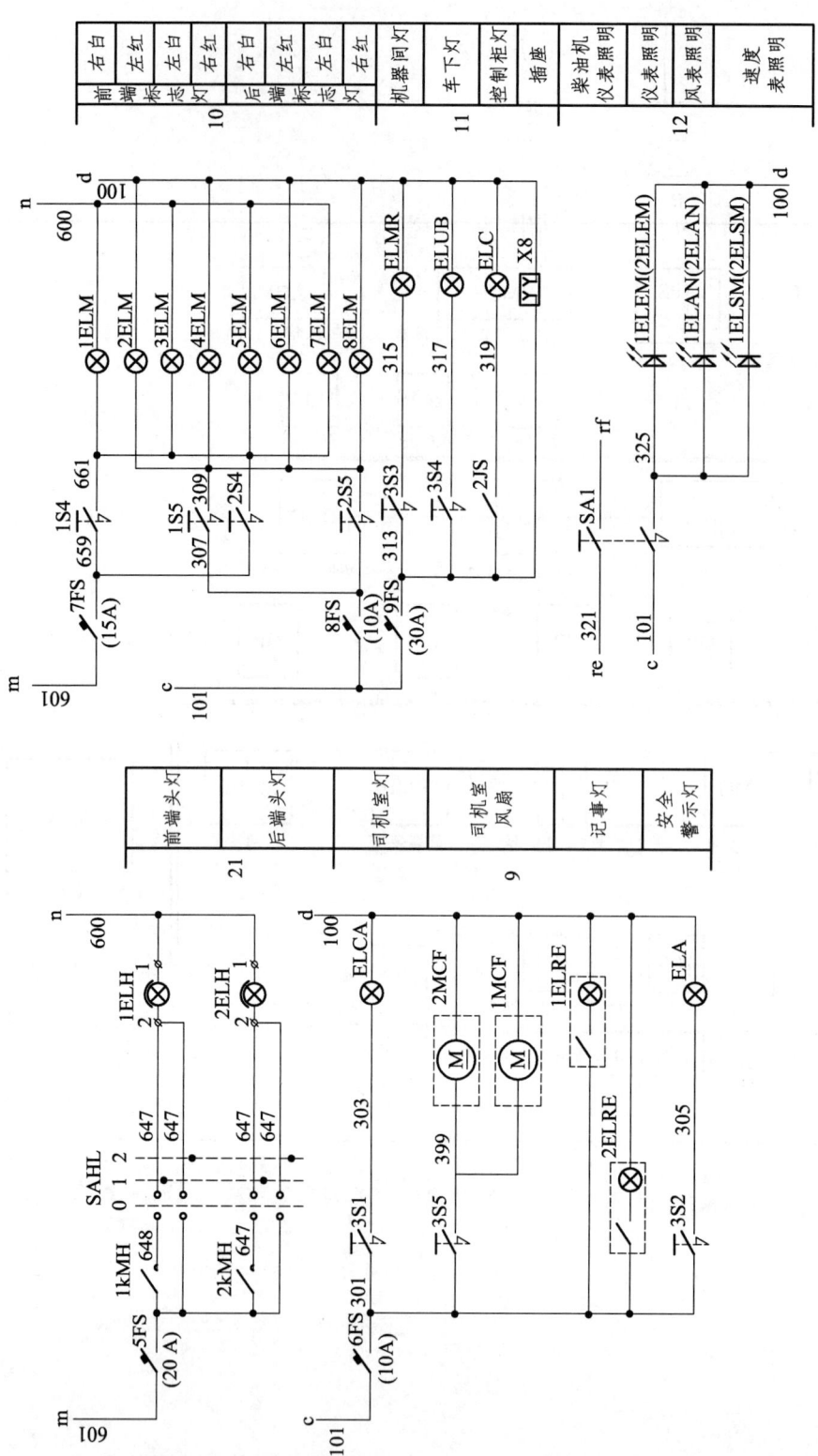

图 2-34 照明电路

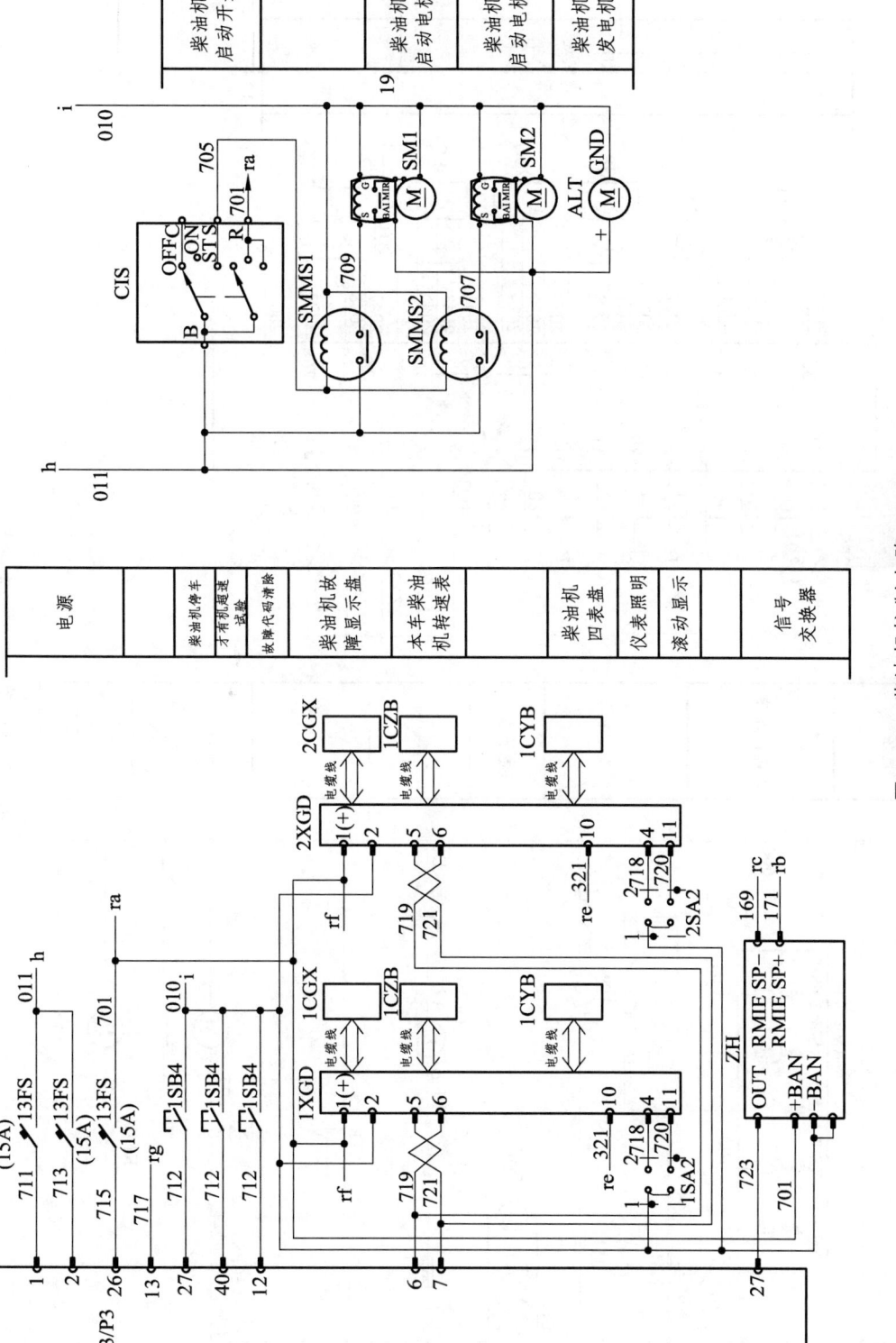

图 2-35 柴油机控制电路

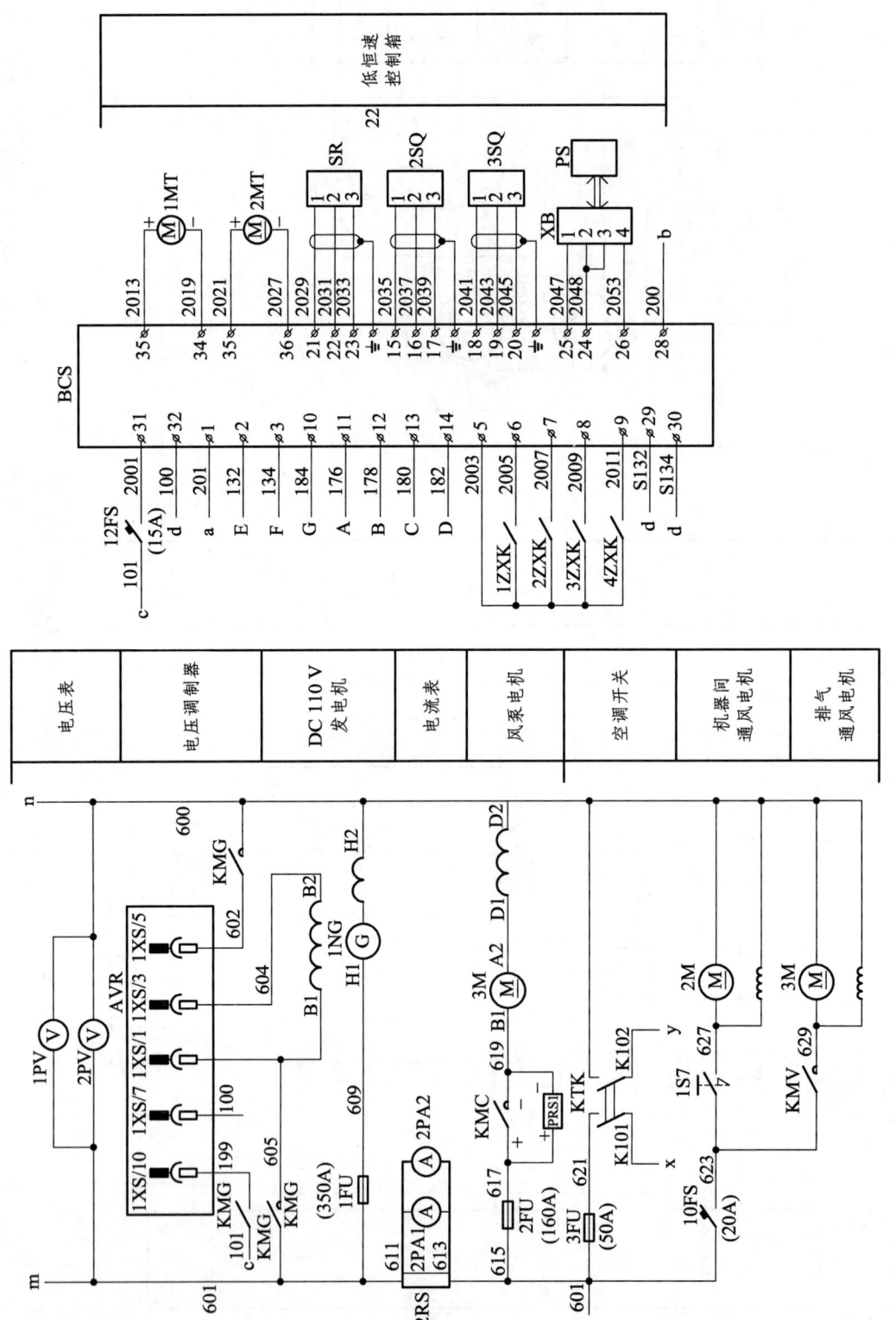

图 2-36 主电路和恒低速控制电路

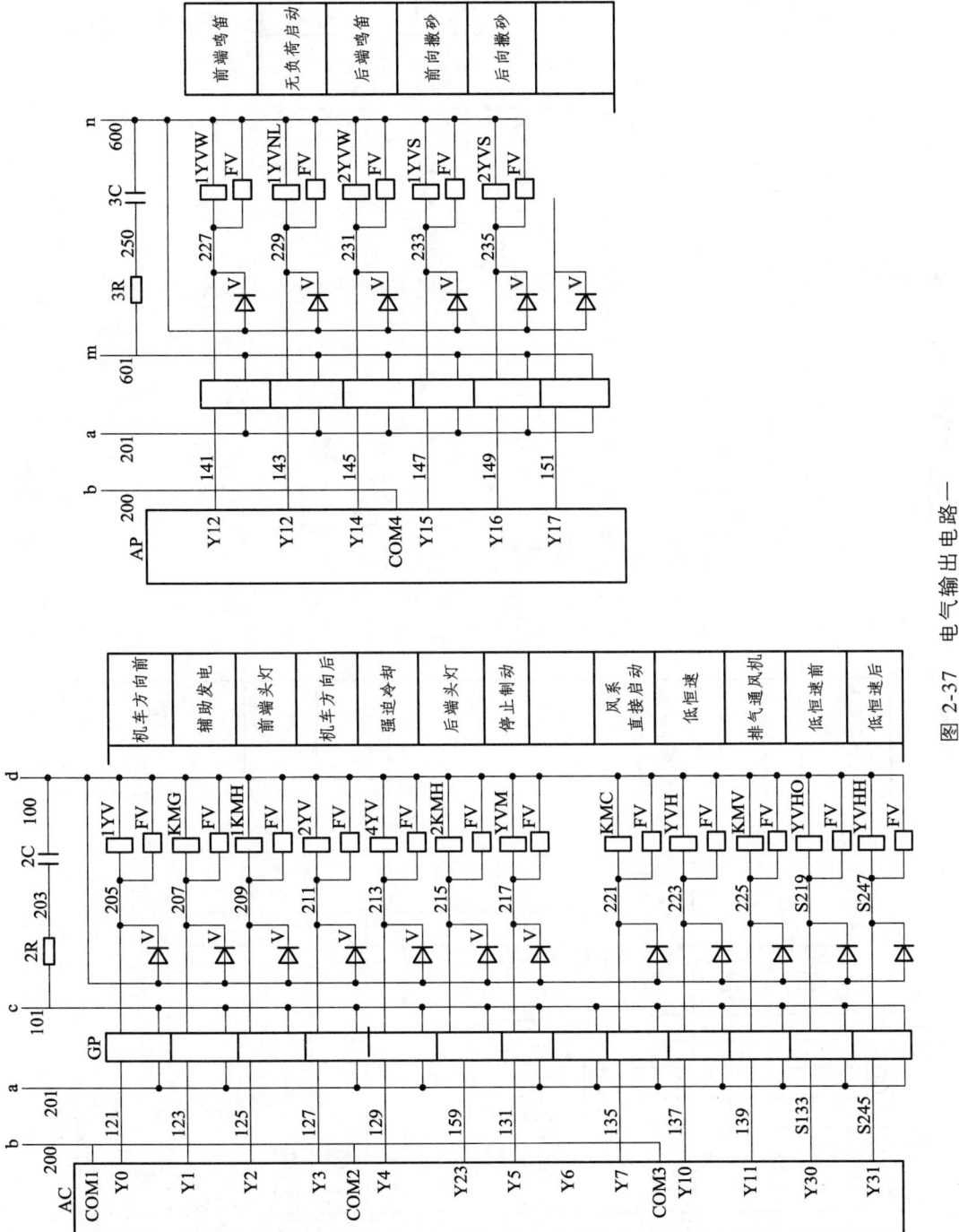

图 2-37 电气输出电路一

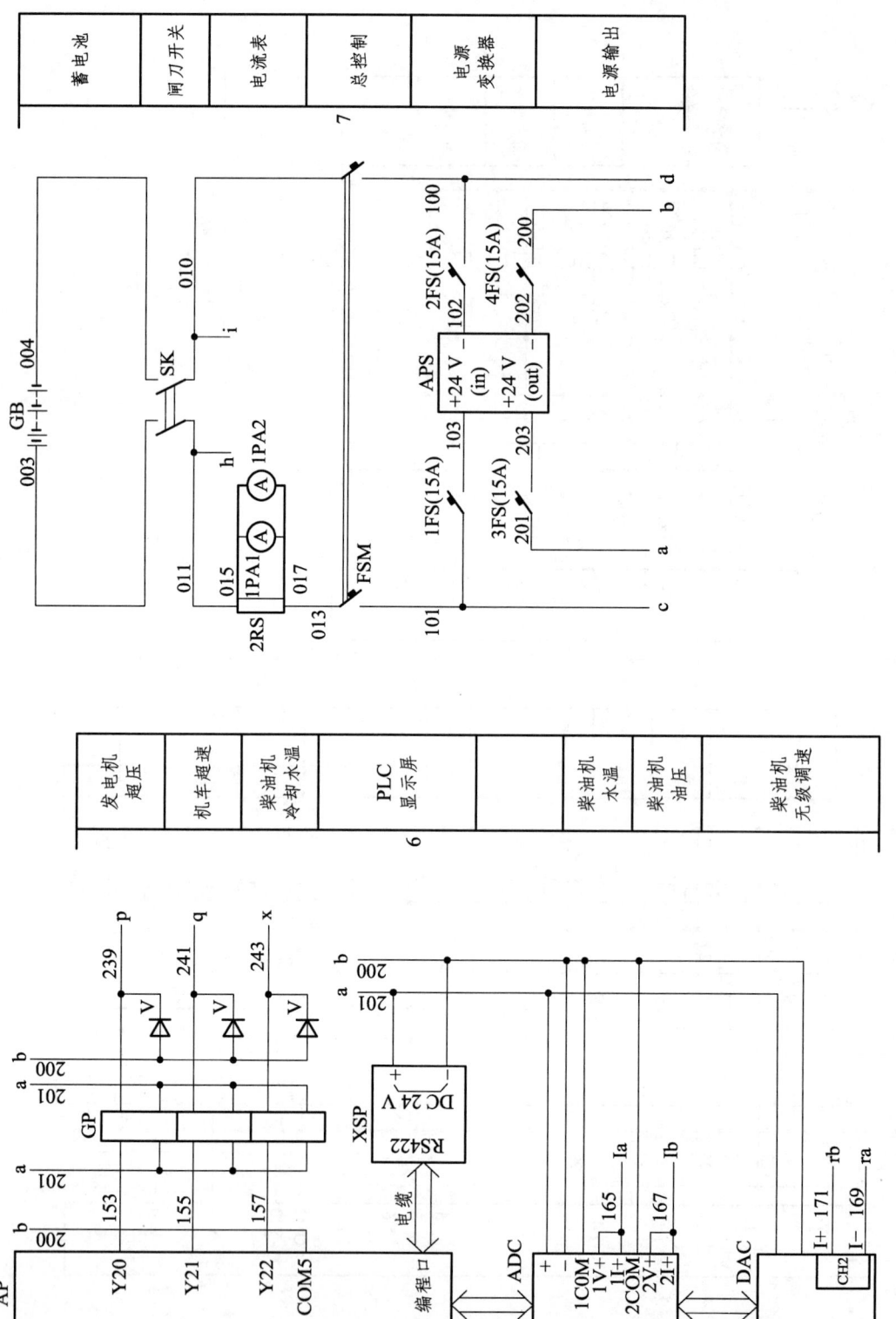

图 2-38 电气输出电路二

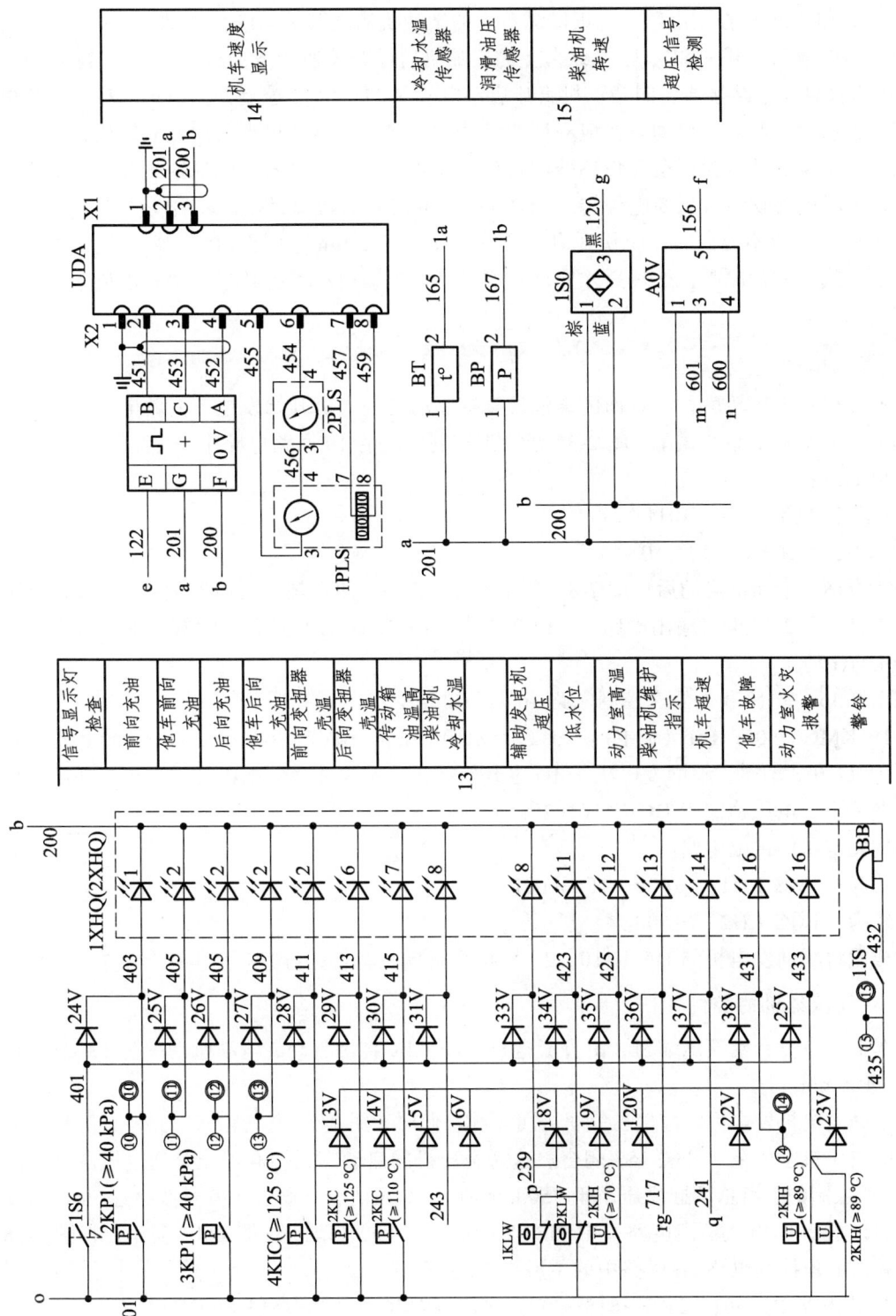

图 2-39 信号显示和传感器电路

2. 柴油机的启动

见图 2-35 柴油机控制电路，将正操纵台上的柴油机启动开关 CIS 置于启动位，此时，蓄电池组经蓄电池闸刀开关 SK、正操纵台上的柴油机启动开关通过柴油机磁电开关 SMMS1~2 的电磁铁吸合，电路接通，向柴油机直流启动电机 SM1、SM2 控制回路供电，启动电机电磁铁吸合，启动。此时，启动电机应立即驱动柴油机点火。柴油机点火后，立即松开启动开关 CIS，CIS 从启动位弹回运转位，柴油机启动完毕，两个磁电开关电磁铁断开启动电机电路，启动电机电磁铁释放后断电停转。图 2-34 中 on 代表运转位，st 代表启动位。

如果在 30 s 内不能启动，应松开启动开关，并等待 2 min 方可再启动。若连续二次不能启动，必须找出故障原因，处理后才允许再次启动。连续启动不得超过三次，以免造成蓄电池亏损。

3. 发　电

在柴油机点火运转后，一方面由柴油机直接驱动的发电机开始发电，向蓄电池充电，并向全车 DC 24 V 用电系统供电，图 2-35 柴油机控制电路的 19 回路电路中，柴油机 24 V 发电机的供电如下：

正线为：ALT（+）→011；

负线为：ALT（GND）→010。

另一方面，柴油机启动后，图 2-31 电气输入电路中，闭合辅助发电开关 1S1，接通 PLC 输入点 X11。图 2-37 电气输出电路一，PLC 输出 Y1→123→GP→207→KMG，驱动辅助发电接触器 KMG 动作。

在图 2-36 主电路和恒低速控制电路 16 回路电路中：

601→KMG→605→B1（1MG）→B2（1MG）→604→AVR→602→KMG→600 接通，励磁线圈 1MG 开式励磁，辅助发电机 1MG 也开始运转，作为并激发电机开始发电，在电压调整器的调节下，电压稳定于 DC（110±2）V。

辅助发电机的供电电路如下：

正线为：1MG（H1）→609→1Fu→601；

负线为：1MG（H2）→600。

这样就将辅助发电机的 DC（110±2）V 电压，向机车 DC 110 V 用电系统供电。

4. 空气压缩机的控制

机车上设有一台空气压缩机，由直流电机 ZTP-62K 直接驱动，电动机功率为 13 kW，转速为 1 500 r/min。

当辅助发电机发电后，空气压缩机方可工作。此时，图 2-31 电气输入电路中，应将正操纵台上的空压机（风泵）开关 1S3 闭合，这时空压机的启动、运转和停止是通过风压继电器 4KPA 自动控制的。当总风缸风压小于 750 kPa 时，4KPA 闭合，通过 170 号线接通 PLC 的输入点 X23，图 2-37 电气输出电路一中 PLC Y7 输出，风泵启动接触器 KMC 动作，将图 2-36 主电路和恒低速控制电路 16 回路中的主触头 KMC 闭合。

16 回路电路中：601→2RS→615→2FU→617→KMC→619→1M→600 接通。

同时图 2-37 电气输出电路一中 PLC Y13 输出，无负荷启动电磁阀 1YVNL 有电动作，空气压缩机排气管通向大气，启动力矩减少，空压机进入无负荷启动工况，时间为 3 s。3 s 后

PLC Y13 断开，1YVNL 断电，关闭空气压缩机排气管与大气的通路。空压机进入运转工况，转速升至额定值并向总风缸供风。当总风缸风压达到 900 kPa 时，风压继电器 4KPA 的触头断开，空压机电机同时断电停止工作。这样空压机在风压继电器 4KPA 的控制下，时而工作，时而停止工作，使总风缸风压始终保持在 750～900 kPa 之内。

当风压继电器 4KPA 故障时，可按下风泵手动按钮 1SB3，同样通过 170 号线接通 PLC 的输入点 X23，从而控制空气压缩机组工作。松开按钮 1SB3 则停止风泵机组工作。

四、机车的起动、换向、调速

1. 机车的起动

当柴油机以 725 r/min 惰转时，发电机正常向机车供电，总风缸风压在 750 kPa 以上，控制风缸风压在 550 kPa 以上，传动箱工作油温低于 120 ℃，冷却水温低于 103 ℃，润滑油压正常时，可以起动机车。

将制动闸置于运转位，方向控制器置于所需运动方向（前进或后退），图 2-31 电气输入电路中，通过 132（或 134）号线使 PLC 的输入点 X2（或 X3）接通，此时司控器手柄离开零位，置于 1 位或 1 位以上时，PLC 输入点 X4 接通，在图 2-37 电气输出电路一中使 PLC 输出 Y0（或 Y3）→121（127）→GP→205（211）→1YV（2YV），前向电空阀 1YV（后向电空阀 2YV）得电，控制液力传动箱前向（或后向）变扭器充油，机车前向（或后向）运行。此时，当司机控制器手轮从 1 位逐渐提高时，柴油机经传动箱传递给车轴轮对的功率也逐渐增大，当克服机车起动阻力后，机车就徐徐起动了。

2. 机车换向

机车的换向采用液力换向，在任意情况下均可不停车换向，即将司机的方向控制器 ADD 由前进位换到后退位，或由后退位换到前进位。这时可能会出现高手把位（高于 8 位）进行换向的工况，为保护传动系统在高手把位换向时安全可靠地工作，当机车在高于 8 位需要换向时，微机可编程控制器 AP 先把柴油机转速挡位降到 8 位，然后再进行换向。

3. 机车速度控制

机车速度通过柴油机转速来控制。柴油机转速调节的电气系统由司控器、可编程控制器 AP、柴油机油门信号变换器 YMZH 等部分组成。

转速调节过程：首先司控器给出挡位信号（0～16 挡，图 2-31 电气输入电路），AP 收到转速挡位信号后进行处理，在图 2-38 电气输出电路二中通过数模转换器 DAC 发出相应的电流信号（4～20 mA）输送给图 2-35 柴油机控制电路中柴油机油门信号变换器 YMZH，YMZH 再将其变为 PWM（脉宽调制信号）提供给柴油机电子控制模块 J3/P3（ECM）进行电子调速控制，通过调节电子喷油泵电磁阀来调节喷油量，从而完成柴油机转速的调节，柴油机便可以以期望的转速值进行运转。ADS 给定的挡位信号越高，柴油机的转速也越高，输出的功率越大，机车速度越高。

4. 机车恒低速控制

在图 2-31 电气输入电路中，控制机车在 2、5、8 km/h 下恒低速运行是通过操纵转换开关 STS 来实现的。

当 STS 在 0 位时，PLC 输入点 X25 接通，机车为正常运行。

当 STS 置于 2、5、8 任何一挡位时，机车进入恒低速运行状态，PLC 输入点 X25 断开，同时在图 2-37 电气输出电路一中 PLC 输出 Y10，低恒速电空阀 YVH 得电，此时 PLC 将柴油机转速挡位锁定在 8 位，传动箱控制与正常牵引状态相同，图 2-36 主电路和恒低速控制电路的恒低速控制箱 BCS 根据机车方向信号和 2、5、8 挡位信号控制机车在 2、5、8 km/h 恒低速状态下运行，其调控由电子控制系统及液力控制系统完成。副操纵台上设置的数码表 PS 可显示恒低速运行的实际速度。

五、机车运行过程的自动保护

机车在正常运行时，为保护柴油机不致因润滑油压不足、冷却水温过高、水箱缺水，机车超速等原因而造成设备损坏，同时，为使司机能随时了解机车运行状态，机车设置了自动保护及信号监测系统。图 2-39 为信号显示和传感器电路。

1. 警告信号

（1）传动箱工作油温高，$2KTL \geqslant 110 \ ℃$，红灯亮、警铃响。
（2）前向变扭器壳温高，$1KTC \geqslant 125 \ ℃$，红灯亮、警铃响。
（3）后向变扭器壳温高，$2KTC \geqslant 125 \ ℃$，红灯亮、警铃响。
（4）柴油机冷却水温高，冷却水温 $\geqslant 103 \ ℃$，红灯亮、警铃响。
（5）低水位，膨胀水箱水位低于 1/3，红灯亮、警铃响。
（6）机车超速，速度 $\geqslant 52 \ km/h$，红灯亮、警铃响。
（7）辅助发电机超压，电压值 $\geqslant 125 \ V$，红灯亮、警铃响（并切断辅助发电机的励磁回路。故障排除后，必须按下超压复原按钮 1SB1 才能恢复 DC 110 V 发电。图 2-31 为电气输入电路、图 2-37 为电气输出电路一、图 2-39 为信号显示和传感器电路、图 2-38 为电气输出电路二）。
（8）动力室高温，$1KTH \geqslant 70 \ ℃$，红灯亮、警铃响。
（9）动力室火灾报警，$2、3KTH \geqslant 80 \ ℃$，红灯亮、警铃响。

2. 监视信号

（1）前向变扭器充油，传动箱油压继电器 $2KPT \geqslant 40 \ kPa$，绿灯亮；
（2）后向变扭器充油，传动箱油压继电器 $3KPT \geqslant 40 \ kPa$，绿灯亮；
（3）柴油机维护指示，柴油机维护时间到，绿灯亮。图 2-35 为柴油机控制电路，图 2-39 为信号显示和传感器电路。

3. 自动卸载

出现以下情况之一时，传动箱变扭器停止充油，柴油机回到惰转转速 725 r/min，从而起到自动保护作用（图 2-31 电气输入电路、图 2-38 电气输出电路二、图 2-39 信号显示和传感器电路）：

（1）列车施行非常态制动或故障时，列车管风压 $1KPA \leqslant 350 \ kPa$ 时断开；
（2）传动箱工作油温 $1KTL \geqslant 120 \ ℃$；
（3）柴油机冷却水温 $\geqslant 103 \ ℃$；

（4）机车速度≥52 km/h；

（5）柴油机润滑油压≤241 kPa。

4. 柴油机停机保护

由柴油机控制系统实现。

5. 机车停放制动

为保证机车停放时的安全，控制系统设有停放制动保护功能。机车停车且柴油机停机时，PLC 控制输出点 Y5 断开，停放制动电磁阀 YVM 失电，弹簧制动缸排除压缩空气，停放制动装置工作，实现停放制动。柴油机启动后，PLCAP 输出 Y5，YVM 得电，压缩空气进入弹簧制动缸，停放制动装置缓解。但需注意，停放制动装置未缓解时严禁动车。见图 2-31 电气输入电路和图 2-37 电气输出电路一。

6. 柴油机加载保护

柴油机冷却水温为 30 ℃时才能加轻载；为 60 ℃时才能加满载。

7. 测量监视系统

1）电流测量

在主操纵台和副操纵台上各设有一只直流电流表，量程为 100 A，用来观察控制系统的供电电流，见图 2-38 电气输出电路二。

2）电压测量

在主操纵台和副操纵台上各设有一只直流电压表，量程为 150 V，用来观察辅助发电机的供电电压，见图 2-36 主电路和恒低速控制电路。

3）柴油机仪表盘

图 2-35 柴油机控制电路中为了监测发动机的运转情况，在正操纵台和副操纵台上各配有一套柴油机仪表盘，每套柴油机仪表盘由以下几部分组成：

① 柴油机故障显示盘（一个）：在该模块上的显示器包括发光二极管指示器和一个液晶显示器，图中代号为 1CGX、2CGX。

② 4 表组模块（一个）：包括柴油机润滑油压表、柴油机冷却水温表、蓄电池电压表、柴油机燃油压力表。图中代号为 1CYB、2CYB。

③ 转速表模块（二个）：分别用于显示本车柴油机转速值和他车柴油机转速值。图中代号为 1CZB、2CZB。

4）机车速度表

在正操纵台上装有一只指针式 EZG 13/8 型速度表（带里程）、副操纵台上装有一只指针式 ENG 13/8 型速度表，量程为 0～60 km/h，采用 DF16 型（短轴）光电速度传感器，用于显示机车当前运行速度。图中代号为 1PLS、2PLS。

5）PLC 显示屏 XSP

在正操纵台上设有一个 PLC 显示屏，其显示内容包括以下三个部分：

① 开关量状态：PLC 输入点、输出点。

② 显示参数值（仅供司机参考）：机车速度、柴油机转速、柴油机冷却水温、柴油机润滑油压、柴油机运行小时累计、机车运行小时累计。

③ 故障显示、记录：机组保护动作、柴油机超速、机车超速、柴油机冷却水温高、柴油机润滑油压高、辅助发电机超压。

六、停　车

1. 机车停车

将司机控制器调速手轮逐次递减回到"0"位，柴油机惰转，再施行空气制动，机车就徐徐停车了。

2. 柴油机停机

（1）全负荷运行后的柴油机，在停机前应先急速运转 3~5 min。
（2）断开空气压缩机开关 1S3（2S3），使空气压缩机停止工作，见图 2-31 电气输入电路。
（3）断开机器间通风电机 1S7，使该风机停止工作，见图 2-36 主电路和恒低速控制电路。
（4）断开辅助发电开关 1S1（2S1），发电机停止工作，见图 2-31 电气输入电路。
（5）按下正操纵台上的柴油机停车控制开关 1SB4，柴油机停转，图 2-35 柴油机控制电路。

若司机离开司机室时，应将方向控制器打到"0"位。长时间停车应将换向手柄取下，将蓄电池闸刀开关，总控制开关、自动脱扣开关等全部断开。

七、机车其他部分的控制

1. 冷却风扇的控制

冷却风扇的正常工作是通过温控元件控制静液压马达带动冷却风扇工作的。当温度控制元件失灵时，柴油机冷却水温高于 103 ℃ 时，可采用手动控制开动冷却风扇进行强迫冷却。此时仅需将强迫冷却开关 1S2 闭合，通过 162 号线接通 PLC 的输入点 X17，PLC 输出 Y4→129→GP→213→4YV，强迫冷却电空阀 4YV 有电动作，从而使气动截止阀动作，达到使风扇强迫全速转动的目的。见图 2-31 电气输入电路和图 2-37 电气输出电路一。

当冷却水温降到需要的温度时，再将强迫冷却开关 1S2 关断，冷却风扇停止工作。另外，还通过设置在工作油冷却水系统的温度继电器 KTW 来实现风扇电控，当 KTW≥82 ℃，KTW 触头闭合，通过 164 号线接通 PLC 的输入点 X20，PLC 输出 Y4，电空阀 4YV 有电动作，从而使气动截止阀动作，使风扇全速转动，来冷却工作油水温度。

2. 撒砂控制

机车在起动和运行过程中需要增加黏着力时，可踩操纵台上的脚踏开关 1SF2（或 2SF2），通过 160 号线接通 PLC 的输入点 X16，PLC 根据机车运行方向输出 Y15（或 Y16）至 147（149）至 GP 至 233（235）至 1YVS（2YVS），使前向（或后向）撒砂电空阀 1YVS（2YVS）得电动作，机车进行撒砂。见图 2-31 电气输入电路和图 2-37 电气输出电路一。

3. 风笛控制

司机根据机车运行情况的需要按操纵台上的按钮 1SB2，2SB2 或踩操纵台下的脚踏开关

1SF1、2SF1，通过 158 号线接通 PLC 的输入点 X15，PLC 根据机车运行方向输出 Y12（或 Y14）→141（或 145）→GP→227（或 231）→1YVW（或 2YVW），使电空阀 1YVW（或 2YVw）得电动作，进行鸣笛。见图 2-31 电气输入电路和图 2-37 电气输出电路一。

当机车停止且方向控制手柄处于中立位时，PLC 同时输出 Y24 和 Y25，电空阀 18YV 和 19YV 同时动作，前、后端风笛同时鸣笛。

4. 空调控制电路

图 2-32 的空调控制电路中，空调控制装置包括空调逆变电源 NBDY、操纵盒 CZH、电气控制箱 KZQ、空调机组 KT、空调闸刀开关 KTK（图 2-35 主电路和恒低速控制电路）等。

NBDY 将辅助发电机的 110 V 直流电源转变成 380 V 三相交流电源、频率为 50 Hz 的正弦脉宽调制电压，供给机车空调器。CZH 和 KZQ 是连接 NBDY 和 KT 的电气操纵、转换控制装置。

空调控制电路供电路径（图 2-36 主电路和恒低速控制电路）：

正线为：601（+110 V）→3FU→621→KTK→K101→NBDY（+）；

负线为：600（-110 V）→KTK→K102→NBDY（-）。

5. 照明同路

如图 2-34 照明电路所示，机车设有前、后端头灯各 1 个，前、后端标志灯各 4 个，2 个标志红灯，2 个标志白灯（可作为近照灯用），司机室顶灯 2 个，动力室罩灯 2 个，冷却室罩灯 1 个，制动室罩灯 2 个，后机室罩灯 2 个，车下灯 6 个，记事灯 2 个，控制柜灯 1 个，安全警示灯及风表、仪表、速度表、照明灯等，每路照明负荷在操纵台及电器柜上皆设有开关，均可进行操作。前、后端头灯通过图 2-37 电气输出电路一的接触器 1KMH、2KMH 与机车方向连锁，并设有单、双头灯控制，以备行车需要。

6. 电风扇

如图 2-34 照明电路所示，司机室内设有两台壁式电风扇，供司机室降温通风用，通过正操纵台上的开关控制。

7. 机器间通风机

当动力室空气温度高或油烟太大时，在图 2-36 主电路和恒低速控制电路中，可闭合副端操纵台上的开关 1S7，控制动力室通风机电机 2M 通电动作，达到降温和排烟的作用。

8. 排气通风电机

机车排气系统设有一个通风电机 3M（图 2-36 主电路和恒低速控制电路），当柴油机开始工作时，图 2-37 电气输出电路一中的 PLC 输出 Y11，接触器 KMV 得电动作，其触点接通，通风电机 3M 通电动作；当柴油机停机时，Y11 输出断开，通风电机 3M 断电停止工作。

9. 电源插座

如图 2-34 照明电路所示，机车后机室、动力室、冷却室、制动室各设 1 个电源插座，车下照明灯设有 2 个电源插座，可供临时用电。

八、机车重联运行

1. 概　述

通过安装在机车前、后的重联连接器将两台机车连接后，可实现两端任意重联。在任一台机车上可同时对两台机车进行起动、换向、调速、撒砂、停车等控制。规定司机操作的那一台机车为本务机车，简称"本务"，另一台机车为重补机车，简称"重补"。

为保证机车安全及本务机车司机的操作，重补机车的方向控制器应置于中立位，手柄取下交由本务机车的司机保管。重补机车上的司控器手轮置于零位，图2-38电气输出电路二中的24 V控制开关1FS～4FS置于断开位，其他开关则按机车正常工作的需要置于相应的位置上。重联电路如图2-40所示。

2. 重联项目

重联插头和插座有43芯，机车上使用了20条重联线，通过这20条重联线实现的重联项目如下：

（1）1#、2#线用于24 V控制电路正负的重联，使两台机车的24 V控制电路的正负对应接通，由本务机车的24 V电源向两台重联机车的24 V电路同时供电。见图2-31电气输入电路和图2-40重联电路。

（2）3#、4#线用于机车方向重联，保证两台重联机车的运行方向一致。见图2-31电气输入电路和图2-40重联电路。

（3）5#线用于柴油机的运转控制。见图2-31电气输入电路和图2-40重联电路。

（4）6#、7#、8#、36#线沟通两台柴油机的调速线路，保证两台机车的柴油机调速同步。见图2-31电气输入电路和图2-40重联电路。

（5）9#线用于机车撒砂的重联控制。见图2-31电气输入电路和图2-40重联电路。

（6）10#、11#线将他车前向充油信号引到本车上来。见图2-39信号显示和传感器电路和图2-40重联电路。

（7）12#、13#线将他车后向充油信号引到本车上来。见图2-39信号显示和传感器电路和图2-40重联电路。

（8）14#、15#线将他车故障信号引到本车上来并报警。见图2-39信号显示与传感器电路和图2-40重联电路。

（9）16#～19#线将他车柴油机转速信号引到本车上来显示。见图2-40重联电路。

3. 柴油机的启动和发电

两台机车重联后，柴油机的启动、发电、停机仍分别在各自机车上进行。柴油机启动前，应做以下准备工作：

（1）检查两台机车各油水系统及有关机械部分，保证一切正常。

（2）闭合两机车的蓄电池开关SK，每车电池总电压应24 V以上。

（3）闭合两台机车的总控制开关FSM及单极自动脱扣开关5FS～10FS、12FS～15FS，闭合本务机车的1FS～4FS（重联机车的1FS～4FS不能合），以便由本务机车上的24 V电源向两台机车的24 V控制电路同时供电。其他线路则由各自机车自己的电源供电。

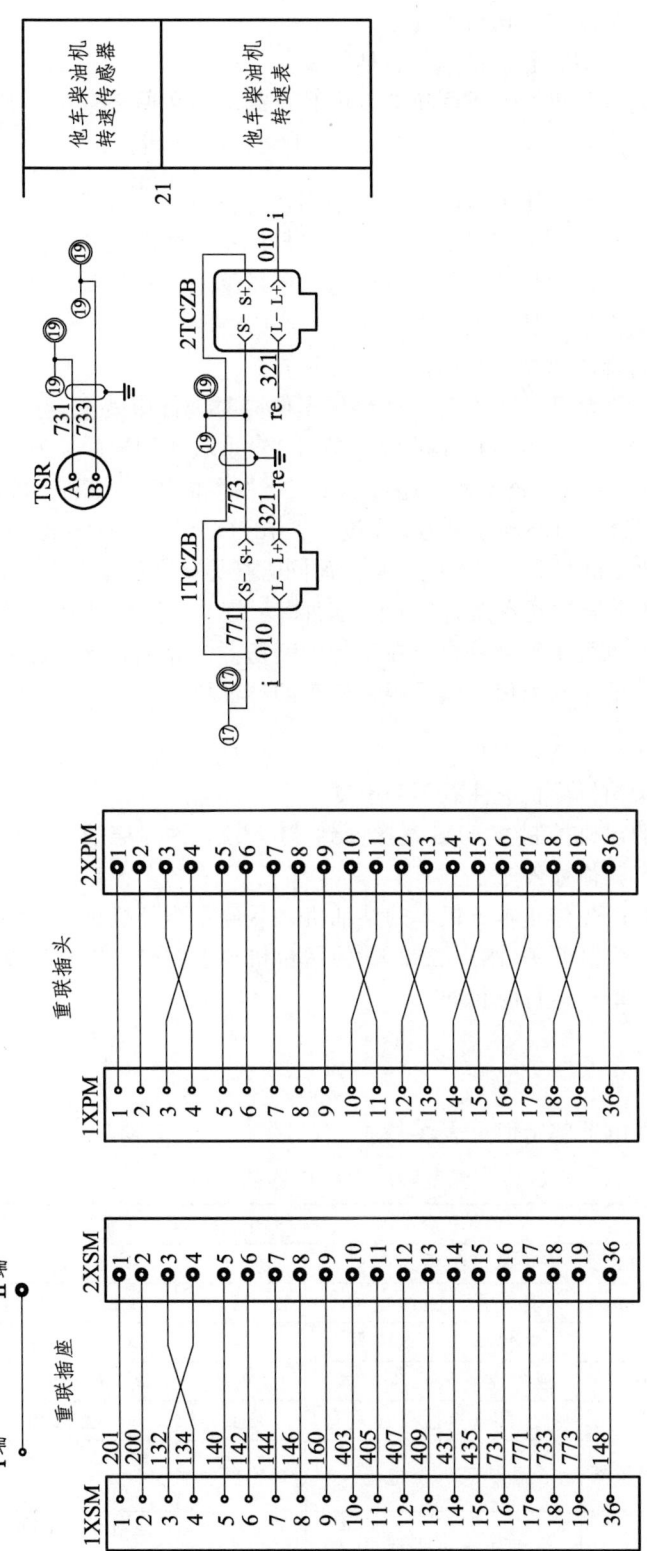

图 2-40 重联控制电路

（4）两台机车的司机控制器手轮置于"0"位，方向控制器ADD手柄置于中立位，将重补机车的换向手柄取下，交给本务司机。

（5）检查机车联接器（即重联插销）是否插接良好。

（6）重联时应先起动重联机车，重联机车发电后再起动本务机车。

4. 重联机车的运行注意事项

（1）两台机车重联后，空气压缩机的控制仍分别在各自机车上进行。由于两台机车总风缸通过重联总风管连通，所以一般情况下应只合上一台机车上的风泵开关，避免长期合上两台机车上的风泵开关，因为在这种情况下，可能总是风压继电器动作值较高的那台风泵在泵风，而另一台风泵由于动作值较低，长期不工作。

（2）重联机车的换向及调速操作与单机运行时相同。

（3）机车运行中踩下脚踏开关1SF时，两台机车便同时进行撒砂。

（4）机车运行过程中，由于两台机车的警铃是由15#重联线沟通的，所以当其中任意一台机车上变扭器油温超过110℃、冷却水温超过103℃、发电机超压、膨胀水箱水位低于1/3、前向（或后向）变扭器壳温高于125℃、动力室温度高于70℃、动力室火灾报警温度高于80℃、传动箱超速时，均会在故障机车上出现灯亮铃响，而同时在另一台机车上出现警铃响信号。

（5）司机在本务机车上通过观察操纵台上的充油指示灯（绿色），既可了解本务机车在运行中变扭器的充油状况，也可了解重补机车在运行中变扭器的充油状况，还可通过观察本、他车柴油机转速表，本、他车水温值，监视两台机车的柴油机转速和冷却水温度。

5. 重联机车的停车和柴油机停机

重联机车的停车和柴油机停机应注意下列事项：

（1）将本务机车上的司机控制器ADS逐次回到"0"位，两台柴油机空转，再在本务机车上操纵制动手把，机车就徐徐停车了。

（2）在正常情况下，应先停止本务机车的柴油机，后停止重补机车的柴油机。分别断开两台机车上的空气压缩机控制开关1S3（2S3），使两台机车上的空气压缩机停止工作；两台机车柴油机的停机控制与单机运行时相同。

九、参数设定

（1）各温度、压力继电器整定值见表2-17。

表2-17 温度和压力继电器整定值

序号	图样代号	型号	用途	介质	整定值	误差
1	1，2KTC	WTYK-11	变扭器壳温继电器	空气	≥125℃闭	±2℃
2	1KTL	WTYK-11	变扭器油温继电器	油	≥120℃断	±2℃
3	2KTL	WTYK-11	变扭器油温继电器	油	≥110℃闭	±2℃
4	1KPT	DP-10	液力制动油压继电器	油	≥250 kPa闭	±5 kPa
5	2~3KPT	DP-10	变扭器充油油压继电器	油	≥40 kPa闭	±5 kPa
6	4KPA	704-1型调压阀	风泵风压继电器	空气	≤750 kPa闭 ≥900 kPa断	±20 kPa
7	1KPA	TJY2-/11	机组保护风压继电器	空气	≥400 kPa闭 ≤350 kPa断	±20 kPa

（2）自动脱扣开关的额定电流见表 2-18。

表 2-18 自动脱扣开关额定电流

序号	图样代号	用途	产品型号	额定电流
1	1FS	电源变换器输入正	DZ5B-50	15 A
2	2FS	电源变换器输入负	DZ5B-50	15 A
3	3FS	24 V 正控制	DZ5B-50	15 A
4	4FS	24 V 负控制	DZ5B-50	15 A
5	5FS	头灯	DZ5B-50	20 A
6	6FS	司机室灯，风扇等	DZ5B-50	10 A
7	7FS	标志灯白	DZ5B-50	15 A
8	8FS	标志灯红	DZ5B-50	10 A
9	9FS	机器间灯等	DZ5B-50	30 A
10	10FS	通风电机	DZ5B-50	20 A
11	12FS	低恒速控制箱	DZ5B-50	15 A
12	13～15FS	柴油机控制	DZ5B-50	15 A

（3）各熔断体的容量见表 2-19。

表 2-19 各熔断器容量

序号	图样代号	用途	产品型号	熔断体容量
1	1FU	辅助发电机发电	RT20-400Q/350	350 A
2	2FU	风泵电机	RT20-400Q/350	350 A
3	3FU	空调	RT20-400Q/50	50 A

十、一般电气故障及处理

由于机车的主要电气控制功能通过 PLC 系统实现，大部分信号都要输入 PLC，且由 PLC 输出控制信号，PLC 的每一路输入/输出信号在面板上都有对应的发光二极管显示其通断状态，所以在机车发生电气故障时，可观察 PLC 面板上的发光二极管来帮助查找故障，也可参考 PLC 显示屏上相应的开关量状态。

首先应判明是 PLC 故障还是外围电路故障。先检查 PLC 工作电源（即控制用 24 V 电源）是否正常，然后观察 PLC 面板上的 4 个指示灯，以判断 PLC 本身是否发生了故障。

① POWER（绿色）：该指示灯亮表明 PLC 电源接通。

② Run（绿色）：该指示灯亮表明 PLC 进入正常工作状态。

③ BATT.V（红色）：该指示灯亮表明机内电池电压低，需要换电池。

④ PROG—E/CPU—E（红色）：该指示灯闪烁表明程序错；灯亮表明 CPU 故障。

⑤ 若 PLC 的 POWER 和 Run 指示灯亮：表明 PLC 工作正常，故障发生在外围电路。

在 PLC 正常工作的情况下，查找电气故障的一般步骤如下：

① 观察 PLC 面板上与该控制功能故障有关的输出是否正常。

② 若 PLC 输出正常，则可断定该故障发生在 PLC 以外的有关输出电路中，然后再查出该故障。

③ 若 PLC 的输出不正常，则检查与该故障有关的输入信号，哪路输入信号不正常，则故障必发生在该输入回路中，那么可方便地查出故障源。

表 2-20 列出了几类故障发生的原因及排除方法，以供参考。

表 2-20 控制系统常见故障及处理表

故障类别	故障由因	排除方法
柴油机不能启动或柴油机启动困难	① 司机控制器调速手轮不在"0"位； ② 蓄电池电压不足； ③ CAT 柴油机启动控制回路、启动电机、燃油系统、进气系统等故障	① 将司机控制器手轮回"0"位； ② 给蓄电池进行补充电； ③ 参见 CAT 柴油机使用维护手册
机车不能起动	① 无司机控制器挡位信号； ② 列车管风压不足 400 kPa； ③ 充油回路故障	① 检查司机控制器； ② 检查列车管风压继电器； ③ 排除机车控制开关、充油电空阀、油压继电器等的故障
运行中柴油机突卸负荷	① 柴油机冷却水温≥103 °C； ② 变扭器油温≥120 °C； ③ 列车管风压≤350 kPa； ④ 机组保护继电器故障	① 进行强迫冷却，降低司控器手把位； ② 减少输出功率，强迫冷却； ③ 检查空气系统故障； ④ 消除各触点接触不良等故障
辅助发电机不发电	① 电压调整器故障； ② 辅助发电机故障； ③ 发电机超压后，未按下超压复原按钮； ④ 控制电路故障	① 排除电压调整器故障； ② 排除起动发电机故障； ③ 消除超压原因后，按下超压复原按钮； ④ 排除控制电路故障或辅助发电接触器故障
空压机电机启动电流过大	① 无负荷起动电容阀故障； ② 风泵电机故障	① 排除回路故障或更换电空阀； ② 消除风奈电机故障

第三章 接触网检测车

第一节 接触网检测车结构

一、接触网检测车主要技术参数

1. 概述

JCDT-2 型接触网检测车主要由动力及传动系统、走行部、主车架、车棚、车钩装置、电气系统、制动系统、冷却系统及检测装置等组成，符合（GB l46.1—1983）《标准轨距铁路机车车辆限界》和相关地铁车辆限界的有关要求。

JCDT-2 型接触网检测车的动力和传动系统采用美国卡特比勒公司生产的 3126B 型电控燃油喷射柴油发动机配套 TR35-M44/972G 型液力-机械变速箱（与发动机组成动力单元）。该车采用两台两轴转向架，轴箱采用橡胶弹簧弹性定位，整车具有良好的运行稳定性和平稳性、良好的起动和牵引性能；整车具有足够的强度和刚度，制动性能可靠，操纵方便灵活、维修方便。JCDT-2 型接触网检测车主要用于深圳地铁工程中接触网技术参数的检测，为地铁线路上接触网的维护、保养提供依据。

2. 主要技术参数

1）适用气候环境

JCDT-2 型接触网检测车适用的气候环境见表 3-1。

表 3-1 JCDT-2 型接触网检修车适用的气候环境

气候条件	最小	平均	最大
使用温度	−9.3 ℃	15.3 ℃	43 ℃
湿度		75%	90%
平均年降雨量		1 033 mm	
最大月平均降雨摄		443.2 mm（6~8月）	
平均年降雨天数		116.8 天	
最大风速			17~20 m/s
空气中杂质		盐雾、SO_2、酸雨等	

2）整车性能及技术参数

（1）整车主要技术参数。

轨距：1 435 mm

转向架轴距：2 000 mm

车辆定距：8 400 mm
通过最小曲线半径：150 m
轴列式：B-2
轮径：840 mm
整备质量：约 44 t
轴重：约 11 t
车钩：13 型上作用车钩
缓冲器：MX-1 型橡胶缓冲器
车钩中心线高度（距轨面）：880 mm + 10 mm
发动机功率：224 kW
传动形式：液力-机械传动
最高运行速度：80 km/h
制动方式：空气制动、停车手制动及旁路制动
单机紧急制动距离：不大于 400 m（平直道，制动初始速度 80 km/h）
燃油箱容量：500 L
最大外形尺寸（长×宽×高）：14 658 mm × 2 800 mm × 3 780 mm
限界：符合 GB 146.1—1983 标准轨距机车车辆限界和相关地铁车辆限界的有关要求

（2）发动机主要技术参数。
型号：CAT3126B
形式：水冷，直列六缸，四冲程，增压，空空中冷
额定功率：224 kW
最大扭矩：1 203 N·m
排量：7.2 L
缸径×行程：110 mm × 127 mm
燃油系：电控燃油系统
额定功率下燃油消耗率：213.7 g/(kW·h)
机油规格：SAE15W/40 CD 级、CE 级或 CF 级
启动方式：DC 24 V 电启动

（3）传动箱主要技术参数。
型号：TR35-M44/972G
形式：变扭器 + 动力换挡变速箱
挡位：四进四退
换挡方式：电液换挡
传动箱各挡速比见表 3-2。

表 3-2　传动箱各挡速比

挡位	一挡	二挡	三挡	四挡
前进	5.090 2	2.848 3	2.660 8	0.906 3
后退	5.090 2	2.848 3	2.660 8	0.906 3

（4）单元制动器主要技术参数。

制动器型号：JSP 型踏面制动单元

制动缸直径：ϕ177.8 mm

制动倍率：3.01

紧急制动时制动缸的压力：400~420 kPa

闸瓦与车轮踏面正常间隙：4~8 mm

闸瓦间隙一次调节量：约 10 mm

最大闸瓦间隙调整能力：125 mm

（5）发电机组主要技术参数。

型号：EDL26000TE

额定输出：21 kV·A（16.8 kW）

额定电压：AC 380 V/AC 220 V

频率：50 Hz

发动机形式：4 冲程水冷，OHV，四缸

起动方式：电启动

燃料：轻柴油

（6）牵引特性。

JCDT-2 型接触网检测车牵引特性见表 3-3。

表 3-3　JCDT-2 型接触网检测车牵引特性表

运行速度 /(km/h)	轮周牵引力/kN	各坡道牵引吨位/t								
		0‰	5‰	10‰	15‰	20‰	25‰	30‰	35‰	40‰
0	32	700	300	170	110	70	50	40	30	20
12	32	700	300	170	110	70	50	40	30	20
20	2 720	700	300	160	90	60	40	20	10	10
30	1 730	700	170	70	40	20	—	—	—	—
40	1 380	560	110	40	20	—	—	—	—	—
50	950	300	50	10	—	—	—	—	—	—
60	900	240	40	—	—	—	—	—	—	—
70	800	170	20	—	—	—	—	—	—	—
80	660	100	—	—	—	—	—	—	—	—

二、JCDT-2 型接触网检测车结构

JCDT-2 型接触网检测车主要由动力及传动系统、走行部、主车架、车棚、车钩装置、电气系统、制动系统、冷却系统及检测装置等组成。

1. 动力及传动系统

动力及传动系统由发动机、液力传动箱、万向节传动轴、车轴齿轮箱等主要部件组成。图 3-1 为动力及传动系统图。

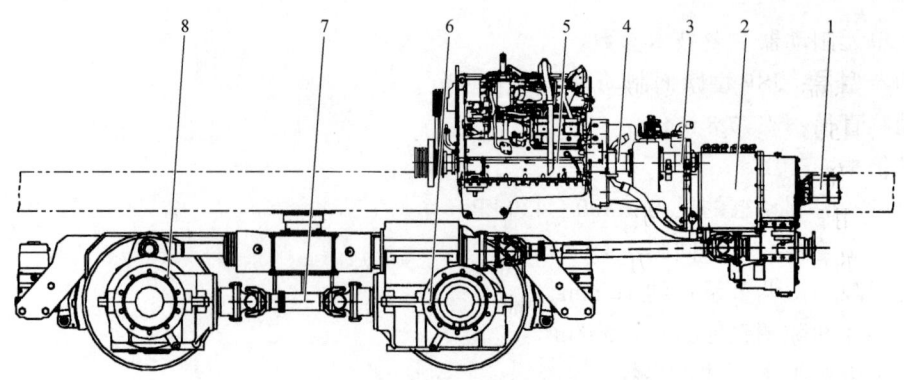

图 3-1 接触网检测车动力及传动系统

1—惰行泵；2—液力传动箱；3—冷却油泵；4—变矩器主油泵；5—发动机；
6—Ⅱ级车轴齿轮箱；7—传动轴；8—Ⅰ级车轴齿轮箱

1）发动机

JCDT-2 型接触网检测车选用 CAT3126B 型柴油发动机。有关发动机的结构、技术规范及使用保养等内容，详见其使用及保养手册。

车下设有 500 L 的燃油箱。燃油通过吸油管路经过燃油粗滤器进到发动机供油泵。燃油由发动机供油泵供给发动机，多余的燃油回流至燃油箱。

燃油必须采用符合 GB 252—1994 的轻柴油。

2）液力传动箱

JCDT-2 型接触网检测车采用卡特彼勒公司配套生产的 TR35-M44/972G 型液力-机械传动箱，与柴油发动机组成动力单元。传动箱的结构、使用及维护、保养详见传动箱随机资料。

变矩器主油泵设在变矩器左侧前端，液力油通过液力工作油冷却装置（即板翅式油散热器）散热。管路中设有一组滤清器，以保持液力油清洁。

JCDT-2 型接触网检测车还设有惰行润滑泵（设在传动箱的后端），在无动力拖行时起润滑作用。自走行时，将惰行系统旁通球阀打开；无动力拖行时，将旁通球阀关闭。惰行系统旁通球阀（型号：CJZQ-H32L）安装在机器间内侧（靠车门侧），设有标牌指示。惰行系统内设有一套滤清器，以保持油液清洁。惰行泵进油口设有一粗滤器，以防止油底壳残渣进入惰行泵。

传动箱附件接管原理图见图 3-2。

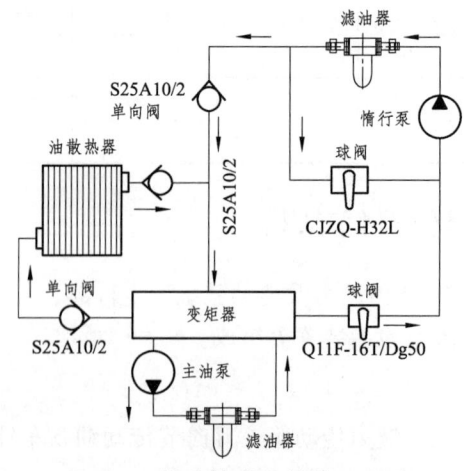

图 3-2 传动箱附件接管原理图

油散热器必须定期清除表面的灰尘，保持足够的散热能力。附件管路中的滤油器、惰行泵吸油口粗滤器要定期清洗，保持滤网清洁。清洗吸油口粗滤器时，需将吸油口球阀（型号：Q11F-16T/Dg50）关闭，以防油液流出，安装完毕后再将此球阀打开，保持吸油路畅通。

3）传动轴

本车采用管状开式万向节结构传动轴，用于主传动，见图3-3。

传动轴的型号见表3-4。万向节传动轴能适应输入和输出轴间的角度和长度的不断变化，其主要组成有万向节主、被动叉，十字轴，滚针轴承。

表3-4 传动轴参数表

安装部位	型号	最小长度/mm	螺栓拧紧力矩/N·m
传动箱→Ⅱ级车轴齿轮箱	4-7	1 520	95
Ⅱ级车轴齿轮箱→Ⅰ级车轴齿轮箱	4-8	735	150

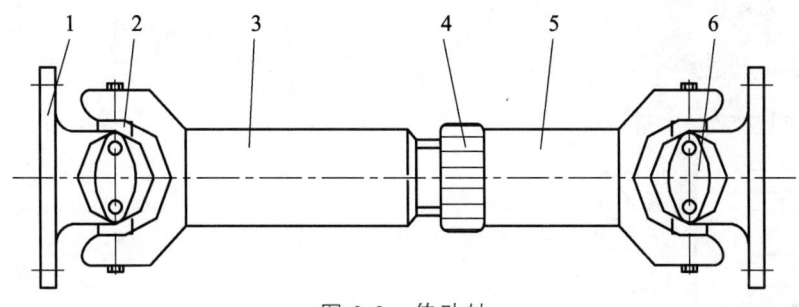

图3-3 传动轴

1—突缘叉；2—十字节总成；3—花键轴总成；4—油封盖；5—套管叉；6—锁片

4）车轴齿轮箱

（1）概况。

车轴齿轮箱是整个传动系统中的最后部分。作用是传递和增大到车轮的扭矩，并将绕车体纵轴的转动变成绕车轴轴线的转动。

车轴齿轮箱的输入端与液力传动箱输出端用万向轴连接在一起，通过齿轮传动最终驱动轮对。车轴齿轮箱有一级车轴齿轮箱（Ⅰ轴）和二级车轴齿轮箱（Ⅱ轴）。二级车轴齿轮箱为双级减速，第一级是高速级传动，第二级是低速级传动；一级车轴齿轮箱是低速级传动，分别见图3-4、图3-5。

（2）结构及调整。

二级车轴齿轮箱的低速级和一级车轴齿轮箱相同。下面仅以二级车轴齿轮箱为例说明其结构及调整。

车轴齿轮箱箱体由上、中、下箱体组成，箱壁上开有润滑油道，润滑油通过箱壁油道对滚动轴承润滑。上箱及中箱各装有一个通气孔，可使箱体内与大气相通和兼作加油口使用。上箱体、中箱体上均设有一个检视孔，用以检查齿轮啮合情况。下箱体后部侧面有两个油位螺钉，用来检查润滑油油量。下箱体及油底壳上各有一个放油孔，平时用油堵封闭。

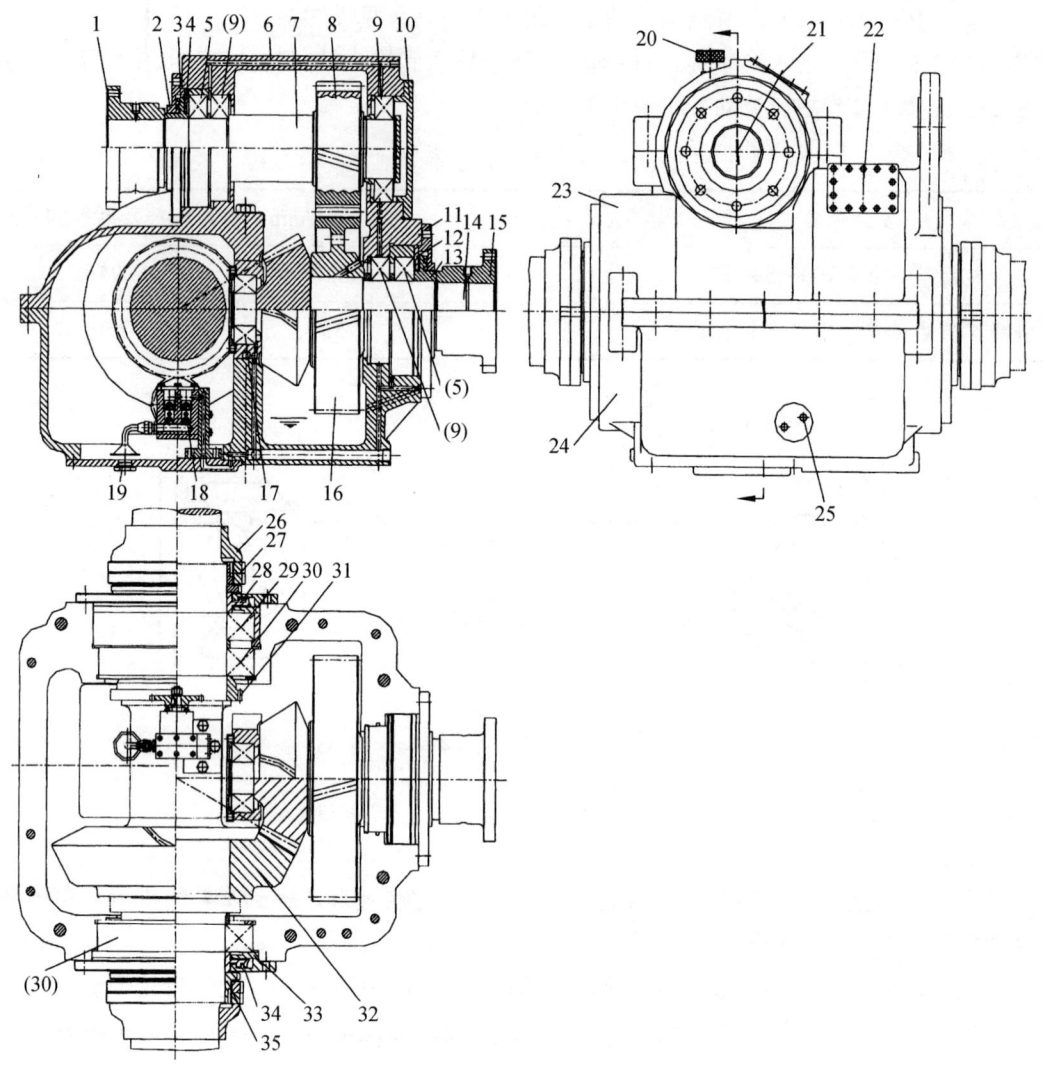

图 3-4 二级车轴齿轮箱

1—输入法兰；2，11，34—油封盖；3，13，28—密封圈；4，12，33—挡油板；5，9，17—轴承；
6—上箱体；7—第一轴；8—主动斜齿轮；10—端盖；14—齿轮轴；15—输出法兰；
16—被动斜齿轮；18—齿轮泵；19—放油螺塞；20—透气孔；21—轴检查孔；
22—二轴检查孔；23—中箱体；24—下箱体；25—油位螺钉；
26—钢套；27—圆螺母；29，30—轴承；31—油泵齿轮；
32—螺旋锥齿轮；35—紧套

- 98 -

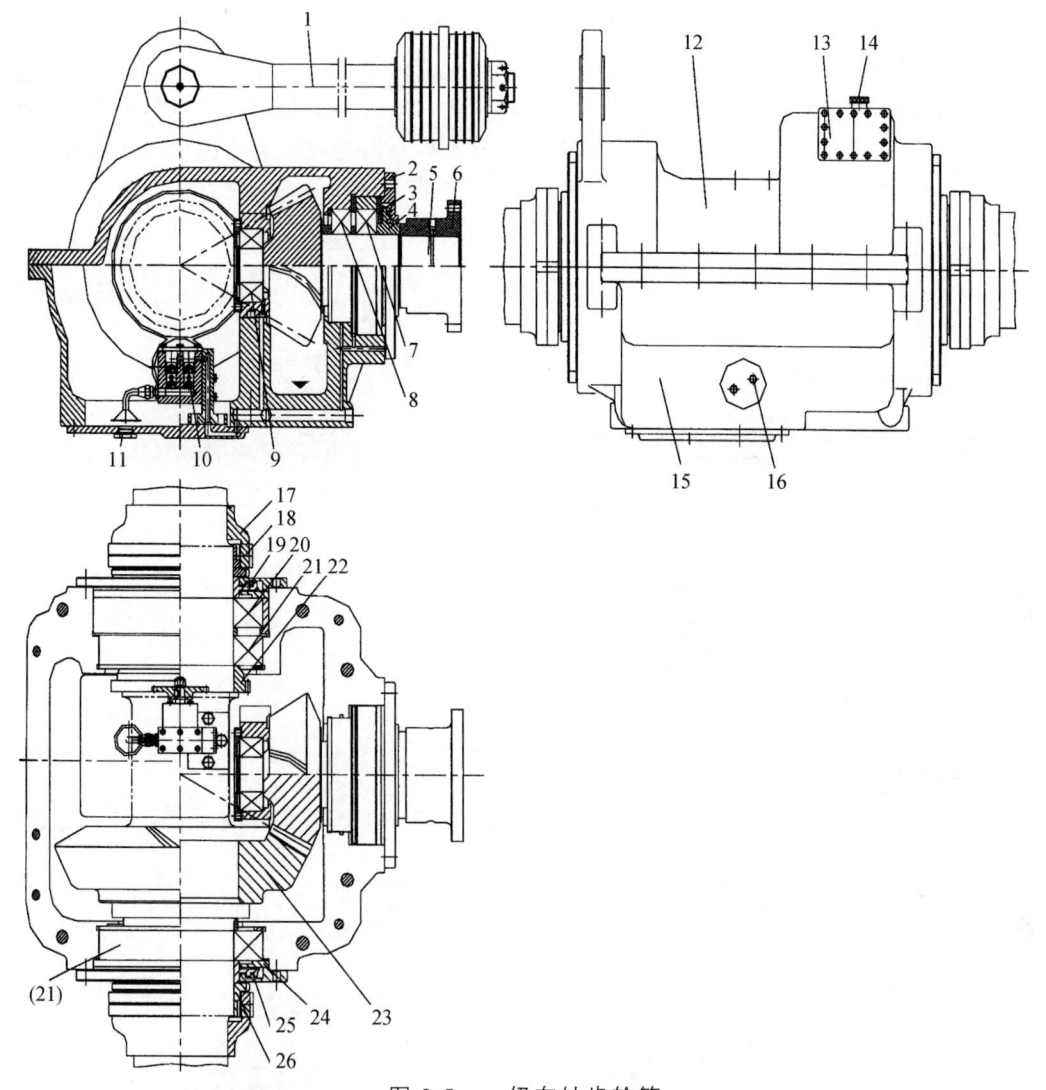

图 3-5 一级车轴齿轮箱

1—拉臂总成；2，24—油封盖；3，19—密封圈；4，25—挡油板；5—齿轮轴；6—输入法兰；
7，8，9，21，22—轴承；10—齿轮泵；11—放油螺塞；12—上箱体；13—检查孔；
14—透气孔；15—下箱体；16—油位螺钉；17—钢套；18—圆螺母；
22—油泵齿轮；23—螺旋锥齿轮；26—紧套

车轴齿轮箱共有三根轴，即第一轴（输入轴）、第二轴（中间轴）和第三轴（车轴）。第一轴上安装有输入法兰及小斜齿轮，法兰一侧装有一个向心球轴承，用以承受轴向力。第二轴位于中、下箱体的分箱面上。第二轴为螺旋齿轮轴，外侧压装一个大斜齿轮，与第一轴上的小斜齿轮啮合。为了调整螺旋锥齿轮对的侧隙和锥顶的对中，在第二轴的外侧及车轴两端均装有调整垫片，侧隙控制在 0.25～0.30 mm。

拉臂是连接车轴齿轮箱同转向架的受力构件。拉臂轴线平行于钢轨，其一端与箱体拉臂耳座之间用关节轴承构成铰链连接，使车轴箱在车轴上可以作微量摆动；另一端通过多片橡胶金属缓冲垫用螺母紧固在转向架构架上，以适应可能出现的相对运行及吸收运行中的冲击负荷。

（3）油泵及润滑。

齿轮油泵能完成正反向的泵油，满足前进、后退两种工况的需要。

车轴齿轮箱采用飞溅润滑和压力油润滑两种方式：当低速运行时主要由油泵提供润滑油给各润滑点，保证润滑和带走热量；中高速运行时，啮合齿轮飞溅起来的油被收集在上箱的集油槽内，流向各润滑点。

2. 轮对

车轮与车轴是冷压结合的，其压装方法、要求参照（TB 1463）《机车车轮与车轴组装技术条件》的有关规定。

轮对结构见图3-6。

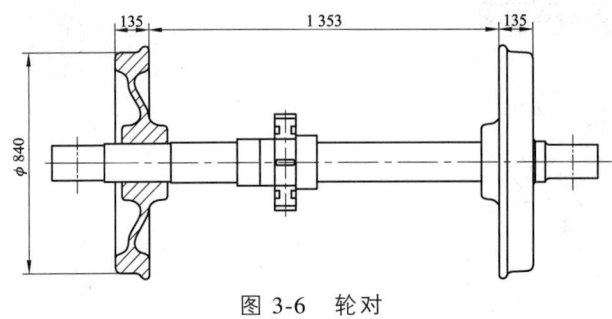

图3-6 轮对

3. 车轴轴承箱

车轴轴承箱采用弹性定位方式，它由轴箱前盖、轴箱体、圆柱滚子轴承等组成，见图3-7。

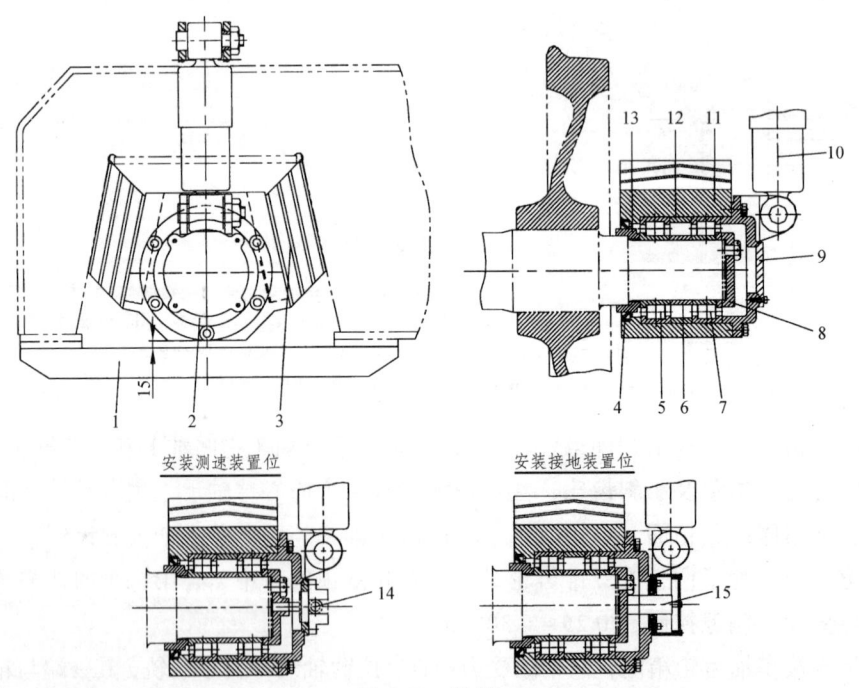

图3-7 轴箱

1—托板；2—轴箱前盖；3—橡胶弹簧；4—橡胶油封；5，7—轴承；6—隔套Ⅰ；8—轴头压板；9—闷盖；10—减振器；11—轴箱体；12—隔套Ⅱ；13—防尘座；14—测速电机；15—接地装置

转向架构架与车轴轴承箱之间设有具有三向刚度的 V 形橡胶弹簧,可实现三维方向的弹性定位。车轴轴承箱内侧装有橡胶骨架油封,可防尘、防水,并对轴箱体内润滑脂具有密封作用。根据需要,2、4、6、8 位轴端安装接地装置,保证整车可靠接地。

4. 弹性悬挂装置

轨道车辆在转向架构架与车轴轴承箱之间设置了静挠度较大的一系悬挂装置,在车体与转向架之间设置了静挠度较小的二系悬挂装置,采用两系悬挂,可以改善轨道车辆垂向运行平稳性并减少其运行时对线路的动作用力。

1)一系弹性悬挂装置

转向架构架与车轴轴承箱间采用 V 形橡胶弹簧对轴箱体弹性定位;同时为了衰减垂向振动,各轴头处均并联有液压减振器。

橡胶弹簧安装在车轴轴承箱两侧,其支承面为 V 形截面。橡胶弹簧在垂直载荷作用下,既受剪切,又受压缩,这样可以获得适当的刚度和足够的静挠度。橡胶弹簧安装需保证轴箱下边缘至下挡板间的距离,其正确距离应为 10～15 mm。

车辆采用 ZS8-C-J3-12 型油压减振器作为一系垂向减振器。液压减振器利用液体吸收振动能量来衰减振动。

2)二系弹性悬挂装置

转向架构架的上表面安装两个旁承,均采用橡胶减振平面摩擦旁承,如图 3-8 所示。

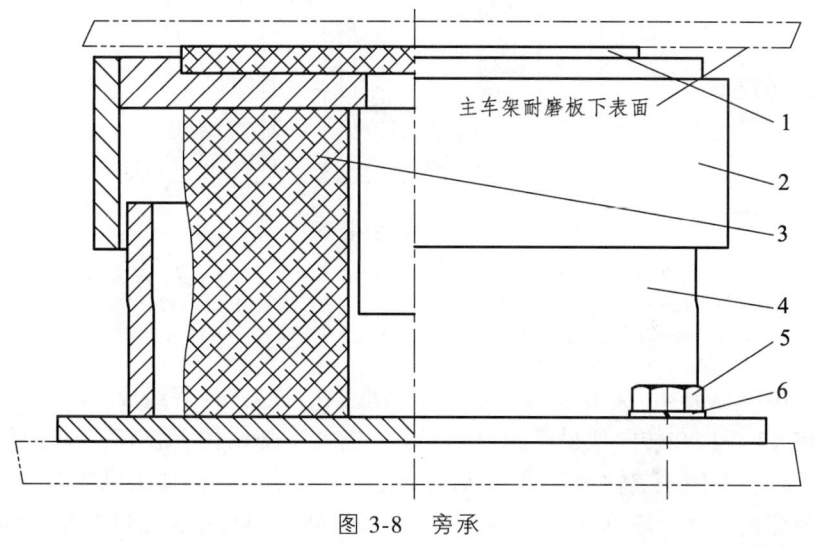

图 3-8 旁承

1—旁承滑板;2—止推盘;3—橡胶弹簧;4—弹簧盒;5—螺栓;6—弹簧垫片

当车辆在直线上运行时,受压缩的橡胶弹簧使旁承的尼龙旁承滑板压紧车架枕梁下表面,在转向架相对车架转动时,有较大的摩擦力矩以控制转向架在直线上的蛇行运动。

当车辆在曲线上运行时,车架会发生侧向倾斜,车架的质量一部分压在一侧旁承的尼龙旁承滑板上,经止推盘 2、压缩该侧橡胶弹簧 3。该处橡胶弹簧反作用力和旁承滑板处摩擦力矩会力图恢复转向架与车架的原来位置,以利于曲线通过后的转向架的复原。

橡胶弹簧 3 由整块环型橡胶块组成,能起到减振、缓和冲击的作用。

止推盘 2 的中间有中心销,插在橡胶弹簧 3 的中间,对橡胶块进行定位。止推盘 2 的外圈套在弹簧座 4 上,弹簧座 4 由螺栓 5 固定在构架侧梁上。

5. 牵引装置

牵引装置设在转向架的几何中心上,即横梁的中央,上部伸入主车架枕梁中。它是主车架与转向架的重要连接装置。

牵引装置的作用是:传递车辆的垂向力、纵向力(牵引力制动力)、横向力;保证主车架在转向架上的平稳和轴重的均匀分配;容许转向架进、出曲线时相对车架转动。牵引装置的结构如图 3-9 所示。

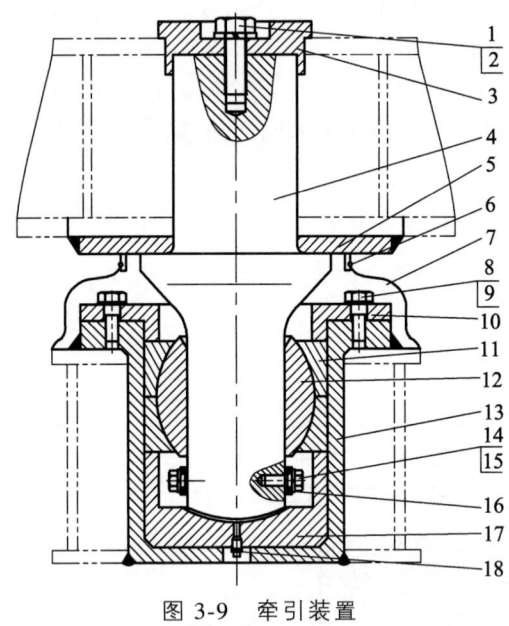

图 3-9 牵引装置

1—螺栓;2—止动垫圈;3—压帽;4—中心销;5—垫板;6—铁丝;7—防尘罩;8—螺栓;
9—弹垫;10—压盖;11—关节轴承外圈;12—关节轴承内圈;13—中心销座;
14—螺栓;15—弹垫;16—挡圈;17—支撑轴承;18—油杯

牵引装置由中心销 4、关节轴承 11、支承轴承 17、压盖 10 等组成。

中心销座 13 焊接在转向架横梁的中部,中心销 4 下部销体上装有关节轴承内圈 12,支撑轴承 17 和压盖 10 使关节轴承外圈 11 轴向固定。下部销轴头部加工成球面,支撑轴承与它的接触面也为球面,起传递垂直载荷的作用,并保证转向架与车架之间相互转动。支撑轴承 17 采用油脂润滑,加油时从油杯 18 处注入。防尘罩 7 用铁丝 6 固定。牵引装置的上半部分插入主车架枕梁上的孔内,顶部用压帽 3 和螺栓固定,因此,主车架和转向架是连接在一起的,在运输吊装时主车架和转向架可以一起吊运。

关节轴承保证牵引装置以轴承为中心进行任一方向的摆动和转动,并且传递纵向和横向力。支承轴承主要传递中心销上的轴向载荷即车架质量。车辆的牵引力(或制动力)和重力均由中心销传递。

中心销结构可使车辆顺利地通过曲线半径较小的线路,并且能防止将转向架的点头振动传递给车架,从而提高了车辆的运行平稳性。

6. 主车架及其他

主车架由枕梁、中梁、牵引梁、端梁和边梁等组成。枕梁、中梁、牵引梁和端梁用钢板拼焊成箱形结构,边梁为型钢。

转向架构架是连接走行部各部件的骨架,并保证它们之间的相互位置关系;它可承受和传递垂向力及水平力。转向架构架呈"H"形,由两组侧梁、一组中梁及吊装座等附件组焊而成。这种钢板拼焊成的转向架构架强度高、刚度大,基本不需维护保养,检修时须冲洗干净并去除锈垢,并检查焊缝有无裂纹。

车棚由方孔钢焊接骨架同时外蒙薄钢板,骨架内填有隔热、降噪材料,车顶敷设有三层玻璃钢。前后司机室、走廊及检测间的车内侧装饰板为双贴面板,顶板为玻璃钢整体面板,机器间的车内装饰板均为多孔铝板。车体前后端雨刮器电机处均开设有雨刮器检修孔,检修完毕应恢复原样。

车辆两端装有排障器,可有效清除轨道上的障碍物,保证车辆的安全运行。排障器下缘距轨道上平面应为 90~130 mm,使用中应注意调整。前后排障器在轨道上方均安装有橡胶板,橡胶板下缘距轨面应为 15 mm。

由于经常与钢轨及钢轨上杂物接触,橡胶板磨损较快,应根据情况及时更换。

7. 车钩装置

车辆的前后车端安装有 13 型上作用式车钩,并带有 MX-1 型橡胶缓冲器。车钩安装见图 3-10。

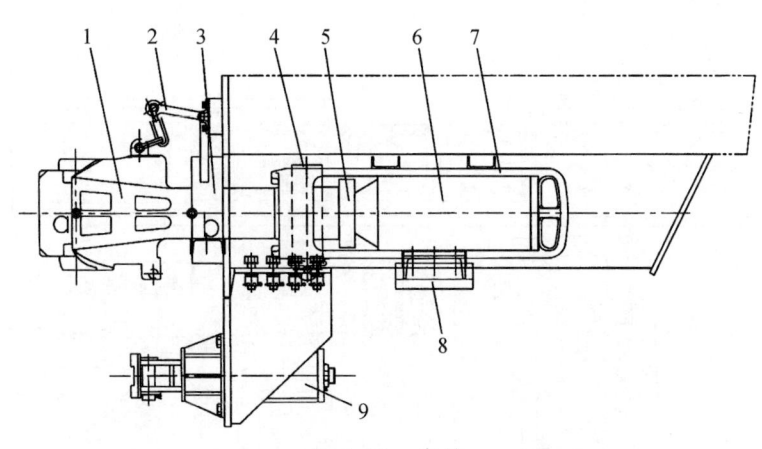

图 3-10 车钩

1—车钩组成;2—提钩装置;3—冲击座及车钩托架;4—钩尾销;5—前从板;6—缓冲器;
7—钩尾框;8—钩尾框托板;9—小车钩(选装件)

在使用时,应经常检查车钩及各连接螺栓是否紧固,车钩闭锁、开锁、全开的三态作用是否灵活、可靠,检查车钩的磨损情况及车钩高度。

小车钩根据用户要求选装。在使用过程中,应经常检查小车钩和车钩座的安装螺栓是否紧固,各开口销是否可靠。

第二节　接触网检测车主要系统

一、电气系统

电气系统主要由电源（包括蓄电池及充电发电机）、照明、仪表监视、发动机控制系统、传动箱控制系统和速度表、交流电路等组成。

1. 电　源

本车电源由四只铅酸蓄电池及 DC 24 V、100 A 的充电发电机所组成。

蓄电池的主要用途是在发动机启动时供电，在发电机停转或发电机电压较低时，还向各用电设备供电，在发电机电压高于蓄电池电压时充电。

发电机正常工作时对所有用电设备供电（除起动机外），并向蓄电池充电。

2. 照明部分

本车前后端设有头灯、下大灯、信号灯（50 W），用于行车照明及防护。头灯、下大灯为白色真空灯，信号灯为红色真空灯。前后司机室、机器间和检测间均为 2×15 W 照明灯，灯管为民用日光灯管；走廊和车下检修灯均为 2×8 W 照明灯，为民用日光灯管。

3. 控制台电器

本车前后端均设有操纵台，前后操纵台的监控设备均一样，如图 3-11 所示。

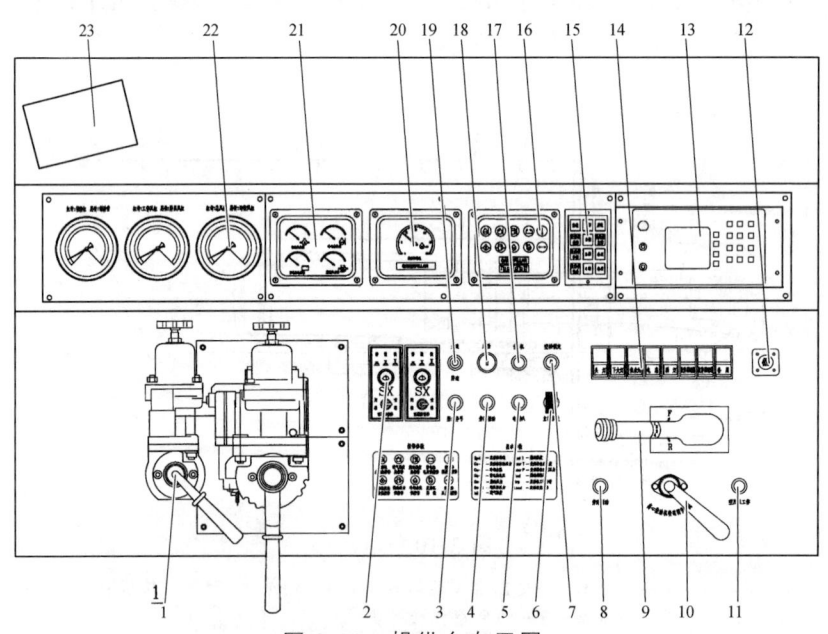

图 3-11　操纵台布置图

1—JZ-7 制动机手柄；2—雨刷控制开关；3—紧急降弓开关；4—旁路制动按钮；5—电喇叭按钮；
6—发动机参数上翻下翻按钮；7—空档锁定开关；8—旁路制动自复式按钮；9—换向换档控制手柄；
10—油门开度调节器；11—空压机工作按钮；12—话筒连接器；13—电台控制盒；
14—翘板开关组；15—信号显示屏；16—发动机主显示单元；17—停机开关；
18—柴油机起动钥匙开关；19—故障调速升降速手柄；20—发动机指针式转速表；
21—发动机组合仪表；22—制动风表；23—机车速度表

图 3-11 中各电器、仪表介绍如下：

① JZ-7 制动机：控制车辆制动、缓解。

② 雨刷控制开关：操纵此开关，该端该侧挡风玻璃刮水器工作，可刮玻璃上的雨水和霜或喷淋。

③ 紧急降弓开关：控制受电弓紧急降落。

④ 旁路制动按钮：按下按钮，自动锁定位置，可使车辆紧急制动。按箭头所示方向旋转按钮，自动复位，旁路制动解除。

⑤ 电喇叭按钮：当按下按钮时，该端电喇叭响。

⑥ 发动机参数上翻下翻按钮：通过此开关，可顺序或逆序显示发动机和传动箱的各种主要参数并可固定显示。

⑦ 空挡锁定开关：控制传动箱始终保持在空挡状态。插入钥匙，向右扳 45°，解除空挡锁定。注意：走车前，空挡锁定必须解除。

⑧ 旁路制动自复式按钮：按下按钮，瞬时可使车辆产生紧急制动；释放按钮，紧急制动解除。

⑨ 换向换挡控制手柄：换挡旋转手柄共有"1""2""3""4"四个位置，换向手柄共有三个位置：N、F、R。F 即为"前进"，R 即为"后退"，N 为空挡。若自动换挡，在前进或后退位时将手柄转动使数字 4 对准白色刻线即可。若手动换挡，应先确认数字 1 对准白色刻线，再将换向手柄推至运行方向位，即进入 1 挡，再转动手柄即可换挡。请注意：手动换挡模式正常情况下不得使用。

⑩ 油门开度调节器：控制柴油机油门开度大小。

⑪ 空压机工作按钮：当压力调节阀失效（损坏）后，按下空压机工作按钮，可使空压机一直处于打风状态，保证总风的正常供给。仅当压力调节阀失效（损坏）后，方可按下空压机工作按钮。

⑫ 话筒连接器：连接电台话筒和控制盒的转接端口。

⑬ 电台控制盒。

⑭ 翘板开关组，从左至右分别为：

a. 头灯开关：按下此开关，该端的上大灯工作，同时另端的信号灯工作。

b. 下大灯开关：按下此开关，该端的下大灯工作。

c. 仪表板开关：夜间或隧道内引车时，按下此开关，仪表照明灯工作。

d. 电扇开关：按下此开关，该端电扇工作。

e. 顶灯开关：控制司机室顶灯的工作与关闭。

f. 故障调速断开关：该开关按下时，可由油门开度控制手柄进行调速，断开此开关时可由故障调速手柄来进行升降速调节。

g. 故障调速通开关：当油门开度控制手柄调速失效时，按下此开关，可由故障调速手柄来进行升降速调节。

h. 备用。

⑮ 信号显示屏。

从左至右，从上到下顺序为：

a. 前进指示；b. 1挡指示；c. 后退指示；d. 发动机故障指示；e. 2挡指示；f. 变速箱故障指示；g. 发动机诊断指示；h. 3挡指示；i. 备用指示；j. 发动机保养指示；k. 4挡指示；l. 备用。

⑯ 发动机主显示单元。

主显示单元主要通过声光报警信号对下述状态参数进行监控（按从左至右、从上至下顺序）。

a. 发动机冷却水温；　　　　b. 进气管空气压力；
c. 燃油温度（不用）；　　　d. 蓄电池电压；
e. 变矩器液压油温度；　　　f. 发动机机油压力；
g. 燃油压力；　　　　　　　h. 冷却水位（不用）；
i. 发动机降载；　　　　　　j. 变矩器出油压力。

一旦相应的参数超过报警数值，报警指示灯点亮，同时报警继电器K4或K8吸起，并使前后操纵台下电铃得电发出报警信号。

另外主显示单元还有一个LCD数字显示屏，通过按动操纵台上的"上翻下翻"按钮，即可显示各种状态参数。这些参数内容如下：

SPd——发动机转速；

GA——1 发动机机油压力；

GA——2 发动机冷却水温；

GA——3 蓄电池电压；

GA——4 燃油压力；

Boost——增压器压力；

Lair T——进气温度；

Fuel T——燃油温度；

Accr P——变矩器压力；

Accr T——变矩器温度；

Fuel——燃油消耗率；

Hrs——发动机工作小时；

Load——发动机负载率。

主监控单元通过双绞线与发动机ECM通信，接收ECM的数据，并进行相应显示。

⑰ 停机开关：当该开关按下时，低电平信号送入发动机ECM，ECM立即输出信号使喷油器停止喷油，使发动机熄火。

⑱ 柴油机启动钥匙开关：即点火开关。该开关有启动、运转两挡，当开关旋转至最右端为启动挡，松手后自动回转至运转位。

⑲ 故障调速升降速手柄：当故障调速作用开关在闭合位时，柴油机启机后可通过此手柄进行油门调速。

⑳ 发动机指针式转速表：显示发动机转速。

㉑ 发动机组合仪表：主要显示机油压力表、燃油压力表、蓄电池电压表、冷却水温度表，用于监控上述参数是否在正常范围内。

㉒ 制动风表：（自左至右：a. 双针压力表，红针显示总风缸压力、黑针显示均衡风缸压力；b. 双针压力表，红针显示工作风缸压力、黑针显示降压风缸压力；c. 双针压力表，红针显示制动缸压力，黑针显示制动管压力）。

㉓ 机车速度表：在运行中通过前端左侧轴箱上的测速发电机，能准确反映该车的行驶速度，速度表下部设有里程累加器，能累计行车里程，为检查保养提供依据。

4. 电气控制柜

控制柜电气布置如图 3-12 所示，图中各电气元件介绍如下：

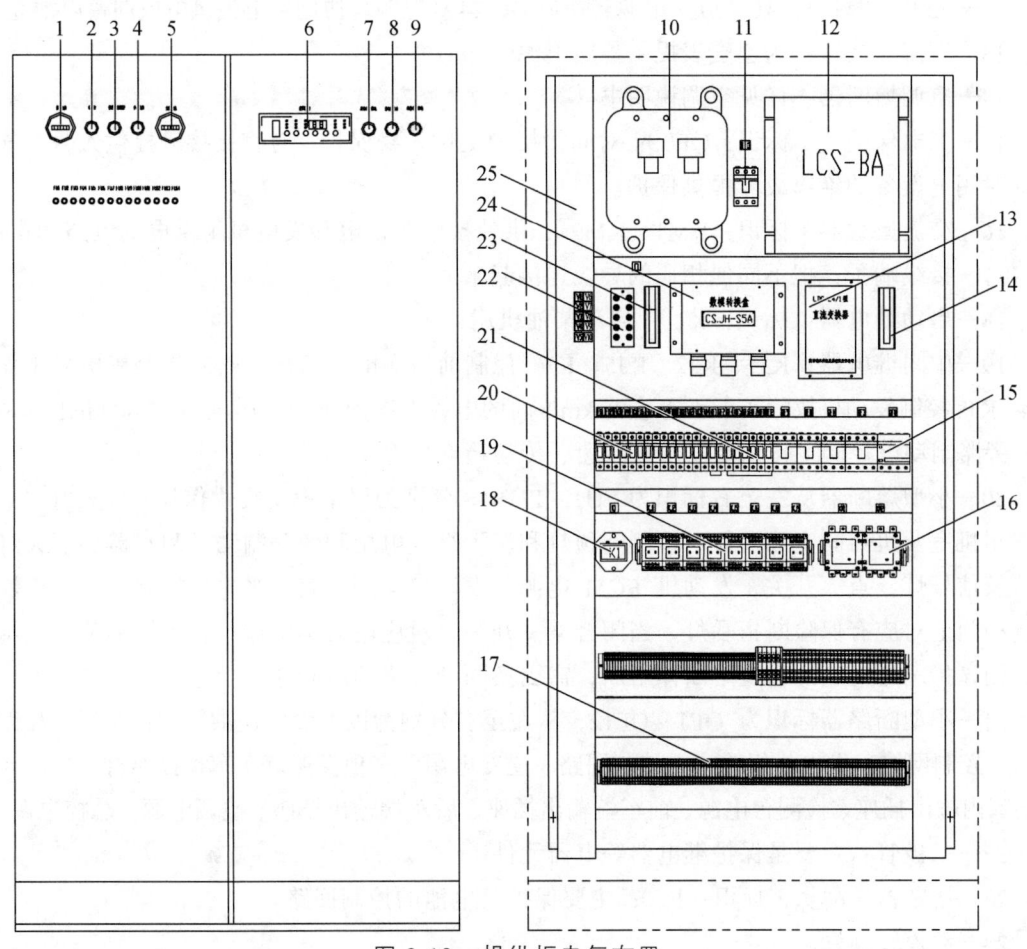

图 3-12　操纵柜电气布置

1—燃油油位表：与油箱上的油位传感器共同作用显示燃油箱的存油量。

2—车下灯开关：插入钥匙，向右扳 45°，车下灯亮。

3—发动机保养过期刷新开关：当发动机两次维护时间间隔大于程序所设定的值时（缺省值为 250 h），ECM 将发出报警信号提醒用户进行维护。当用户维护完毕，动作此开关，维护间隔时间将刷新即重新设定（250 h）。

4—手动换挡开关：控制传动箱的换挡方式。插入钥匙，向右扳 45°，进入手动换挡模式，可通过换向换挡控制手柄进行手动换挡。平常位置为自动换挡模式。

5—充放电流表：反映发电机向蓄电池充电及蓄电池放电的电流大小及方向。

6—空调控制面板。

7—发电机组供电按钮：由发电机组向用电设备供电时按下此按钮。

8—总电源停止按钮：按下按钮，停止向用电设备供电。

9—外接电源供电按钮：外接电源向用电设备供电时按下按钮。

10—传动箱 ECPC 控制器。

11—小型断路器（标识：QF13）：控制轴流风机工作，仅当发电机组和发动机工作时使用。

12—充电电源：将 AC 220 V 电源转换成 DC 24 V 电源，协助蓄电池供电或向蓄电池充电。

13—直流交换器：为速度表提供稳定电源。

14—空调熔断器：详见空调说明书。

15—漏电保护器（标识：QF0）：对间接接触提供人身保护，对直接接触提供人身补充保护，对用电设备的绝缘故障提供保护。

16—交流接触器（标识：KM1、KM2）：供外接电源供电和发电机组供电的电路切换用。

17—接线端子：把不同但相通的导线连接起来。

18—启动继电器（标识：K1）：启动柴油机用。

19—中间继电器：KJ1、KJ2、KJ5、KJ6 控制前后端电路切换；KJ3 控制受电弓工作；KJ4、KJ8 控制发动机故障或车速超过 75 km/h 时的电铃工作；KJ9 控制车速超过 80 km/h 时的电铃、旁路制动电控阀工作以及发动机降速、传动箱空挡。

20—小型熔断器从左至右标识为 FU1～FU14，分别为以下设备提供保护：仪表灯、电喇叭、司机室及机器间走廊顶灯、检测间顶灯和车下灯、电扇和旁路制动、刮水器、下大灯、头灯及信号灯、点火开关、发动机 ECM 电源、发动机监测仪表、受电弓控制、空气干燥器等。柜门上对应有保险断指示灯，当闭合某一开关，对应电器不工作，若柜门上某一指示灯亮，则该指示灯对应的保险熔断体熔断，需更换同种规格的熔断体。

21—小型断路器标识为 QF1～QF12，从左至右分别为以下设备提供保护：车端三相四线输入、控制网络、发电机组输入、控制回路、逆变电源、车顶探照灯、车顶探照灯、检测台电源、室内输出插座、检测台电源、前车端输出插座、后车端输出插座、空调电源、总控电源等。

22—二极管：主要是保护继电器等电器元件。

23—熔断器（63 A，标识：F1）：主要保护蓄电池的控制回路。

24—数模转换盒。

25—通用行线槽。

5．其余电器

（1）发动机和传动箱上的电器。

（2）前后端均有一个电喇叭，用于市内行车时用。

（3）电源总开关：电源总开关安装在控制柜左侧地板上，控制整车电源的通断。

（4）电控阀：该车共有三个电控阀，其中 YM1 是控制受电弓升降的，安装在检测间内压力表侧面；YM 是旁路制动的电控阀，安装在 I 位端主司机位的主车架下方（中继阀侧）；

YM0是故障卸荷排风用,安装在总风缸右上方,与空压机卸荷阀相连。

(5)传感器:该车传感器有车速传感器(测速电机)和油位传感器(油箱浮子)。车速传感器安装在Ⅰ轴轴头上;油箱浮子安装在油箱上。

(6)有线对讲装置:前后司机室和检测间均有一套有线对讲装置。打开对讲机上的电源开关,即可实现车内通话。

(7)探照灯:车顶上有四个交流探照灯,可供夜间或隧道检测作业时的照明。

二、制动系统

制动系统包括空气管路系统和基础制动等。

1. 空气管路系统

空气管路系统分压缩空气供给系统、制动系统和辅助用风系统三部分。

1)压缩空气供给系统

压缩空气供给系统产生、净化和储备压缩空气,供给车上各种风动设备、制动机使用。它由空压机、单向阀、油水分离器、干燥器、总风缸、压力调节阀、安全阀、压力开关等部件组成。车上安装有1台W-0.9/8型空压机,其技术参数如下:

型号:W-0.9/8

压缩级数:单级

转速:1 450 r/min

排气压力:800 kPa

排气量:0.9 m^3/min

消耗功率:7.45 kW

空气压缩机产生的压力空气,储存于总风缸,总风缸的总容量为400 L。在油水分离器与总风缸之间的管路中设有空气干燥器。空气干燥器正常使用时,塞门Ⅰ、Ⅲ开通,塞门Ⅱ关闭;故障情况时,塞门Ⅰ、Ⅲ关闭,塞门Ⅱ开通。在总风缸下方设有自动排水器,油水分离器下方设有排水塞门,在运用中须定期开放塞门,以排除积存的油水。

空压机的工作由卸荷阀控制,总风缸压力由压力调节阀控制,当总风缸压力在700~800 kPa时,压力调节阀接通,卸荷阀动作,空压机进气口封闭,空压机无负荷空转,停止向总风缸供风。

总风缸出口处装有安全阀,其调整压力为(850±20)kPa,当总风缸空气压力超过此压力时,安全阀自动打开,将压缩空气排入大气,当压力接近800 kPa时,安全阀自动关闭。总风缸出风管处设有塞门,当检修各空气管路或其他原因需要截断风源时,可将此塞门关闭。

2)空气制动系统

由JZ-7型空气制动机、无火回送装置组成。空气制动系统原理图见图3-13。

JZ-7型空气制动机见第十章。

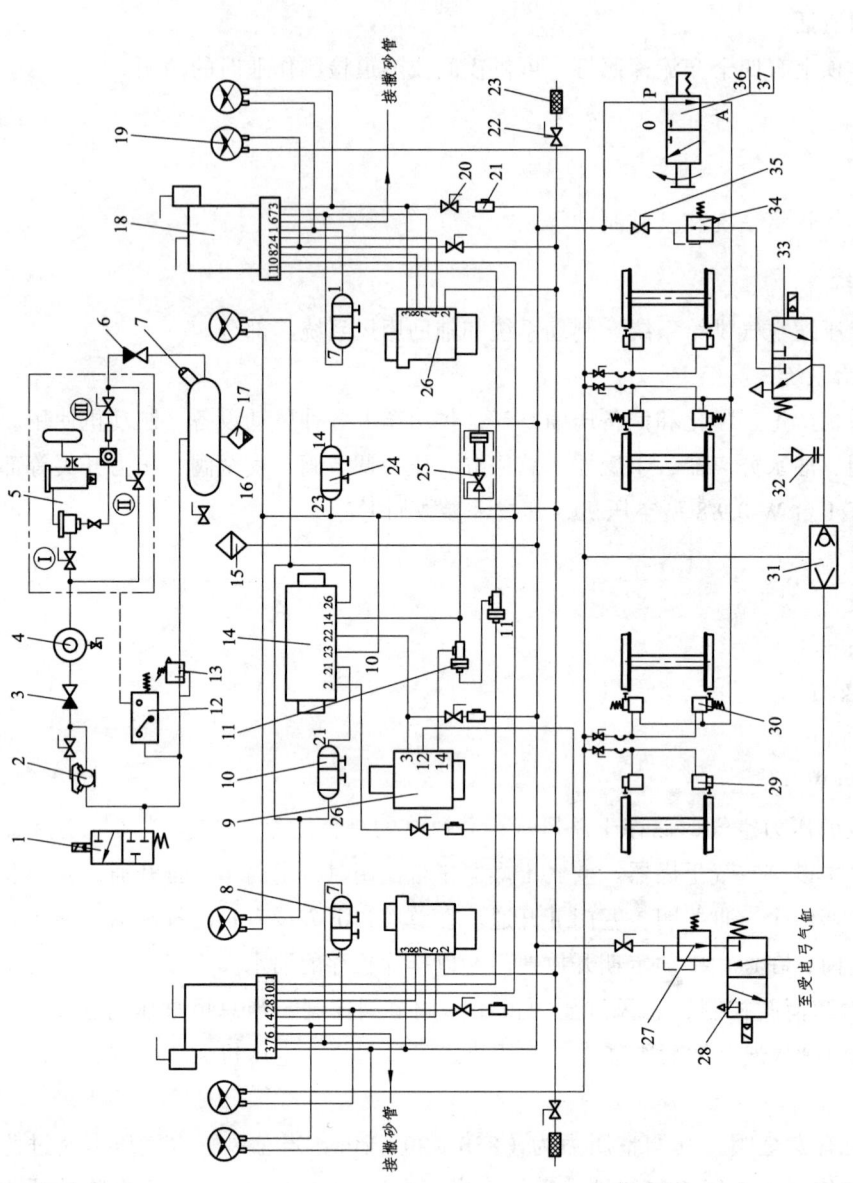

图 3-13 空气制动系统原理图

1—空压机工作电控阀；2—空气压缩机；3—单向阀；4—油水分离器；5—空气干燥器；6—止回阀；7—安全阀；8—均衡过充风缸；9—作用阀；
10—紧急降压风缸；11—变向阀；12—压力开关；13—压力调节阀；14—分配阀；15—自动排水过滤阀；16—总风缸；17—自动排水器；
18—JZ-7 制动阀；19—双针压力表；20—截断塞门；21—管道滤清器；22—球形折角塞门；23—制动软管连接器；
24—工作作用风缸；25—滤尘止回阀；26—中继阀；27—过滤调压阀；28—升弓电控阀；29—单元制动阀；
30—带弹簧的单元制动器；31—梭阀；32—安全阀；33—旁路制动电控阀；34—过滤减压阀；
35—截断塞门；36—通排气式手动阀；37—消音器

（1）制动机操纵原则。

运行前必须认真检查制动机各部位是否良好，并充分试闸，确认制动机良好时，方可运行。列车运行途中，尽量减少不必要的制动，以减少闸瓦的磨损，延长使用寿命。制动或减速时，保持较均匀地减速，以避免和减少列车冲击，达到平稳操纵的目的。不必要的情况下，绝不使用紧急制动，以减少闸瓦的急剧磨损。实施紧急制动后，应对制动缸、基础制动装置、车钩等进行检查，经试闸确认无损，方可运行。

（2）制动机操作要求。

本制动机只允许本务司机一人操纵。本制动机配备单阀手柄、自阀手柄各一个。操纵时，应将非操纵端的两个阀手柄置于手柄取出位，并取出手柄置于操纵端，确保行车安全。无论是担当本务机还是重联补机，客货车转换阀均置于"货车位"。自阀可操纵全列车的制动和缓解；而单阀只操纵本车的制动和缓解。本务司机应熟知制动机性能，并能检修、排除故障，具有实际操作经验。

（3）运用中注意事项。

自阀在过充位无机车保持制动作用。当操纵上需要这一性能时，可使用单阀单独制动本车。自阀手柄在过充位时的过充量是受限的（高于列车管定压 29.4 ~ 39.2 kPa），且手柄回到运转位后能自动消除列车管过充压力。自阀和单阀均为自动保压式，无中立位，所以在制动或追加减压时，不必像其他型制动机那样，在制动位和中立位之间往复移动。在运行中，不会发生自然制动现象。因此，不需经常推动单阀手柄至单独缓解。在运行中，若自阀减压制动后需要单独缓解时，只需把单阀手柄推至单独缓解位，制动缸压力就下降。在牵引作业时，司机为了使本车制动缸压力小一些，并希望本车制动上闸时间稍晚些，可使用单阀的单缓位，把工作风缸的压力空气排一些到大气，然后把自阀推向制动区进行制动。

此外，还要注意，本车运行之前，司乘人员首先应根据其运行性质，对制动机作适当处理：

① 作本务机时。

自阀手柄和单阀手柄应置于运转位。无动力装置截断塞门（滤尘止回阀）位于总风缸与后转向架之间，有标牌指示，此时应处于断开状态。

② 作无动力回送时。

自阀手柄置于手柄取出位并取出手柄；单阀手柄置于运转位并取出手柄，客、货车转换阀均置于"货车位"，无动力装置截断塞门此时应处于开放状态，同时将分配阀上的常用限压阀限制压力调整为 245 kPa。当本车由无动力回送改本务机时，应将常用限压阀的压力恢复至 340 ~ 360 kPa。

③ 常用限压阀压力的调整。

分配阀外形见图 3-16，常用限压阀的结构见图 3-17。出厂时常用限压调定压力为 340 ~ 360 kPa，以供该车作本务机时使用。无动力回送时，应将常用限压阀的压力调小，调整方法如下：按逆时针方向旋转调整螺钉 1 二至三圈，然后用自阀施行一次常用全制动，观察压力表制动缸指针的压力，直到制动缸压力为 245 kPa 时再用锁紧螺母锁定螺钉 1，即压力调整完毕。

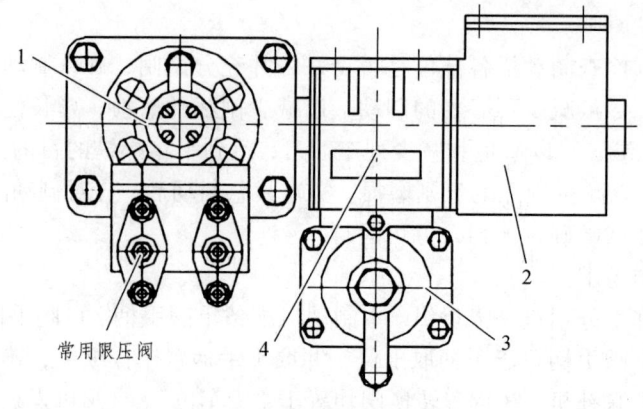

图 3-16 分配阀外形

1—主阀部；2—副阀部；3—紧急部；4—中间体

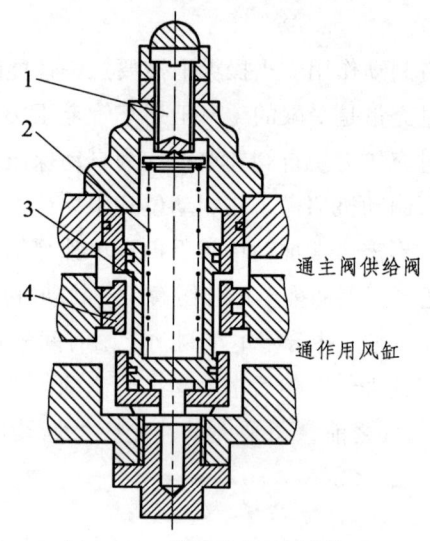

图 3-17 常用限压阀结构图

1—调整螺钉；2—常用限压弹簧；3—柱塞限压阀；4—阀套

担任重联补机时，无动力装置按无火回送的办法处理。

JZ-7 型制动机全部采用橡胶膜板、O 形密封圈及止回阀等密封结构，并且有严格的技术要求。这些零件均不能沾柴油、汽油或其他油类。在清洗阀件或零件后，一定要用压力空气清扫干净。组装时，O 形密封圈上要涂一些工业用凡士林作为润滑剂。

（4）空气制动辅助系统。

图 3-13 中件 31、32、33、34、35 组成旁路制动系统，满足车辆紧急制动的要求。旁路空气制动由前后操纵台主控制面板的相应开关控制。因本车安装的 JZ-7 型空气制动机为双端操纵，为确保安全，制动机使用时应注意以下三个问题：

① 制动缸安全阀 32 的动作压力应为（420±20）kPa；

② 列车管定压为 500 kPa；

③ 过滤减压阀 34 的输出压力为 420 kPa。

3）辅助用风系统

（1）停车装置。

作业完毕，司机离岗时，可操纵Ⅱ位司机室操纵台面板下方的通排气式手动阀动作至"E×H"位，排除弹簧停车单元制动器的总风接口的压缩空气，可使该型单元制动器产生停车制动作用。同样，可通过操纵台下方通排气式手动阀至"SOP"位，使总风进入弹簧停车单元制动器，压缩停车单元制动器内的驻车弹簧，从而产生缓解作用。

在车辆的控制阀失灵或总风风压不足 450 kPa 的情况下，需缓解车辆的停车制动时，使用随车带的专用工具拉动带弹簧的停车单元制动器侧面的手动快速缓解装置，只需 3 s 左右，即可彻底缓解。

（2）紧急停车装置。

按下设在前后操纵台上的旁路制动按钮或旁路制动自复式按钮，控制电空阀将总风管内的压力空气直接进入制动器，从而实现紧急制动作用。

（3）撒砂装置。

撒砂装置由撒砂开关、砂箱、撒砂管等组成。撒砂开关装在前后司机操纵台主司机位。使用砂子要干燥，石英含量不少于 75%，粒度不大于 2.5 mm。撒砂管安装在轨面中部，距轨面高 50 mm。

2. 基础制动

基础制动装置采用单侧制动，由带闸瓦间隙自动调节器的独立单元制动器组成，可实现闸瓦间隙的自动调整。全车共四个不带弹簧的单元制动器和四个带弹簧的单元制动器，其中带弹簧的单元制动器可供停车时使用，起到制动作用。

在各轴单元制动器制动缸主管处均设有截断塞门。当某一单元制动器出现故障时，将塞门置于"截断位"，使该轴的单元制动器隔离，不影响其他单元制动器的作用。

各踏面单元制动器均装用高摩合成闸瓦，其性能符合 TB/T 2403—1993 有关规定。

三、冷却系统

冷却系统包括发动机水冷却装置、液力工作油冷却装置。其作用是冷却散热使柴油机和液力传动装置保持在适宜的温度下工作。

1. 发动机水冷却装置

发动机水冷却装置由水散热器、膨胀水箱（膨胀水箱与水散热器上水池做成一体）、风扇及驱动装置、水管路等组成。风扇驱动装置采用液压马达驱动。

膨胀水箱位于发动机水冷却装置的最高位置，其作用是为冷却水提供热胀冷缩的余地，并作为日常添水以及放汽排水用。在膨胀水箱顶部装有压力调节阀，使水系统成闭式回路，打开阀盖，即可给水箱加水。

警告：当发动机水温超过 50 ℃ 时，切勿打开加水口盖，以免烫伤！

发动机冷却装置的使用维护保养注意事项：

（1）给膨胀水箱加水时，上水速度不宜过快，以便使管道内空气充分排尽。一般水应加到膨胀水箱高度的 2/3，最低水位不低于 1/3，要注意判别虚水位，发动机启动 5 min 后应再检查膨胀水箱水位。

（2）柴油机启动前应检查膨胀水箱水位，不足时加足水，检查散热器及管路密封情况。

（3）当轨道车长期停运时，应打开全部水管路上的放水阀，将整个水系统的水放尽，再用压缩空气将管中水吹干净。

（4）当散热器上沾染过多尘埃时，将大大降低传热效果，因此，必须定期清除。每运用 3~4 个月，用压缩空气喷扫积尘。

（5）注意风扇驱动装置的工作情况，定期进行补充润滑脂。

（6）对各连接螺栓定期紧固，确保无松动。

（7）当冷却系内存有较多水垢时，会降低冷却系的散热效能，一般作换季保养时应清洗发动机水套和散热器的水垢。

2. 液力工作油冷却装置

液力工作油冷却装置包括油散热器和静液压系统。油散热器为板翅式散热器，散热效果好。静液压系统由双联齿轮泵、齿轮马达、溢流阀、球阀、油箱及附件等组成。其液压原理图见图 3-18，其中油散热器系统的溢流阀调定系统压力为 12 MPa，水散热器系统的溢流阀调定系统压力为 12 MPa，在发动机启动时起安全阀作用。

液力传动箱油温低于 70 ℃ 时可以打开油散热器驱动马达并联的球阀使部分油液旁通，让液压系统卸荷。

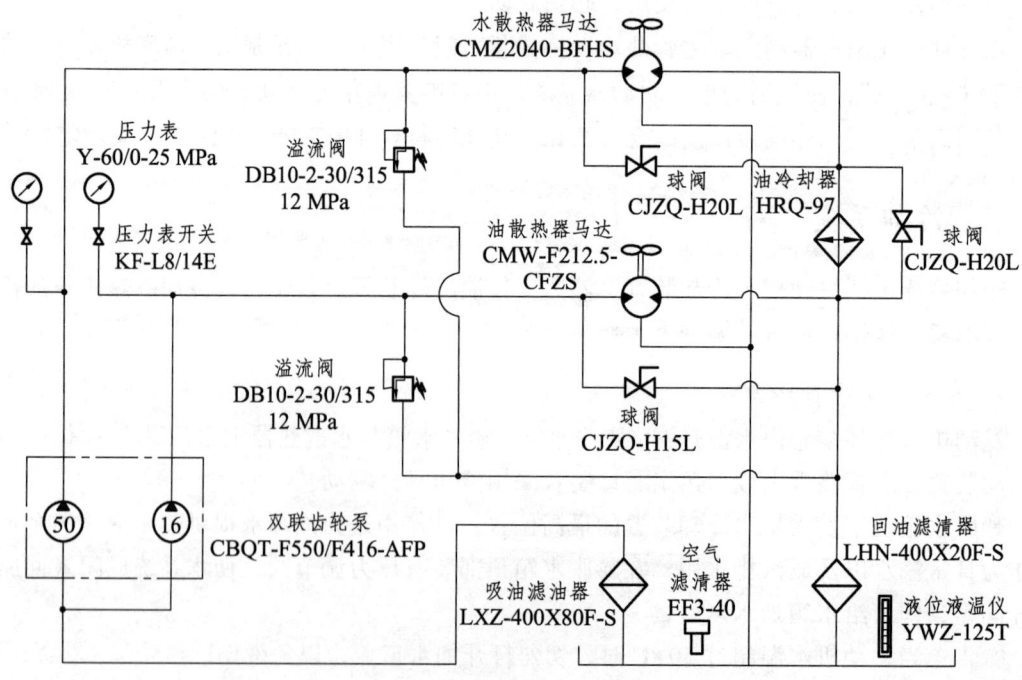

图 3-18　静液压系统原理图

四、检测装置

本车接触网检测装置主要由受电弓控制、接触网测量系统等组成，用以完成对接触导线系列参数的动态连续显示、存储和事后分析处理、打印汇总。

受电弓控制系统主要由截断塞门、过滤调压阀、单针压力表、电控阀、控制开关等组成，见图 3-19。

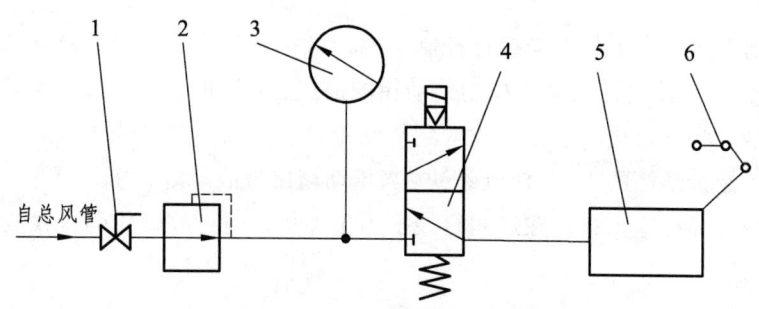

图 3-19 受电弓控制气路

1—截断塞门；2—过滤调压阀；3—单针压力表；4—升弓电控阀；5—传动风缸；6—受升弓

升弓电控阀、单针压力表和钥匙开关安装在检测间的侧墙上。使用时，先打开截断塞门（截断塞门位于总风缸与后转向架之间），观察单针压力表的读数是否在 400～500 kPa，并将调压阀的锁紧螺母并紧，这种调节不常用。

受电弓的升弓控制在检测台上，降弓可在前、后操纵台、阁楼、检测台四个位置进行。接触网检测系统部分的操作及维护等详见其相关部分说明书。

第三节 接触网检测车操作

一、概 述

JCDT-2 型接触网检测车选用原装进口美国 Caterpillar 公司产 3126B 型电喷柴油发动机及 TR35-M44/972G 型液力传动箱，车辆的最高运行速度为 80 km/h；安装具有自动保压性能的 JZ-7 型空气制动机，走行部为两轴转向架形式，车体两端安装有 13 型上作用式车钩及 MX-1 型缓冲器。车辆安装有 EDL26000TE 型发电机组、MRT-Ⅲ顶置式空调、充电设备和检测设备等。

操纵台布置见图 3-11。

控制柜布置见图 3-12。

二、主要设备的使用

1. 发动机

闭合电源总开关（QS1），确认换向换挡控制手柄在中间位，油门开度控制手柄在低位，故障调速断翘板开关在工作位,故障调速通翘板开关在断开位,将启动开关(点火钥匙开关)扳至运转位,电铃响,发动机主显示单元的故障报警灯闪亮,待电铃停响、故障报警灯灭后,再将点火钥匙开关扳至"启动位",柴油机启动,启动后即松开点火钥匙。

当启动发动机时,如果 10 s 内发动机不能启动,须间隔 2~3 min,若连续 2 次不能启动,应查找原因。

2. 传动箱

通过操纵前后操纵台上的换向换挡控制手柄,可将指令输入到传动箱自动换档控制系统(ECPC),通过转换后输出控制电压控制传动箱的前进、后退电磁铁;通过操纵前后操纵台上的油门控制手柄,将发动机转速指令输入到传动箱自动换挡控制系统(ECPC),通过转换后输出控制电压控制传动箱的 1~4 挡电磁铁。当传动箱出现故障时,可由卡特专业人员通过控制柜内的传动箱校准插座(布置在通用行线槽内)连接,通过故障代码查找故障原因。

3. 发电机组

车上交流电源既可以由车端输入插座引入,也可以由发电机组直接供电,两者通过电气控制柜门上的"发电机组供电"按钮和"外接电源供电"按钮控制相应的接触器来实现相互切换。

具体操作步骤如下:

1)发电机组供电

(1)按规定操作方法启动发电机组,显示正确后闭合发电机组配电屏上的自动空气开关。

(2)点动车上电气控制柜柜门上发电机组供电按钮,则可由发电机组供电。

(3)按一下柜内漏电保护器上的试验按钮,若保护器跳闸,表明漏电保护器功能正常,再合上漏电保护器。

(4)闭合相应的负载的小型断路器,即设备得电。

(5)若要停止供电,必须先切断负载电源,再点动"总电源停止"按钮,然后按关机程序停机。

2)外接电源供电

(1)在连接导线无电的情况下,将连接导线和随车的 PCE 插头连接好后,注意:零线接线位置必须和车辆输入插座位置对应,用万用表分别测量外接电源的线电压(相线和相线之间)和相电压(相线和零线之间),确认线电压为(380±5%)V、相电压为(220±5%)V时,表明输入电源正确;先将 PCE 插头和车端输入电源插座连接好,然后再和外接电源连接好,再合上外接电源端闸刀(或空气开关)。

(2)点动车上电气控制柜柜门上外接电源供电按钮,则将外接电源引入车内。

(3)按一下柜内漏电保护器上的试验按钮,若漏电保护器跳闸,表明漏电保护器功能正常,再合上漏电保护器。

(4)闭合相应的负载的小型断路器,即设备得电。

(5)若要停止供电,必须先切断负载电源,再点动"总电源停止"按钮即可。

停止供电后才能插拔插头,以防触电。切记!

4. 轴流风机

谨记：发动机启动前，必须首先启动发电机组，再闭合轴流风机开关（标识：QF13），使轴流风机工作。

5. 空调设备

闭合控制柜内的空调电源开关（标识：QF11），空调控制电源回路得电，即可操纵空调控制面板。

6. 充电设备

本车上设有交流/直流整流设备，可将 AC 220 V 电源转换为 DC 24 V 电源。当车端输入交流电源或发电机组工作时，闭合控制柜内的小型断路器（标识：QF4），整流电源开始工作，即可有 DC 24 V 电源进行输出。DC 24 V 直流电源主要给蓄电池充电。

7. 检测装置

接触网检测车采用西南交通大学电气工程学院研制的接触网检测设备，配备有电脑设备、打印输出设备、光盘刻录设备、UPS 电源及相应的数据处理软件，能将检测到的数据转化成图形图表文件，满足相关工程项目对接触网检测功能的要求，具有良好的可扩展性。闭合控制柜内的小型断路器（标识：QF7、QF12），即可提供 AC 220 V 电源给检测装置。

8. 单元制动器

有关单元制动器的使用及闸瓦间隙调节详见《JSP 型踏面制动单元说明书》。

三、起动前的准备工作

1. 车辆的准备

（1）检查发动机机油、传动箱润滑油、空压机润滑油、燃油箱燃油、冷却水箱中冷却水等是否充足。

检查部位按表 3-5 进行。

（2）检查燃油管路、机油系统、冷却水管路、空气制动管路、液压管路及传动箱附件等部位有无渗漏现象。管路中的截止阀均应位于正确的工作位置。

（3）检查蓄电池箱内蓄电池接线是否牢固，控制面板上的开关、监控仪表及灯具、刮水器等是否正常。

（4）检查空压机的皮带的松紧度。以 20~50 N 的力压皮带，挠度为 20~30 mm。

（5）目视检查传动轴螺栓及车轴齿轮箱悬挂螺栓有无松动。

（6）排除集尘器中的水分及灰尘，排除油水分离器内的污水。

（7）检查各主要部件等有无异常现象，发现问题须及时处理。

（8）检查必备的随机工具、随机关键备件等，要求齐全，状态或功能良好，严格按照有关安全行车规章办理。

表 3-5　启动检查表

序号	部位名称	检查标准
1	发动机	油位在油标上下刻度之间，偏高位置
2	传动箱	油位在油标上下刻度之间，偏高位置
3	车轴齿轮箱	高低油位孔之间，偏高位置
4	空气压缩机	油位表上下刻度之间，偏高位置
5	燃油箱	见油位表显示
6	冷却水箱	膨胀水箱高度的额 2/3，最低水位不低于 1/3
7	发电机组	按发电机标准检查油、水

2．电气动作试验

（1）确认前后操纵台上各开关、手柄在平常状态，确认电气控制箱内各熔断器保险装置是否已推入熔断器座内，闭合电气控制箱旁边的电源总开关，确认蓄电池电压在 DC 24 V～DC 28 V 之内。

（2）将点火钥匙插入一端柴油机启动开关内并扳至运转位，此时发动机故障报警灯亮，同时电铃响，约 5 s 后，发动机故障报警灯熄灭，电铃不响。

（3）将电气控制柜上的手动换挡开关置于手动换挡位，解除空挡锁定，换向换挡控制手柄扳至"F"或"R"位，换向换挡控制手柄顺序扳至手动 1~4 挡，相应档位指示灯和方向指示灯亮。说明手动换挡控制系统工作正常。

（4）将电气控制柜上的手动换挡开关置于平常位，即自动换挡位，解除空挡锁定，将换向换挡控制手柄转至"4"位，再将换向换挡控制手柄推至"F"或"R"位，此时操纵台上"1"挡和相应方向指示灯亮。完成了以上步骤，说明自动换挡输入正常，可以启机。

四、启　机

（1）确认换向换挡控制手柄在中间位，空挡锁定开关在中间位，油门开度控制手柄在"低"位，"故障调速断"开关在工作位，"故障调速通"开关在断开位，停机按钮开关在断开位，点火钥匙开关扳至"启动位"，柴油机启动，启动后即松开点火钥匙，注意观察各仪表及报警设备显示是否正常。此时主显仪表显示转速约 700 r/min。

（2）将油门开度控制手柄扳至"高"速位，柴油机转速升高；松手后，柴油机转速保持不变；扳至"低"位，柴油机转速降低。

（3）停机：当按下停机按钮，柴油机即停止工作。

五、制动机检查及试验

发动机启动后，空压机即开始充风，制动阀手把置于缓解位置，按《JZ-7 制动机的机能试验规程》规定，对 JZ-7 型空气制动机进行"五步闸"的检查与试验。

（1）检查各风表指示压力应符合以下规定：

总风缸：700~800 kPa，均衡风缸：500 kPa；

制动管：500 kPa，制动缸：0 kPa。

（2）减压 50 kPa，制动缸压力为 125 kPa。列车制动管泄漏，每分钟不超过 20 kPa。

（3）将自动制动阀手柄自最小减压位开始，施行阶段制动，直到最大减压位，在制动区移动 3~4 次，观察阶段制动是否稳定，减压量与制动缸压力的比例应正确。全制动后，当列车制动管风压在 500 kPa 时，列车制动管减压量为 140 kPa，制动缸压力应为 350 kPa。

（4）单阀缓解良好，通常应能缓解到 50 kPa 以下。

（5）原弹簧应良好。

（6）自阀缓解应良好，均衡风缸及列车制动管风压应为规定风压。

（7）列车制动管减压量应在 240~260 kPa，制动缸压力应在 350~420 kPa，并且不应发生紧急制动。

（8）均衡风缸压力上升，而列车制动管压力保持不变，总风遮断应用良好。

（9）缓解应良好。

（10）均衡风缸减压量应在 240~260 kPa，而且列车制动管不应减压。

（11）过充作用应良好。列车制动管风压比规定压力高 30~40 kPa 时，过充风缸上的排风孔处应排风。

（12）过允压力应在 120 s 后自动消除，不引起轨道车自然制动。

（13）列车制动管压力能在 3 s 内降至 0，制动缸压力应能在 5~7 s 内升到 400~420 kPa，均衡风缸减压量为 240~260 kPa，自动撒砂作用应良好。

（14）放置 10~15 s，制动缸压力开始缓解，并逐渐降到 0。

（15）单阀复原应良好。

（16）自阀缓解应良好。

（17）单阀制动应良好。

（18）单独制动阀手柄由运转位逐渐移至全制动位，阶段制动应稳定。全制动位时，制动缸压力应达到 300 kPa。检查闸瓦与车轮间隙是否在 4~7 mm 内。

（19）检查（18）~（19）阶段缓解作用是否良好。

单独制动阀手柄由全制动位逐渐移至运转位，阶段制动作用应良好。

（20）换端操纵并试验以上项目。

（21）将后司机室主司机位下部的手动转阀置于"SOP"7 位，使用自阀进行一次制动，检查制动系统是否正常工作再缓解，缓解时间不超过 35 s。

六、运　行

1. 起动后的检查

（1）柴油机启动后，再次查验柴油机、传动箱等各部及其辅助装置、制动系统等是否工作正常。

（2）发动机启动后，空压机即开始充风，总风缸风压应逐渐上升到 700~800 kPa，制动管和均衡风缸风压应上升到 500 kPa。

（3）非使用端操纵台处理：所有开关均置正常位。

2．车辆操纵

1）起动操纵

（1）将自阀及单阀手柄置于操纵端制动阀上，并缓解停车制动。

（2）将空挡锁定钥匙开关扭至右45°位置，解除空挡锁定，将换向换挡控制手柄转至"4"位，再将换向换挡控制手柄推至"F"或"R"位，此时操纵台上"1"挡和相应方向指示灯亮，逐渐加大提高发动机转速，使车辆起动前行。

2）牵引车列起动的操纵

牵引车列起动前要进行试闸。起车前要压缩车钩和进行撒砂，压缩车钩的车辆数不得超过车辆总数的2/3，以防整个车列移动或超越后部警冲标，并且在起动前不得将车辆的制动力缓解，起动时要做到充满风再起车，拉开钩再加速，根据情况适量撒砂。

3）在坡道上的操纵

上坡前要利用有利地形，提高柴油机转速，在柴油机高转速、车辆高速度的前提下，力求在坡底接近限制速度，充分利用车列动能闯坡，减少爬坡时间，爬坡时，随着车列速度的降低，牵引力逐渐增大，必须注意撒砂，以防空转而降低牵引力，爬坡速度不得低于其持续速度。如果采用手动换挡时，应相应升高发动机转速，当速度下降到换挡点以下时，应切换挡位。

4）天气不良时的操纵

在线路上进行调车作业时，无论牵引还是推进运行，应接通全部风管，并严格执行试闸的规定，运行时应当掌握适当的速度，以保证车列遇到障碍时能够及时停车。

在雨、雪、雾等不良天气时，轨面湿润，容易发生空转，因此在起车时和运行途中应随时注意司机主控制手柄的操纵，以防空转和降低牵引力，制动时要防止滑行，擦伤车轮，运行中要注意信号，信号看不清时应及早减速，不要因错过制动时机而冒进信号，更不要臆测行车。

运行过程中，冷却系统水管路上的放水开关应关闭。

5）车速控制

车辆运行过程中，可通过油门开度控制器调节柴油机转速，传动箱控制系统根据车速和柴油机转速的变化自动换挡。本车的车速设定为80 km/h，当车速超过75 km/h时，电铃响提示超速，当车速超过80 km/h时，将柴油机转速自动降至怠速，传动箱自动回空挡。当车速低于75 km/h后自动恢复自动换挡状态，同时电铃停响。

操作过程中注意：一般车速不应超过70 km/h；当车辆的速度达到75 km/h报警时，应立即停止提高发动机转速。

6）故障操纵

当油门开度控制器或自动换挡控制器故障时，可进行故障调速和手动换挡。具体操作如下：

（1）油门开度控制手柄故障时的调速。

将油门开度控制手柄回低位，关断故障调速断开关，闭合故障调速通开关，换向换挡控制开关置中间位。

利用升降速操纵杆进行升、降速。

（2）自动换挡控制器故障时的操纵。

将电气控制柜柜门上手动换挡钥匙开关扳至右 45°位置。

当换向换挡控制手柄刻线对准 1 时，将换向换挡控制手柄置运行方向位，此时传动箱 I 挡电磁铁得电，进入手动 I 挡状态，当车速上升到对应的换挡点速度时（表 3-6），将换挡转换开关缓慢切换为 II 挡，其他挡位按相应的方式操作。降速时，车速降到对应的换挡点时切换挡位。采用故障调速时应注意，操作时尽量不要使用 IV 挡。换挡瞬间原挡位指示灯应熄灭，换挡动作完成后换入挡位指示灯应同时点亮。

表 3-6 发动机转速对应换挡点速度（参考值）

发动机转速/(r/min)	换挡点速度/(km/h)		
	I ⟷ II	II ⟷ III	III ⟷ IV
1 700	14	27	41
1 900	16	31	46
2 200	18	36	54

注：其他发动机转速情况下按本表相应增加或减少。

3. 运行中的注意事项

（1）注意观察显示屏显示是否正常（有无故障内容）。

（2）瞭望信号、鸣笛。

（3）出现车轮打滑时应减速、撒砂。

（4）下坡时严禁熄火，严禁作空挡溜放。

（5）行车时应经常注意各仪表读数是否正常。在发动机冷却水温度达到 50 ℃，总风缸风压达 500 kPa 以上时，方可起步以中速行驶。水温未达到 70 ℃ 时，不得高速行驶。

（6）遇到特殊情况可直接使用非常制动，停车后，必须作记录，并及时检查车辆有无损坏，当发现影响行车安全时应及时处理破损部件，修复后方能行车。

（7）制动后须先缓解，使制动缸压力回零，才能起步。

（8）车辆未全部缓解时，不得加负荷。

（9）车辆在运行中或未停稳前，严禁进行换向操纵。

（10）车辆各安全保护装置和监督计量器具不得盲目切（拆）除或任意调整其参数，保护电器装置动。作后，在未判明原因前严禁盲目启机或切除各种保护装置。

（11）附挂运行时，应切断电源总开关，严禁进行电气动作试验。

4. 换向操作

将油门开度控制器手柄降至"低"位，使车速降至零，也可施行制动，使车辆停稳，再将换向手柄扳到所需要的方向。换向操作必须在车辆停稳或车速小于 5 km/h 后，方可进行。

七、停 车

（1）将油门开度控制器手柄降至"低"位，将换向换挡控制手柄扳至中间位，再施行制动，使车辆停稳。

（2）在发动机停机前，让发动机在 850 r/min 左右运转 3~5 min。当按下停机开关，柴油机即停止工作。

（3）取出点火钥匙，锁定空挡锁定开关。

（4）停机后，操纵手动转阀施加停车制动。

（5）断开电源总开关。

八、无火回送

（1）锁定空挡锁定开关，换向换挡控制手柄置于中间位。

（2）自动制动阀手柄置手柄取出位，并取出手柄；单独制动阀手柄置运转位并取出手柄；两端客货车转换阀均置于货车位，开放无动力装置的截断塞门，同时将分配阀的常用限压阀的限制压力调至 245 kPa；将手动转阀置于缓解位，然后手动缓解带弹簧的单元制动器。

（3）传动箱和车轴齿轮箱润滑油位保持在正常工作高度。

（4）长距离无火回送前，应拆下传动箱至车轴齿轮箱之间的传动轴。短距离拖行不得超过 35 km，此时允许不拆传动轴，但必须将惰行系统惰行泵旁通球阀关闭。

（5）断开电源总开关。

九、回库后的处理

（1）将车辆内外清洗干净。

（2）关闭电源总开关。

（3）冬季应放掉冷却水（若加入防冻剂勿需放水）。

（4）窗户从内部关好，车门及隔墙门上锁。

第四节　接触网检测车维护保养

一、概　述

JCDT-2 型接触网检测车在使用过程中，应对其进行必要的日常检查、润滑和保养，以及根据运行里程，定期地进行必要的检查、润滑和保养，保证车辆的完好与可靠，保障运行安全。

二、需维护保养的主要部件

1. 发动机

有关发动机的维护保养详见发动机随机配手册。

2. 液力传动箱

有关传动箱的维护保养详见液力传动箱随机配手册。

3. 空气压缩机

有关空气压缩机的维护保养详见《W-0.9/8 型空气压缩机安装、维护、使用手册》。

4. 空气干燥器

空气干燥器的使用维护保养详见《YKG-1×型空气干燥器使用维护说明书》。

5. 单元制动器

有关单元制动器的维护保养详见《JSP 型踏面制动单元说明书》。

6. 发电机组

有关发电机组的维护保养详见随机配说明书。

7. 空调机组

有关空调、空调压缩机的维护保养详见随机配空调说明书。

8. 万向节传动轴

传动轴在使用过程中，应注意检查传动轴的弯曲、变形和平衡情况，必要时予以校正。如发现损坏严重时，应及时更换。

拆装传动轴时，必须保证套管叉与花键轴上的叉轭在一个平面内，传动轴在套管上焊有平衡块，拆装时要做好标记，原样装好。十字轴应能在轴承内自由转动。

传动轴每行驶 1 500 km 应进行一次润滑脂补充，以保证十字轴与滚针轴承、花键套与花键轴等摩擦副的润滑，经常检查连接螺栓、保险垫片是否正常以及传动轴的万向节、十字轴及花键轴的磨损情况。

传动轴故障及排除方法见表 3-7。

表 3-7 传动轴故障及排除方法表

故障现象	原因	排除方法
传动轴抖振	① 传动轴弯曲变形； ② 传动轴两端万向节叉的相对位置不正确； ③ 万向节十字轴轴承和传动轴花键磨损严重； ④ 动平衡片脱落	① 冷压校正后重新的平衡； ② 重新装配； ③ 更换； ④ 重新动平衡
传动轴异响	① 传动轴弯曲变形； ② 万向节、十字轴、滚针轴承严重磨损； ③ 传动轴花键松旷	① 冷压校正后重新的平衡； ② 更换万向节； ③ 及时润滑或更换

9. 车轴齿轮箱

1) 车轴齿轮箱的润滑

车轴齿轮箱采用油泵供油润滑和油浴润滑相结合的方式：滚动轴承靠油泵供油润滑，齿轮啮合副靠油浴润滑。

车轴齿轮箱内装有车辆齿轮油，使用过程中应经常检查油量是否满足要求，油中杂质含量是否超标，必要时添加或更换润滑油。

新车走合期满后应换油一次，以后每运行 6 000 km 或使用半年换油一次。放油时应在油温未降低时进行。放净后用柴油或煤油冲洗壳体及齿轮，清洗油底壳放掉清洗油后加入新油，加油时应过滤以保持润滑油的清洁。

推荐润滑油牌号：SAE 80W/90 API GL-5 车辆齿轮油。

润滑油油量：以油位到上油位螺栓为准。

拉臂销轴应每运行 200 h 加注润滑脂。

2）车轴齿轮箱的间隙及调整

为了方便用户对各主要部位的间隙、行程检查和调整，有关参数列于表 3-8。

表 3-8 车轴齿轮箱主要部位间隙行程表

序号	部　位	间隙及行程/mm
1	车轴齿轮箱圆锥主动齿轮轴承轴向游隙	0.1～0.15
2	车轴齿轮箱圆锥齿轮齿侧间隙	0.4～0.75
3	车轴齿轮箱圆锥被动齿轮轴轴承轴向游隙	0.1～0.15
4	车轴齿轮箱滑动轴承与车轴颈间隙	0.25～0.35
5	车轴齿轮箱车轴游隙	2～3

锥齿轮的调整是靠中间轴外侧和车轴两端的垫片厚度增减来完成的。

圆锥螺旋齿轮齿面正确的接触斑点为：接触斑点位于齿面中部，接触面积沿齿长及齿宽方向均大于 60%，见图 3-20。

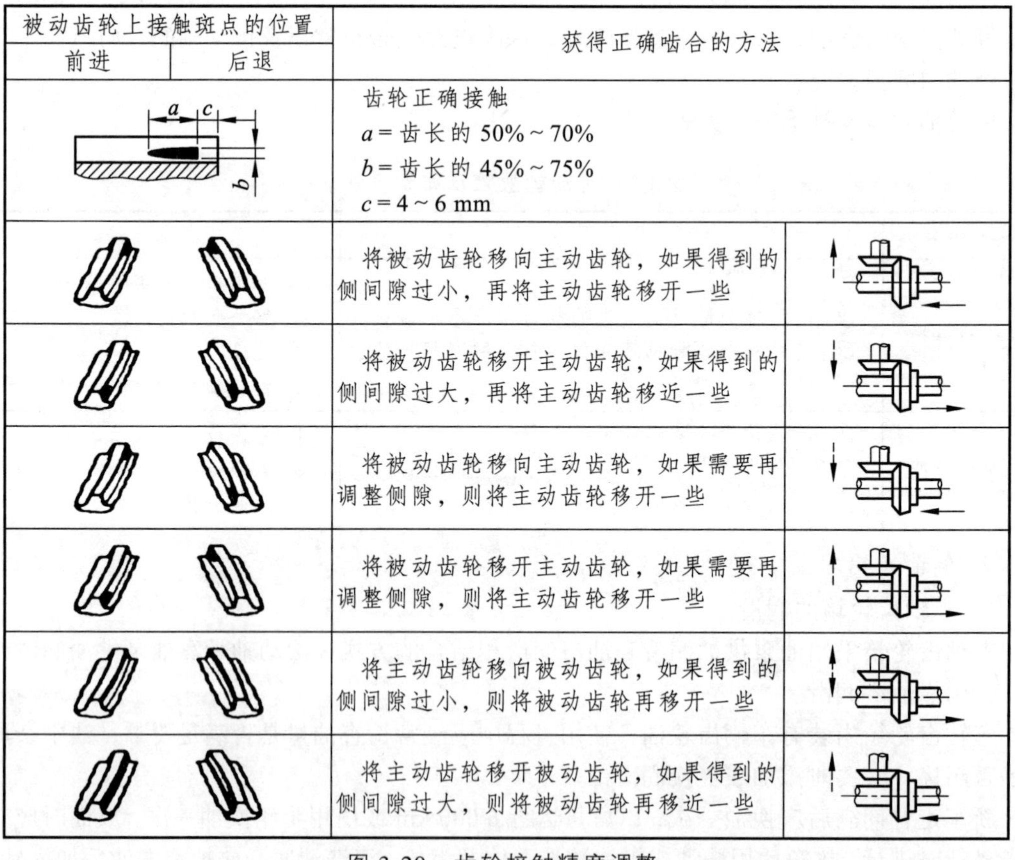

被动齿轮上接触斑点的位置		获得正确啮合的方法	
前进	后退		
		齿轮正确接触 a = 齿长的 50%～70% b = 齿长的 45%～75% c = 4～6 mm	
		将被动齿轮移向主动齿轮，如果得到的侧间隙过小，再将主动齿轮移开一些	
		将被动齿轮移开主动齿轮，如果得到的侧间隙过大，再将主动齿轮移近一些	
		将被动齿轮移向主动齿轮，如果需要再调整侧隙，则将主动齿轮移开一些	
		将被动齿轮移开主动齿轮，如果需要再调整侧隙，则将主动齿轮移开一些	
		将主动齿轮移向被动齿轮，如果得到的侧间隙过小，则将被动齿轮再移开一些	
		将主动齿轮移开被动齿轮，如果得到的侧间隙过大，则将被动齿轮再移近一些	

图 3-20 齿轮接触精度调整

走合期间,经常注意检查车轴齿轮箱的温度,防止过热。车轴齿轮箱允许温升为 55 ℃。

10. 轮　对

车轴是轮对中的重要部件。车轴在运行中承受很大的交变载荷。运用中应按规定定期对车轴进行探伤、维护。

(1)在运用期间,应检查轮对状态,要求轮缘无裂纹、车轮移动标记无错位现象,并严格按有关机车车辆轮对探伤的规定定期进行探伤,防止切轴事故。

图 3-21 供Ⅰ、Ⅱ位车轴超声波探伤参考。

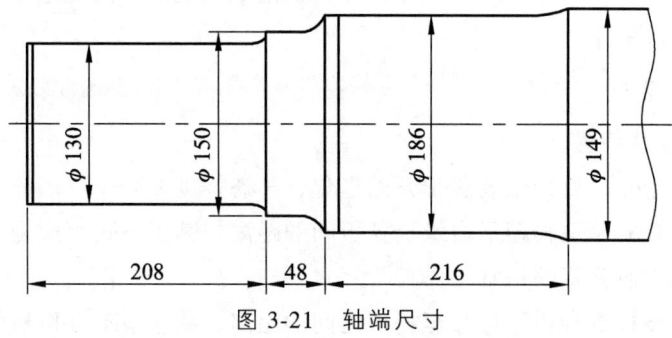

图 3-21　轴端尺寸

图 3-22 供Ⅲ、Ⅳ位车轴超声波探伤参考。

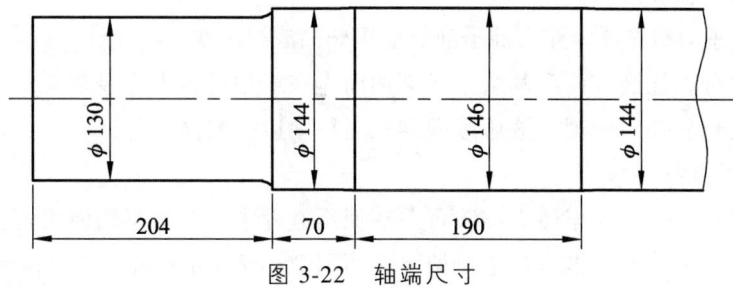

图 3-22　轴端尺寸

(2)当车轮直径超过下述规定值时应加工处理:

① 同一轴上的车轮直径差不大于 0.5 mm;同一转向架两车轮直径差未经旋修不大于 3 mm,经旋修者不大于 1 mm。

② 车轮踏面擦伤或局部下凹不超过 1 mm。

③ 踏面剥离的长度(同一车轮)。

一处:不大于 50 mm;

两处:每处不大于 40 mm。

车轮缺陷测量要求:沿圆周方向测量;两端宽度不足 10 mm 的不计算在内;长条状剥离其最宽处不足 20 mm 者可不计算;两块剥离边缘相距小于 75 mm 时,每处长不得超过 35 mm;多处小于 35 mm 的剥离,其连续剥离总长度不得超过 350 mm;剥离前期未脱落部分可暂时不计算在内;没有其他缺陷,如轮对擦伤、局部凹下。

(3)车轮磨损后,轮辋厚度小于 30 mm 或轮缘厚度小于 22 mm 需更换。

11. 车轴轴承箱

轴箱内填充有 3#锂基润滑脂，润滑脂的容量为箱体内余隙的 2/3，每行驶 1 500 km 打开轴箱盖，检查油量及油质，必要时补充或更换。新车走合期间，经常注意检查车轴轴承箱的温度。

运行中停车时，注意检查轴箱外表温度，轴箱温度不得超过（0.6 × 环境温度 + 50）℃ 如温度太高或局部温度过高，应检查润滑油质、油量、滚动轴承、轴承支架的状态，判明原因后及时处理。经常检查轴箱端盖等紧固良好。

注意：在车上施行电焊作业时，应在作业处所附近接地线，防止电流从轴承的滚子与滚道触点处通过，烧坏轴承。

12. 弹性悬挂装置

1）一系弹性悬挂装置

橡胶弹簧使用半年以后，橡胶逐步开始老化，静态挠度要减小，因此，新橡胶弹簧安装使用半年后，要检查并调整轴箱下边缘至托板间的距离，其正确距离应为 10~15 mm。距离过大或过小将影响橡胶弹簧的正常工作。

调整前，首先要检查轴箱下边缘至托板之间的距离，确定应加补偿板的厚度，必须保证同一轮对两侧四处应同时添加同样数目、同样厚度的垫片，直到两侧的间隙均大于 10 mm。补偿板加在垫板与托板之间。

车辆的一系垂向减振器内充入锭子油时应用柴油滤纸过滤，不允许有残存灰尘砂粒进入。油内不允许有水分，注满缸筒后其余注入储油筒。在运用过程中应经常要检查有无泄漏现象和紧固情况，发现后及时处理。液压减振器在运行中应有明显温升。

2）二系弹性悬挂装置

二系弹性悬挂（也称为车体支撑装置）在使用过程中，根据车辆使用情况须定期对旁承滑板磨耗量进行检查，当止推盘与主车架下表面间隙小于 1 mm 时，须更换旁承滑板。

13. 牵引装置

牵引装置在运用过程中须定期对中心销加注润滑脂，以便使关节轴承或中心销与支撑轴承间始终保持良好的工作状态。在运用过程中，还应经常对防护罩等零部件进行外观检查，检查压盖的连接状态是否良好、可靠。

14. 电气系统

1）启动电机的使用保养

（1）启动电机使用前，应对柴油机、启动系统电路和蓄电池的充电状况进行检查。

（2）在正常情况下，柴油机一次就能启动，每次启动电机的运转时间不应超过 12 s；如一次不能启动，需作第二次启动时，两次启动的时间间隔不小于 2 min，以使蓄电池内部完成必要的化学反应。绝不允许在柴油机及启动电机尚未停止转动时，再启动，否则将引起齿轮与齿圈之间剧烈的撞击而损坏机组。当启动成功后，应立即放开点火钥匙，使启动齿轮从啮合位置退回原位。

（3）当柴油机连续几次不能启动时，应排除故障后再进行启动。

（4）应经常检查启动电机紧固件的连接是否牢固，导线接触是否紧密，导线绝缘有无损坏。

（5）应定期清洗各机件、轴承，吹干后加注新的润滑脂，检查启动电机齿轮磨损情况及传动装置是否灵活。

2）充电发电机的使用保养

该柴油机带 DC 24 V，100 A 充电发电机。它的壳内装有集成电路调节器，发电机输出的直流电是通过此调节器来控制的，负极通过外壳自行搭铁，故此发电机重量轻、体积小、结构简单、维护方便、使用寿命长，低速时充电性能好。

（1）充电发电机的使用。

充电发电机必须与蓄电池配合使用。

接线必须正确可靠，正负极切不可接错，否则将损坏硅整流发电机和调节器。

前后端盖上滚动轴承采用复合钙基润滑脂润滑，使用 750 h 后应更换一次，填充量不宜过多，特别是后盖的滚动轴承内，如加入量过多容易造成润滑脂溢出，溅在滑环上将使接触不良，影响发电机的性能。充电发电机由皮带传动，应定期检查皮带的张紧力，以保证正常充电。

发电机绕组的绝对温度允许达到环境温度 + 105 °C。发电机运行时，不允许用螺丝刀等金属物品将正极等接线柱与机壳或负极短接以观察有否火花来判断发电机是否发电，这样容易将元件烧坏。

（2）充电发电机的维护保养。

为保证充电机的正常工作，应经常注意维护保养，当发现发电机不发电时，应先对电机的绕组和硅整流元件等进行检查。应经常用压缩空气吹尽各部的灰尘，用汽油揩净集电环和线圈等部分的油污。检查线圈、转子和硅整流元件的焊头是否有脱焊现象，转子线圈（激磁绕组）有无断路或短路现象。检查整流元件，必须用万用表，绝不允许用兆欧计（摇表）或高于 30 V 的电源来检测。检查电刷磨损情况和刷簧压力是否正常，以及刷架和出线螺钉对地绝缘是否良好，电刷磨损过多应予更换。

3）故障处理

要较熟练地处理轨道车辆电气系统故障，须对本车的电气线路图及电气装置的结构、原理、安装位置等了解清楚，然后根据线路图分析可能造成故障的各种原因，及时检查处理。

（1）柴油机启动电气故障及处理。

柴油机启动电气故障及处理见表 3-9。

（2）发动机调速故障。

发动机调速故障处理见表 3-10。

（3）传动箱换挡、换向故障。

传动箱换挡、换向故障见表 3-11。

表 3-9　柴油机启动电气故障及处理表

故障现象	原因分析	检查及处理
将点火开关扳至启动位,但柴油机不启动,报警灯不亮	蓄电池电源线接触不良	用万用表测量蓄电池电源线端正负极电压,若无电压显示,则为电源线虚接,应重新接好蓄电池电源线
	电源总保险 F1 烧断	用万用表测量电源总保险两端电阻,若电阻无穷大,则更换保险
	保险 Fu9 烧断	拔出 Fu9 的熔芯,测量电阻获将点火钥匙开关扳至运转位,观察电气控制柜上的指示灯是否亮,即可查出原因,若烧断则更换
	点火开关内部断路	首先将点火开关扳至启动位,用万用表电压挡测量启动钥匙输出端电压,若输入有电,输出无电,则点火钥匙内部断路
将点火开关扳至启动位,但柴油机不启动,报警灯亮	启动继电器无法吸合	测量启动继电器两端电压,若有电压则更换继电器,若无电压则继续检查前方支路是否断路
	启动继电器已吸合,但启动电磁开关不吸合	用万用表测量启动电磁开关线圈两端电压,若有电则电磁开关有卡阻,应拆下检修或线圈烧毁,需更换电磁开关。若无电,则为启动继电器触点或输入电源线接触不良,逐步分段查找即可查出故障
	电磁开关已吸合,但启动机空转	打开启动机外盖,查明启动机小齿轮是否伸出并与飞轮齿圈啮合,若未伸出,则为机械故障或电磁吸引力不足,应拆下启动机检修。若已伸出但未啮合,则为小齿轮端面变形严重,需更换小齿轮

表 3-10　发动机调速故障及处理表

故障现象	原因分析	检查及处理
扳动油门开度控制手柄,发动机转速不变化	油门开度控制无信号输出	测量油门控制器输入电压,如有 DC 24 V 电压,但油门控制器无信号输出,则说明油门控制器已坏,需更换。若油门控制器有信号输出但 J61/P61 的 10 脚无直流电压信号,则为中间接插件、线路接触不良

表 3-11　传动箱换挡换向故障及处理表

故障现象	原因分析	检查及处理
自动换挡时,指示灯显示正确,但车不起步	传动箱电磁铁接线插接件松	检查传动箱插接件是否松脱、紧固
	换挡控制器输出线断或松	检查换挡控制器输出线,用万用表测量对应端子是否有电,直流电压挡若有电,则检查线路
运行过程中不能进行自动换挡	ECPC 控制器故障; 柴油机输入转速传感器故障; 传动箱输出转速传感器故障	采取手动换挡运行或检查相应线路及零部件

15. 制动系统

1) 空气管路系统的维护保养

(1) 检查空气压缩机的油位是否符合要求,润滑油油位在油位表上、下刻度线之间。

(2) 检查各部分的压力是否符合规定值,并进行调整,具体部位及方法参见表 3-12。

(3) 检查管路中各阀、塞门、接头是否有泄漏现象。

（4）检查管路中各阀、塞门是否处地正确的工作位置。
（5）打开各排水塞门，放水、放油。
（6）检查自动制动阀、单独制动阀各手把位置下制动、缓解等作用是否良好。

表 3-12　空气制动压力调整

各部位规定的压力值	调整部位
总风缸压力：700～800 kPa	压力调节阀
列车管及均衡风缸压力：500 kPa	自动制动阀上的调压阀
单独制动阀全制动位时，制动缸压力：300 kPa	单独制动阀上的调压阀
自动制动阀最大减压位时，制动缸压力：340～360 kPa	常用限压阀
自动制动阀紧急制动时，制动缸压力：420～450 kPa	紧急限压阀

2）制动系统的保养要点

（1）必须保证空气管道的密封，按有关规定，制动管泄漏每分钟不大于 10 kPa，总风管泄漏每分钟不大于 20 kPa。

（2）按计量有关规定每三至六个月对风压表进行校验。

（3）进行紧急制动后必须对基础制动进行检查，确认无误后方可运行。

（4）闸瓦磨损严重必须更换，闸瓦更换时必须同一轴上全部更换。

（5）油水分离器应经常检查排水。

（6）当空压机出现均匀的嗒嗒声时，是由于阀片缺油引起的，只需注油就可消除，或继续使用也不会出现问题。

（7）制动阀件的保养：制动阀、中继阀、作用阀、分配阀应每六个月在 JZ-7 型空气制动机试验台上检查保养。

16. 冷却系统

1）发动机冷却装置的维护保养

（1）给膨胀水箱加水时，上水速度不宜过快，以便使管道内空气充分排尽。一般水应加到膨胀水箱（上水室处）高度的 4/5，最低水位不低于 1/3，要注意判别虚水位，发动机启动 5 min 后应再检套膨胀水箱水位。

（2）柴油机启动前应检查膨胀水箱水位，不足时加足水，检查散热器及管路密封情况。

（3）当车辆长期停运时，应打开全部水管路上的放水阀，将整个水系统的水放尽，再用压缩空气将管中水吹干净。

（4）当散热器上沾染过多尘埃时，将降低传热效果，必须定期清除。每运用 3～4 个月，用压缩空气喷扫积尘。

（5）注意风扇驱动装置的工作情况，定期进行补充润滑脂。

（6）对各连接螺栓定期紧固，确保无松动。

（7）当冷却系内存有较多水垢时，会降低冷却系的散热效能，一般作换季保养时应清洗发动机水套和散热器的水垢。

2）液力工作油冷却装置的维护保养

（1）液压油：L-HM46。

（2）滤清器滤芯的清理或更换：

① 首次启动后，工作 20 h；

② 每工作 500 h；

③ 换油或出现故障后。

（3）换油周期（下列情况下，更换液压油）：

① 首次启动后，工作 500 h；

② 每工作 2 000 h；

③ 未到换油周期，但发现滤清器污物多时也要及时换油。

（4）每次换油时，应对油箱、管路、液压系统进行清洗，液压油必须经过 120 目以上的过滤器过滤后注入油箱，以保证整个系统清洁度（液压油精度等级为 NASI638 9 级）达到要求。

（5）每次出车前检查油箱油量、管路是否有松动。启动发动机后，油泵、马达、管路等是否有异响。发现问题及时处理。

3）故障处理

液压系统常见故障及处理见表 3-13。

表 3-13 液压系统故障及排除表

故障	原因	排除方法
油泵发响	① 进油管路堵塞； ② 进油管路漏气或破损； ③ 出油管或单向阀堵塞； ④ 油箱内油液太少； ⑤ 油液黏度过大； ⑥ 空气滤清器堵塞； ⑦ 油泵损坏	① 清洗滤清器进油管； ② 紧固接头或更换管路； ③ 清洗或更换； ④ 加油至规定油位； ⑤ 换油； ⑥ 清洗或更换滤芯； ⑦ 更换
油管发响	① 管路未固定好； ② 管路堵塞或泄漏； ③ 管路接错； ④ 控制阀未回到位； ⑤ 液压油脏或黏度过大； ⑥ 滤清器堵塞	① 紧固； ② 清洗或更换； ③ 按规定连接； ④ 清洗或更换； ⑤ 换油； ⑥ 清洗或更换
油温过高	① 以上两种故障均会导致液压油发热； ② 油散热器脏坏； ③ 静液压系统故障，油马达不工作或转速低。 （此时可能水温和传动油温度同时升高）	① 采取相应办法； ② 清洗油散热器； ③ 检修静液压系统

三、日常保养

日常保养是在出车前后及行驶中进行的，以清洁、紧固、调整、润滑为主要内容的预防性检查工作，以使车辆保持良好的状态。

日常保养的主要项目有：

（1）清洁车身内外、车窗玻璃、电气设备和底盘各部。

（2）检查灯光、仪表、刮雨器、电喇叭、撒砂器。

（3）检查发动机、传动箱、空压机、散热器、中冷器、燃油箱及油、水、气管路的密封。

（4）检查燃油、冷却液及各部润滑油是否充足。

（5）检查各部连接螺栓，连接销以及防松用的开口销、保险垫。

（6）检查和调整发电机皮带及空气压缩机皮带的松紧度。

（7）检查轴箱橡胶弹簧。

（8）检查踏梯、门扶手和其他辅助扶手的紧固情况。

（9）检查闸瓦磨损情况，必要时更换闸瓦。

（10）检查车轴轴承箱下边缘至托板间的间隙，必要时调整。

四、定期保养

每行驶 1 500 km 就要进行一次定期保养。定期保养是以全面检查、调整、紧固、润滑，并排除不正常状态为内容的检查工作。

除进行日常保养的内容外，增加如下项目：

（1）清洁空气滤清器，空气压缩机滤清器；排除均衡风缸，油水分离器中的积水和油污。

（2）检查发动机、传动箱、车轴齿轮箱的润滑油；必要时添加或更换。

（3）检查各种皮带的磨损情况，必要时调整或更换。

（4）检查发动机、传动箱、车轴齿轮箱及发电机组等的悬挂支承及安装紧固螺栓。

（5）检查传动轴的万向节、十字轴及花键磨损情况。

（6）检查车架有无裂纹和变形。

（7）检查油压减振器的安装紧固及工作情况。

（8）检查蓄电池的电液比重。

（9）检查车钩的磨损情况及安装螺栓。

（10）检查车钩、排石器高度及更换排障器胶皮。

（11）检查水散热器、油散热器的散热效能，必要时清洗冷却系统。

（12）检查车轴齿轮箱悬挂装置和传动轴角度，必要时予以调整。

（13）检查车棚是否有锈蚀，油漆是否有脱落，必要时补漆。

（14）消除所发现的故障及不正常现象。

（15）静液压系统变矩器附件的各滤清器清洗，必要时更换滤芯和液压油。

五、新车走合

新车的走合里程为 1 500 km，走合期内发动机应尽可能在 3/4 油门负荷范围下工作，牵引重量降低 30%，且应短距离运行，不宜高速长期运行，也不宜长时间怠速运行（超过 5 分钟）。

走合期间，经常注意检查液力传动箱、车轴齿轮箱、车轴轴承箱的温度，防止过热。车轴齿轮箱允许温升为 55 ℃，车轴轴承箱允许温度为（0.6 × 环境温度 + 50）℃。

新车行驶 1 500 km 时进行下列工作（传动箱的保养参见其保养说明书）：

（1）清洗机油滤清器，清除空气滤清器内的污物，清洗或更换液压油箱进回油滤清器及传动箱液力油滤清器。

（2）更换传动箱和车轴齿轮箱润滑油。

（3）检查蓄电池电液密度。

（4）检查各部螺栓、销钉、开口销有无松动或脱落。

六、走合期保养

在走合期内，应加强保养，随时检查，及时消除不良现象。

按规定，加强对液力传动箱及走行部、传动部件等重要部件的润滑和保养。

车辆在走合期内的运行中，应降低牵引重量 30%，如在长大坡道上行驶，应再适当减载。

走合期满后，提前进行一次定期保养，同时更换各总成润滑油。

七、换季保养

结合定期保养，同时按规定用不同黏度的润滑油（夏季换用高黏度的润滑油，冬季换用低黏度的润滑油），调整蓄电池的电解液的比重。

八、长期不使用时的保护

车辆长期不使用时，应采取如下措施：

（1）放掉冷却水；

（2）清洗各滤清器；

（3）包扎好空气滤清器；

（4）所有油杯处加注黄油；

（5）拆掉蓄电池；

（6）将带弹簧的单元制动器手动转阀置于"E × H"位；

（7）每月发动一次，并前后运行，进行检查保养。

九、润　滑

车辆上许多总成、零件的使用寿命，在很大程度上与正确、及时良好的润滑有关。本车在使用中，应结合保养，在指定部位，按规定的润滑期和润滑油（脂）规格进行润滑作业（表 3-14）。

在更换各总成的润滑油时，先放尽废油，然后用煤油或柴油清洗。加油时要进行过滤。润滑油要加至规定标记处或加足规定的容量，润滑脂加至挤出为止。

表 3-14 润滑点及润滑要求

序号	润滑位置名称	数量	润滑油	日保	例保	小修	中修	大修	备注
1	发动机	1	按其使用保养说明书	√					
2	传动箱	1	按其使用保养说明书	√					
3	万向节十字轴及花键	6	钙基脂		√				
4	车轴齿轮箱	2	SAE 80W/90 API GL-5 车辆齿轮油		√				
5	车轴齿轮箱悬挂	2	钙基脂		√				
6	油压减振器	8	锭子油				√		
7	车轴轴承箱	8	3#锂基脂		√				
8	制动阀	2	工业凡士林			√			
9	作用阀	2	工业凡士林			√			
10	分配阀	1	工业凡士林			√			
11	中继阀	2	工业凡士林			√			
12	单元制动器	8	按其使用保养说明书		√				
13	空压机	1	夏季19#冬季13#		√				
14	空压机张紧轮	1	锂基脂		√				
15	牵引装置	2	锂基脂		√				
16	车钩	2	锂基脂					√	
17	风扇马达轴承座	2	锂基脂		√				
18	蓄电池电极柱	4	工业凡士林		√				

第四章 轨道检测车

第一节 轨道检测车功能及技术参数

一、轨道检测车功能

GJW 型轨检车见图 4-1,是轨道检测的线路养护机械。通过对地铁轨道技术参数的检测,为地铁轨道的日常维护、保养提供依据。检测车的速度为 100 km/h。

可实时连续自动检测,并对检测到的数据进行处理,通过计算机统计比较,分析轨道状态、变化趋势,绘制轨道质量状态图,为科学编制养护维修计划提供依据。

钢轨检测的内容包括:左右钢轨的纵向高低,横向水平及超高,轨距,左右轨的轨向,三角坑,曲率,车体垂直、横向加速度,轨面磨耗,运行速度及走行距离。

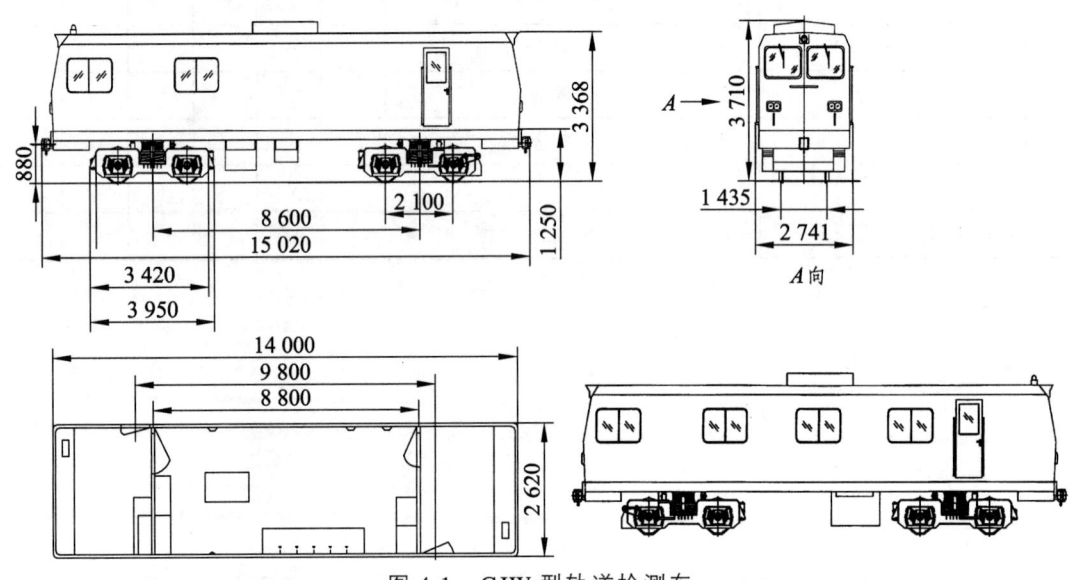

图 4-1 GJW 型轨道检测车

二、主要技术参数

1. 检测车主要技术参数

轴列式:2-2

定距:8 600 mm

轴距:2 100 mm

轨距:1 435 mm

整备质量：42 t
车轮直径：840 mm
通过最小曲线半径：100 m
制动方式：空气制动及蓄能停放制动
车钩形式：13#下作用式（带 MX-1 型橡胶缓冲器）
车钩中心距轨面高度：（880±10）mm；
外形尺寸（长×宽×高）：15 020（两车钩中心）mm×2 741（两扶手座距）mm×3 710（空调距轨面）mm

2. 发电机组主要技术参数

型号：J315（进口日本久保田柴油发电机组）
容量：15 kV·A
额定输出电压：380 V/220 V
频率：50 Hz
外形尺寸（长×宽×高）：1 215 mm×611 mm×922 mm
净质量：约 340 kg

3. 空调主要参数

型号：KLDP5.2B（石家庄国祥顶置单元式空调机组）
制冷量：5.2 kW
频率：50 Hz
输入功率：3 kW
电压：380 V
外形尺寸（长×宽×高）：1 280 mm×1 130 mm×283 mm
净质量：约 170 kg

4. 自动车钩

车钩型式：13#下作用式车钩。
缓冲器犁式：MX-1 型橡胶缓冲器。

5. 钢轨检测项目及数据

钢轨检测的内容包括：左右钢轨的纵向高低，横向水平及超高，轨距，左右轨的轨向，三角坑，曲率，车体垂直、横向加速度，轨面磨耗，运行速度及走行距离。
测量范围、数据及精度见表 4-1。

表 4-1　测量范围、数据及精度表

测量项目	测量范围	精　度
高低（左、右轨）	±60 mm	<±1.5 mm
轨向（左、右轨）	±100 mm	<±1.5 mm
水平（超高）	±200 mm	<±1.5 mm

续表

测量项目	测量范围	精度
扭曲（三角坑）（基长 2.4 m）	±100 mm	<±1.5 mm
轨距	1 435～1 480 mm	<±0.8 mm
曲率	±25°/30 m	<±0.05°/30 m
车体垂直、横向加速度	1～1 g	<±0.01 g
轨面磨耗	0～3 mm	<±0.5 mm
运行速度	0～120 km/h	<±0.2 km/h

第二节　轨道检测车主要结构及保养

一、检测车总体结构与布置

GJW 型轨道车主要由车体、车架、走行系统、制动系统、电气系统及发电机组、蓄电池、收线器、轨道检测设备等组成。

GJW 型轨道车无自行动力，需由轨道动车牵引作业。检测车车内有前端的配电室、中间的检测室、后端的更衣室三部分（装检测梁端称为后端），配电室和更衣室配有操纵台。

车辆外顶中部安装了空调机组。车架前后端安装有 13# 下作用式车钩，车架下部分别悬挂发电机组、蓄电池箱、收线器及配重铁等。后转向架后部装有检测梁。

二、车架、车体及车内布局

检测车车架由工字钢、槽钢、钢板梁拼焊而成，为使车重达到检测要求，各梁间多处填充铁砂。

车体采用全封闭承载式车体，车体骨架采用 Q235A 材质的 □ 55×50×1.75 及 □ 150×30×1.75 等型钢拼焊而成，骨架与车架整体组焊成为承载式车体，车体外侧用耐候钢板，采用整体涨拉工艺与骨架拼焊。

车顶材料采用 Q235B 材质，厚 2.5 mm 钢板，确保车顶强度及承载要求。

车内蒙板采用阻燃防火的 $\delta=12$ mm 中密板及 $\delta=7$ mm 贴合板，在内外蒙皮之间填充有隔热、隔音的阻燃型聚氨脂发泡材料。车内地板为双层结构，铁地板与木地板之间填充隔音、隔热、高效吸声的阻尼浆。泡沫石棉木地板上设有防滑和阻燃地板布。以上措施增强了整车强度、刚性及减振、保温和防腐性能。

检测车内前端的配电室布置有操纵台、交流电气控制柜、空调控制柜。操纵台除能放置工具、物品外还带有接线箱和开关板。中间的检测室布置有检测台、仪器柜、资料柜等。

后端的更衣室布置有操纵台，同配电室操纵台功能、结构相同。可根据检测车运行方向的需求选择在任意一端进行操纵。操纵台功能、结构详见本书电气控制系统部分。

车辆前后端风挡采用安全夹胶玻璃，其上装配有电控雨刮器。在检测室内装有顶置式机车空调，保证车组操作人员和检测室内仪器有一个较为适宜的工作环境。

车内顶及侧墙设有交流和直流照明灯、交流插座、灭火器等设施。

三、转向架

1. 结构简介

检测车的转向架为非动力转向架，其结构见图4-2。

非动力转向架为两轴被动式转向架。它由构架、车体悬挂装置、牵引销装置、轮对轴箱、轴箱悬挂装置、基础制动装置、轴箱托板安装等组成。

① 构架为钢板焊接的箱形结构，具有质量轻、刚度好、强度高等特点。

② 车体悬挂装置由两组二系弹性旁承及垂、横向减振器组成；弹性旁承采用金属圆簧与橡胶弹簧串联的结构形式，以提高整车的运行平稳性。

③ 在转向架中心有中心牵引销装置，它主要传递转向架对车体的纵向力，限制转向架对车体的横向位移。在牵引装置里采用了尼龙套和橡胶套组合的形式，既可以横向、纵向减振，还可以提高中心销的耐磨性。

④ 轴箱采用"八"字形橡胶弹簧定位，它使轮对与构架之间为弹性连接，可缓和冲击和隔振，改善蛇行运动并具有无磨损、无须润滑等特点。轴承为滚动轴承且免维护，轮对采用冷压组装。车轮为整体碾钢轮。

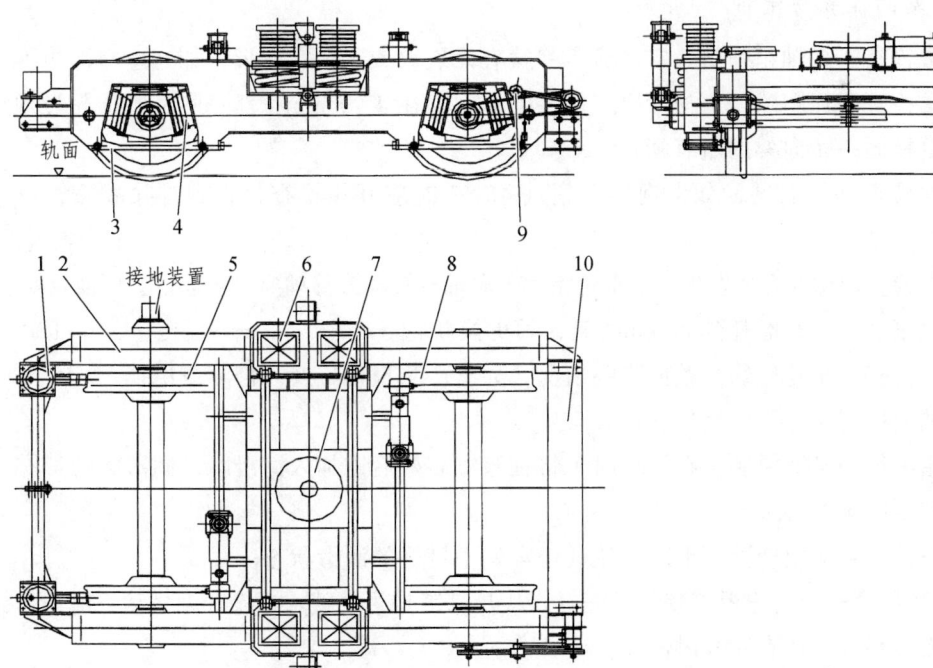

图 4-2 后（前）转向架结构图

1—基础制动装置；2—构架；3—轴箱托板安装；4—轴箱悬挂装置；5—轮对轴箱一；6—车体钙质装置；7—牵引销装置；8—轮对轴箱二；9—编码器传动装置（前转向架无此装置）；10—轨检梁（此处前转向架为基础制动装置）

转向架上各力的传递途径如下：

（1）垂向力。

车体→二系弹性旁承→构架→一系橡胶悬挂弹簧→轴箱轮对→钢轨。

（2）横向力。

钢轨→轴箱轮对→构架→牵引销→车体。

（3）纵向力。

钢轨→轮对→轴箱→构架→牵引销→车体→车钩。

主要技术参数如下：

构造速度：100 km/h

轴距：2 100 mm

轮径：840 mm（新轮）

820 mm（磨耗到极限）

弹簧悬挂总静挠度：一系静挠度：（22.5±2）mm

二系静挠度：（91±5）mm

液压减振器阻尼系数：二系垂向：2×100 N.S/mm

二系横向：2.50 N.S/mm

重量：约5.6 t

2. 转向架的保养与维护

（1）经常检查一系轴箱弹簧、二系旁承弹簧有无裂纹或永久性变形，如有应立即更换。

（2）经常检查闸瓦间隙与磨损情况，保持闸瓦间隙在4~8 mm，任一闸瓦磨损超过规定值时应及时更换同一转向架的所有闸瓦。

（3）经常检查轴箱温度，如发现温升超过40 °C时应开箱检查，直到排除故障，方可运行。

（4）经常检查轮位线，如发现任一车轮相对于车轴有转动或移动要停止运行、更换轮对。

（5）车轮滚动圆直径磨耗到820 mm时，须更换新轮。

（6）经常检查各车轮轮缘及踏面磨损情况，如有严重擦伤应及时修复或更换。

（7）车轴要按规定进行定期探伤检查。

（8）轴箱采用锂基润滑脂。在厂修时，将轴箱安装好后需加入润滑脂，润滑脂的填充量为轴箱有效容积的1/2~2/3。

（9）中心销装置应定期涂润滑脂，使其经常处于良好的润滑状态。

（10）应经常检查轴箱托板安装是否完好、其开口销是否完整、螺栓有无松动、销轴与构架连接处有无开裂等，如有应及时修复。

（11）构架应定期检查有无裂纹、变形，有异常情况应及时修复。

3. 检测车的基础制动

检测车的基础制动装置由六个独立的踏面单元制动器组成，其中前转向架的前后轮对左右侧分别安装有三个 JSP-1 型踏面制动单元器和一个带蓄能停车的 JSP-2 型踏面制动单元制动器。在后转向架上安装有一个 JSP-1 型踏面制动单元器和一个 JSP-2 型踏面制动单元制动器。

采用单元制动器有利于均匀分配制动力、提高制动传动效率、减少维护保养工作量，提高车辆的运行安全性。

单元制动器附带有闸瓦间隙自动调节器，能在闸瓦磨损后自动补偿，保证闸瓦间隙不变。闸瓦采用双片高磨合闸瓦。

单元制动器使用及维护详见《JSP 踏面制动单元说明书》。

其单元踏面制动器的技术参数如下：

制动单元的制动缸直径：178 mm；

最大闸瓦间隙调整能力：70 mm；

闸瓦与车辆踏面正常间隙：4~8 mm；

制动倍率：2.83；

最大输出力：28.9 kN（制动缸空气压力 410 kPa 时）；

弹簧停车制动器输出力：28 kN；

型号：JSP-1，JSP-2（带蓄能停车制动器）。

四、车　钩

1. 车钩结构

采用 13#上作用式自动车钩，缓冲器为 MX-1 型摩擦橡胶式缓冲器，均为铁路标准配件。

2. 钩缓装置保养与维护

（1）经常检查钩舌、钩销等部件是否有损伤或裂纹。

（2）经常检查车钩三态及缓冲器工作性能是否正常。

（3）经常检查车钩提杆作用是否良好，如发现有任何损伤或故障应立即排除。

（4）车钩及缓冲器应按规定进行保养和检修。

五、空气制动系统

1. 空气制动系统组成及原理

检测车的空气制动系统采用车辆制动机，由 104 阀、工作风缸、副风缸、缓解阀和管路附件组成。空气制动系统原理图见图 4-3。

2. 空气制动保养与维护

（1）检查系统各阀的动作是否灵活，不得有泄漏。

（2）经常检查及清洗管道滤清器，凡失效的应及时更换。

（3）每班后均要放掉各风缸的积水及油污。

（4）每半年或一年时间要按照规定把 104 阀送机务部门检验。

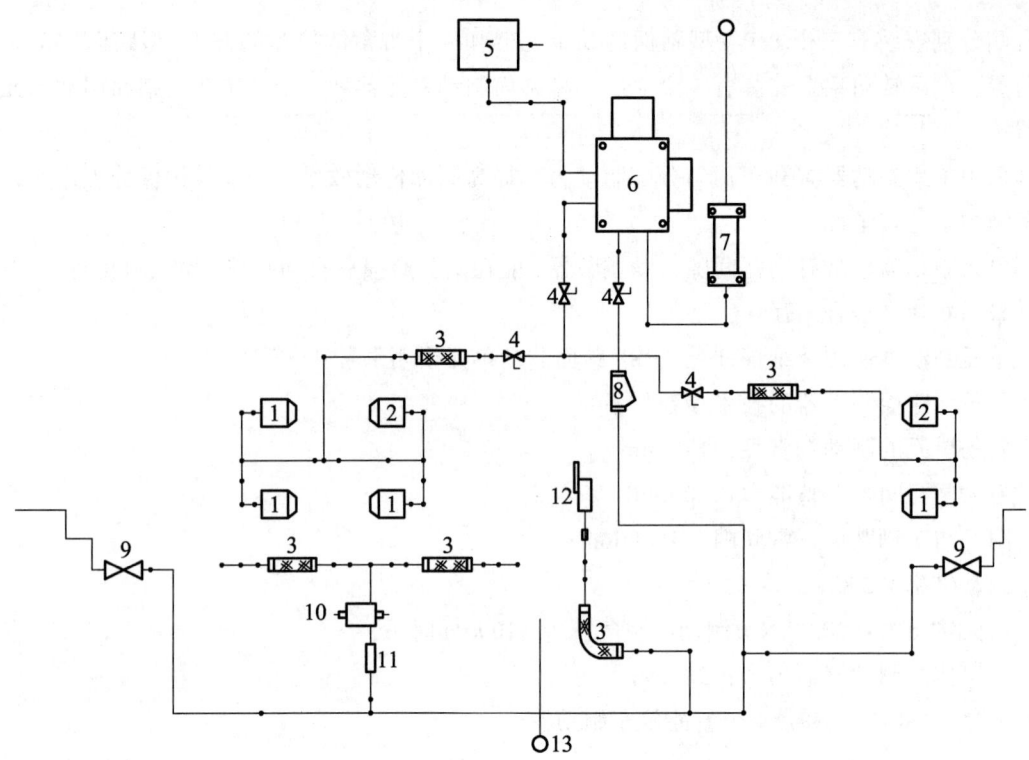

图 4-3 GJW 型轨道检测车空气制动系统原理图

1—JSP-1 型踏面单元制动器；2—JSP-2 型踏面单元制动器；3—胶管接头；4—截断塞门；5—副风缸；
6—104 分配阀；7—工作风缸；8—管道滤清器；9—折角塞门；10—二位三通换向阀；
11—止回阀；12—紧急制动阀 A 型；13—缓解阀拉杆

六、电气系统

1. 电气工作原理（直流部分）

本车直流系统供电采用单线制供电，负极接地（负极接车架）。整个电气控制系统由照明、风扇、刮水器、停车制动及其缓解等部分组成。各供电回路均设有自动脱扣空气开关，作为过载及短路故障保护。

本车供电电压标称值为直流 24 V，由 N200Ah 型铅酸蓄电池供电。该电池具有寿命长、放电电流大、使用维护方便、适应性强等特点。蓄电池每组 12 V，由 2 组串联形成 24 V 集中供电方式。

本车两端均设有操纵台，在每个操纵台上都可实现该车的照明、风扇、刮水器、停车制动及其缓解。为阅读本车电气原理方便，现做几点说明：

（1）各电器原件及控制电器的开关、继电器均为无电状态，因此图 4-4～4-10 中所表示的这些常开触点是断开的，常闭触点是闭合的。

（2）该车各部分电气原理、安装布置示意请见图 4-4 电气系统（直流原理）图，图 4-5 电气系统（交流原理）图，图 4-6 操纵台台面电气布置图，图 4-7 前接线箱电气布置图，图 4-8 后接线箱电气布置图，图 4-9 交流电气柜门电气布置图，图 4-10 交流电气柜内电气布置图。

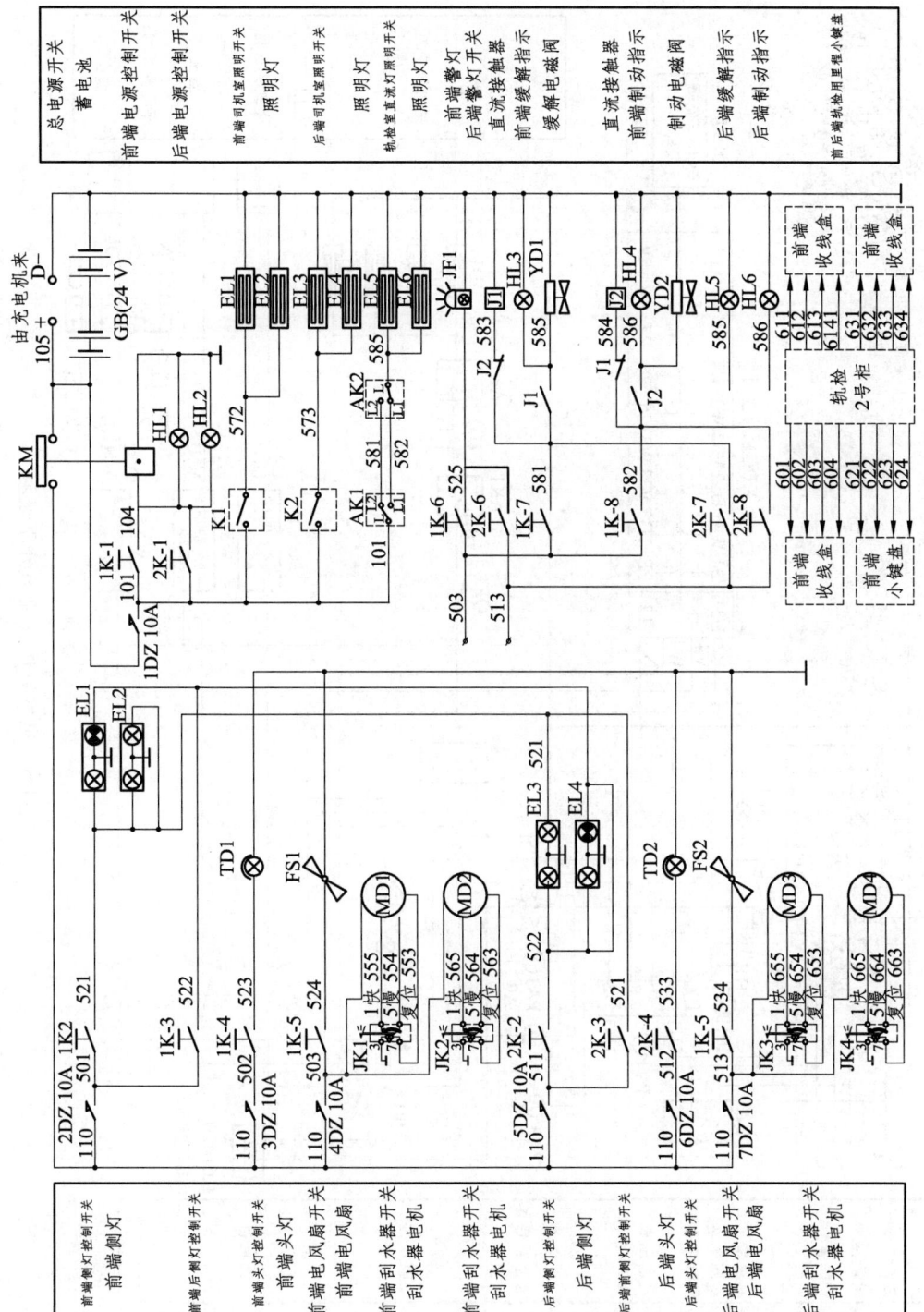

图 4-4 电气系统直流部分原理图

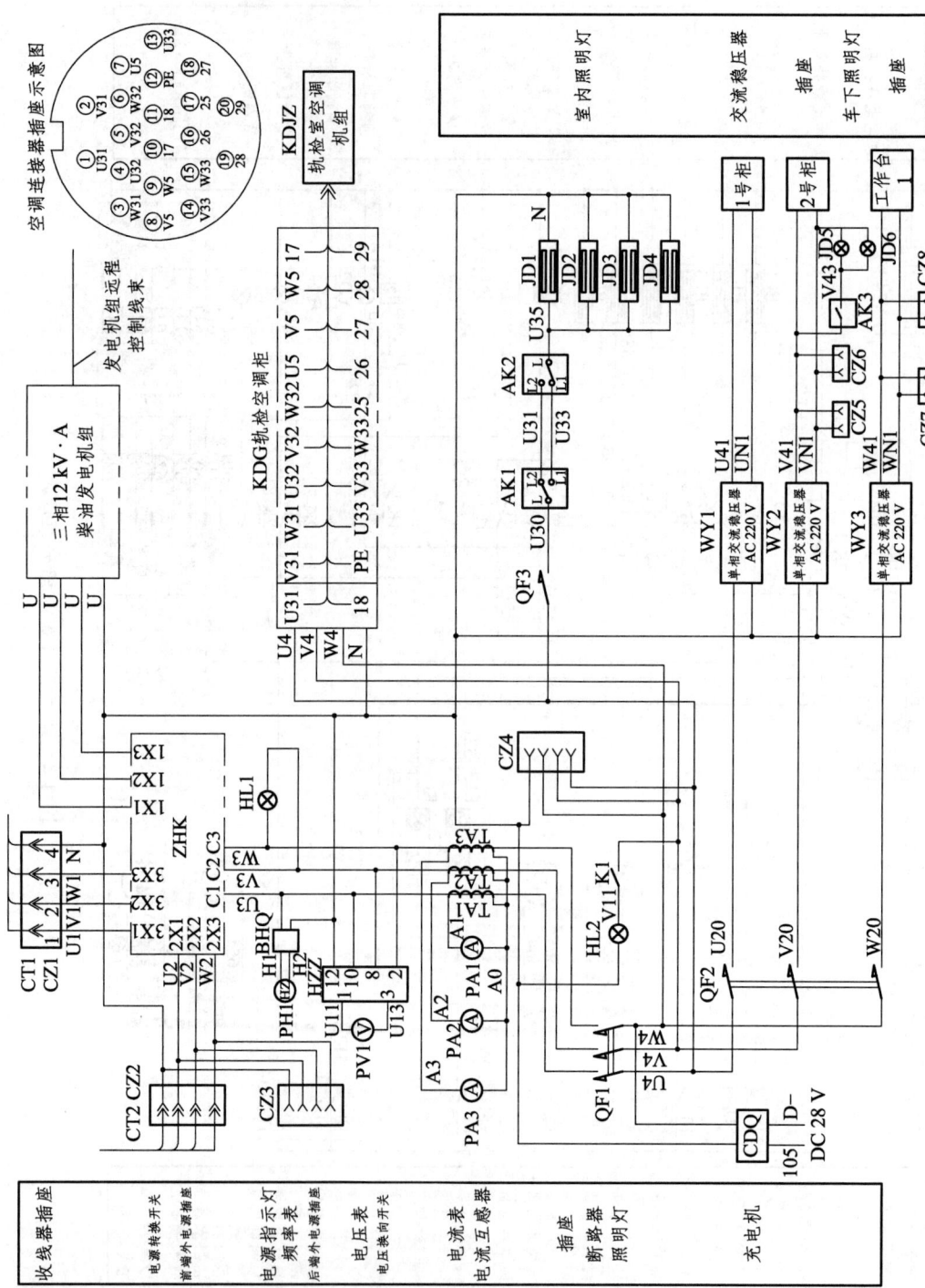

图 4-5　电气系统交流部分原理图

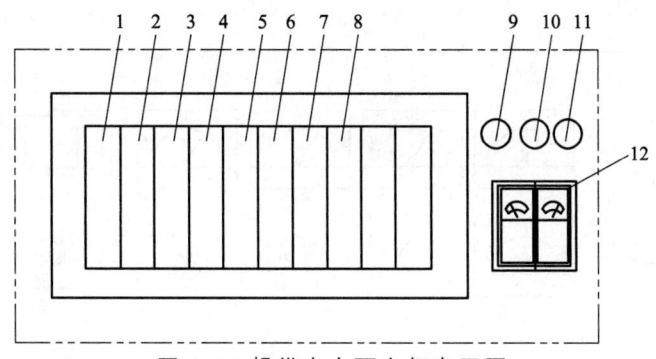

图 4-6 操纵台台面电气布置图

1—电源总开关；2—前端侧灯开关；3—后端侧灯开关；4—头大灯开关；5—电风扇开关；6—警灯开关；7—缓解开关；8—制动开关；9—电源指示灯；10—缓解指示灯；11—制动指示灯；12—刮水器开关

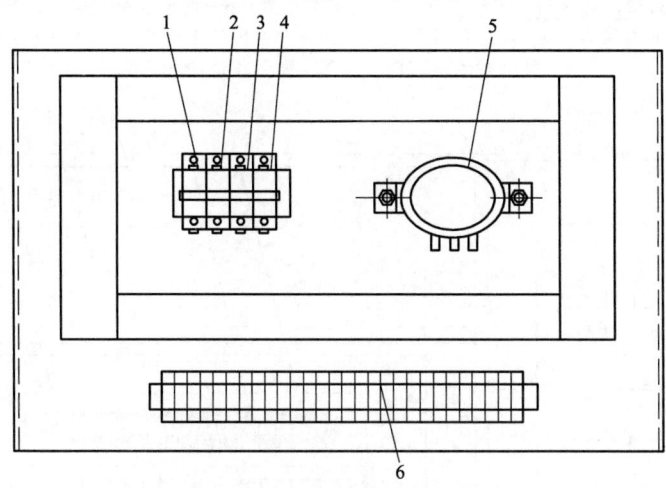

图 4-7 前接线箱电气布置图

1—总电源回路断路器；2—前端侧灯回路断路器；3—前端头灯回路断路器；4—前端风扇刮水器回路断路器；5—电磁式电源总开关；6—接线端子

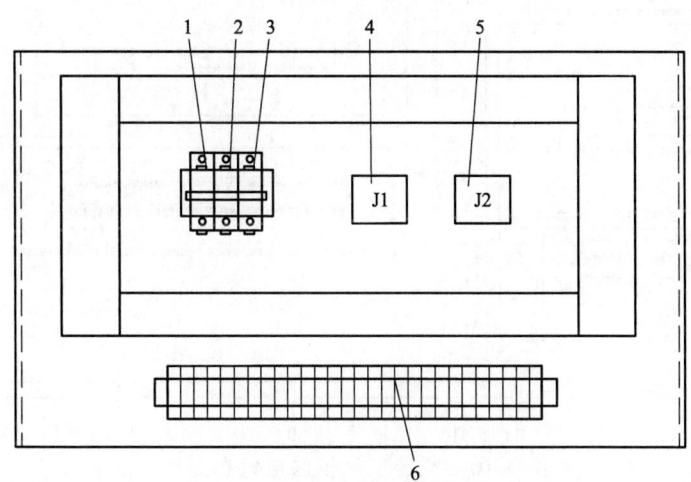

图 4-8 后接线箱电气布置图

1—后端侧灯回路断路器；2—后端头灯回路断路器；3—后端风扇刮水器回路断路器；4—缓解接触器；5—制动接触器；6—接线端子

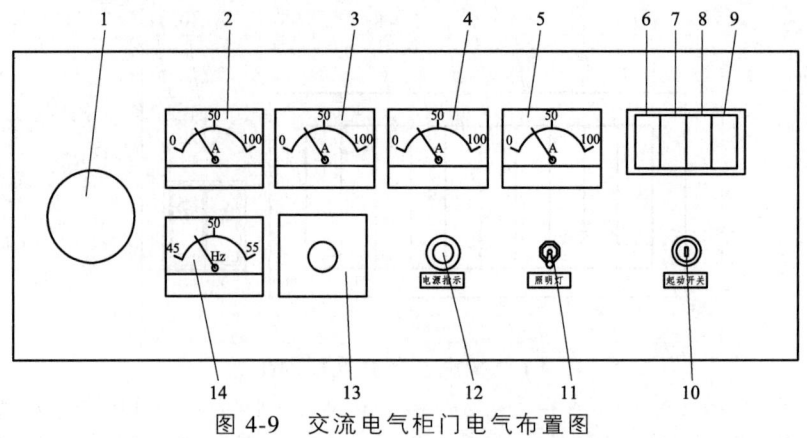

图 4-9　交流电气柜门电气布置图

1—供电电源转换开关；2，3，4—交流电流表；5—交流电压表；6—发电机组充电灯；7—发电机组预热灯；8—发电机组低油压报警灯；9—发电机组报警灯；10—发电机组启动开关；11—电器柜交流照明灯；12—供电指示灯；13—电压换向开关；14—频率表

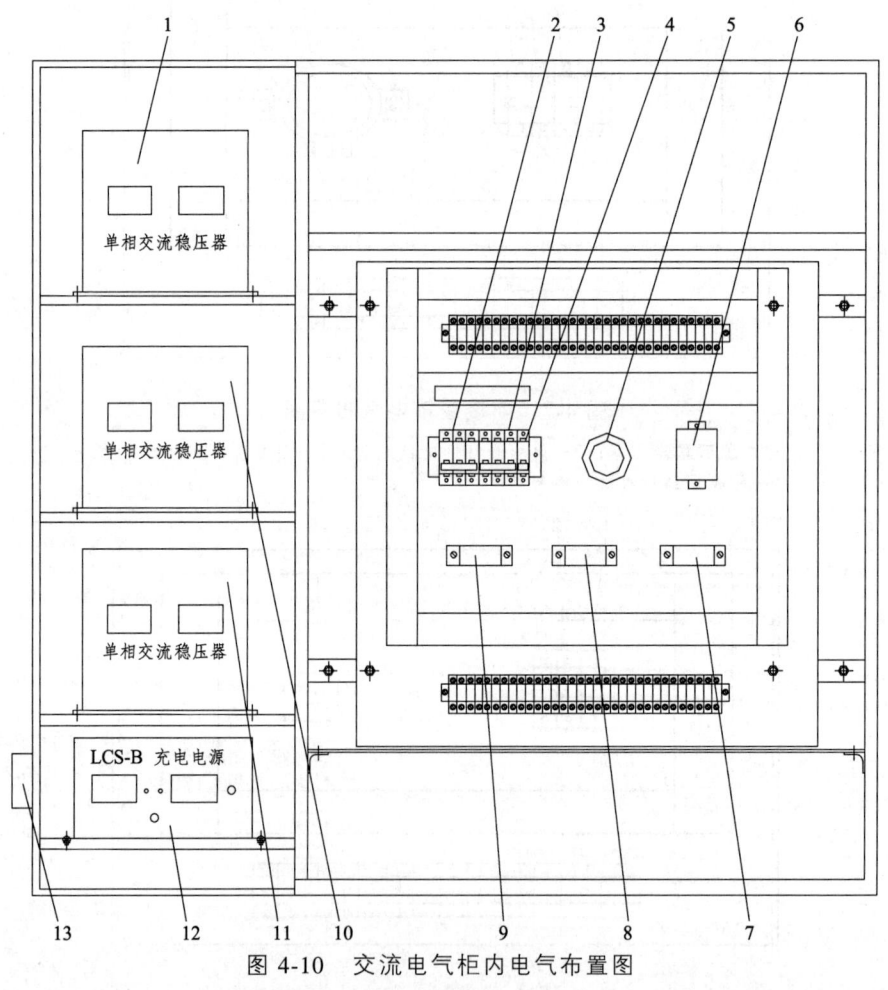

图 4-10　交流电气柜内电气布置图

1—交流稳压器；2—供电总空气开关；3—轨检设备总空气开关；4—轨检室照明回路断路器；5—交流照明灯；6—频率表变换器；7—电流互感器；8—电流互感器；9—电流互感器；10—交流稳压器；11—交流稳压器；12—充电电源；13—电源插座

（3）根据电气原理图直流部分在该车前端操纵为例进行说明：

① 操作前的准备工作：

a. 闭合前后操纵台接线箱内单极自动脱扣空气开关 1DZ～7DZ（图4-4）。

b. 闭合操纵台上电源总开关（前端 1K-1 后端 2K-1），这时司机台开关板上电源指示灯亮，表明 24 V 电源已接通整车（图4-4）。

② 前端侧灯操作：

闭合操纵台开关板上琴键开关 1K-2 前端侧灯开关，这时前端三个白灯亮，后端一个红灯亮，前端三个白灯作为照明用，后端红灯作为标志灯使用。

③ 前端后侧灯操作：

闭合操纵台开关板上琴键开关 1K-3 后端侧灯开关，这时后端三个白灯亮，前端一个红灯亮，后端灯作为照明用，前端红灯作为标志灯使用。

④ 停车制动及其缓解开关的作用及操作：

由于本车不带动力，在车辆长期停车或需要进行停车制动时，应按下 1K-8 制动开关，制动指示灯亮。制动电空阀工作，使蓄能单元制动器内的压力排出。当车辆由牵引车拖动行走前，制动开关 1K-8 关闭，按下 1K-7 缓解开关，缓解指示灯亮。缓解电空阀工作，使列车管压力空气充入蓄制动器，使单元制动器缓解。注意必须在列车管压力达 500 kPa 时，车列方可运行。

⑤ 开关板上其他开关的作用：

闭合 1K-4 头大灯开关，头灯亮。

闭合 1K-5 电风扇开关，司机室内电风扇得电，开始转动。

闭合 1K-6 警灯开关，安装在车体外前顶端的警灯亮。

闭合 JK1，JK2 刮水器开关，刮水器开始工作。刮水器开关有 3 个挡位："0" 位是复位挡，1 挡是慢速挡，2 挡是快速挡。

⑥ 检测室直流照明灯控制：

在检测间内两端，分别设有 AK1，AK2 直流照明灯开关，控制方式采用两处控制，任意一处均控制该灯的亮与灭，方便工作人员操作。该灯具采用 DC 24 V，2×8 W 双管日光灯，具有发光效率高、易于启辉等特点。

2. 电气工作原理（交流部分）

如图4-5电气系统交流部分原理图所示，该车交流供电有三种供电型式：发电机组供电、牵引车供电、外接电源收线器供电。

本车上装有 12 kW 久保田柴油发电机组，输出三相四线制，输出电压 AC 380 V，220 V，频率 50 Hz，供给车用空调机组、轨检设备、室内照明供电等。

在车体前后端还分别安装了由牵引车供电的三相四线制连接座 500 V，32 A。当牵引车具备供电条件与轨检车连挂时，将牵引车供电插头连接线（两车接线确定后）插入牵引车连接插座。然后通过轨检车电气控制柜供电转换开关转换到牵引车供电位置上，可进行由牵引车供电。

在车下安装有外接电源电缆收线器插座，三相四线制，通过电流可达 30 A，主要适用于车辆静止状态，或在车库内有交流电源的场合。通过轨检车上交流电气控制柜供电转换开关转换到外接电源供电位置上，可进行由外接电源供电。

1）柴油发电机组

该车柴油发电机组采用久保田 J315 三相柴油发电机组，自带蓄电池和充电发电机，独立自成系统。

当发电机工作时，发电机组所带充电发电机自动对蓄电池进行充电，电气柜上充电指示灯亮。

柴油发电机组操作时，首先确认油、水等机械部件均正常后，方可进行以下操作：

将交流电气柜门上发电机组启动开关扳向启动位，发电机组开始启动，待发电机组完全启动后，松开启动开关，此开关自动恢复到运转位，发电机组启动成功。

2）发电机组输出送电操作

当发电机组正常运行后，将交流电气柜门上供电转换开关扳向发电机组供电位，此时交流电气柜门上电源指示灯亮，表明发电机已经输出有电压，通过交流电气柜门上电压换向开关和电压表，监测二相电压值应为 400 V，并且三相平衡，频率空载应为 50 Hz，在上述电压及频率均正常后，将控制柜内输出总电源空气开关（QF1）闭合，电源已经送出，这时可将交流电气柜内轨检总电源空气开关（QF2）、照明总控空气开关（QF3）闭合，然后操作其他用途电器开关便可工作。

3）空调机组操作

当三相电源确认均正常后，QF1 开关闭合后，将空调控制柜内电源空气开关（三极）及控制回路空气开关（二极）闭合，这时空调控制柜门上电源指示灯亮，可进行制冷操作。

4）外接电源供电及牵引车供电

当由外接电源供电或由牵引车供电时，需将交流电气柜门上电源转换开关板向所对应供电位置上，其他送电操作过程同 2）相同。

5）交流照明灯操作及控制

在检测间内两端，分别设有 AK1，AK2 交流照明灯开关，控制方式采用两处控制，任意一处均可控制该灯的亮与灭。方便了工作人员操作。该灯具采用交流 220 V，2×15 W 双管日光灯，具有发光效率高、寿命长、易于起辉等特点。在该车后端车下安装有两只 220 V，60 W 带防护网照明灯，主要供轨检运行时照明。

控制开关 AK3 设在轨检后端侧墙上。

6）充电机操作

当发电机组正常运行后，应将充电电源开关闭合，使充电机处于工作状态，及时对蓄电池进行补充电。

在该车充电电源是唯一对蓄电池充电的设备。

7）绝缘电阻的要求

用 500 V 兆欧表测量，一根线接在交流配电盘总空气开关上端，（此时将该空气开关三相进行短路）电路对地绝缘电阻不得低于 1 MΩ。如小于此值应逐段查找，直至符合要求。

3. 蓄电池的使用保养与维护

本车采用启动用铅酸蓄电池，具有干电荷、免维护、启动力强、自放电小等特点。

使用方法：

（1）拧下气塞，务必将气塞上的透气孔穿透，保证气塞排气通畅。

（2）注入 LY-01 标准液，待极板吸足酸液后再加液至电池外壳标明的最高液位线"max"，无最高线时可加液至最低液位线"min"以上 15 mm 处，然后将气塞旋紧，以防漏酸。

（3）加液 20 min 后即可使用，如气温太低（15 ℃ 以下），则应适当延长时间。

（4）加液后的蓄电池应立即安装在车上使用，并在接线柱及连接处涂上凡士林保护层。

（5）蓄电池在使用中因水分蒸发，液面低于外壳上标明的最低液位线"min"时，请用 LY-02 补充液进行补充。如因其他意外，出现电解液泄漏时，请用 LY-01 标准液进行补充。

保管与维护：

（1）长期不用的蓄电池应放在清洁、干燥、通风的库房内，环境温度为 5~40 ℃，使用前切勿松动气塞。

（2）蓄电池贮存期超过一年，或者电解液密度下降到 1.16 g/cm^3 以下，端电压下降至 12 V 以下时，应对蓄电池及时进行充电。充电电压最好在 14.4~14.8 V。

（3）充电时应有良好的通风，远离明火，防止气体产生爆炸。

充电方法：

（1）用直流电充电、电源正极接电池正极，电源负极接电池负极。

（2）清洁电池外壳，保证气塞排气畅通。

（3）先用电池额定容量值的十分之一电流（200 A·h 的电池为 20 A）充电 2~5 h（电解液密度为 1.16 时充电 2 h，密度为 1.1 时充电 3 h，密度越低充电时间越长），然后以上述电流的二分之一数值继续充电 15 h 左右，若 6 个单体电池的电解液密度都在 1.26~1.29，结束充电。

第三节　轨道检测车维护保养

一、保养概述

加强 GJW 型轨道检测车的维护与保养，非常有利于延长其使用寿命，同时也为行车及检测安全提供了保证。根据检测车的工作情况及现场情况，保养工作可有所不同。分为日常保养、月检、季检、小修、项目修、大修等修程，下面简单介绍厂家推荐的维护保养的有关内容，详细内容见公司修订的相关维修规程。

二、日常保养基本内容

日常保养内容见表 4-2，此类检查及保养应在每日工作之前及工作之后认真进行。

表 4-2　轨道检测车日常保养内容表

序号	检查项目	检查要点	备　注
1	轴箱弹簧及牵引销	裂纹及断裂	
2	轴箱	异常	轴箱在工作过程中是否有异响、温升超标、泄漏等
3	制动系统	闸瓦间隙及卡滞	检查闸瓦间隙（正常间隙 4~8 mm）、闸瓦厚度（不小于 20 mm）应在合适值，制动动作不应有卡滞现象
4	空气系统	泄漏	
5	其他	轴箱托板安装是否完好	销轴与构架连接处有无开裂，开口销是否完整、螺栓有无松动

三、月检、季检基本内容

月检、季检应在检测车组每月或每季度进行一次，除下列检查项目外，应与每日保养检查项目一并进行。具体见表 4-3。

表 4-3　轨检车月检和季检内容表

检查类别	检查项目	检查程序及保养	标准
走行部	车轮 轴箱 液压减振器	无明显擦伤、轮缘厚度符合标准、轮位无错位； 弹簧无异常、悬挂无扭曲变形、轴承良好； 工作正常，无渗漏，必要时更换工作油	
制动系统	管路和阀	无泄漏，与运动件无碰撞，各阀开关灵活，各运动部位加润滑脂，制动阀及各阀件使用状态良好	
单元制动器	杆件、销 闸瓦	均无裂纹、无较大变形或脱落、表面无裂纹、缺块、厚度合适	
电气系统	照明控制 蓄电池 线路 发电机组 空调机组	灯光有无不亮及失控； 蓄电池连接柱无锈蚀，电解液容量适当； 各接线处固定可靠； 是否正常发电； 是否工作正常	接线柱处加黄油或凡士林
车钩及缓冲器		高度符合规定，相对运动部位润滑良好，各紧固件紧固	

四、小修或项修的基本内容

小修或项修内容见表 4-4，应在车辆运用 12 个月后进行，可根据实际使用及保养情况进行相应的调整，其保养项目应将月检和季检项目包括在内，此外，建议应将部分总成解体后进行整修。

表 4-4　小修和项修内容表

检查类别	检查项目	检查程序及保养	标　准
转向架	构架 车轮 车轴 轴箱 轴箱悬挂 车体悬挂	构架无裂纹及永久变形，否则补焊、校形； 车轮磨损应在允许范围内； 车轴探伤检查，符合有关规定； 清洗各轴承，端部橡胶圈更换，确保无异常； V 形橡胶弹簧蠕变量不大于 5 mm，裂纹长度和不大于 1/2 垂向界面周长，否则同轴更换； 车体悬挂橡胶旁承、圆弹簧失效或行将失效的予以更换	可自行解体维修或委托厂家维修保养

续表

检查类别	检查项目	检查程序及保养	标　准
电气系统	电路 仪表开关及指示灯 发电机组、空调机组、灯光及照明	更换各线路中的电线套管； 校准仪表，擦净仪表开关的接触部位，必要时更换部件； 检查各项重要部位，确保工作正常，性能可靠； 清洁，必要时更换	可自行维修或委托厂家维修保养
空气系统	阀门 制动管路、风缸等	阀体解体后清洗，安装前必须进行功能试验，必要时更换新件； 清洗各风缸、管路等	可自行解体维修或委托厂家维修保养
车钩及缓冲装置	解体	清洗污物、各部件无异常，三态工作正常	按有关标准执行，必要时可委托专业部门检验
车体、车架、牵引销、地板		车门无变形，开闭灵活；车窗及前后风挡完好无损；车架无裂纹及焊缝失效现象，无弯曲变形； 牵引销与车架焊缝无裂纹	必要时可进行重新喷漆
其他		更换失效或行将失效的橡胶件； 液压减振器解体检查，换油	

五、车辆润滑

1. 停　机

当检测车长期不使用时，应采取如下措施：
（1）所有油杯处加注黄油；
（2）拆掉蓄电池并按规定进行保养；
（3）进行各项检查及保养。

2. 润　滑

主要润滑部位、用油种类润滑见表 4-5。

表 4-5　轨检车润滑表

序号	润滑部位	润滑油或脂牌号	备　注
1	车钩	润滑脂	
2	基础制动各销轴	润滑脂	
3	液压减振器	仪表油	
4	发电机组	柴油机油	15W40CF

3. 主要轴承

轨检车主要轴承见表 4-6。

表 4-6 轨道检测车主要轴承表

序号	标准号	型号及规格	数量	部位
1	GB/T 276—1994	单列向心球轴承 206	2	电气系统
2	GB/T 276—1994	轴承 6005	4	转向架
3	197726	双列圆锥滚子轴承	8	转向架

第五章 接触网检修作业车

第一节 接触网检修作业车

一、概 述

1. 车辆功能

以图 5-1 所示的 DA13 型接触网检修作业车为例,DA13 型接触网检修作业车是地铁线路接触网施工的多用途车辆,不仅适用于地铁接触网上部设备的安装、调整、检修和保养等作业,还适用于接触网的冷滑作业;该车与 DF5 型接触网检修辅助作业车组成作业车组,用于接触网的架线和放线等作业。

DA13 型接触网检修作业车具有装车功率大、牵引力大、恒低速牵引和照明度好、速度高、操作简便等特点,另外,该机配有 10 kW 发电机组,配合夜间、隧道的施工照明需要。

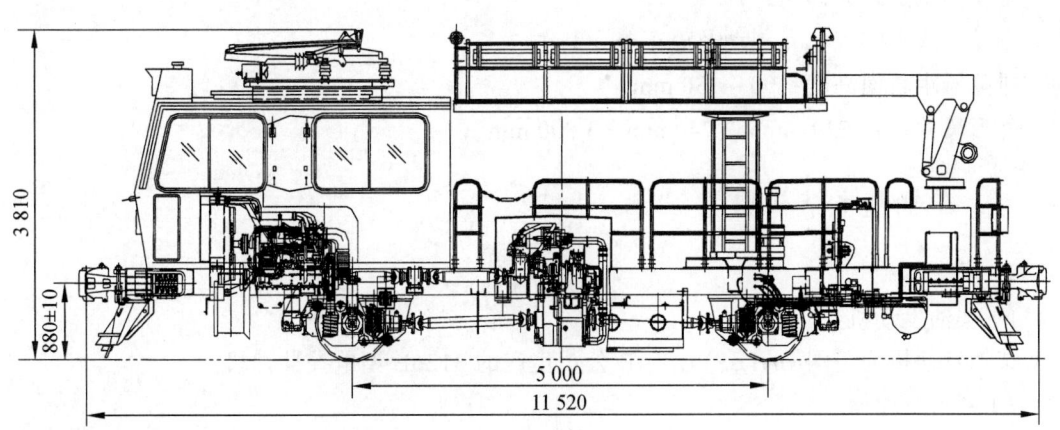

图 5-1 DA13 型接触网检修作业车

2. 接触网维修作业车主要技术参数

最高行驶速度:95 km/h(平直道)

轨距:1 435 mm

轴列式:B(二轴)

轴距:5 000 mm

发动机:

型号:CAT 3126B

额定功率:205 kW

额定转速：2 200 r/min

液力变速箱：NIC0 TDCBN-22-1002J

自重：约 24 t

车轮直径：840 mm

传动方式：液力传动

通过最小曲线半径：100 m

车钩中心距轨面高：（880±10）mm

作业台：

作业台长×宽：4 500×1 500 mm

作业台可升起最大高度（距轨面）：4 800 mm

作业台前端距回转中心：3 400 mm

作业台左右回转各：120°

作业台回转中心处允许最大载荷：1 000 kg

作业台前端允许最大载荷：350 kg

随车起重机：

随车起重机最大起升幅度×起重量：8.2 m×150 kg

随车起重机最大起重量×幅度：1 000 kg×3.5 m

随车起重机最大仰角：75°

制动方式：空气单元制动及停车单元制动

排障器距轨面高度：90~130 mm

外形尺寸：11 520 mm×2 740 mm×3 800 mm

二、车辆基本结构原理

1. 底盘部分

1）柴油发动机

柴油发动机为美国 CATERPILLAR 公司生产的 3126B 型电控柴油机。

2）液力变速箱

液力变速箱为日本株式会社日立 NIC0 TRANSMISSION TDCBN-22-1002J 型。

3）传动走行系统

如图 5-2 所示，本车传动系统为液力传动，由发动机、液力变速箱、车轴齿轮箱、传动轴、轮对等组成。动力传递路线：发动机→弹性联轴器→传动轴→液力变速箱→传动轴→车轴齿轮箱→车轮。

（1）传动轴。

该车传动轴共有四根，均带有万向节，且为可伸缩式。从联轴器到液力变速箱为两根长度不相同中间带支撑的传动轴，从液力变速箱到车轴齿轮箱为两根长度相同的传动轴。

组装时传动轴连接两端叉子必须在同一平面内或两个箭头在同一直线上。

保养要经常检查传动轴连接螺栓是否松动，传动轴支撑要经常加注润滑油。

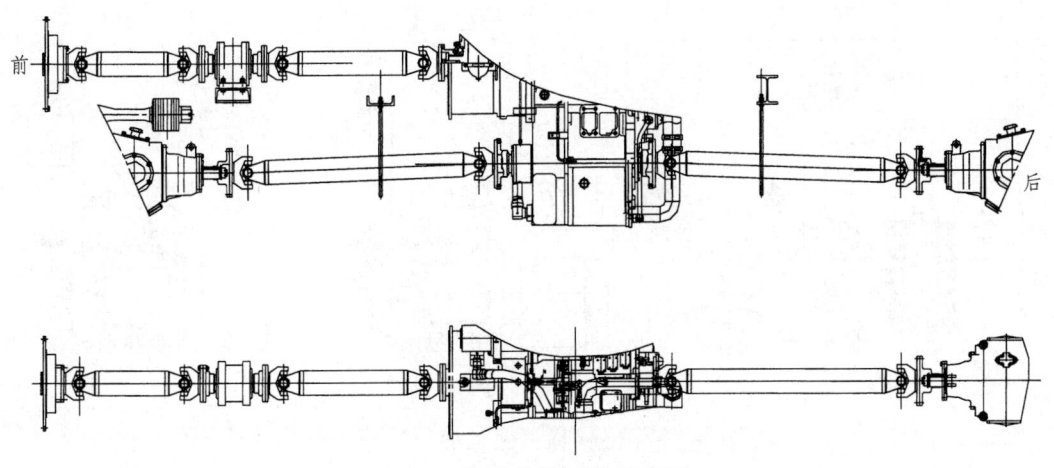

图 5-2 传动走形系统示意图

（2）车轴齿轮箱。

该车有两个车轴齿轮箱，它为两级减速，主要由上、下箱及一对锥齿轮和一对直齿轮组成，两端均采用滑动轴承，强迫润滑，总速比 3.860。每一车轴齿轮箱上均通过拉臂与车架连接（拉臂图见图 5-3），箱体后部有两个油面针阀，用以检查油面高度，油面高度保持在两个针阀之间。

保养要经常检查润滑油是否在油尺规定的范围内，润滑是否良好，经常检查轴承处的温度和齿轮的运转情况。车轴齿轮箱最高油温升不允许超过 40 ℃。

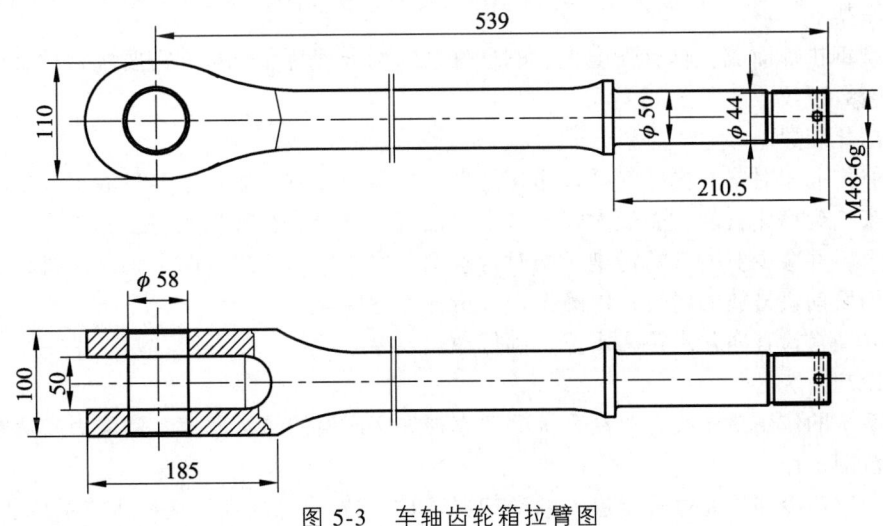

图 5-3 车轴齿轮箱拉臂图

（3）轴箱。

该车共有四个轴箱，如图 5-4 所示，每个轴箱内装有两个铁路专用机车轴承，分别承受整车的垂向力和纵向力。轴箱与车架采用拉杆连接，纵向力和横向力的传递是通过轴箱拉杆来实现的，与 GK0C 型机车一样，轴箱拉杆的两端为橡胶金属关节，使轮对与车架之间的联系成为弹性连接，从而显著改善作业车的运行品质。轴箱箱体两侧各有一对螺旋圆柱弹簧，车架与轴箱间装有液压减振器，可以起到垂向的缓冲和减振作用。

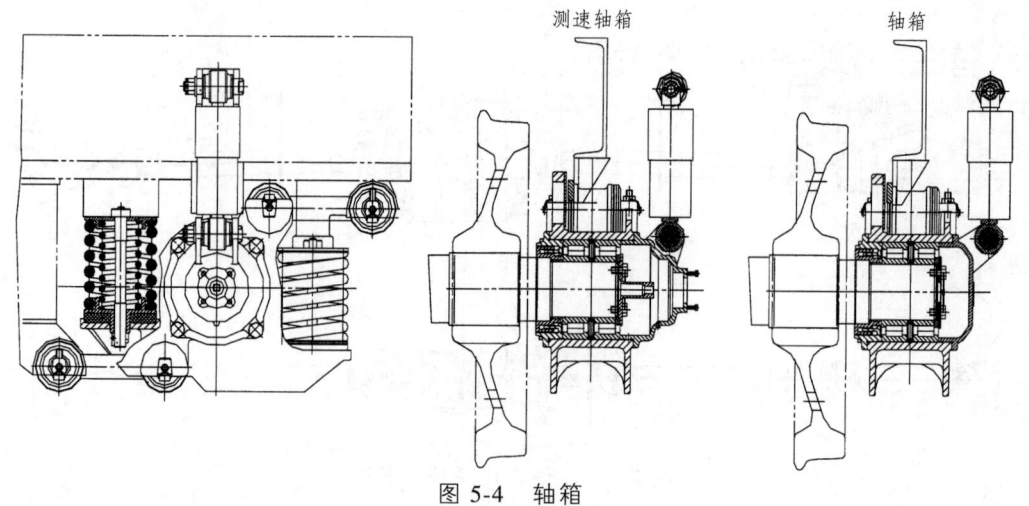

图 5-4 轴箱

车架与轴箱间设有横向止挡,以限制轴箱与车架之间的相对位移。液压减振器应按规定的充油量充入 0.7 L 仪表油。加油时应用柴油纸过滤,不允许有残存尘土、砂粒等。轴承箱内应定期检查,润滑脂为铁道 Ⅱ 号轴承脂或 3 号锂基润滑脂,容量为箱体间隙的 1/3~2/3。轴箱最高温升不允许超过 40 ℃。

(4)轮对。

该车有前后两个轮对,车轮为车辆用整体碾钢轮,车轴材料均为车轴钢。保养时要经常检查轴与车轮的各部是否有裂纹。

(5)车架。

采用型钢拼焊而成,具有强度大、刚性好、结构合理特点。保养需要经常检查车架各部的焊缝是否有裂纹。

(6)净化装置。

该检修作业车对柴油机尾气进行净化处理,主要通过应用净化水箱过滤尾气中的有害物质的方式来达到净化目的,能最大限度减少柴油机尾气中的有害物质对工作人员身心健康所造成的危害,并减少对大气的污染。同时接触网检修作业车还配备两个轴流风机,用以驱散作业车周围发动机排放的尾气,保障工作人员身心健康。

保养要经常检查净化水箱内水位,确保净化效果。

(7)冷却系统。

冷却系统的作用是将液力传动系统的功率损失所产生的热量散掉,使液力变速箱在其合适的温度范围工作。

液力变速箱冷却油通过管路进入油冷却器,油冷却器通过油水热交换将热量传递给水箱,冷却水箱散热,冷却后的油通过管路进入液力变速箱,依次循环散热。

4)制动系统

制动系统是接触网检修作业车安全运行最重要的保障系统。任何时候接触网检修作业车的制动系统都必须切实可靠。因此,对制动系统的维护与保养应做到经常检查,遇到问题,随时解决。否则,不允许行车。DA13 型接触网检修作业车制动系统包括空气制动、基础制动。

(1)空气制动系统。

空气系统原理见图 5-5。空气制动系统采用的是 H-6 型空气制动机。

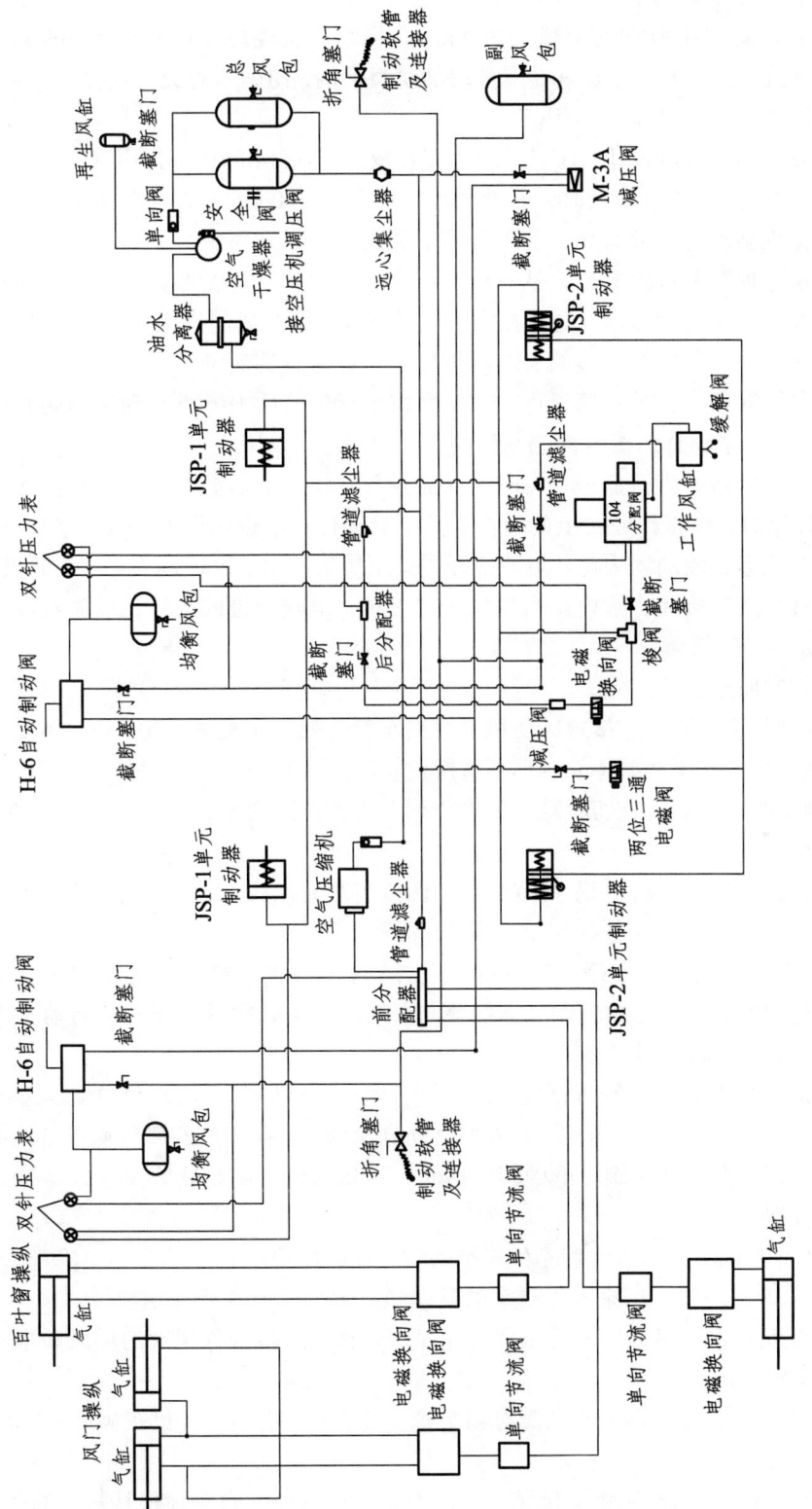

图 5-5 DA13 型接触网检修车空气制动系统图

柴油机附带空气压缩机工作，排出的压缩空气经过油水分离器和空气干燥器净化后储存在总风缸中，总风缸中压力空气调整为 700 kPa，压缩空气经减压阀减压至 500 kPa 后送入 H-6 型自动制动阀，司机通过操纵 H-6 型自动制动阀手柄，使列车管充气或排气，从而使 104 阀产生相应的缓解、保压或制动作用。

当列车管压力为 500 kPa 时，列车管最大有效减压量为 140 kPa，常用制动时，制动缸最大压力不小于 350 kPa，紧急制动时，制动缸最大压力为 440 kPa。在作业速度下，司机也可在作业平台上操纵制动与缓解按钮，实现低速下的走行制动和缓解。

控制回路从原理图上可以看出，从总风缸出来的压力空气分为两路：一路不经减压直接供整车总风压并通过压力表显示，同时提供受电弓操纵、倒车风门操纵、百叶窗操纵等用风，以及通过空气减压阀、电磁阀、梭阀、制动缸形成作业台直通制动控制回路，提供 JSP-2 型停车单元制动器缓解用风；另一路通过 M-3A 型减压阀、前后 H-6 型自动制动阀、列车管、104 分配阀、梭阀、制动缸形成自动制动回路。

直通制动控制回路：当恒低速走行时，开通空气减压阀前的截断塞门，经空气减压阀后供风，当需要停车时，操作作业台上的转换开关到制动位，电磁阀得电，压力空气经电磁阀、梭阀向制动缸充风形成制动动力源。当转换开关旋至缓解位时，电磁阀失电，切断供风通路，同时将制动缸管与大气接通，缸内压力空气通过梭阀、电磁阀排向大气，从而实现 JSP-1 型和 JSP-2 型单元制动器缓解。

自动制动控制回路：

① 操纵制动阀至缓解位，接通减压风管与列车管，列车管充风，104 分配阀动作，形成 JSP-1 型单元制动器与 JSP-2 型单元制动器缓解位。

② 操纵制动阀到制动位，切断减压风管与列车管通路，列车管通大气减压，104 分配阀动作形成制动位。

③ 操纵制动阀至保持位，切断所有通路，保持列车管风压，104 分配阀亦停止动作，制动缸保压。

JSP-2 型停车单元制动器在停车时使用，相当于手制动的功能。通过电磁阀控制总风的接通与断开，使 JSP-2 型停车单元制动器缓解与制动。车辆长时间停车时，启动车辆前应先缓解 JSP-2 型停车单元制动器。

空气制动系统主要由下述各部分组成：空气压缩机、单向阀、油水分离器、总风缸、管道滤尘器、M-3A 型减压阀、调压阀、H-6 型自动制动阀、104 分配阀、均衡风缸、副风缸、工作风缸、缓解阀、空气减压阀、电磁阀、梭阀、折角塞门、制动软管及连接器等。

主要部件分别叙述如下：

① 空压机和总风缸：是制动系统和其他风动装置的风源。

② H-6 型自动制动阀：用来操纵整车的制动和缓解，共有 4 个作用位置。

③ 104 分配阀：它是根据列车管压力变化而产生作用，控制作用阀的供风和排风，使车辆产生制动和缓解作用。

④ 均衡风缸：是为司机操纵制动阀对列车管实施制动减压时，用以正确掌握减压量而设置的。

⑤ 调压阀：用来控制空压机的运转。从而控制总风缸经常自动地保持规定的压力。

⑥ 副风缸：在制动时借分配阀的作用将其压力空气送入制动缸产生制动作用。

⑦ 工作风缸：用以贮存压力空气，以便在制动时将压力空气送到容积室。

⑧ 制动缸：是通过分配阀的作用，接受副风缸送来的压力空气，并变压力为杠杆推力。

⑨ 缓解阀：当制动保压时，用来在车下使车辆缓解的装置。

⑩ 安全阀：是保证系统压力不致过高的部件。

⑪ 空气净化装置：包括油水分离器、空气干燥器、管道滤清器等，用以排除压力空气中的油污、沙土、水分、锈垢等不洁物质，以清洁的压力空气保证系统的正常工作。

⑫ M-3A 型减压阀：将总风缸的高压空气减到 500 kPa 后定压输出。

（2）基础制动。

基础制动采用 JSP 型踏面单元制动，其主要部分由制动缸、力的放大机构构成。基础制动通过制动单元产生的力作用到车轮踏面上，产生制动力，使车减速或停车。带弹簧停车制动的制动单元在停车时通过弹簧产生制动力作用到车轮踏面上，保证在坡道上车辆不会移动，满足车辆安全需要。

（3）制动系统维护与保养。

定期加注空压机润滑油。作业后排放油水分离器，集尘器，风缸等处的油水、污物。阀件及仪表必须经专业部门定期检查，一般为 6 个月，当环境恶劣时应缩短检查周期，一般为 3 个月。由于闸瓦经常磨损，因此要经常用调节螺杆调节闸瓦与车轮之间的间隙，使其在 5～8 mm。检查系统各部件是否完好，发现问题应及时解决。在更换闸瓦时，同一轮对上的闸瓦应同时更换。

5）牵引装置

该车的前后车钩均采用 13#车钩，用于牵引铁路标准客货车辆。

6）驾驶室

车体骨架是用优质型钢焊接而成，结构坚固，外部、顶部焊有优质耐候钢板，为了增加车内的保温性，车顶、两侧骨架内部设有隔热层，车体两侧窗均为铝合金拉窗。

驾驶室前后操纵端均安装安全玻璃。驾驶室内配有司机座椅、消防用品等，驾驶室顶部装有天窗及冷滑用受电弓。室内设有前、后司机操纵台，可双向分别操纵。司机座椅是可调的，可以使司机在操纵时处于最佳状态，为司机和其他工作人员提供了良好的工作场所。

7）抓轨器

抓轨器由支架、螺杆、螺母、抓钩等组成，主要用于该车在曲线上的作业。当达到 6 级以上含 6 级风时，为了保证作业安全而设置抓轨器，它安装在该车的前轴和后轴附近，支架是焊在车架底面上的，使用时转动螺杆就可以使抓钩与钢轨紧紧结合，保证该车安全作业，使用完毕后收回，挂在支架上。

保养要经常检查各部位焊缝是否开裂，经常旋转螺杆加润滑脂，使其保证灵活及可靠工作。

2. 作业机构

1）升降回转作业台

（1）结构：由升降柱、回转机构、制动器、作业台、升降梯等组成。

升降柱为三节套合同步伸缩式，由液压油缸及链条机构驱动升降，见图 5-6。

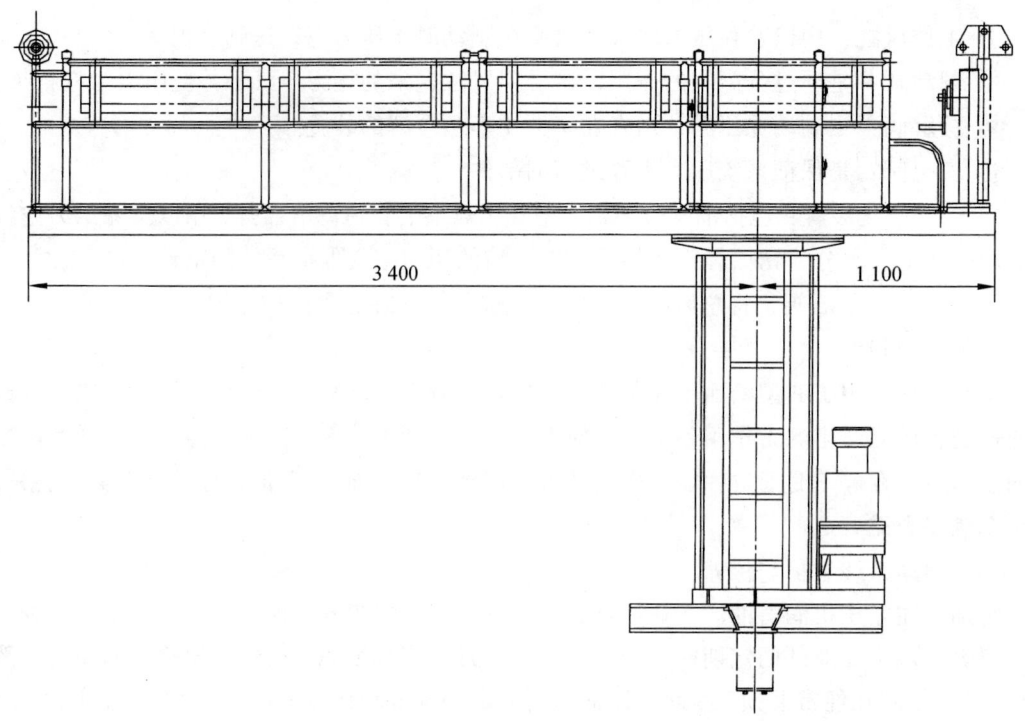

图 5-6 升降柱示意图

回转机构由液压马达通过减速机驱动回转支承，使作业台回转，在回转支承的外圈装有常闭式制动器，以保证作业台的稳定性。

作业平台 4.5 m×1.5 m，最大起升高度 4.8 m，左右回转 120°，四周装有防护栏杆，两侧护栏上装有日光灯，主要供夜间作业使用。升降梯安装在升降柱和作业台上，由升降柱的起升、降落来带动梯子的升降。

升降回转作业台操作前必须将随机吊臂回位，然后才可进行作业。

首先使发动机转速在 1 000 r/min 以下，车速 3 km/h 以下，打开 PT0 电磁阀（此时可操纵油门，但转速应在 1 400 r/min 以下），使液压泵处于工作位。打开后司机台上作业台电源开关，使作业台升降或左右回转。

操纵升降回转作业台的注意事项是必须先把作业台升起，使前端超出车体后端，方可旋转。在上升或左、右旋转时，一旦报警指示灯亮，则应立即停止操作。梯子上有人时，不得升降作业台。作业台不得超载，升降回转中心处承载不大于 1 000 kg，前端承载不大于 350 kg。作业台回落时，当作业台快要下降到起始位置时，应缓慢下降。

升降回转作业台的保养：须经常检查四根链条松紧是否一致，液压管路是否有渗漏。经常给升降柱滑道间及链轮轴承加涂润滑脂。经常检查各柱滑块的磨损情况。经常检查作业台前端支撑情况，经常注润滑脂。经常检查升降柱上、下两端联接螺栓是否松动。每周给减速机加 30#~40# 机械油一次。每半年给回转支撑加注润滑脂（加注时需拆除制动带及螺堵）一次。

2）导线拨线装置

由吊架、活动支架、固定支架、丝杠、拨线柱、手把等组成，摇动手把通过丝杠传动，可使活动支架及吊架拔出左、右各 500 mm。该装置安装在作业台后端，放线时引导承力索和导线以及在调整导线时给导线拔出值。

导线拔线装置使用时升起活动支架并固定好，把导线或承力索放于拔线柱之间，固定挡线杆，然后摇动手把，把导线（或承力索）拔到要求位置，使用完后，落下活动支架并固定好。

导线拔线装置的保养需要经常检查各部是否润滑，并涂润滑脂，保证其左右移动灵活，表面无锈蚀。当拔线柱磨损后，应及时更换。

3）导线支撑装置

该装置由滚筒、活动支架、固定支架等组成，它安装在作业台前栏杆外侧，主要用于放线时支撑导线。（导线支撑装置在使用时方可插入）

导线支撑装置的作用是放线时升起滚筒，并固定好，把导线（或承力索）架在滚筒上，工作完毕落下滚筒。

导线支撑装置的保养应经常检查各部位的使用情况，并定期给滚筒两端轴承加注润滑脂，使其机构灵活。

4）随车起重机

随车起重机为全液压伸缩臂式。它主要用于往作业台上吊送各种工具及器材等。

使用时，首先检查液压油箱内油量是否在规定的油尺范围内，确认无误后，使发动机转速在 1 000 r/min 以下，车速 3 km/h 以下，打开 PTO 型电磁阀（此时可操纵油门，但转速应在 1 400 r/min 以下），使液压泵处于工作位。然后再操纵各工作手柄工作。随机吊起重特性见表 5-1。

表 5-1 随车起重机起重特性

工作幅度/m	最大额定起重量/kg		
	臂 长		
	3.42 m	6 m	8.52 m
2	2 000	1 600	
2.3	1 700	1 470	
2.6	1 500	1 200	1 000
2.9	1 400	1 160	900
3.5	1 010	900	720
4		750	610
4.5		650	660
5		570	510
5.5		495	470
6			420
7			350
8			250

5) 受电弓

主要由底架、下臂杆、上框架、升弓弹簧、弓头支撑（弹簧盒）、弓头、传动机构、上转轴、平衡杆、推杆、中心铰链座、缓冲阀、电控阀等组成。

升弓时，司机通过司机台上按钮接通受电弓控制阀，开通通往受电弓缓冲阀的气路，压缩空气进入传动气缸，活塞被推向右方，通过拉杆及拉杆绝缘子将滑环拉动，解除了下臂杆转动的约束，下臂杆在升弓弹簧的作用下抬起，铰链座受推杆的推动而转动，使与铰链座成固定夹角的上框架升起而完成升弓；降弓时，受电弓电控阀降缓冲阀的进气管路接通大气，降弓弹簧克服升弓弹簧的拉力将活塞推向左方，带动滑环向右移动强制下臂杆作反方向转动从而迫使框架落下而完成降弓。

三、液压系统

1. 液压系统原理及故障处理

整车液压系统原理见图 5-7。

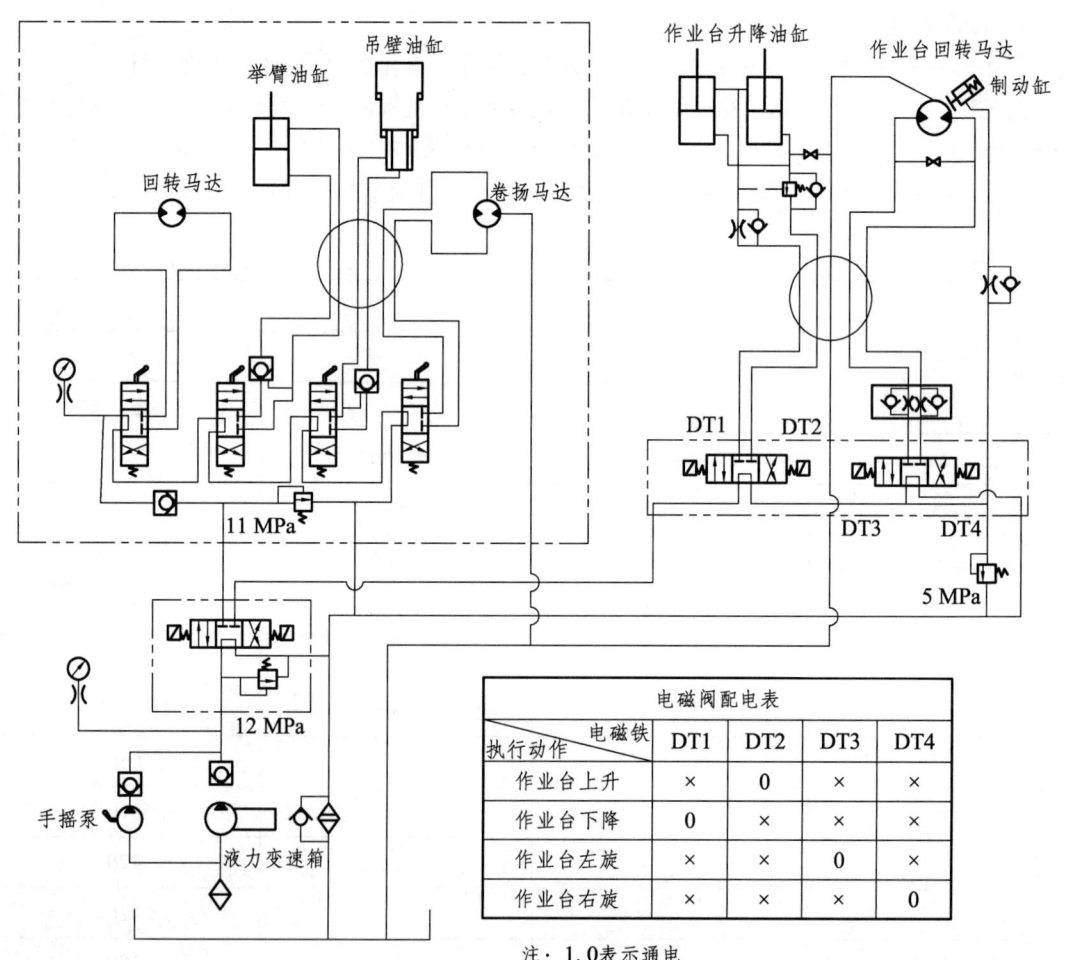

图 5-7 DA13型接触网作业车液压系统原理图

本车液压系统使用 L-HM46 型耐磨液压油或 L-HS46 型液压油。在工作中应经常检查液压油箱内的油量及油质。当油面低于油窗的可视范围时应立即补充。

油箱内油应定期更换，一般每连续工作 1 000 h（或间断工作半年）更换一次。第一次换油，时间减半。

该车的液压系统的液压油泵由液力变速箱直接驱动，通过溢流阀限定系统的额定压力为 12 MPa。

随车起重机由手动四联滑阀操纵，电磁换向阀可选择随车吊工作或回转系统工作。当执行机构出现故障时，可通过按动电磁阀两端的故障按钮，来判断是电气线路故障还是液压系统故障。在液压系统油路中，装有辅助手摇高压油泵，以便在无动力时使各工作机构复位。在升降柱升降油路中还设有下降应急开关。当打开此开关时，升降柱将自行下降。回转机构还设有手动回转复位装置。以防回转系统出现故障时，迅速复位。

液压系统的一般故障见表 5-2。

表 5-2 DA13 型接触网作业车液压系统故障及处理表

故障现象		故障原因	排除方法
油泵异响，应立即停车检查		油箱出油阀未打开	打开出油阀
		液压油箱内油太少	加油至规定量
		油泵进油管破损或接头松，产生漏气	紧固接头或更换油管
		油泵进油管堵塞	清洗或更换
		油泵出油管及单向阀堵塞	清洗或更换
		液压油黏度过大	换黏度低的同类油
		油泵坏	更换
管路发响		管路未固定好	固定管路
		管路堵塞或泄漏	清洗或更换管路
		管路接错	重新接管
		电磁阀未回到位	清洗或更换电磁阀
		液压油脏或黏度过大	更换
		液压油滤清器堵塞	清洗或更换
液压油发热		以上两种现象中的每种原因都会使液压油发热	按各原因对应的排除办法消除
随车起重机无动作	操作时油箱处的总油压表显示有压力	操纵方向反	向反方向操纵
		执行机构卡住	检查吊臂、卷扬、回转等机构
		操纵四连阀坏	修理或更换
		管路堵塞	清洗管路
	总油压表显示无压力（小于 0.1 MPa）	液压油箱内油太少	加油至规定量
		管路漏油或内泄	修理或更换
		操纵四连阀坏	修理或更换
	其他故障	参看随车起重机使用保养说明书	修理或更换

续表

故障现象		故障原因	排除方法
作业台无上升下降	操作时总油压表显示有压力	电磁阀下的节流阀开口太小	加大节流开口（向内拧）
		单向阀坏	修理或更换
		升降柱卡住	排除异物及故障
		管路堵塞或接错	清洗，重新连接
		溢流阀压力低（不超过6 MPa）	调至11 MPa
	操作时总油压表显示无压力（小于0.1 MPa）	司机台上作业台电源开关未打开或虽打开但电源未接通	打开电源开关并使其可靠接通
		臂操纵箱中电源未关闭	关闭
		升降电磁阀未通电或坏	按动故障按钮，若有动作则为电气故障，若无动作则为液压故障
		手动换向阀内泄	更换
		管路接错	重新接管路
		安全溢流阀卸荷或坏	调整溢流阀，若无变换则换
作业台无回转	操作时总油压表显示有压力（有升降动作）	回转制动带未打开	调节螺丝使制动带打开
		回转电磁阀下的节流阀开口太小	加大节流开口（向内拧）
		马达或减速机卡住	排除异物及故障
		马达或减速机坏	修理或更换
		管路堵塞	清洗管路
	操作时总油压表显示无压力（有升降动作）	回转溢流阀压力过低	调整压力至规定值
		回转马达或减速机坏	修理或更换
		回转电磁阀未通电或坏	按动故障按钮，若有动作则为电气故障，若无动作则为液压故障
使用手摇泵无动作		手摇泵进油开关未打开	打开进油旋阀
		手摇泵出油管堵塞	清洗管路
		手摇泵出油单向阀堵塞或坏	清洗或更换
		手摇泵坏	更换

2．液压系统操作注意事项

（1）作业台不得超载，必须先升起离开车体再转动。

（2）作业台在转动时，当听到报警铃响或指示灯亮应立即停止操作。

（3）作业台升降时，任何人不得攀登梯子。

（4）为了安全起见，当有6级以上含6级大风时，严禁在超高曲线内侧起吊重物，此时必须使用抓轨器。

（5）在非作业状态时，作业台必须在原始位置，关闭作业台电源。将系统中的油泵动力切断，即PTO型电磁阀断电。

（6）该车上所有保险丝不得随意改动。严禁用大容量保险丝代替小容量保险。

第二节　接触网作业车电气系统

一、电气系统总体

DA13 型接触网作业车的电气系统由电源、仪表、照明、信号指示及报警、操纵控制等部分组成。各电气回路均设有相应的自动脱扣断路器，作为过载及短路故障保护。该车设有前后操纵台，可以实现双向操纵。

整车各部分电气系统原理，各仪表板、操纵板及作业平台控制板安装示意见图 5-8 ~ 5-18。

本车电气系统原理图中，线号说明如下：
100 ~ 299：电源、柴油机控制及启动部分回路；
300 ~ 399：仪表及开关控制部分回路；
400 ~ 499：照明部分回路；
500 ~ 599：受电弓及空气控制部分回路；
600 ~ 699：液力变速箱控制部分回路；
700 ~ 799：液压及作业平台控制部分回路；
900 ~ 999：通信部分回路。

电气原理图显示的原始状态为：发动机处于停机、无机油压力、无水状态。蓄电池箱电源开关处于断开位。各种控制及保护开关处于断开位，各控制电器、仪表均处于无电状态。风缸和制动管路内压力为零。

二、电　源

本车采用 24 V 供电，负极接地，单线制供电方式。当发动机正常运转时，发动机除给整车供电以外，同时还给蓄电池组充电。发动机停机时，整车由蓄电池组供电。通过装在前后司机台上的电流表可以及时了解蓄电池组工作情况。

蓄电池组由四只 N200 型蓄电池两只串联后再并联组成，主要供柴油机启动、车内照明。

柴油机自带 28 V，100 A 硅整流充电发电机，内附电压调节器，该发电机主要供蓄电池补充电和其他控制回路及照明用电，见图 5-8。

三、仪　表

该车设有前后操纵台，可实现双向操纵。前后操纵台上的仪表板基本相同，区别在前端装有工作小时计，后端装有柴油表。具体布置分别见图 5-14、图 5-17。各仪表均附有内照明灯，提供了夜间及隧道内照明。现分别说明各仪表的主要作用：

（1）车速表及里程小时计。

在运行中通过前左轴箱上的车速传感器，能准确地反映该车的行驶速度，前仪表板上装有里程累加器，能累计行车里程，为检查保养提供依据。

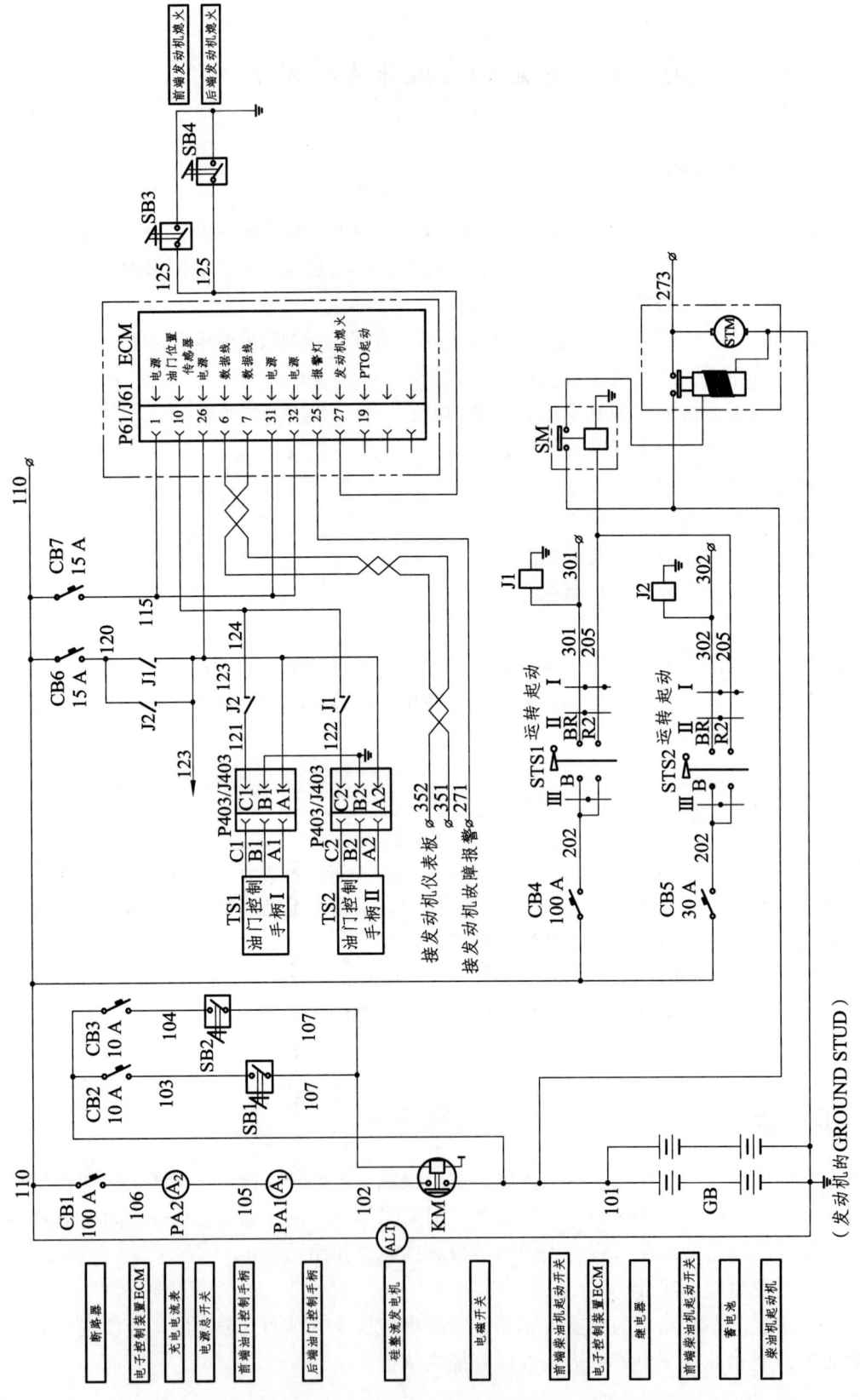

图 5-8 电源及柴油机控制部分电路

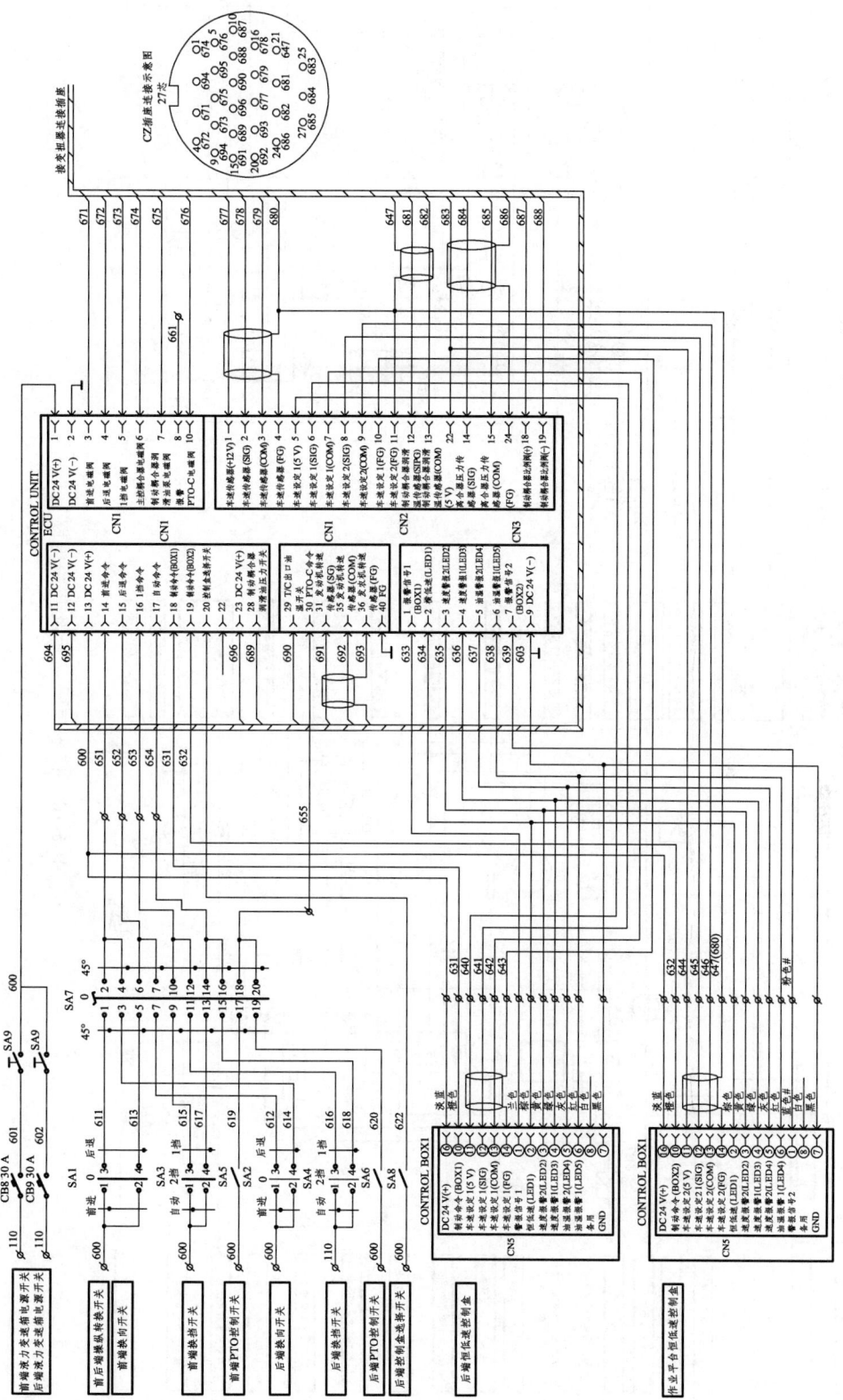

图 5-9 行车及液力变速箱控制电路

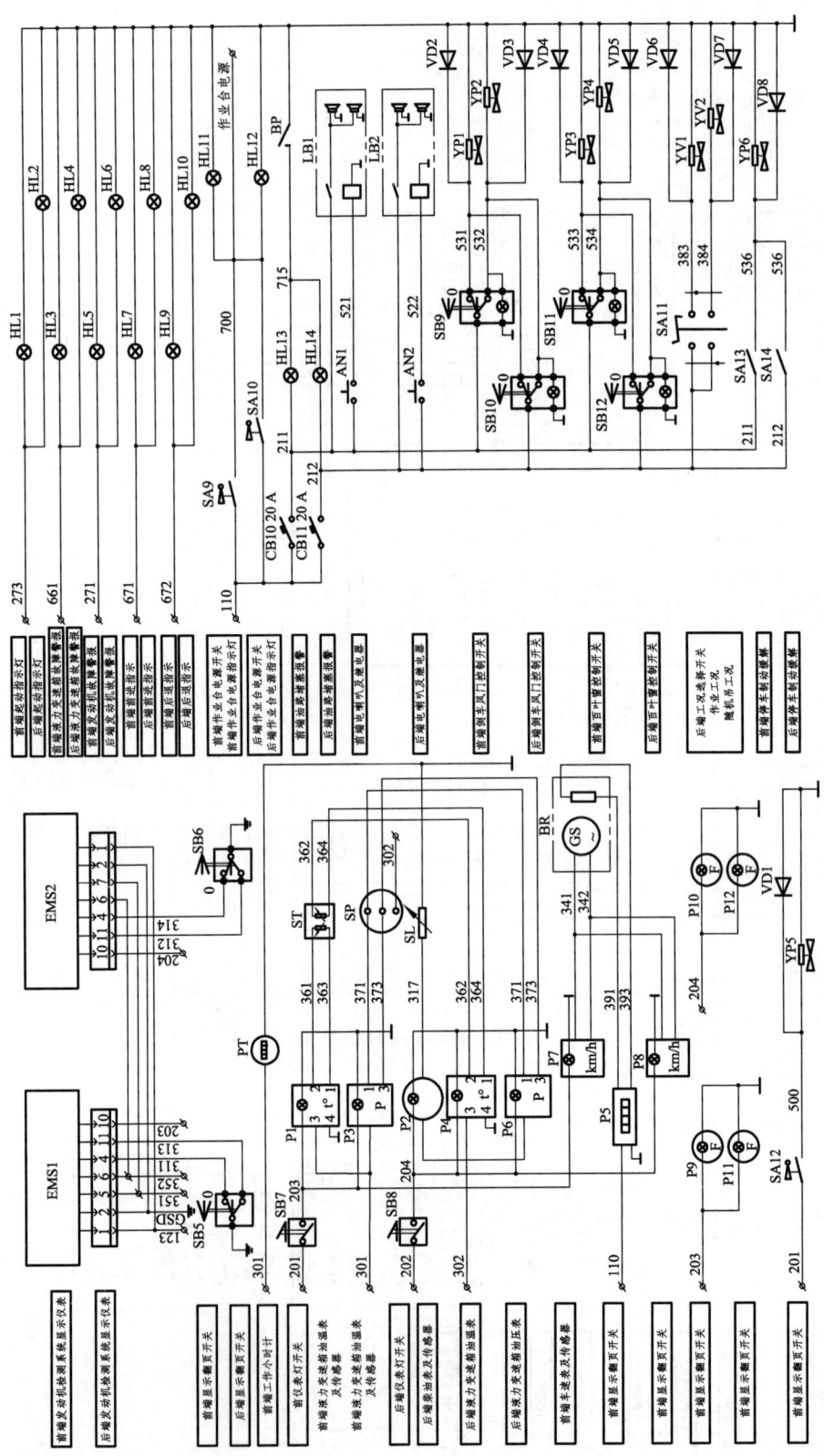

图 5-10 仪表信号指示及开关电路

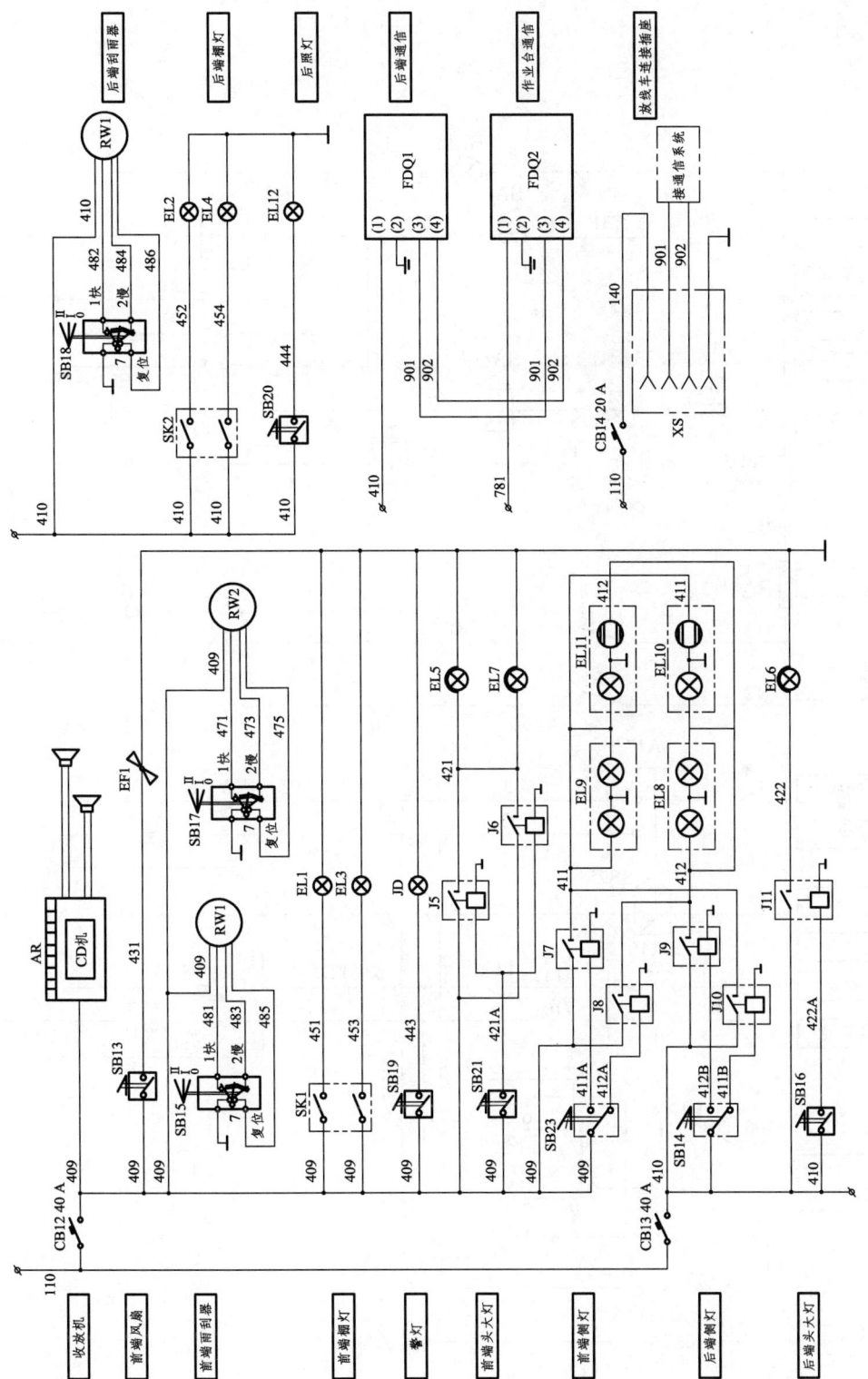

图 5-11 照明电路及通信电路

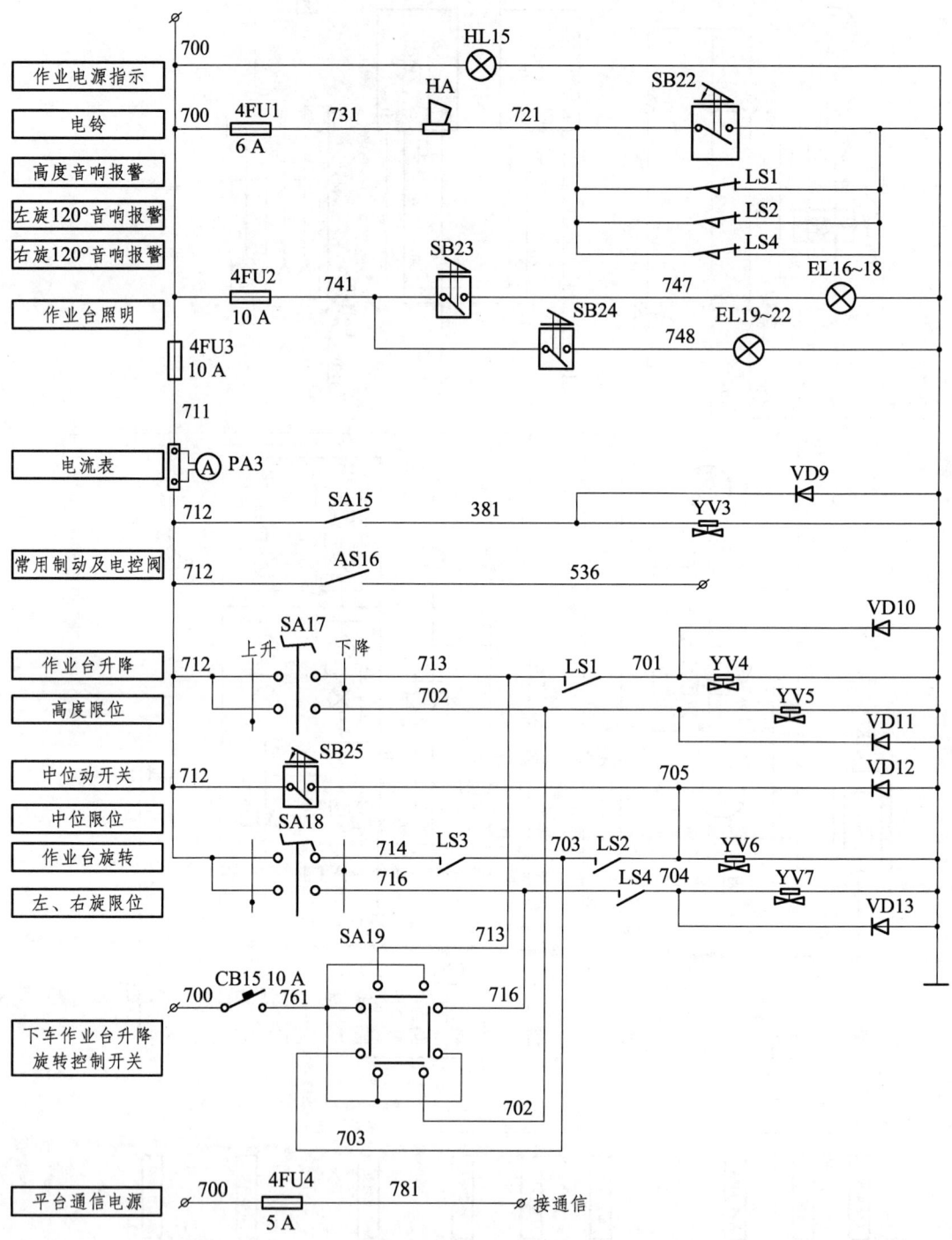

图 5-12 作业平台控制电路

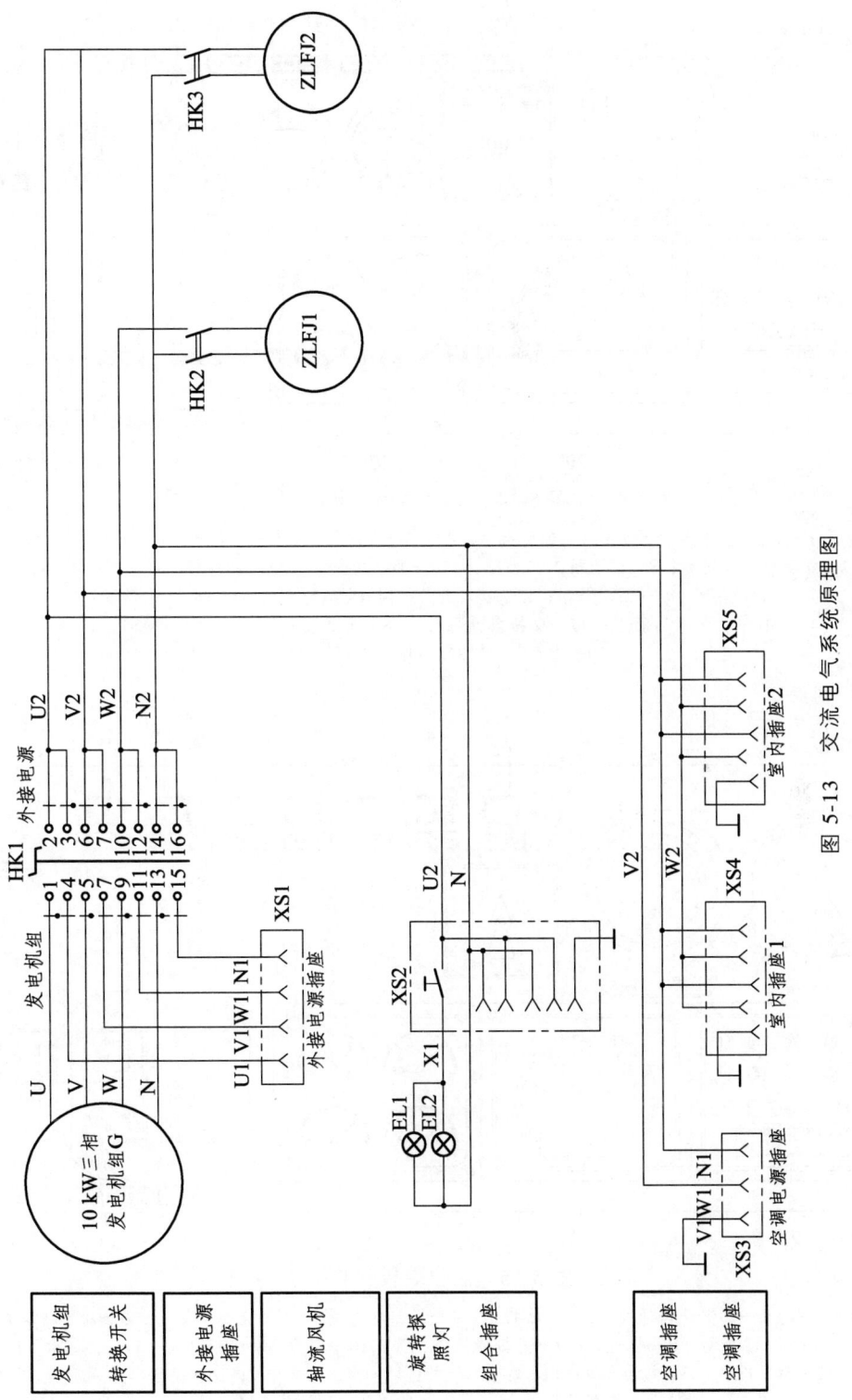

图 5-13 交流电气系统原理图

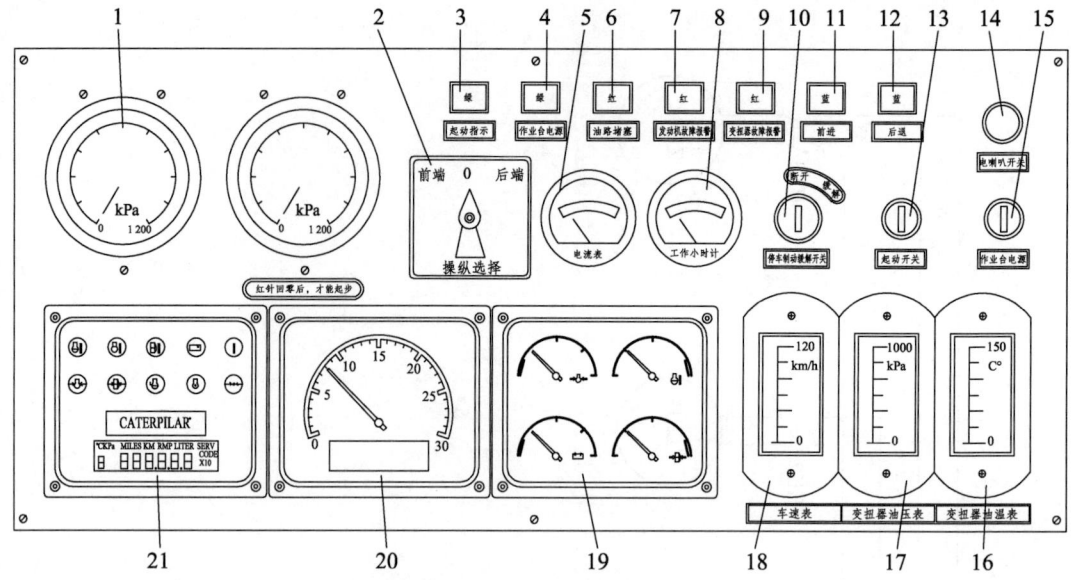

图 5-14　前仪表板安装图

1—双针压力表；2—操纵选择开关；3—起动指示；4—作业电源指示；5—充电电流表；6—油路堵塞报警；7—发动机故障报警；8—柴油机工作小时计；9—变扭器故障报警；10—停车制动缓解开关；11—前进指示；12—后退指示；13—起动开关；14—电喇叭开关；15—作业电源开关；16—变扭器油温表；17—变扭器油压表；18—车速表；19—发动机 EMS1；20—发动机 EMS2；21—发动机 EMS3

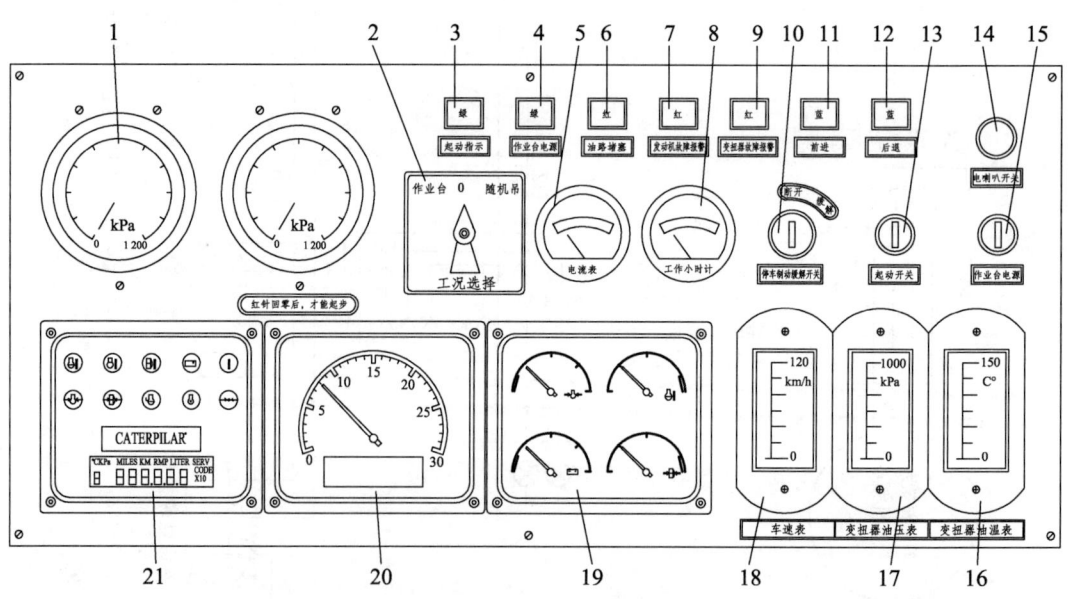

图 5-15　后仪表板安装图

1—双针压力表；2—工况选择开关；3—起动指示；4—作业电源指示；5—充电电流表；6—油路堵塞报警；7—发动机故障报警；8—柴油表；9—变扭器故障报警；10—停车制动缓解开关；11—前进指示；12—后退指示；13—起动开关；14—电喇叭开关；15—作业电源开关；16—变扭器油温表；17—变扭器油压表；18—车速表；19—发动机 EMS1；20—发动机 EMS2；21—发动机 EMS3

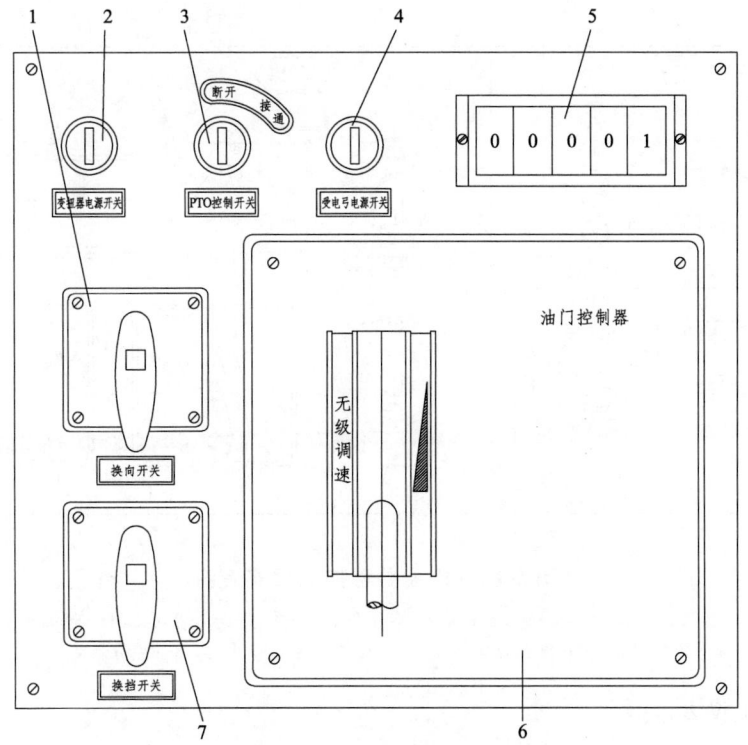

图 5-16 前操纵板安装图

1—换向开关；2—变扭器电源开关；3—PTO 控制开关；4—受电弓电源开关；
5—里程计；6—油门控制器；7—换挡开关

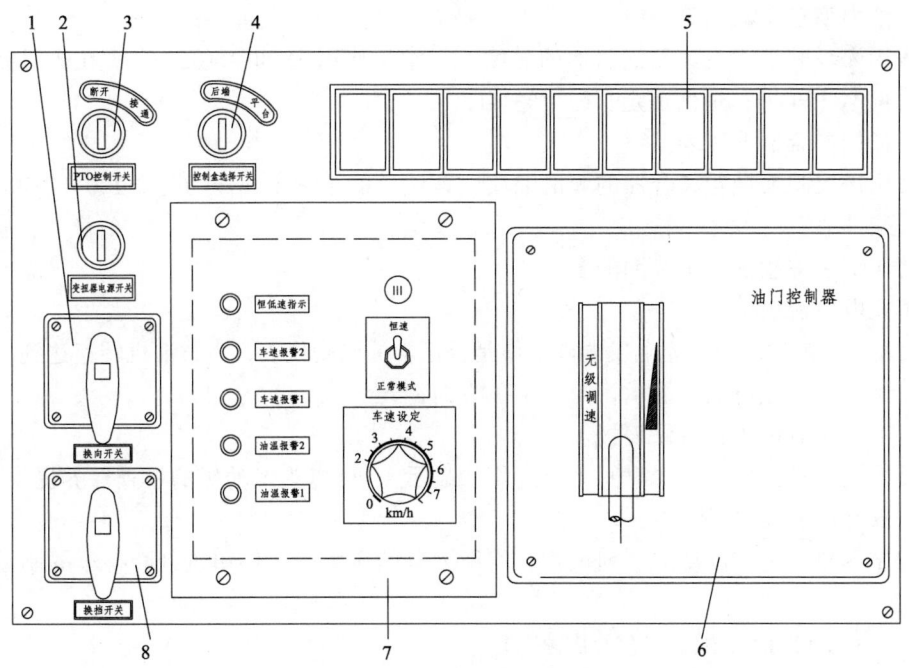

图 5-17 后操纵板安装图

1—换向开关；2—变扭器电源开关；3—PTO 控制开关；4—控制盒选择开关；
5—开关组合；6—油门控制器；7—恒低速控制盒；8—换挡开关

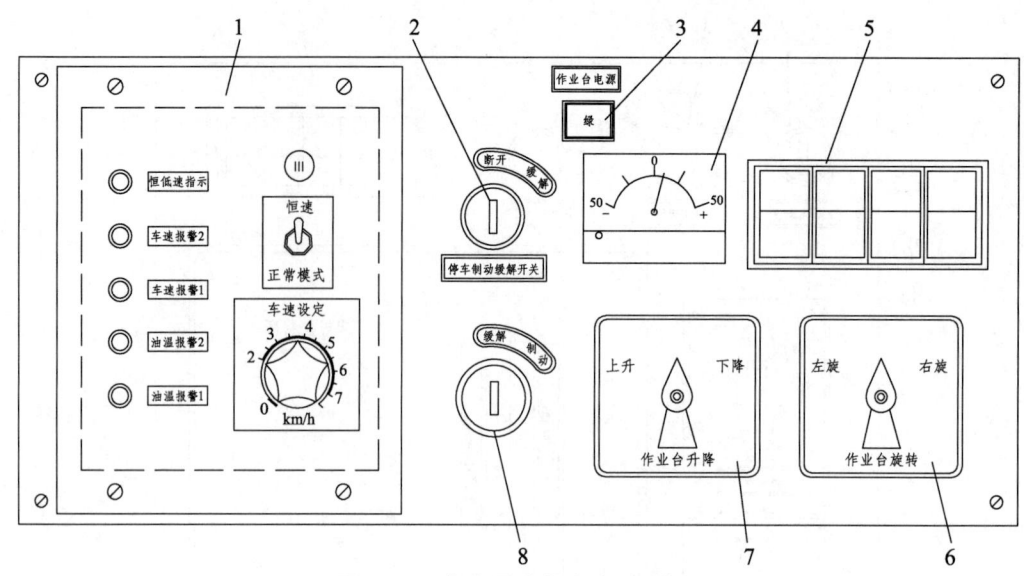

图 5-18 作业平台控制板安装图

1—恒低速控制盒；2—停车制动缓解开关；3—作业电源指示；4—电流表；
5—开关组合；6—作业台旋转开关；7—作业台升降开关；8—常用制动开关

（2）柴油机仪表板。

该仪表板为柴油机附件，用来反映柴油机转速、水温、油压等柴油机运行参数及运行状态。通过安装在司机台面上的面板开关，可以控制液晶显示器有关参数的翻页，向上或向下闭合开关，液晶显示器将循环显示柴油机的各种运行参数。

（3）液力变速箱油温表。

该表用来反映液力变速箱润滑油的温度，正常工作温度 80~100 ℃。（在短时间内，液力走行时可达 120 ℃；恒低速走行时可达 115 ℃。）

（4）换挡离合器油压表。

该表用来反映换挡箱离合器的润滑油压。该油压的正常工作压力为 2 200~2 500 kPa。

（5）柴油表。

可使司机掌握燃油箱中柴油的多少。

（6）充电电流表。

该仪表是反映发动机上充电发电机工作是否正常的监测仪表，当柴油机转速达到 750 r/min 以上时，该表应有充电电流显示，向（+）方向偏转。

（7）工作小时计（在后仪表板）。

它反映发动机工作了多少时间（通过累加显示），可以为发动机的检查保养提供依据。

（8）双针压力表。

分别显示总风包、制动缸、列车管、均衡风缸的压力，以供司机判断整车的制动状况。

四、信号指示、报警及保护装置

该车在前后仪表板上均安装有启动指示、作业电源指示、油路报警指示、发动机故障报警指示、液力变速箱故障报警指示、前进指示及后退指示等。

（1）启动指示。

在前后仪表板上都装有启动指示灯，在柴油机启动，启动电锁在启动位时，启动指示灯亮，启动完毕，电锁返回到运转位时该灭，属正常。如电锁返回到运转位时，该灯还亮，说明起动机触点粘接在一起，应立即停机，检修起动机，否则起动机将很快烧坏，见图5-14、图5-15。

（2）油路堵塞指示灯。

在油压油箱的出口位置上安装有报警开关，正常工作时，灯灭属正常工作，如工作状况下灯亮，表明液压油路有堵塞现象，应立即停机检查，清洗滤网，检查油质，否则将烧坏油泵。

（3）作业电源指示。

前后仪表板均安装有作业电源开关，闭合此开关，指示灯亮，即可在作业平台上进行作业操作。

（4）发动机故障报警指示。

当此灯亮时，说明发动机出现故障，应立即停机，对照发动机故障代码，找出故障点。

（5）液力变速箱故障报警指示。

当此灯亮时，说明液力变速箱出现故障，应立即停机，对照液力变速箱故障代码（在电子控制器上显示），找出故障点。

（6）前进指示。

显示整车运行方向，以司机台操纵方向为前进。

（7）后退指示。

显示整车运行方向。

（8）发动机油门操纵的联锁保护。

在前（后）端操纵时，通过联锁继电器，两端的油门操纵手柄输出信号互锁，以实现油门操纵的联锁保护。前端操纵时，后端无效。

五、操纵控制部分

1. 发动机控制部分

1）发动机起动前的准备工作

（1）检查发动机和各油、水管路及机械部件。确保一切正常。

（2）图5-8电源及柴油机控制部分电路，前后分线箱内的单极自动脱扣空气开关CB1、CB2、CB3、CB4、CB5、CB6、CB7处于闭合状态。

（3）图5-8电源及柴油机控制部分电路和图5-9行车及液力变速箱控制电路，将前仪表板上的操纵选择开关置于前端或后端，换向开关置于中间位；将油门控制手柄置于急速位。

2）发动机启动及蓄电池充电电路

（1）闭合操纵板上的电源总开关SB1（SB2），见图5-8电源及柴油机控制部分电路。

（2）将启动钥匙插入前（或后）仪表板上的启动开关，顺时针旋转至启动位，此时启动继电器得电吸合，启动电机开始转动，待柴油机启动后，松开启动开关后自动回复到运转位，启动继电器断电，启动电机停转。此时继电器J1或J2电路继续连通，相关触点闭合。

（3）柴油机启动后，柴油机带充电发电机向蓄电池进行充电。

3）发动机停机

（1）将油门控制手柄置于怠速位，换向开关置于中间位，待柴油机转速回到怠速位时，将启动开关逆时针旋转至"0"位，发动机停机。

（2）非正常情况下，将司机台面上的面板开关 SB3（SB4）闭合，ECM 系统失电，柴油机进入熄火状态。见图 5-8 电源及柴油机控制部分电路。

4）发动机调速

通过发动机油门控制手柄位置的变化，由传感器将信号传至 ECM 控制发动机升降速。

2. 液力变速箱控制部分

1）行车控制部分

（1）作业车的起动。

把图 5-9 行车及液力变速箱控制电路中前仪表板上的操纵选择开关 SA7 置于前端或后端，选择前端或后端操纵，启动柴油机，进入空转，各仪表显示均正常时，闭合液力变速箱电源开关 CB8 或 CB9，DC 24 V 电源进入换挡控制箱中，为液力变速箱工作做好准备。发动机启动后，应使液力变速箱试运行一段时间，油压符合要求后，达到充分的润滑。

将操纵台上的换挡开关 SA3 或 SA4 置于自动位，将操纵板上的液力变速箱换向开关 SA1 或 SA2 置于前进位，接点 1、3 接通，这时仪表板上前进指示灯亮，整车缓解，慢慢拉动油门调速手柄，使油门加大，作业车缓缓起步。后退方向操作过程如上。

（2）作业车的换挡。

作业车起动后，通过司机台上的油门手柄调节发动机转速，实现作业车速度的控制。此时操纵台上的换挡开关 SA3 或 SA4 置于自动位，整车工作在自动换挡状态下。推荐为自动换挡形式。

整车也可以工作在手动换挡状态下。车辆起动时将换挡开关置于 1 挡，车速达到 30 km/h 或更高时将换挡开关由 1 挡置于 2 挡。反之，车速下降至 25 km/h 或更低时将换挡开关由 2 挡置于 1 挡。

（3）作业车的停车。

① 操纵油门控制器使柴油机转速为怠速位。

② 将液力变速箱换向开关置于中间位置。

③ 实施制动，直至停车。

2）恒低速走行部分

该车所配液力变速箱带有恒低速控制单元，为闭式回路。在后司机台和作业平台均设置有恒低速控制盒，其具体控制如下：

（1）恒低速走行前的准备工作。

① 保持车辆停止运行：

通过空气制动，使整车停止运行，使发动机转速在怠速位，使换向开关在中间位。

② 运行前的准备：

将操纵台上的换向开关置于中间位，换挡开关至于 1 挡。拉动油门手柄，调整发动机转速至 850 r/min。

③ 恒低速控制盒操作：

扳动后操纵台上恒低速选择控制开关 SA8，选择后端或作业平台恒低速控制。将恒低速控制盒车速设定在 0 km/h。将恒低速控制盒开关置于恒低速模式，指示灯亮。将操纵台上的换向开关置于前进或后退位。当车速 3 km/h 以下，发动机转速在 1 000 r/min 以下，可以闭合操纵板上的 PT0 控制开关。

（2）恒低速运行。

① 恒低速控制启动：

恒低速指示灯亮后，转动恒低速控制盒上的车速设定开关，使车速在 0 km/h 或 2 km/h，3 km/h，4 km/h，5 km/h，6 km/h，7 km/h。车速设定在 2 km/h 以上时，车辆启动并运行。

慢慢转动开关，使车速在 2～7 km/h 变化。（当机车爬坡、且实际速度低于设定速度时，应把发动机的速度提升到高于 850 r/min，但不超过 1 400 r/min）。

当车速设定在 0 km/h，车辆自动停止。车停稳后方能换向。

② 恒低速停车控制：

转动恒低速控制盒上的车速设定开关，使车速在 0 km/h，车辆停车。将液力变速箱换向开关置于中间位置。调节油门手柄，使发动机回到急速位。断开 PT0 控制开关，实施车辆制动。关闭恒低速开关，指示灯灭。

注意：恒低速控制盒上的车速设定开关，在 0 km/h 位置时，车速为 0，但绝对不能利用此特点进行驻车，在坡道上停车时，必须利用制动系统。

3. 作业平台操纵部分

在作业平台操纵板上主要设有恒低速控制开关、作业平台升降、旋转控制开关、中位开关，电铃开关、常用制动开关及停车制动缓解开关等，见图 5-18 作业平台控制板安装图和图 5-12 作业平台控制电路。现分别说明如下：

1）作业平台升降开关

在作业台操纵板上装有升降控制开关，当作业台上电源指示灯亮后，即可操作升降控制开关，当作业台上升到规定高度时，上升限位动作切断电源，停止上升，同时电铃发出响声，提示司机已到极限位置，这时开关只能操纵下降。

2）作业台旋转开关

在作业台操纵板上装有旋转控制开关，通过此开关的操作可以实现作业台的左旋、右旋，在作业台下面的中心回转处，还分别设有左旋、右旋、中位限位开关，当左右旋转到120°时，压合左旋、右旋限位开关，切断电源旋转停止，电铃通电发出报警声，以提示司机旋转已到极限，请向相反方向旋转。

3）中位动作开关

在作业台上安装有中位开关，当操作旋转开关到中位时，限位开关动作，切断旋转方向的运动，这时可操作中位动作开关继续旋转，当碰块离开中位限位开关时，可继续操作旋转控制开关，中位动作开关作为平台对中微调用。

4）电铃开关

在作业台安装有电铃开关，在作业时先按下此开关，电铃发生响声，提示下面人员进入作业过程。

5）常用制动开关

在作业台上设有常用制动，在作业操作时，可控制整车制动，当常用制动开关接通时本车制动，关闭此开关本车缓解。

6）停车制动缓解开关

在作业台设有停车制动缓解开关，整车停车制动后须闭合此开关，使整车缓解，方可重新启动车辆。

7）恒低速控制开关

与后端操作台恒低速控制开关基本相同，换向与油门需在驾驶室操纵。

六、照明部分

分为直流照明及交流照明两部分：

直流照明部分在前端顶部及作业台升降柱上安装有两组 DC 24 V 头大灯，每盏照明灯的功率为 100 W，作为机车远照灯使用。控制开关设置在前后司机台面上，电路见图 5-11 照明电路及通信电路。在前端腰部两侧与后栏杆两侧各安装有 DC 24 V 行车照明灯 EL8~11，每盏照明灯的功率为 55 W，红色灯作为标志灯使用，控制开关设置在前后司机台面上。车后端安装有后照灯 EL12。在驾驶室顶部设置有四盏大型厢灯 EL1~4，每盏灯的功率为 2×21 W，为司机夜间操作提供了明亮的环境。作业平台设置有五组日光灯，每组灯功率为 2×20 W，控制开关设在作业台控制箱内，见图 5-12 作业平台控制电路的照明灯 EL16~18、EL19~22。

交流照明部分在作业平台上设置有两盏交流旋转投光灯，每盏灯功率为 300 W。能满足隧道施工照明。见图 5-13 交流电气系统原理的 EL1 和 EL2。

七、其他电器装置

1. 电源总开关

电源总开关见图 5-8 电源及柴油机控制部分电路中 SB1、SB2 安装在前后操纵台上（面板开关），由它控制整车电源的通断。

2. 其　他

设有警灯、风扇、刮水器、百叶窗及风门等用电器，其开关均设在前、后司机台面上，打开相应开关，该电器即可工作，见图 5-10 仪表信号指示及开关电路和图 5-11 照明电路及通信电路。

3. 受电弓控制开关

该车安装有受电弓装置，其控制开关 SA12 设置在前操纵板，用来控制升、降弓，见图 5-16 和图 5-10 仪表信号指示及开关电路。

4. 电喇叭控制

该车两端车架下均安装有高低音电喇叭，其控制开关设置在前后仪表板上，行车前可按动电喇叭按钮，提示车上及车下人员注意，见图 5-10 仪表信号指示及开关电路。

5. 保护装置

各电气回路均设有自动空气开关，这些开关起熔断保护作用，不应作电源开关使用，故应使其一直处于闭合状态。运行中，如发现有回路断电时，说明该回路有过载或短路现象，应及时进行检查处理。

6. 通信部分

该车在后司机台侧墙、作业平台分别装有有线通信装置，该通信具有抗干扰能力强，失真小功率大，具备双工功能，方便了司机之间的相互联络。见图 5-11 照明电路及通信电路。

7. 发电机组供电部分

该车安装有 10 kW 三相交流发电机组，输出三相四线制，供电电压可接成 380 V/220 V，频率 50 Hz，供给司机室内空调、轴流风机及生活用电。见图 5-13 交流电气系统原理。

（1）空调。

在司机室内安装有海尔 1.5P 双制式空调。

（2）外接电源。

本车在车架下安装有外接电源插座，可实现外接交流 220 V/380 V 电源供电。

（3）轴流风机控制开关。

在后司机台左面墙上设置有轴流风机开关，轴流风机共两个，用作驱散尾气。开关为两个空气开关，每个开关控制一个轴流风机。

第三节　接触网作业车保养

一、维修周期

DA13 型接触网作业车维护检修划分为日常保养、月检、季检、小修、中修、大修。修程与周期规定如表 5-3 所示。

表 5-3　DA13 型车辆维修周期表

维修级别	日常保养	月检	季检	小修	中修	大修
维修周期	每天或适时进行	每月	每 3 个月	1 年	5～6 年	10～12 年

二、车辆润滑

DA13 型接触网检修作业车各部位润滑详情见表 5-4。

表 5-4 DA13 型润滑表

序号	部件名称	润滑部位	润滑油脂	润滑周期
1	车钩	锁铁面、钩舌内侧	3号锂基脂	三个月一次
2	轴箱吊耳	活动部位	3号锂基脂	三个月一次
3	传动轴	花键及十字头压油孔	3号锂基脂	三个月一次
4	液压减振器	内部	仪表油	每年检查添加
5	车轴轴箱轴承	轴承内容	3号锂基脂	分解重新组装时，均需润滑
6	牵引齿轮箱	箱内	CD40型柴油机油	日常每次保养检查添补，每年更换
7	发动机	柴油机油底壳	SAE15W40\CH4	日常每次保养检查添补，每年更换
8	液力传动箱	箱内	美孚A.T.F.220或6#或8#液力传动油	日常每次保养检查添补，每年更换

三、电气系统保养

1. 一般电气保养

各电气元器件应安装牢固，接线良好。压接端头应牢固，不得有松动现象。各显示仪表不允许在车上调整，如有问题必须送专检并定期校验。各继电器及空气开关禁止在车上调整，如有问题须按原规格型号更换。

2. 蓄电池的保养

蓄电池在放电后，应在最短的时间内进行充电，以免发生极板硫酸化。应经常检查蓄电池电解液面的高度，一般应高出极板顶面 10～15 mm，发现不正常时应加注密度为 1.40 g/cm^3 的稀硫酸或蒸馏水进行调整，切勿加注河水、井水和浓硫酸。蓄电池注液气塞的气孔应保持畅通，充电时均应拧开，充电完毕应拧上。已充电而搁置未使用的蓄电池，每月最少要补充电一次。蓄电池应经常保持清洁，定期洗刷外露表面、通气盖上的通气孔及电线接头等，清洗时应注意别让清洗液进入蓄电池内，并防止杂物进入电解液。蓄电池若经常充电不足，长期用小电流放电，过量放电或放电后未及时进行充电，均会促使电池极板硫酸化，其特征是在极板项部产生很多白色硫酸铅层，影响电池正常的充放电性能。蓄电池的充放电程度，可以根据电解液的密度或用放电仪测量端电压等方法来确定，具体详见蓄电池说明书。在寒冷地区使用蓄电池时应注意保暖，并应适当增加电解液密度，以防止电解液密度下降而冻结。如发现蓄电池的电解槽盖有裂痕，可根据实际情况用环氧树脂补上或更换新的。应经常检查蓄电池安装情况，保证蓄电池无移动、窜位现象，蓄电池接线柱与电线接头的连接应可靠紧贴不允许出现连接松动，搭铁线与车架连接点同定牢固，对产生的锈蚀应进行清除。

3. 作业平台电气故障处理

作业台电气故障及处理方法见表5-5。

表 5-5 作业平台电气故障及处理表

故障现象			故障原因	处理方法
无上升无下降无左旋无右旋无中位动作	电流表无读数	电源指示灯不亮	保险丝断	查明原因，更换
			总电源开关没接通	接通
			线头松动或掉	紧固
			灯泡坏	更换
		（上升、下降、左旋、右旋）指示灯不亮	主令开关坏	更换
			线头松动或坏	紧固
			灯泡坏	更换
		电源指示灯亮（上升、下降、左、右旋）指示灯亮	线头松动或坏	紧固
			无中位停，限位开关坏或线头松动	更换或紧固
			无中位动，开关坏或断线	更换或接通
			电磁阀线圈坏	更换
	电流表读数很大（指针到头）电流表读数很小		线路短路	检查修复
			开关或元件短跑	更换
			二极管短路	更换
			电磁阀线圈短路	更换
			系统接触不好	检查修复
			参照电流表无读数检查	

第六章 接触网检修辅助作业车

第一节 接触网检修辅助作业车功能和参数

一、车辆功能

DF5 型接触网检修辅助作业车如图 6-1 所示,是地铁线路接触网施工的多用途运输车辆,该车不带自行动力,不仅适用地铁接触网上部设备的安装、调整、检修和保养等作业,可与 DA13 型接触网检修作业车组成作业车组用于地铁接触网作业。

该机配有 20 kW 发电机组,为升降作业平台及随机吊提供动力,并为配合夜间、隧道的施工照明需要。

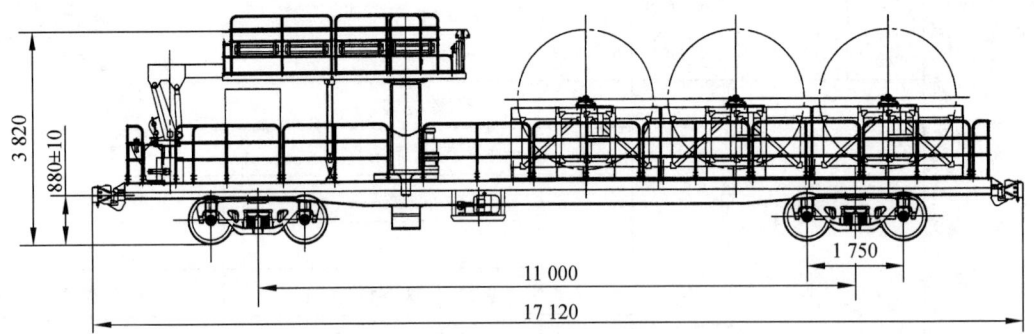

图 6-1 DF5 型接触网辅助维修作业车

二、主要技术参数

外形尺寸:17 120 mm×2 900 mm×3 820 mm;

轨距:1 435 m;

定距:11 000 mm;

发电机组型号:ATY3300REl;

发电机组额定功率:20 kW;

发电机组电压/频率:380 V/50 Hz;

车轮直径:840 mm;

通过最小曲线半径:150 m;

大钩中心距轨面高:880 ± 10 mm;

作业台长×宽:4 500 mm×1 500 mm;

作业台可升起最大高度(距轨面):4 850 mm;

作业台前端距回转中心:3 400 mm;

作业台左右回转角度：120°；
作业台回中心处允许最大载荷：1 000 kg；
作业台前端允许最大载荷：350 kg；
随车起重机最大起升幅度×起质量：8.2 m×150 kg；
随车起重机最大起质量×幅度：1 000 kg×3.5 m；
随车起重机最大仰角：75°；
制动方式：空气制动及手制动；
构造速度：100 km/h；
自重：约18 t。

第二节　辅助作业车结构及维护保养

一、底盘部分

1. 车　架

采用型钢拼焊而成，具有强度大、刚性好、结构合理特点。

保养：要经常检查车架各部的焊缝是否有裂纹。

2. 转向架

转向架为新转8A型转向架。结构更加紧凑，适合铁路、地铁施工。同一转向架左、左旁承间隙之和范围为10~16 mm，且每侧不得小于4 mm，超过时允许在下心盘和旁承处加垫板调整，转向架轴承要定期加油。

3. 制动系统

1）组成及原理简介

DF5型接触网检修辅助作业车空气制动系统由104分配阀、工作风缸、副风缸、缓解阀、制动缸、管路等附件组成。其控制关系为：列车管压力变化→分配阀（104）→制动缸，其制动原理见图6-2。

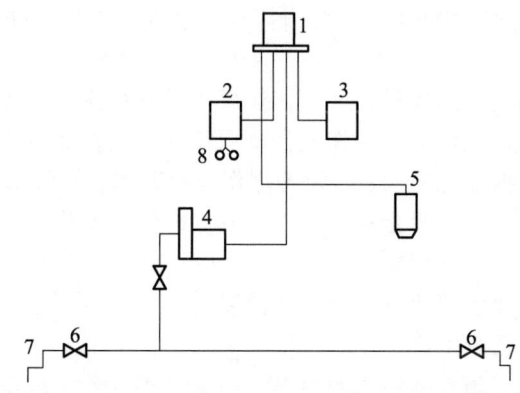

图6-2　DF5型作业车空气制动系统图

1—分配阀；2—工作风缸；3—副风缸；4—集尘器；5—制动缸；
6、7—折角塞门和制动软管；8—缓解阀

2）空气制动系统的保养与维护

① 经常检查各阀的动作是否灵活，不得有泄漏。

② 每班后要放掉油水分离器及风缸的积水和油污。

③ 每个月至少一次检查整个系统动作的可靠性。

④ 要按有关规定把 104 分配阀等阀类每 6 个月送机务部门检验。

3）基础制动及手制动的保养与维护

经常检查闸瓦有无断裂或严重偏磨，缓解时闸瓦与踏面间隙为 5~10 mm，闸瓦磨损超过规定范围要更换，且同转向架四个闸瓦须一起更换。

检查闸瓦托、制动杠杆及销、制动拉杆及开口销状态是否良好，各活动处及摩擦处用钠基润滑，每月一次。

经常检查各制动杠杆有无裂纹，制动缸安装是否牢固及制动鞲鞴是否良好，鞲鞴行程为 100~150 mm。

手制动各部件应保持润滑，防止生锈、发卡现象。

开车前应检查手制动是否已经缓解，长时间停车应使用手制动并加铁鞋。

4. 牵引装置

该车的前后端车钩均采用 13#下作用式车钩，用于牵引铁路标准客货车辆。应经常检查车钩三态，提杆起落是否灵活，作用应可靠。

二、作业机构

1. 升降回转作业台

辅助作业车的升降回转作业台与接触网作业车相同，由升降柱、回转机构、制动器、作业台、升降梯等组成。

升降柱为三节套合同步伸缩式，由液压油缸及链条机构驱动升降，具有结构紧凑、强度高、刚性好的特点。回转机构是由液压马达通过减速机驱动回转支承，使作业台回转。在回转支承外圈装有常闭式制动器，以保证作业台的稳定性。

作业平台长 4.5 m，宽 1.5 m，前端距回转中心 3.4 m，最大起升高度 4.85 m，可以左右回转 120°，四周装有防护栏杆，两侧护栏上装有日光灯，主要提供夜间作业。该作业台主要用于施工人员及施工器械进行接触网作业。升降梯安装在升降柱和作业台上，升降柱的起升、降落带动梯子升降。

升降作业台操作前必须将随机吊臂回位，然后才可进行作业。首先发动电动机组，由电动机和液压泵组成泵站开始工作。打开作业台电源开关，使作业台升降或左右回转。

升降回转作业台的操纵注意事项：必须先把作业台升起，使前端离开支承后，方可旋转。在上升或左、右旋转时，一旦报警指示灯亮，则应立即停止操作。梯子上有人时，不得升降作业台。作业台不得超载，升降同转中心不大于 1 000 kg，前端不大于 350 kg。

作业台回落时，当作业台快要下降到起始位置时，请一定要注意自动定位装置的对中情况，若没有对中，绝不能强行下降。

升降回转作业台的保养须经常检查四根链条松紧是否一致，液压管路是否有渗漏。经常给升降柱滑道间及链轮轴承加涂润滑脂。经常检查各柱滑块的磨损情况。经常检查作业台前端支撑情况，经常注润滑脂。经常检查升降柱上、下两端连接螺栓是否松动。每周给减速机加 30#～40#机械油一次。每半年给回转支撑加注润滑脂（加注时需拆除制动带及螺堵）一次。

2. 导线拨线装置

该装置由吊架、活动支架、固定支架、丝杠、拨线柱、手把等组成，摇动手把通过丝杠传动，可使活动支架及吊架拨出值左、右各 500 mm 该装置安装在作业台后端，用于放线时引导承力索及导线以及在调整导线时给导线拨出值。

导线拨线装置的使用时 升起活动支架并固定好，把导线或承力索放于拨线柱之间，固定挡线杆，然后摇动手把，把导线（或承力索）拨到要求位置，使用完后，落下活动友架且固定好。

导线拨线装置的保养要经常检查各部的润滑，并涂润滑脂，保证其左右移动灵活，工作表面无锈蚀。当拨线柱磨损后，应及时更换。

3. 导线支撑装置

该装置由滚筒、活动支架、I 司定支架等组成，它安装在作业台前栏杆外侧，主要用于放线时支撑导线。导线支撑装置在使用时方可插入。

放线时升起滚筒，并同定好，把导线（或承力索）架在滚筒上，工作完毕落下滚筒。同时应经常检查各部的使用情况，并定期给滚筒两端轴承加注润滑脂，使其机构灵活。

4. 随车起重机

随车起重机为全液压伸缩臂式。它主要用于往作业台上吊送各种工具及器材等。性能结构与接触网检修作业车随车起重机相同。

5. 液压系统

辅助作业车液压系统与接触网检修作业车液压系统相同。

三、润　滑

接触网辅助作业车润滑部位及周期见表 6-1。

表 6-1　接触网辅助作业车润滑表

序号	部件名称	润滑部位	润滑油脂	润滑周期
1	车钩	锁铁面、钩舌内侧	3 号锂基脂	三个月一次
2	传动轴	花键及十字头压油孔	3 号锂基脂	三个月一次
3	闸瓦间隙调整器	螺杆	3 号锂基脂	三个月一次
4	车轴轴箱轴承	轴承内部	3 号锂基脂	分解重新组装时，均需润滑
5	导线引导装置	导线支承装置	润滑脂	三个月一次
6	液压系统	液压轴箱	L-HM46 型耐磨液压油或 L-HS46 型液压油	日常每次保养检查添补，每年更换
7	作业平台	升降柱内、中、外各柱滑块道间及链轮轴承、回转支撑、导线支撑装置滚筒两端轴承	3 号锂基脂	三个月一次
8	随机吊减速机、回转机构减速机		机械油	三个月一次
9	发电机组	柴油机油底壳	CH-40 型壳牌柴油机机油	日常每次保养检查添补，每年更换

第三节　电气系统及维护

一、电源部分

本车电气系统由交-直流电源部分、20 kW 发电机组和泵站部分、作业平台控制及操纵部分、照明及通信部分等构成。

本车的作业平台控制及操纵部分和照明及通信部分采用 24 V 供电，负极接地，单线制供电方式；泵站采用三相 380 V 供电。当发电机组正常运转时，发电机组除给泵站供电以外，同时通过充电器还给蓄电池组充电；通过装在发电机组室内的电流表可以及时了解蓄电池组的工作情况。

发电机组停机时，整车的作业平台控制及操纵部分和照明及通信部分由蓄电池组供电或由连挂车通过车两端的直流连接插座 XS1 和 XS2 供电；泵站由连挂车通过车两端的交流连接插座 CZ1 和 CZ2 提供三相 380 V 交流电，见图 6-3、图 6-4。

蓄电池组由两只 N70 型蓄电池串联后组成，主要供发电机组起动、作业平台控制及操纵部分、照明及通信部分。

充电机为单相 LCS-A，通过将发电机组的 220 V 变成直流 28 V，主要供蓄电池补充电和其他控制回路及照明用电。

二、电气系统的组成

直流电气原理见图 6-3，交流电气原理见图 6-4，直流电气控制箱见图 6-5，交流电气控制箱见图 6-6。

（1）电源指示灯：闭合直流电源总开关 QS，电源指示灯 HL1 亮，即可以操作。

（2）作业平台操纵及控制部分。

作业平台可在作业平台控制箱和发电机组室内操作，操作作业控制开关可以实现平台的上升、下降、左旋、右旋。控制箱上还设有旋向选择开关可事先选定平台只能向左、向右或全方向旋转，以提高在双线区间上施工时的安全性，避免施工时因误操作而侵入邻线。

作业台电源开关：在发电机组室内和作业台分别安装了作业台控制电源开关，需作业台工作时，将此开关闭合，操纵板上电源指示灯亮，表明电源已送入。当作业台不工作时可将此开关关闭。

作业台升降开关：在作业平台上装有升降控制开关，当作业台上电源指示灯亮后，即可操作升降控制开关，当作业台上升到规定高度时 4.85 m 上升限位开关动，同时电铃发生响声，提示司机已到极限位，这时开关只能操作下降，当碰块脱离上升限位开关后，铃声停止。

作业台旋转开关：在作业台上装有旋转控制开关，通过此开关的操作可实现作业台的左旋、右旋，当左、右旋转到 120°时，限位开关动作。运动停止，这时电铃发生响声，指示灯 HL6 和 HL7 亮，提示司机已到极限，这时操作开关只能向相反方向操作，当碰块脱离开关后，铃声停止指示灯 HL6 和 HL7 灭。

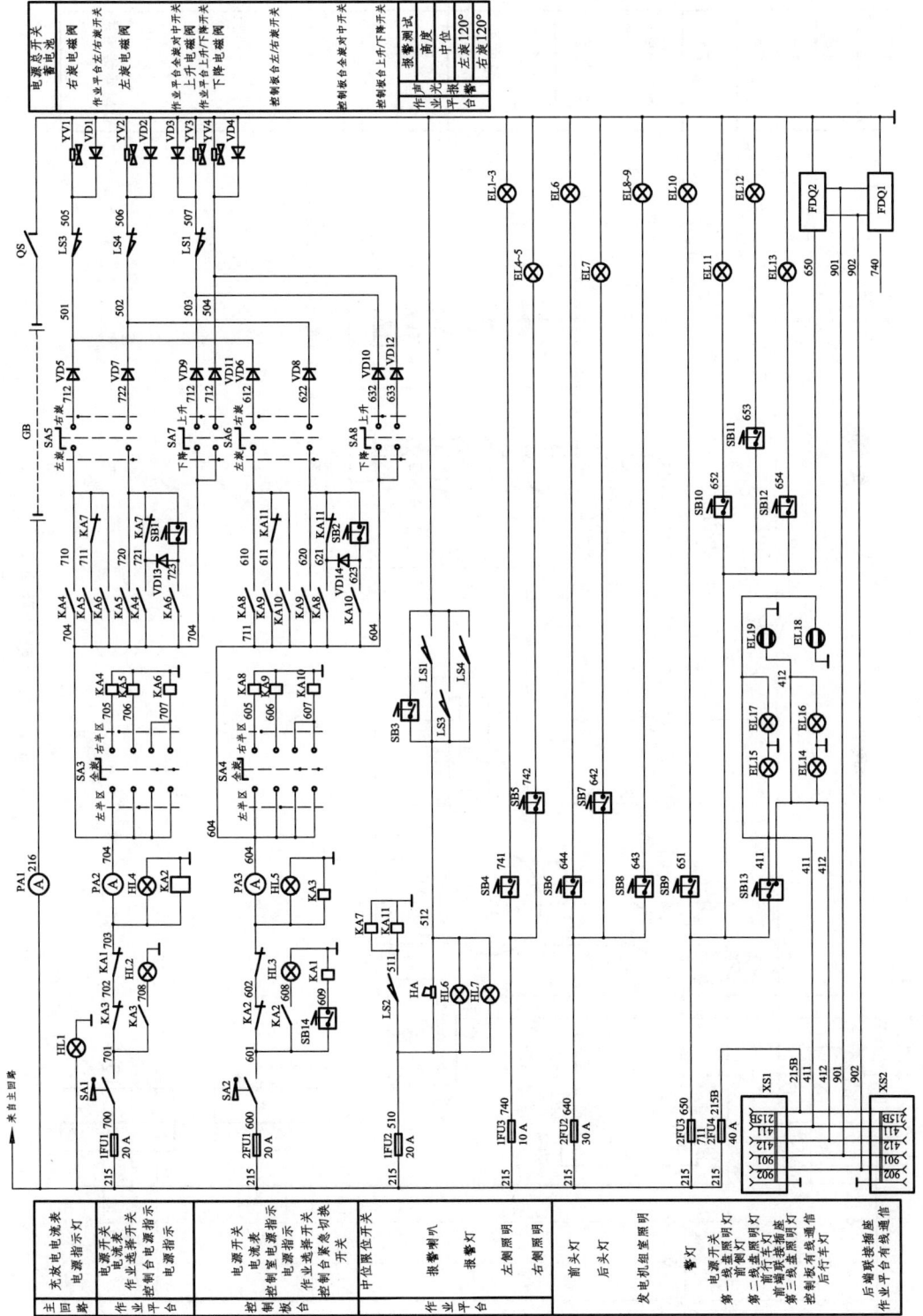

图 6-3 直流电气原理图

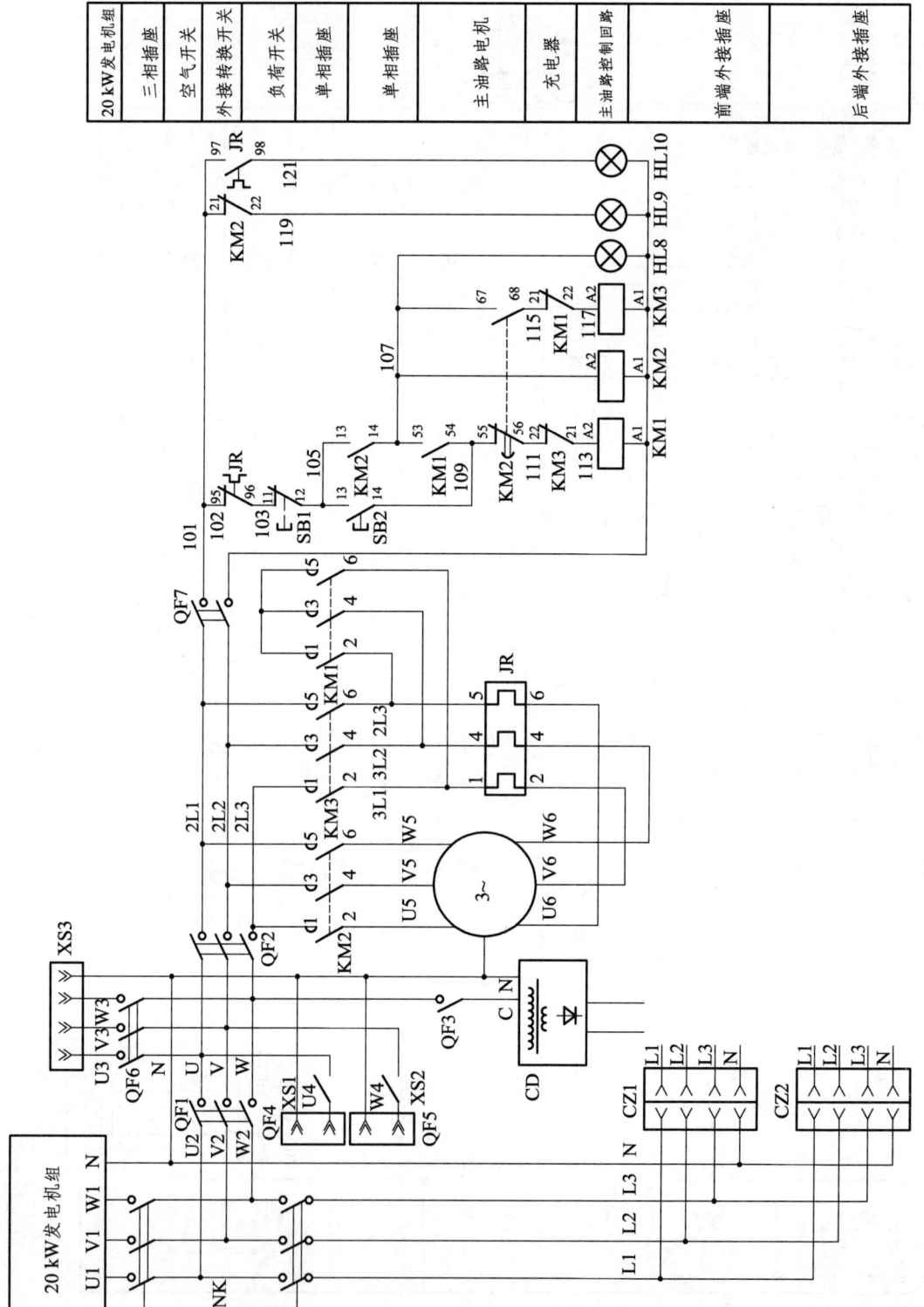

图 6-4 交流电气原理图

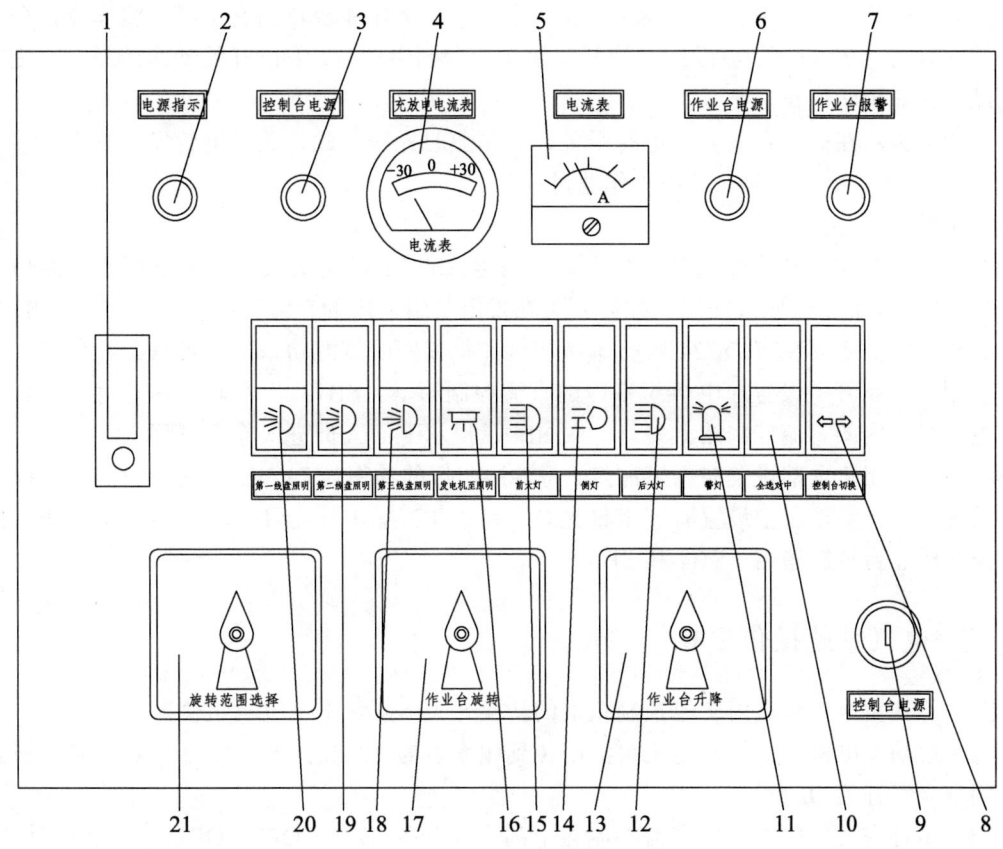

图 6-5 直流电气控制箱

1—直流控制箱门锁；2—电源指示灯；3—控制台电源；4—充放电电流表；5—电流表；6—作业台电源；7—作业台报警；8—控制台切换开关；9—控制台电源开关；10—全旋对中开关；11—警灯开关；12—后大灯开关；13—作业台升降开关；14—侧灯开关；15—前大灯开关；16—发电机室照明开关；17—作业台旋转开关；18—第三线盘照明开关；19—第二线盘照明开关；20—第一线盘照明开关；21—旋转范围选择开关

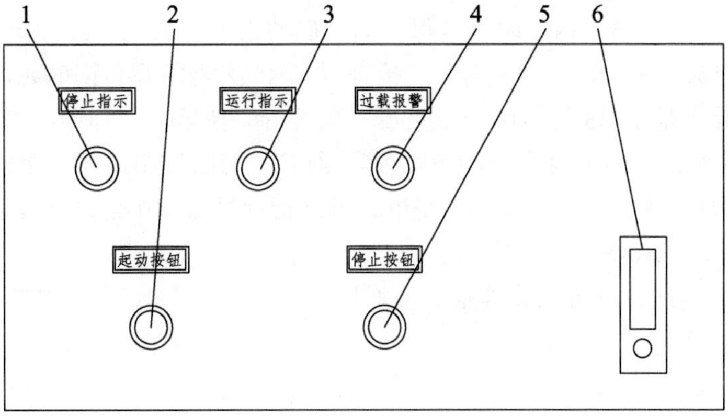

图 6-6 交流电气控制箱

1—停止指示灯；2—起动按钮；3—运行指示灯；4—过载报警指示灯；5—停止按钮；6—交流控制箱门锁

作业台全旋对中开关：在全旋位需要回中位时，将作业台转到右半区，将作业台全旋对中开关 SB1 或 SB2 打开，当操作左旋开关使作业台到中位时，限位开关动作切断向左旋方向的运动，作业台将停止。

电铃开关：在作业台安装有电铃开关，在作业时先按下此开关，电铃发生响声，指示灯 HL6 和 HL7 亮，提示下面人员进入作业过程。

（3）照明部分。

在发电机组室上和作业台升降柱上装有两组 DC 24 V 的头大灯，每盏照明灯的功率为 200 W，作为作业车远照灯使用。控制开关在发电机组室内的直流控制箱上（SB6 和 SB7）；在前后栏杆两侧各安装有 DC24V 行车照明灯，每盏照明灯的功率为 100 W，红色灯作为标志灯使用，控制开关设置在电机组室内的直流控制箱上（SB13）。在晚上作业时，可打开设置在电机组室内的直流控制箱上警灯开关 SB9，提示下面人员进入作业过程。

在发电机组室顶部设置有两盏厢灯，每盏照明灯的功率为 21 W，为司机夜间操作提供了明亮的环境。作业平台上设置有五组日光灯，每组（2 盏）日光灯的功率为 2×20 W，控制开关设在作业台控制箱内（SB4 和 SB5）。

三、电气系统操作步骤

（1）将在发电机组室内交流控制箱上的转换开关 NK 置于发电机组位。

（2）启动发电机组，将发电机组油门拉到频率表为 52 Hz，电压表为 420 V 时，锁紧油门，闭合空气开关 QF1。

（3）闭合在发电机组室内交流控制箱上的空气开关 QF2、QF3、QF7；交流电气控制箱上停止指示灯 HL9 亮；直流电气控制箱上停止指示灯 HL1 亮；充放电电流表 PA1 有充电指示。

（4）泵站操作。

见图 6-4 交流电气原理图，闭合在发电机组室内交流控制箱上的空气开关 QF2 和控制空气开关 QF7，线 101、102 有电，线 119 有电，停止指示灯 HL9 亮；电通过过载继电器辅助触点（95，96）和停止按钮 SB1，使线 105 得电，此时按下启动按钮 SB2，线号 109 有电，接触器 KM1 得电吸合，其辅助触点 KM1（53，54）闭合，线 107 得电，接触器 KM2 得电吸合，其辅助触点 KM2（13，14）闭合自保，同时启动指示灯 HL8 亮，实现星启动；KM2 上延时触点 KM2（55，56）延时 10 s 断开，接触器 KM1 失电断开，同时延时触点 KM2（67，68）延时闭合，接触器 KM3 得电吸合，完成三角运行。在运行过程中，当泵站电机过载时，过载继电器 JR 动作，其辅助触点 JR（95，96）断开，切断控制回路，泵站电机停转，同时其辅助触点 JR（97，98）闭合，线 121 得电，过载指示灯 HL10 亮，待检查完后，按下过载继电器 JR 复位按钮（Reseat），可重新启动。

（5）待启动完后，方可操作作业台和照明。

（6）作业台操作。

① 作业台上操作。

见图 6-3 和图 6-7，闭合电源开关 SA1，线 701 得电，通过继电器 KA3 和 KA1 的常闭触点，使线 703 得电，继电器 KA2 得电，其常闭触点断开，下端控制台不能操作，其常开触点闭合，电源指示灯 HL3 灯亮，同时作业台上控制台电源指示灯 HL4 灯亮；表明电源已送入。

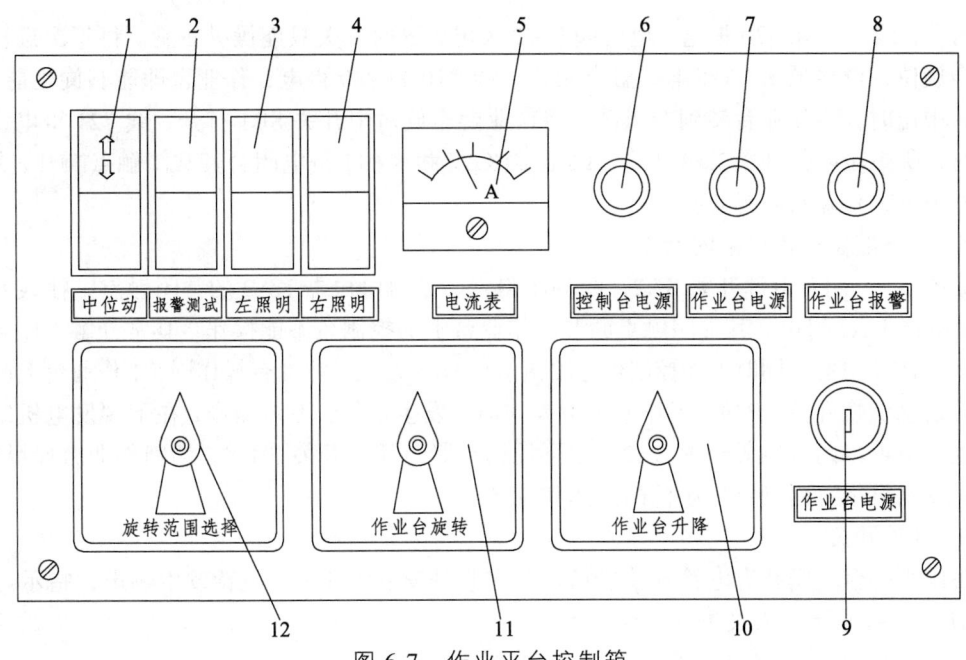

图 6-7 作业平台控制箱

1—全旋对中开关；2—报警测试；3—左照明；4—右照明；5—电流表；6—控制台电源；
7—作业台电源；8—作业台报警；9—作业台电源开关；10—作业台升降开关；
11—作业台旋转开关；12—旋转范围选择开关

作业台上升和下降：将上升和下降开关置于上升位，线 732 得电，通过二极管 VD9 和高度限位开关 LS1 的常闭触点，使线 507 得电，电磁阀 YV3 得电，作业台上升，当作业台上升到规定高度 4.85 m 时，高度限位开关 LS1 动作切断电源，电磁阀 YV3 失电，停止上升，同时电铃发出响声，指示灯 HL6 和 HL7 亮，提示司机已到极限位置，这时开关只能操作下降；将上升和下降开关置于下降位，线 733 得电，通过二极管 VD11，使线 504 得电，电磁阀 YV4 得电，作业台下降。

作业台右旋和左旋：将工况选择开关置于左半区，继电器 KA5 得电，触点闭合，线 720 和 711 得电，中位限位开关 LS2 闭合，继电器 KA7 和 KA11 得电闭合其常闭触点断开，线 710 和 610 失电，作业台只能左旋不能右旋，离开中位后，在左半区作业台即能右旋也能左旋，将旋转开关 SA5 置于左旋位，线 722 得电，通过二极管 VD7 和左旋限位开关 LS4 的常闭触点，使线 506 得电，电磁阀 YV2 得电，作业台左旋，到达左旋限位时，限位开关 LS4 断开，YV2 失电，停止左旋，同时电铃发出响声，指示灯 HL6 和 HL7 亮，提示司机已到极限位置，这时开关只能操纵右旋；右旋到中位限位时，限位开关 LS2 闭合，线 710 和 610 失电，YV1 失电，这时开关只能操纵左旋；将工况选择开关置于右半区，继电器 KA4 得电，触点闭合，线 710 和 721 得电，中位限位开关 LS2 闭合，继电器 KA7 和 KA11 得电闭合其常闭触点断开，线 720 和 620 失电，作业台只能右旋不能左旋，离开中位后，在右半区作业台即能右旋也能左旋，将旋转开关 SA5 置于右旋位，线 712 得电，通过二极管 VD5 和左旋限位开关 LS3 的常闭触点，使线 505 得电电磁阀 YV1 得电，作业台右旋。

到达右旋限位时，LS3 断开，YV1 失电，停止右旋，同时电铃发出响声，指示灯 HL6 和 HL7 亮，提示司机已到极限位置，这时开关只能操纵左旋；左旋到中位限位时，限位开关

LS2 闭合，线 720 和 620 失电，电磁阀 YV2 失电，这时开关只能操纵右旋。将工况选择开关置于全旋位，继电器 KA6 得电，触点闭合，线 710 和 720 得电，作业台即能右旋也能左旋，需要回中位时，将作业台转到右半区，将作业台全旋对中开关 SB1 打开，线 721 得电，等到中位时，所中位限位开关 LS2 闭合，继电器 KA7 和 KA11 得电闭合其常闭触点断开，线 710 和 610 失电，作业台将停止。

② 在下端发电机组室内操作。

见图 6-3，闭合电源开关 SA2，线 601 得电，通过继电器 KA2 的常闭触点，使线 602 得电，继电器 KA3 得电，其常闭触点断开，作业台上的控制台不能操作，其常开触点闭合，电源指示灯 HL2 灯亮，同时下端控制台电源指示灯 HL5 灯亮；作业台操作同（1 作业台上操作）；控制台紧急切换开关 SB14：当作业台上操作时，发生意外，不能操作，在下端发电机组室内的其他人员可以闭合电源开关 SA2，按下控制台紧急切换开关 SB14，切断作业台操纵电源，由下端发电机组室内操纵作业台的升降和旋转。

③ 电铃开关。

在作业平台上安装有电铃开关 SB3，在作业时按下此开关，电铃发生响声，指示灯 HL6 和 HL7 亮，提示下面人员进入作业过程。

四、电气系统的保养

一般电气保养：经常检查确保各电器安装牢固，接线良好，压接端头应牢固，不得有松动现象；经常检查确保电器柜内应清洁，无杂物；各继电器和空气开关禁止在车上调整，如有问题须按原规格型号更换；经常检查确保各焊接接点的焊点应饱满、可靠；由于各电接触点的频繁开闭，可能会产生电弧烧伤，应经常检查，如有轻微烧痕，可用 0 号砂布打磨光。对带灭弧罩的接触器，还应检查灭弧罩的状态有无异常。各电器的更换应在断电时进行。

电气系统蓄电池的保养要求与接触网检修作业车蓄电池保养要求相同。

五、电气故障处理

电气故障处理见表 6-2。

表 6-2 电气故障及处理表

故障现象	故障原因	处理方法
泵站电机不能启动	无三相电源线头松动或掉	检查修复
	线头松动或掉	紧固
	主令开关坏	更换
	连接插座没有连接好	重新连接可靠
蓄电池不能充电	充电机坏	更换
	线头松动或掉	紧固
	主令开关坏	更换
	连接插座没有连接好	重新连接可靠

续表

故障现象			故障原因	处理方法
无上升无下降无左旋无右旋	电流表无读数	电源指示灯不亮	保险丝断	查明原因，更换
			总电源开关没接通	接通
			线头松动或掉	紧固
			灯泡或继电器坏	更换
		电源指示	主令开关坏	更换
			线头松动或坏	紧固
			继电器坏	更换
			线头松动或掉	紧固

第四节　接触网辅助作业车放线装置

一、性能参数

线盘架：3个；

放线最大张力：3 kN。

二、线盘架及线盘轴

如图 6-8 所示，线盘架由型钢拼焊而成，每台车装有三个，每个线盘架上各装有一个线盘轴，可同时进行轮换作业。

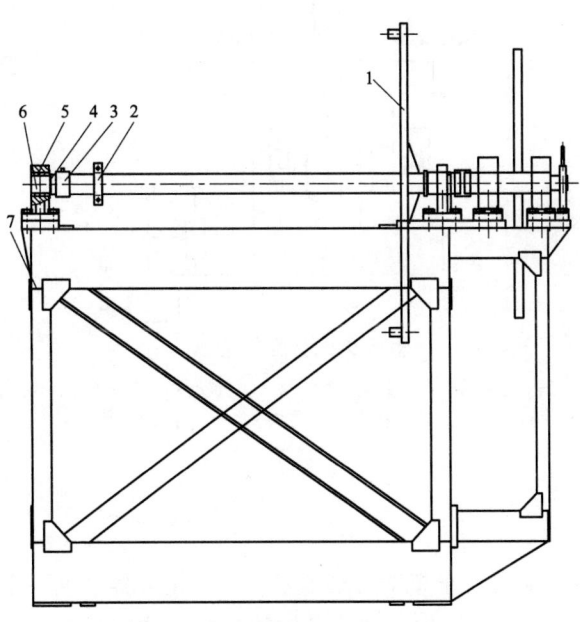

图 6-8　线盘架及线盘轴结构

1—线盘拨叉；2—线盘挡子；3—定位套；4—减磨垫；5—铜套；6—线盘轴；7—线盘架

使用时打开两端支架上盖，取出线盘轴 6，把线盘轴插入线盘内，使线盘拨叉 1 紧靠在线盘上，并能拨动线盘转动。再把线盘挡子 2 固定好，使线盘不得轴向移动，以免与拨叉脱开。把定位套 3，减磨垫 4 等套在线盘轴上，随同线盘一起吊装在线盘架上，并扣好支架上盖，拧紧固定螺栓。然后把线盘轴推向右端（离合器端），这时再固定定位套 3，使减磨垫 4 与铜套之间有 0.5 mm 间隙即可。

要经常检查线盘轴（特别是离合器）有无损伤。经常给铜套内、减磨垫两侧，离合器及花键上加润滑脂。

三、线盘制动器

如图 6-9 所示，每个线盘轴分别用离合器连接一个制动盘，线盘制动器由油缸推动摩擦片压在制动盘上，给线盘轴产生一个制动力矩，从而达到张力放线。

使用时先把操纵手柄 3 两侧的固定螺栓 10 拧出，然后向右侧（外侧）搬动操纵手柄，由手柄带动花键轴 2，使离合器脱开，以便装卸线盘轴。当线盘轴固定好后，把操纵手柄搬起，使离合器全齿啮合。然后把固定螺栓 10 拧入，使操纵手柄固定，以防离合器脱开。

经常给花键轴及支撑轴承加润滑脂。经常检查花键轴、离合器、制动盘、安装螺栓、摩擦片、固定螺栓有无擦伤、松动等现象。

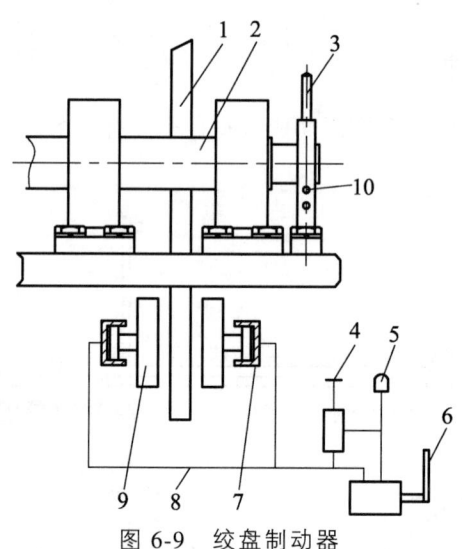

图 6-9　绞盘制动器

1—制动盘；2—花键轴；3—操纵手柄；4—回油开关；5—油杯；6—手摇泵；
7—制动油缸；8—液压油管；9—摩擦片；10—固定螺丝

四、液压系统

如图 6-10 所示，液压油泵设于车架后端线盘架上，由人摇动油泵手把，使液压油进入线盘制动器的油缸内以产生推力，达到制动线盘轴的目的。液压系统使用的液压油与架线车液压系统相同。

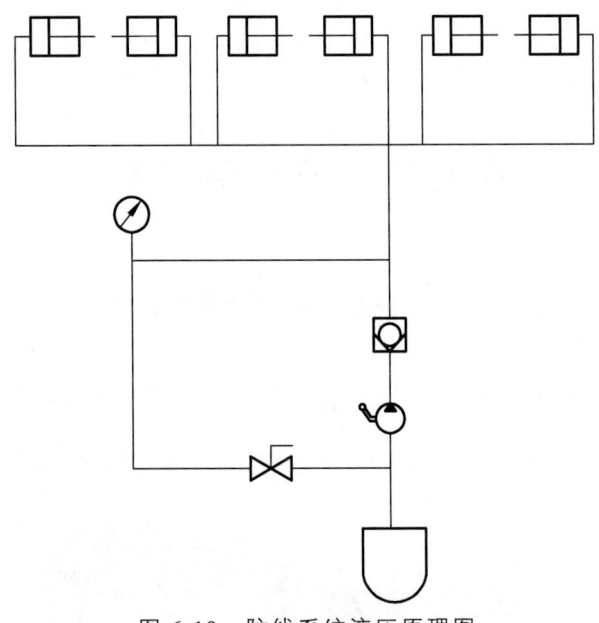

图 6-10　防线系统液压原理图

五、放线时制动张力的操作及注意事项

做好放线准备后，使架线车挂一挡按放线方向行驶。关闭液压油回油开关，摇动手摇泵给线盘实施一定制动力，在导线放出一短距离后，根据导线的松弛程度，缓慢加大油压，若导线过紧，则应打开回油开关，释放油压减小制动压力。

操作时应戴好通信耳机，始终保持与司机及作业台操作者的联系。

实施制动时，要观察压力表所显示的压力，做到小线盘（线少）时低压力，大线盘（线满）时，中压力。线盘上线的多少（线盘直径），制动油压及放线的张力三者的关系见表 6-3，一般情况制动油压不得超过 5 MPa。

要根据所放线的松弛程度，实施制动，不得使线过紧，以防拉断或拉伤导线。

表 6-3　放线张力与线盘直径及制动油压的关系表

线盘直径＼油压	1.0	1.5	2.0	2.5	3.2	3.5	4.0	4.5
1.0	1.50	2.25	3.00					
1.2	1.25	1.88	2.50	3.13				
1.4	1.07	1.61	2.14	2.68	3.22			
1.6	0.94	1.41	1.88	2.34	2.81	3.28		
1.8	0.84	1.25	1.67	2.08	2.50	2.92	3.34	
2.0	0.75	1.13	1.50	1.88	2.25	2.63	3.00	
2.2	0..68	1.02	1.36	1.70	2.04	2.38	2.72	3.06
2.4	0.63	0.94	1.25	1.56	1.88	2.19	2.50	2.81

第七章 隧道清洗车

第一节 隧道清洗车功能参数

地铁隧道清洗车如图 7-1 所示,用于清洗地铁隧道,减轻隧道清洗的繁重体力劳动,提高清洗效率。

图 7-1 地铁隧道清洗车

主要技术参数:
轨距:1 435 mm;
车辆定距:10 500 mm;
转向架固定轴距:1 800 mm;
轮径:ϕ840 mm;
通过最小曲线半径:100 m;
最高运行速度:100 km/h;
自重:约 34 t;
载重:28 t;
满载轴重:≤16 t;
制动方式:空气制动及停车手制动;
制动管标准压力:500 kPa;
车钩中心线距轨面高度:(880±10)mm;
铁地板上表面距轨面高度:约 1 128 mm;
底架尺寸(长×宽):14 200 mm×2 760 mm;
外形尺寸(长×宽×高):15 180 mm×2 760 mm×3 780 mm。

第二节　隧道清洗车结构组成

一、整车结构

主要由主车架、转向架、制动系统、钩缓装置、车体、电气系统、柴油发电机组、水罐、高压水泵单元、轨道清洗装置、隧道清洗装置和水管路等组成。地铁隧道清洗车的主车架采用中梁承载结构，具有足够的强度和刚度；走行部采用两轴焊接式转向架结构，采用心盘集中承载，车轴轴承箱采用导框定位方式，整车具有良好的运行稳定性、平稳性和动强度；制动系统采用120型控制分配阀，制动性能可靠，控制灵活、灵敏度高，维护工作量小。

二、主要部件的结构

1. 主车架

主车架由中梁、端梁、枕梁和侧梁组成。中梁为型钢及钢板组焊的箱形梁；端梁为钢板组焊成的变截面结构；枕梁为钢板拼焊成的变截面箱形梁结构；侧梁为型钢。

主车架采用中梁承载结构，两枕梁间的中梁和侧梁预留足够上挠度，可装运均载荷和集中载荷。

2. 转向架

转向架为构架一体式焊接转向架，侧梁、横梁为双腹板结构，采用具有二级刚度和轴箱弹簧悬挂装置、常接触弹性旁承；安装带自润滑材料的球面心盘、变摩擦式利诺尔减振器。

3. 构　架

转向架构架采用一体式焊接构架，转向架构架见图7-2。

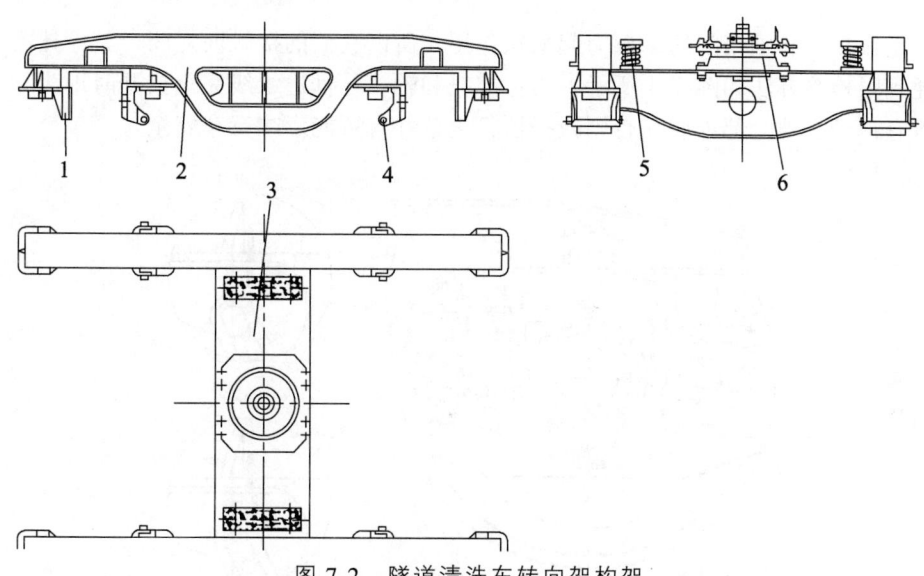

图 7-2　隧道清洗车转向架构架

1—轴箱导框；2—侧梁；3—横梁；4—吊耳；5—旁承；6—球面心

利诺尔减振器的结构原理如图 7-3 所示，主要由导框 1、吊耳 4、弹簧帽、拉环、顶子和弹簧、磨耗板等零部件组成。车体的垂向载荷通过转向架心盘经构架传至导框，再通过导框上的吊耳 4、拉环、弹簧帽传至轴箱弹簧上，最后传至轴箱、轴承和轮对上；另一面，由于拉环的安装具有一个倾斜角，拉环同时给弹簧帽一个纵向水平分力 F_4，F_4 使弹簧帽在纵向压紧顶子使顶子紧贴在轴箱上的磨耗板，同时还使左侧导框与轴箱左侧的磨耗板紧贴。车辆振动时，顶子与磨耗板之间以及轴箱左侧的导框与磨耗板之间便产生衰减振动的摩擦阻力 F_5。由于 F_4（即顶子与磨耗板之间的正压力）与外圆弹簧所受的垂向载荷 F_1 成正比，故摩擦力与转向架所受载荷成正比，它属于变摩擦减振器，又由于具有二级刚度的轴箱弹簧装置的特殊结构，利诺尔减振器方便地实现了空重车两种不同的相对摩擦系数。利诺尔减振器对垂直和横向振动都有衰减作用，它的性能稳定，摩擦力受外界气候条件及磨耗状态的影响较小，磨耗面平易于修复。由于轴箱与构架间纵向无间隙，增加了轮对的纵向定位刚度，提高了运行稳定性。

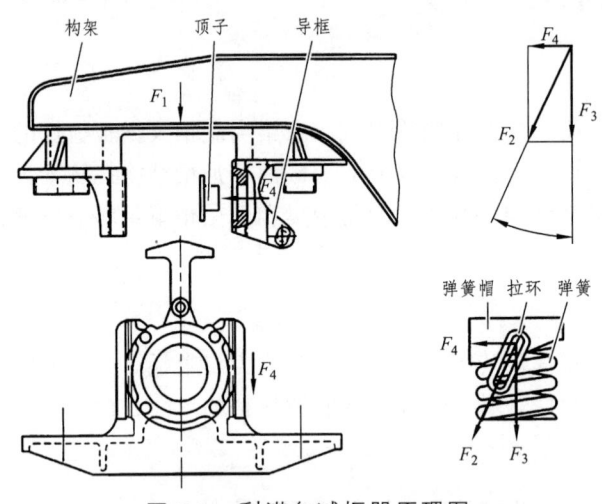

图 7-3 利诺尔减振器原理图

由于是靠顶子和轴箱间的摩擦力起减振作用，所以它们的接触面之间严禁涂抹润滑油。顶子磨耗到限检验方法如图 7-4 所示，当标准线和轴箱导框边缘线完全错开时即为顶子磨耗到限，所有顶子必须全部更换，否则减振器将失效并有可能影响行车安全。

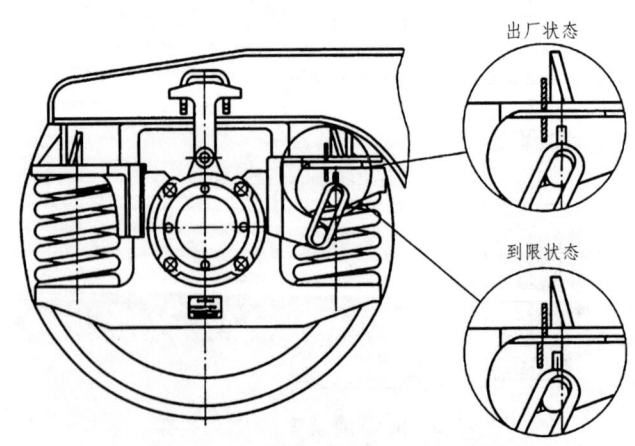

图 7-4 顶子磨耗到限检验方法

弹性旁承主要由弹簧、上盖板、下盖板、磨耗板及旁承导柱组成，可保证车体在空重车状态下，均具有较好的动力学性能。弹性旁承不仅可承担部分垂向载荷，还可以给转向架提供一定的转动阻力矩以限制其摇头蛇行运动，同时可限制车体的滚摆运动，有利于车辆的抗倾覆安全性。常接触弹性旁承安装有耐磨材料，产品出厂使用过程中严禁涂抹润滑油。旁承结构及耐磨材料到限状态如图7-5所示，到限时须全部更换。

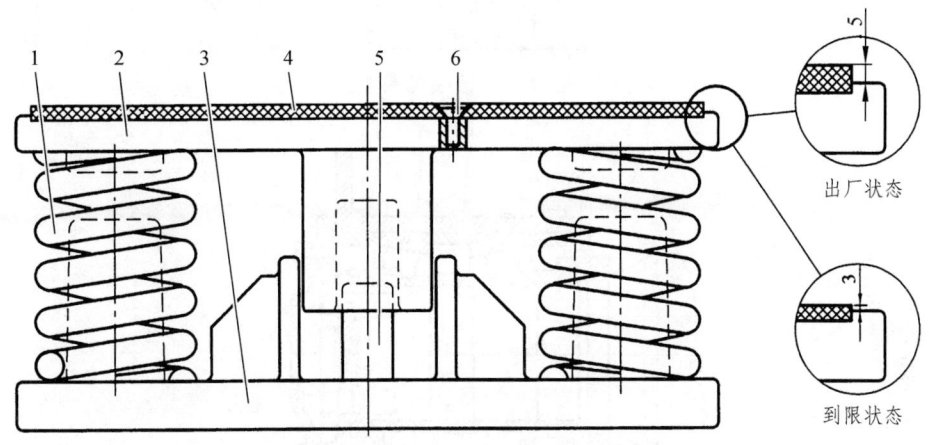

图 7-5　旁承结构及磨耗到限检验方法

1—弹簧；2—上盖板；3—下盖板；4—磨耗板；5—旁承导柱；6—沉头螺栓

4. 轮　对

车轮与车轴采用冷压结合的，如图7-6所示。其压装方法、要求参照 TB/T 1718《车辆轮对组装技术条件》的有关规定。

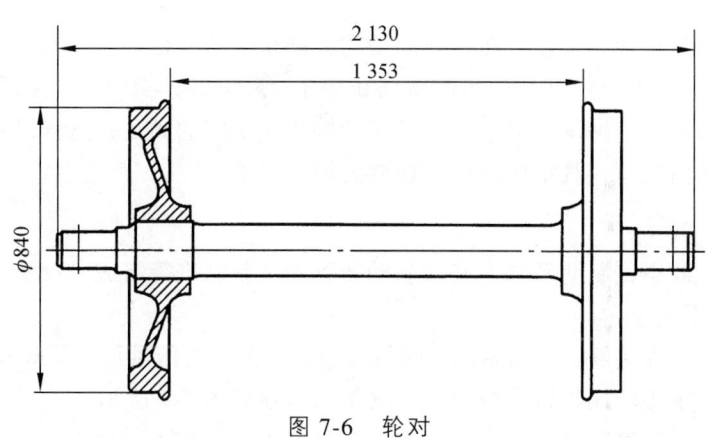

图 7-6　轮对

在运用期间，应检查轮对状态，要求轮缘无裂纹，其轴端结构如图7-7所示。应按当地铁路部门有关机车车辆轮对探伤的规定定期进行探伤，防止切轴事故。

5. 轴箱装置

转向架采用导框式轴箱结构，它主要由圆锥滚子和轴箱体等部件组成。轴箱装置结构如图7-8所示。

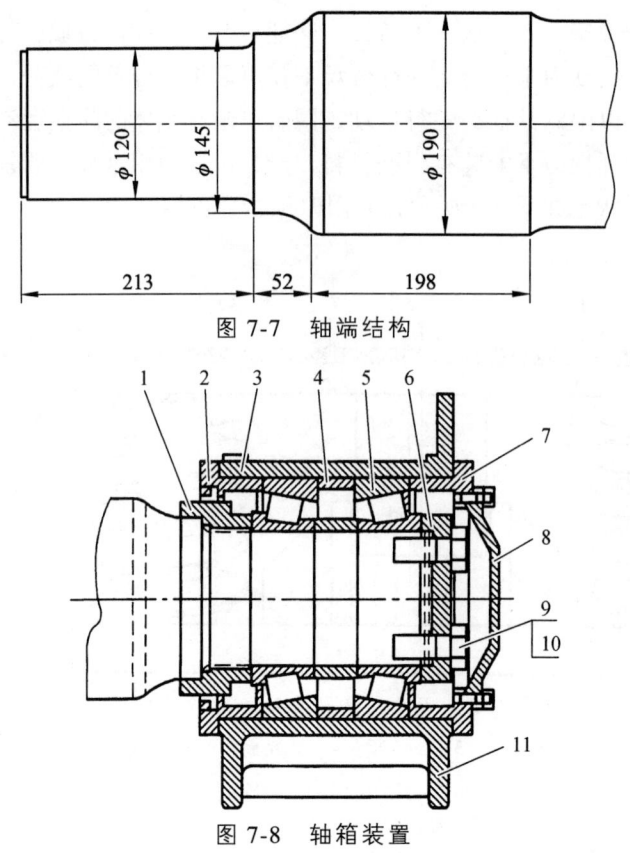

图 7-7 轴端结构

图 7-8 轴箱装置

1—防尘座；2—油封；3—通盖；4—隔套；5—轴承；6—压板；7—轴箱前盖；
8—闷盖；9—螺栓；10—防松片；11—轴箱体

轴箱装置是将轮对和侧架连接在一起的结构，把车辆的质量传给轮对，并润滑轴颈，减少摩擦，防止热轴，降低运行阻力，可有效防止尘土、雨水等异物侵入，保证车辆安全运行。

滚动轴承为圆锥滚子轴承，滚子与轴承转动轴线成一定的倾角，这样结构既能承受径向载荷，又能承受轴向载荷，其结构简单，检修方便。

6. 制动系统

制动系统由 120 空气制动系统、基础制动装置和手制动机等组成。

1）空气制动系统

空气制动由软管连接器、折角塞门、副风缸、集尘器、工作风缸、缓解阀、制动缸、120型空气分配阀、空重车转换装置等组成，空气制动原理如图 7-9 所示。

120 型分配阀是空气制动机的主要部件，它为二压力机构（制动管和工作风缸）间接作用式，与制动管、制动缸、副风缸相通。它依靠制动管压力的变化来控制工作风缸和容积室的压力，再由工作风缸的压力来控制副风缸的充气，由容积室压力的变化来控制制动缸的充气、保压和排气。制动管增压时，制动管的风进入工作风缸，再经充气阀、止回阀进入副风缸，同时容积室压力空气经滑阀通路排大气，于是制动缸的压力空气排大气，使制动机缓解；制动管减压时，工作风缸的风进入容积室，打开均衡阀，使副风缸的压力空气进入制动缸，产生制动作用。

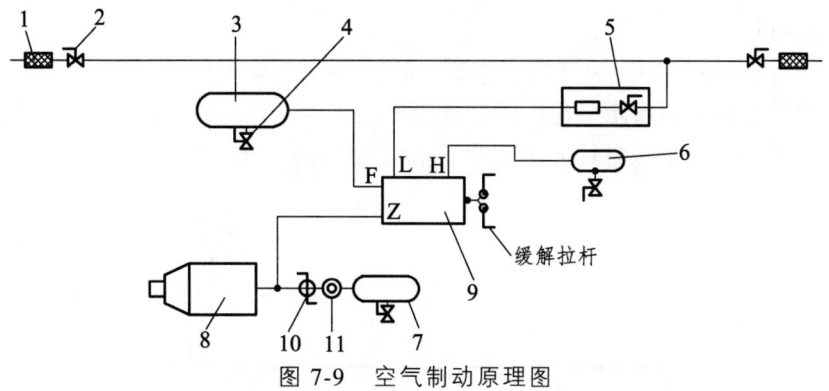

图 7-9 空气制动原理图

1—制动软管连接器；2—折角塞门；3—副风缸；4—截断塞门；5—集尘器；
6—缓解风缸；7—降压风缸；8—GK 型制动缸；9—120 型分配阀；
10—空重车转换塞门；11—空重车安全阀

2）基础制动装置

基础制动装置是将制动缸鞲鞴的推力经杠杆系统增大后传给闸瓦压紧轮毂，通过轮轨的黏着产生制动作用。基础制动装置由制动缸所驱动的杠杆系统和闸瓦组成，如图 7-10 所示。闸瓦为高磷闸瓦，基础制动采用单侧制动，每一个轮对有两块闸瓦，安装在左右车轮内侧。

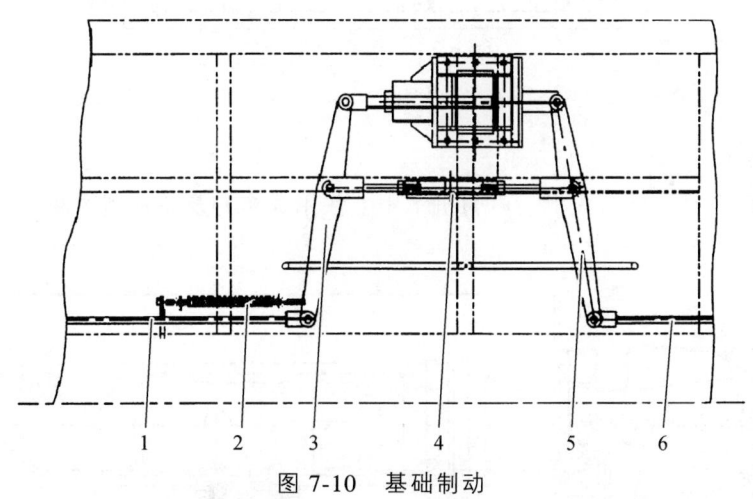

图 7-10 基础制动

1—二位上拉杆；2—制动缸后拉杆；3—闸瓦间隙调整装置；
4—制动缸前拉杠；5—缓解弹簧；6—一位上拉杆

由于闸瓦经常磨损需要定期检查，故应调整闸瓦间隙。调整时松动闸瓦间隙调整机构锁紧螺母，转动调整套，使闸瓦接近车轮踏面，保持轮瓦间隙在合适范围内（在制动状态，闸瓦中部与车轮踏面应贴合；在缓解状态时，闸瓦应能在稍加外力下离开车轮）。通过紧固闸瓦平衡螺母压缩平衡弹簧，可调整闸瓦上下间隙，使轮瓦接触均匀；调整闸瓦间隙时，制动缸鞲鞴行程运用范围为：120～170 mm。闸瓦厚度小于 15 mm 时应更换。

在运用过程中，应注意检查：

瓦间隙调整机构螺杆转动是否灵活；闸瓦厚度小于 15 mm 或有裂纹时，应更换；转动调整螺母，调整闸瓦托的仰角，应使闸瓦上下间隙均匀，防止闸瓦产生上下偏磨。

3）手制动机

手制动装置由 NSW 型手制动机、链条、链轮、拉杆等组成，如图 7-11 所示。在施行制动时，按照手轮上的方向指示，沿顺时针方向转动手轮，可使链条产生并保持制动拉力，按照手轮上的方向指示，沿逆时针方向转动手轮约 40°，手制动机就可缓解。

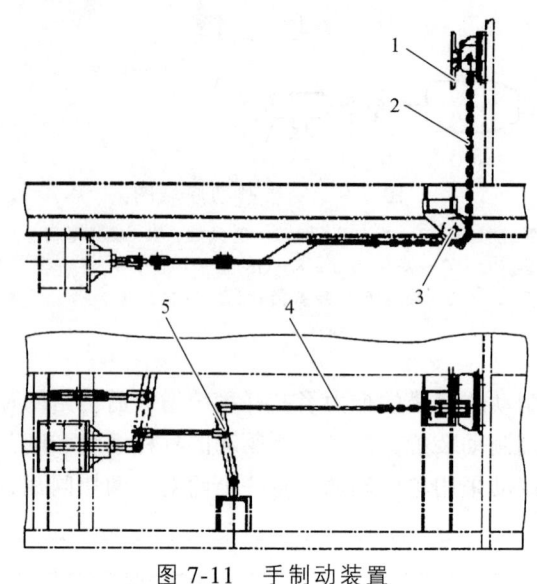

图 7-11　手制动装置

1—手制动机；2—链条；3—链轮；4—制动拉杆；5—制动杠杆

7. 钩缓装置

车辆的前后车端安装有内燃、电力机车用上作用式车钩及 ST 型缓冲器；车钩安装如图 7-12 所示。

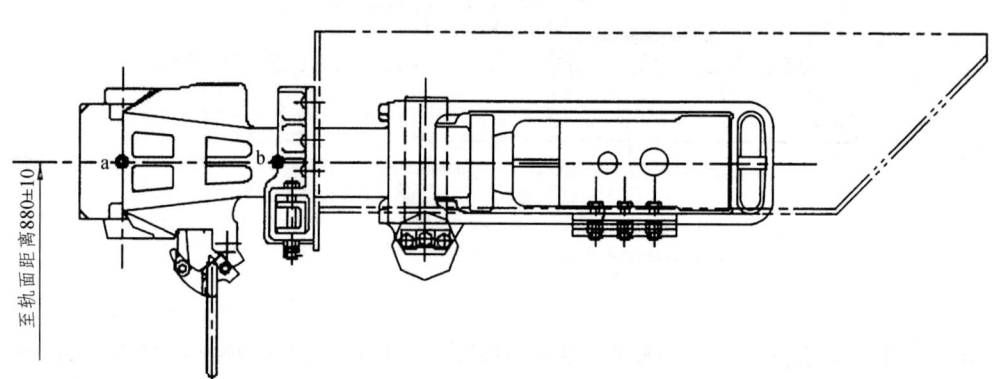

图 7-12　车钩安装示意图

在使用时，应经常检查车钩及各连接螺栓是否紧固，车钩闭锁、开锁、全开的三态作用是否灵活、可靠，以及检查车钩的磨损情况和车钩高度。

8. 车体及其他

Qx-4 型地铁隧道清洗车的车体由司机室和机器间两部分组成。司机室内设有手制动机等。机器间内安装有两套高压水泵单元和电器柜。

9. 电气系统

整车电气系统由交流和直流两部分组成。其中交流部分主要包括柴油发电机组、高压水泵电机、清洁剂泵电机、加压泵电机、加水泵电机、车下喷头处交流照明灯、水罐顶交流照明灯、充电电源、交流插座等。直流部分主要包括主车蓄电池、控制室内顶灯、空调、发电间照明灯、灯下踏梯照明灯、行车照明灯等。整个控制由控制室电器柜来完成。

10. 柴油发电机组

柴油发电机组为本车的动力。启动前，应严格按随机配备的柴油发电机组使用说明书要求检查油、水及电池电压。确认均正常后将发电机组侧面的蓄电池总开关闭合，再将钥匙开关扳至"自动"位，机组即可以自动启动，启动完毕后观察仪表盘上显示是否正确，再闭合电源输出总空气开关，即可向外供电。停机时应先切断负载，关断总空气开关，再将钥匙开关扳至"0"位。

第八章　公铁两用车

第一节　公铁两用车功能和参数

一、公铁两用车功能

公铁两用车是指可在公路行走和轨道运行的专用牵引车，主要用于轨道牵引、调车作业，也可用于轨道货物转运和不落轮镟床的配套设备。

公铁两用车也可用于段内其他调车和对位作业。公铁两用车一般采用蓄电池为电源，既可走行于车辆段内轨距 1 435 mm 的各种轨道上，也可在平整路面上行驶。公铁两用车具备人工驾驶、无线遥控两种控制方式。公铁两用车配备固定式自动车钩，具有与地铁等列车自动车钩挂钩的功能，同时列车驾驶台具备自动解钩功能。

二、公铁两用车技术参数

公铁两用驱动装置：液压驱动或机械驱动摩擦力驱动。

大空间驾驶舱及工作室：根照顾客需要。

车辆参数长：约 8.5 m，宽：约 2.5 m，高：约 3.1 m；

轴距：约 4.2 m；

空载重量：约 17 000 kg；

有效负载：约 1 000 kg；

最大总重量：18 000 kg。

第二节　公铁两用车结构原理与维护

一、公铁两用车组成

公铁两用车如图主要由驱动系统、控制系统、车架及行走系统、导向空气系统、液压系统、制动系统、车钩牵引装置、遥控系统及车体等组成（图 8-1）。

图 8-1 公铁两用车

二、系统设置及主要技术特点

（1）采用公铁两用走行方式，铁路公路作业转换方便，转线作业可不经道岔，调头时无需转盘或三角线。

（2）采用电传动方式，以蓄电池为动力，节能环保，工作噪声不大于 75 dB，维护量低，传动效率高，采用先进可靠的交流电机，闭环控制系统、无级变速驱动，确保运行安全可靠。

（3）采用单桥驱动，在调车牵引时，依靠液压电控钢轮导向，对导向正压力实行定值控制，使导向轮始终以不低于给定值的正压力贴靠钢轨。利用橡胶轮胎作为驱动轮，使黏着系数比钢轮牵引车提高 2 倍左右，使牵引力大大提高，具有良好的牵引性能。

（4）公铁两用车后端配置高度可调整的半自动端部车钩（即密接式车钩）和半永久牵引杆，以适应不同车型车辆的牵引。半永久牵引杆如有可能也可作为道路牵引挂式连接杆，在道路牵引时可挂拖车。

（5）采用全液压转向方式，全轮转向，操纵轻便、灵活、可靠。

（6）采用电机制动和液压制动复合制动方式，保证了在各种作业状况下，制动安全、可靠，同时定位精度可达 ±20 mm。

（7）回馈制动功能将电机制动的能量给电池充电，提高了电能利用率，延长电池一次充电的工作时间。

（8）蓄电池使用寿命不少于 1 500 个充电周期。

（9）具有电池管理系统，实现过充电和过放电保护、过流保护、温度控制、故障诊断等功能。可显示电量（显示器 SME），并具有电量低于 30%报警功能。

三、各组成部分技术说明

1）电池及充电系统

主要包括动力环保型铅酸蓄电池组、充电机、电池管理系统。

（1）蓄电池组。

型号：10TTM725；

电压：48 V；

循环充次：1 500 次；

2 V 单体尺寸：198 mm×191 mm×725 mm；

单体质量（湿重）：82.3 kg；

单体数：24 个。

（2）充电机。

充电机给蓄电池组充电，充电机内部具有开关控制输出是否连接到直流母线，即在需要充电时接通直流母线，同时切断变频器和直流母线的连接；在充电完成后，切断充电机和蓄电池组的连接，接通蓄电池组和变频器的连接。

电源：AC 380 V；

额定充电电流：300 A；

充电时间：不超过 8 h；

充电方式：高频脉冲式；

外形尺寸：580 mm×80 mm×320 mm。

（3）电池管理系统。

电池管理系统可实现过充电和过放电保护、过流保护、温度控制、故障诊断等功能。可显示电量（显示器 SME），具有低电量保护，电量低于 30%报警并锁死系统。

2）车底盘及走行系统

车底盘是安装各总成、部件的基础，它由型钢、钢板组焊成形，具有足够的强度及刚度。

走行系统不仅承受车体上部的质量也传递牵引力，还要缓冲来自地面的冲击，公铁两用车的行走系统采用弹性悬挂，使整车具有良好的运行品质。

轮胎选用橡胶实心轮胎，具有高弹性、散热强、耐磨性好，使用寿命长、变形率低的特点，从而具有更好的稳定性能。

TGQD2 型公铁两用车通过控制导轮架可实现铁路公路两种作业走行方式，其采用同一走行装置，四轮走行，驶离/驶入轨道的操作可以在轨道和公路交接处的来实现。在公路运行模式下，通过控制液压油缸将导轮升起，两用车实现其公路走行方式；在铁路运行模式下，通过控制液压油缸将导轮落下，起到导向作用，防止车辆脱轨，橡胶轮胎仍为驱动轮，与钢轨接触。

3）牵引驱动与传动系统

公铁两用车驱动系统采用交流牵引电机驱动减速器和驱动桥，单桥驱动方式，其牵引力可达 23 kN，满足牵引一列或一辆电动客车的牵引调车作业；电机由变频器调速，变频器由环保型铅酸蓄电池组供电，母线电压 48 V。

公铁两用车采用的牵引电机是鼠笼转子交流电机，寿命长，不需要维护；电机具有 0 速输出最大转矩的能力，从而获得最大启动转矩。

两用车转向轮的最大转角可达 37.5°，从而达到两用车走行灵活，转向自如，最小转弯半径为 3.5 m。

两用车减速机与驱动桥间设有一根传动轴。

4）制动系统

公铁两用车采用电磁制动、动力制动及驻车制动 3 种制动方式，每种制动方式均可独立操纵。

电机具有电磁制动功能，达到刹车平稳无磨损，回馈制动功能将电机制动产生的能量回馈给蓄电池充电，提高了电能利用率，延长电池一次充电的工作时间。

动力制动利用齿轮泵传递的压力油，一路进入制动阀后进入四个车轮制动器的制动分泵产生制动；另一路进入储能器储蓄能量，以供备用（由制动踏板的行程来控制）。

驻车制动主要用于坡道或长时间停车，公铁两用车电机带有制动器，当松开加速踏板时，可将电机输出轴抱死，实现停车。

5）液压系统

公铁两用车液压系统由导向系统及转向系统组成。通过恒速运行交流电机为车上液压油泵提供运转的动力。

6）导向系统

该系统主要由油泵、油缸、管路、各阀及油箱等组成，油泵的高压油通过前后导轮换向阀进入导向油缸的无杆腔或有杆腔，使油缸活塞伸出或缩回，从而实现导轮的下降和提升，通过泄荷阀和蓄能器系统保证系统压力恒定，并保证系统低压泄荷，减少系统发热、降低功率损失。

7）转向系统

公铁两用车采用全液压转向系统，其特点是操纵灵活轻便，工作可靠，故障少，结构简单紧凑，安装布置方便，维修保养简单，并在铁路上作业时实现转向轮的锁紧定位。

转向系统由转向器、油泵、油缸、油箱、转向桥、转向轮、各类阀及管路等部件组成。

8）电气系统

电气系统由辅助电源、DC/DC 变换器及用电设备等组成，负责车辆各种电气设备的上电时序、电气保护、互锁、信号变换等工作。

车辆管理系统是整车的控制核心部件，主要功能如下：

（1）负责接收遥控器传来的命令信息、电气系统总成传来的控制台信息、传感器/状态开关信息、加速/制动踏板信息，以及电池管理系统传来的电池状态信息。

（2）通过对这些信息和命令的分析、计算和逻辑判断，生成控制信息，进而通过电池驱动控制器控制电机、通过电气系统总成控制加/减速、指示灯/报警器、显示单元/仪表盘，通过电池管理系统和充电机控制电池充电。

（3）把必要的信息通过工况记录仪进行记录，数据保留至少一个月，并可以生成打印报表。

电机驱动控制器接收主令信号，主令信号来自车辆管理系统的加速、制动指令、启动、紧急制动指令，通过 CAN 总线通信向变频器发送转矩、转速指令，控制牵引电机。

公铁两用车配备的变频器用于控制牵引电机，对电机的控制方式有辖矩控制和转速控制 2 种，可以根据指令切换；变频器具有丰富的保护功能，包括过流保护、过压保护和过热保护等，保证驱动系统安全可靠运行。

信息显示器通过 CAN 总线通信接收电机驱动控制器的状态信息，显示电池电量、车速、电量报警等信息。

第九章 平板车

第一节 平板车结构

一、车辆概述

1. 基本结构

（1）平板吊车和平板拖车车辆主体结构相同，均由底架、转向架、制动装置、车钩缓冲装置等组成，PC30 型轨道平车如图 9-1 所示。平板吊车上设有柱式起重机和发电机组等设备。

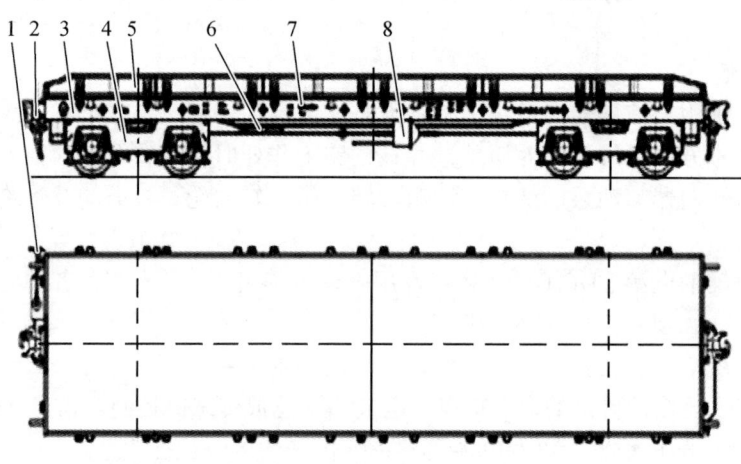

图 9-1　PC30 型轨道平车

1—手制动装置；2—车钩及缓冲装置；3—底架；4—转向架；5—箱板；
6—风控管路；7—标记；8—空气制动装置

（2）底架为全钢焊接结构，由中梁、侧梁、枕梁、横梁和铁地板等组焊而成。中侧梁为 512H 型钢，材料为 SM400B，中梁上、下各加 10 mm 厚盖板。底架设有两根枕梁、两根端梁和两根大横梁。PC30 型平车底架结构如图 9-2 所示。

（3）底架铺设 8 mm 厚扁豆形花纹铁地板，并设有 12 扇活动侧门和两扇活动端门。端梁上设有绳栓；侧梁上设有柱插和绳栓。

（4）转向架采用转 K3 型焊接转向架。整体构架由两根工形断面的侧梁、一根箱形断面的横梁、导框座、斜楔座等组焊而成。采用弹性常接触式旁承。心盘为球面式，上下心盘中装有合成材料耐磨衬垫。PC30 型平车转向架如图 9-3 至图 9-6 所示。

- 206 -

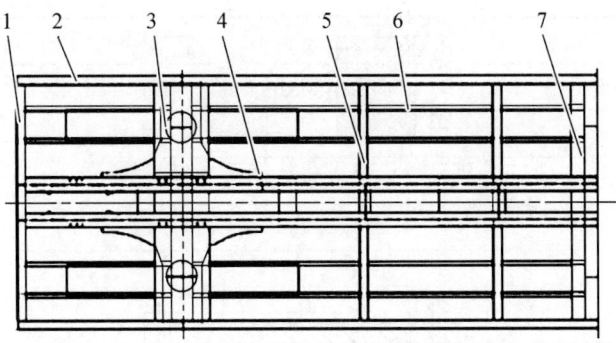

图 9-2 PC30 型轨道平车底架结构图

1—端梁；2—边梁；3—枕梁；4—主梁；5—小横梁；6—纵向辅助梁；7—大横梁

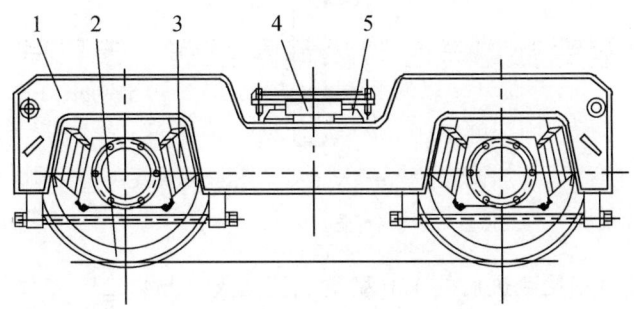

图 9-3 PC30 型平车转向架

1—构架；2—轮对；3—橡胶弹簧；4—下旁承；5—心盘

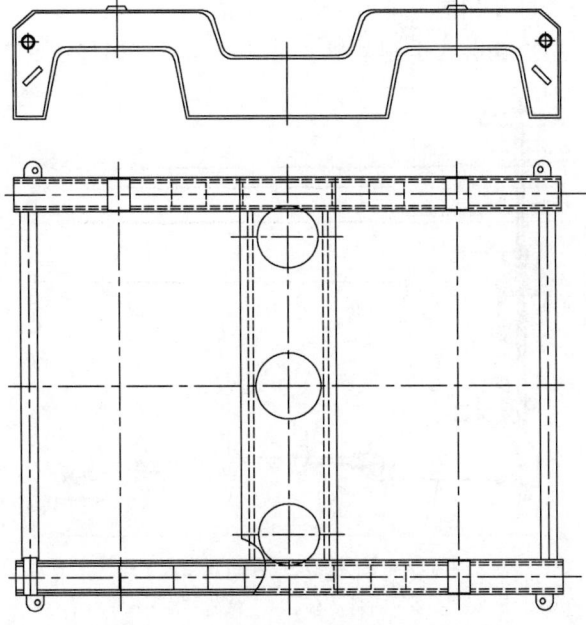

图 9-4 PC30 型平车转向架构架图

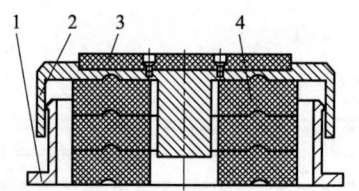

图 9-5　PC30 型平车下旁承结构图

1—旁承座；2—旁承上盖；3—减磨片；4Z—橡胶旁承

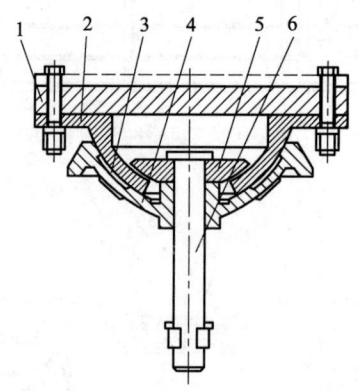

图 9-6　PC30 平车心盘结构图

1—调整板；2—上心盘；3—减磨垫；4—下心盘；5—定位套；6—中心销

（5）空气制动装置采用改进后的 120 型空气控制阀、254×254 整体旋压密封式制动缸、组合式集尘器、法兰接头、ST2～250 型闸瓦间隙调整器、手动空重车调整装置、球芯折角塞门和制动编织软管总成等。

（6）车钩缓冲装置采用 13 号下作用车钩、ST 型缓冲器，钩尾框托板、钩托梁采用中国铁路总公司批准的防松螺母及相应性能等级的螺栓紧固。

（7）手制动装置采用折叠链式手制动机。链式制动机结构如图 9-7 所示。

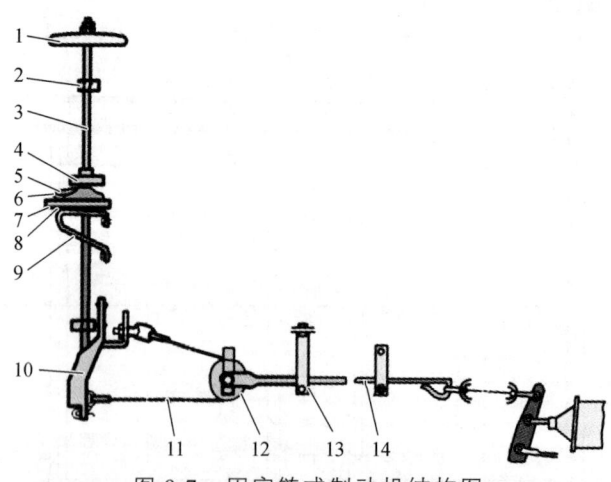

图 9-7　固定链式制动机结构图

1—手制动轮；2—手制动轴导架；3—手制动轴；4—棘轮；5—棘子锤；6—棘子；7—棘子托；8—踏板；9—手制动踏托板；10—手制动轴托；11—手制动轴链；12—链条滑轮；13—手制动拉杆托；14—手制动拉杆

（8）在 2 辆平板吊车的地板上安装 2 t 柱式电动旋臂起重机和发电机。起重机单吊最大起重 2 t。其安装位置可保证在不同的工作条件下安全及方便地操作。

2. 主要技术参数与基本尺寸

车辆长度：13 938 mm；

车辆最大宽度：2 946 mm；

车辆定距：9 000 mm；

转向架固定轴距：1 800 mm；

车钩中心线距轨面高（空车）：880 mm；

车轮直径（新/完全磨损）：840 mm/756 mm；

地板面距轨面高（空车）：1 120 mm；

底架长度：13 000 mm；

底架宽度：2 750 mm；

底架面积：37.5 m^2；

车辆最大高度（包括起重机高度）：不大于 3 500 mm；

自重：不大于 34 t；

载重：30 t；

轴载荷：16 t；

最高运行速度：70 km/h；

转向架构造速度：120 km/h；

允许通过的最小曲线半径：100 m；

制动倍率：9.28；

紧急制动距离：不大于 800 m。

二、车辆操作部件和使用要求

平车的操作件包括：组合式集尘器截断塞门、风制动缓解阀拉杆、手制动手轮、制动主管折角塞门、空重车调节手把。

车辆使用要求：车辆在通过曲线线路和道岔时，按有关规定限速。装载货物时，货物重心应位于车辆地板纵、横中心线的交叉点上，必须位移时，横向位移不得超过 100 mm，超过时应采取配重措施；纵向位移时，每个转向架承受的货物质量不得超过货车容许载重量的二分之一，且两转向架承受质量之差不得大于 10 t。集重要求：在 0～1 m 内，装载不应大于 25 t；在 0～2 m 内，装载不应大于 30 t。

第二节　平板车维修

一、底架与车体维修

1. 中梁裂纹有下列情况时补强

① 下翼板横裂纹，上翼板横裂纹长度大于单侧翼板宽度的 50%（铆结构铆钉孔裂穿）时，补角形补强板。

② 腹板横裂纹，裂纹端部距上、下翼板的距离不大于 50 mm 或裂纹长度大于腹板高度的 20%时，补角形补强板。

③ 上翼板横裂纹长度不大于单侧翼板宽度的 50%，腹板横裂纹端部距上、下翼板的距离大于 50 mm 或裂纹长度不大于腹板高的 20%时，补平行补强板。

④ 侧梁、端梁、枕梁、横梁横裂纹长度不大于翼板宽的 50%时焊修；横裂纹长度大于翼板宽的 50%但未延及腹板时，补平形补强板；延及腹板时补角形补强板。

各梁纵向裂纹时焊修。

各梁上、下盖板裂纹时焊修、截换或补强；中梁下该板横裂纹时截环或更换；对接焊缝开裂时按裂纹处理。

中梁、侧梁腐蚀深度大于 30%时堆焊、挖补或补强，大于 50%时挖补、截换、或更换。

同一中梁、侧梁上大于梁高 50%的各补强板，长度之和大于梁全长的 25%时须截换或更换中梁、侧梁。

端梁、枕梁、横梁腐蚀深度大于 30%时挖补、截换或更换；同一梁上挖补、截换的面积之和大于该梁面积的 50%时更换。

腐蚀的测量部位：翼板以全长的 50%处为准，腹板以腐蚀最深处为准，均测量腐蚀的减少量。边缘腐蚀或个别腐蚀凹坑超限时，不作为腐蚀深度的测量依据，但必须焊修。

现车截换时须斜接。中梁、侧梁接口应采取腹板斜接，翼板直接。接口夹角（以纵向中心线为准）：中梁、侧梁腹板不大于 45°，须两面焊；中梁盖板不大于 60°。中梁下盖板截换时，车下焊接时可直接，但须两面焊；车上焊接时，须斜接，可单面焊。中梁、侧梁及中梁下盖板接口均不超过 2 个，但槽钢侧梁不超过 4 个（新造时的接口不计在内）。

两中梁相邻接口须错开 300 mm 以上，但接口在牵引梁根部或枕梁处时，须错开 50 mm 以上。

中梁接口须距车体横向中心线 1 000 mm 以上，距枕梁中心线 600 mm 以上（不包括牵引梁），距中梁下盖板接口或端面 100 mm 以上，距横梁腹板或孔边缘 50 mm 以上。

现车截换中梁下盖板时须斜接，接口须距车体横向中心线 400 mm 以上，并须将原下盖板接口处两侧焊缝向内切开 100 mm 以上，另一端须为自由端，先焊接口，再焊两侧。新组装中梁下盖板时，焊接者两端面不得有横焊缝。

现车原有的补强板或接口位置，虽不符合上述规定，但经鉴定状态良好能确保安全时，可不处理。

2. 钢地板维修

裂纹或焊缝开裂时焊修，未搭接在金属梁上者须两面焊，每平方米凹凸量超限时调修。

腐蚀超限及缺损时挖补或截换；截换时须对接，但接口须距梁或盖板边缘外侧 50 mm 以上。铺装时可用调整板，且不得出现十字接口。

挖补、截换时，未搭接在梁或盖板上的接口须两面焊；搭接在梁或盖板上的接口，上面须满焊，下面在横梁上盖板、侧梁内翼缘结合处两侧各 200 mm 范围内均须满焊；其他部位施以 100 mm/200 mm 的段焊；地板更换时，设计为满焊者须满焊。

新用钢板须符合原设计要求，与金属梁或盖板焊接处的缝隙不大于 3 mm，平面度为 12 mm/m^2。

新换或截换中部钢地板的面积大于全车总面积的 30% 时，焊装后中梁、侧梁挠度须在水平线以上 0～12 mm 内。

3. 底架附属件维修

（1）牵引梁内侧磨耗板裂纹或磨耗深度：厚度为 10 mm 者大于 3 mm 时，厚度为 3 mm 者大于 1 mm 时更换。

（2）从板座修理：

前、后从板座工作面磨耗深度大于 2 mm 时焊修，其他部位磨耗板深度大于 6 mm 时焊修后恢复原型，内距为 625 mm（-3 mm，0），超限时可不分解，焊装厚度不大于 4 mm 的钢板调整；分解者，须堆焊后加工。修理后同一断面上的两从板座工作位置度为 1 mm。

裂纹时焊修，但横裂纹长度大于该处截面高的 30% 时，须分解焊修或更换，弯曲时调修。

冲击座裂纹或磨耗超限时焊修，变形大于 10 mm 时调修。

上旁承开裂时焊修；新上旁承磨耗板下面须抛光，组装螺栓与螺母须点焊固。

手制动轴托的轴孔磨耗超限时修理。

脚蹬裂纹时焊修后补强或截换、更换，弯曲时调修。

4. 车门维修

门板腐蚀超限或裂损时截换或更换，板厚须符合原设计要求；修换面积之和大于该门板面积的 50% 时更换。弯曲、变形每米大于 5 mm 时调修。

二、制动装置维修

更换制动管须为磷化管，拧紧后须外露 1 扣以上的完整螺纹。组装后各螺栓不得松动。

主管端接管长度为 250～400 mm。组装后折角塞门中心线与钩舌内侧面连接线距离为 308～373 mm。

制动主管两端突出端梁的位置要符合：主管中心与钩身中心线水平距离为 330～390 mm；折角塞门的软管接口中心与车钩水平中心线的垂直距离为 30～70 mm。

主管、支管穿过各梁处不得与底架各梁接触。

120 阀分解检修后经微机试验台实验合格后方可使用。

120 阀中间体裂纹时更换，螺纹滑扣时攻制螺纹或更换。中间体外壁、内腔和气路要清除锈垢和杂质，内壁和各堵泄漏时更换；外壁泄漏、裂纹、缺损时焊修或更换；检修后进行 600 kPa 空气压力试验，合格后才能使用。滤尘器要清洗，变形、破损时更换；主阀垫、紧急阀垫要更换新 I‰螺栓、螺母破损时更换。

各阀和集尘器组装后要正位，各塞门芯开通线要清晰，制动阀主伐要安装排气管，管口向下。

安全阀分解检修要进行试验，190 kPa 时排风，在 160 kPa 前停止排风，合格后铅封。

闸调器分解检修后进行性能实验，在螺杆及拉杆外露部分涂适量 89D 制动缸脂，并在外体上涂扣检修标记。

各风缸焊修后须进行 900 kPa 的水压试验，保压 3 min 不得泄漏。用螺栓安装要有弹簧垫圈。

制动缸检修要符合以下要求：

① 清除外部锈垢，分解螺栓组件，另部件要擦拭干净，皮碗要更换新品。

② 缸体及前后盖裂纹或沙眼泄漏以及缸体内径磨损大于 2 mm 时更换，缸体内径偏磨、拉伤时修理或更换；不得堵塞泄漏沟。

③ 活塞杆弯曲时调修，折损腐蚀严重时更换，活塞和压板裂纹时更换，铆钉松动、折损失效时修理或更换。

④ 弹簧座裂纹时更换；前盖垫、润滑套、前盖滤尘套组成和滤尘器的毛毡要更换新品。

⑤ 制动缸内壁、活塞及皮碗等要涂抹 89D 制动缸脂 0.12 kg；润滑套及滤尘套毛毡要浸润相同的油脂。

⑥ 缓解弹簧折断或自由高小于 555.4 mm 时更换。

三、转向架维修

1. 车轮维修及处理技术要求

车轮踏面及轮缘必须按磨耗型（LM 型）踏面的外形加工测量，车轮踏面及轮缘必须按不同的修程要求采用数控或仿形的方式加工（仅仅碾宽超限时，允许只旋除碾宽部分）。

检修轮对的车轮踏面磨耗深度及轮缘厚度必须符合厂、段修及以上限度，车轮踏面及轮缘旋修时其轮缘厚度可恢复到厂、段修及以上限度，但轮缘高度必须恢复到（27±1）mm。

检修轮对的车轮踏面及轮缘旋修时，轮缘外侧及踏面部位允许局部留有黑皮，但连接部位应平滑过渡；同一轮对的两车轮直径差允许不大于 3 mm；同一车轮相互垂直的直径差不得大于 0.5 mm。

车轮踏面及轮缘有裂纹、缺损、剥离、擦伤、局部凹下等缺陷超过规定限度时，必须将缺陷全部清除。

车轮踏面及轮缘加修后，其加工部位的表面粗糙度必须达到 R_a25 μm。

2. 车轴加修及处理技术要求

车轴轴身的打痕、碰伤、磨伤及电焊打火深度在 2.5 mm 以下时，经打磨光滑，消除棱角后允许继续使用。

车轴轴身的打痕、碰伤、磨伤及电焊打火深度在 2.5 mm 及以上或轴身弯曲时，须将缺陷旋除，旋除后的轴身（包括轴中央）尺寸允许比原型公称尺寸减少 4 mm。

车轴轴身经旋修后，其表面粗糙度必须达到 $R_a6.3$ μm。

轴颈（包括卸荷槽）及防尘板座必须采用数控或仿形的方式加工，加工后各部直径尺寸、长度尺寸及过渡圆弧半径必须符合图纸及限度要求。

如果轴颈或防尘板座锈蚀，可用 00 号砂布蘸油打磨，打磨后允许有轻微痕迹。

轴颈上在距防尘板座端面 50 mm 以外部位存在的纵向划痕深度不超过 1.5 mm 或擦伤、凹痕总面积在 60 mm² 以内，其深度不超过 1.0 mm 时，均允许清除毛刺后使用。

轴颈上在距防尘板座端面 80 mm 以外部位如存在宽、深不超过 0.5 mm 的横向划痕时，可用 00 号砂布蘸油打磨光滑，经探伤确认不是裂纹时允许使用；轴颈上在距防尘板座端面 80 mm 以内部位不允许存在横向划痕，但由于密封座和中隔圈所引起的凹陷环带，其深度不超过 0.05 mm 时，可用 00 号砂布蘸油打磨光滑后使用。

防尘板座上存在的纵向划痕深度不超过 1.5 mm 或擦伤、凹痕总面积在 40 mm² 以内，其深度不超过 1.0 mm 时，均允许清除毛刺后使用。

轴颈端部不允许存在墩粗的情况，否则应修复；轴颈端部引导斜坡处有碰伤时，允许消除局部高于原表面的堆积金属，并用 00 号砂布蘸油打磨光滑后使用。

防尘板座端面锈蚀或碰伤时，允许消除局部高于原表面的金属，并用 00 号砂布蘸油打磨光滑后使用。

车轴中心孔必须逐个检查，中心孔有损伤时，允许消除局部高于原基准面的多余金属，但修复后缺陷面积不得大于原中心孔圆锥面积的八分之一。

车轴中心孔允许堵焊，经重新堵焊加工的车轴中心孔，其各部尺寸必须符合图纸规定。

轴端螺栓孔及轴端螺纹必须进行检查，螺纹有损伤或滑扣时，累计不得超过 3 扣（不得连续），毛刺必须清除；螺纹磨损时，必须用止规测试，在距端面 5 扣内必须止住，并且止规不得有明显晃动。

轴端螺纹不能使用时，该车轴不再使用。

3. 焊接构架

焊接构架须进行抛（喷）丸除锈，除锈后表面清洁度须达到 GB 8923 的 Sa2 级，局部不低于 Sa1 级。

构架翘曲大于 5 mm，四导框中心对角线长度差大于 2 mm 时调修或更换。

焊缝须全面进行外观检查与探伤，探伤部位为：侧梁与横梁的角焊缝，侧梁上下、盖板与腹板的角焊缝，横梁的上下盖板与腹板的角焊缝，横梁的上盖板（1）与上盖板（2）、下盖板（1）与下盖板（2）的对接焊缝，导框座、斜楔座与横梁下盖板的焊缝。

裂纹或焊缝开裂时检修须复合下列要求：

母材裂纹：横梁下盖板不大于 120 mm、其他部位不大于 150 mm、侧梁下盖板不大于 80 mm、其他部位不大于 120 mm 时，焊修后补平行补强板；大于时更换。

焊缝开裂：焊缝裂纹长度不大于 100 mm 时，清除裂纹后焊接，对接焊缝裂纹或其他部位裂纹长度大于 100 mm 时更换。

导框座、斜楔座磨耗大于 2 mm 时堆焊后加工或更换；裂纹长度不大于 20 mm 或深度不大于 2 mm 时，清除裂纹后焊修，大于时更换；与构架连接焊缝开裂时清除裂纹后焊修；焊修后须热处理，并进行湿法磁粉探伤。

制动梁吊座、安全托吊座磨耗大于 2 mm 或裂纹时更换，与构架连接焊缝开裂时焊修。

下心盘组装时，底面距轨面自由高小于 658 mm 时，须在球面下心盘和构架间安装钢质心盘垫板调整心盘面高度，垫板总厚度不大于 40 mm 钢垫板超过 1 层时，须在钢板层间四周点焊固。组装后不得有间隙。

弹性下旁承组装时，下心盘平面至下旁承顶面的距离为（131±2）mm，下旁承体下缘与下旁承盒内底面（安装垫板后为垫板上平面）的间隙为（26.5±1）mm。旁承座与旁承盒的纵向间隙之和为（1±0.6）mm。不符时可在磨耗板背面与旁承体之间安装 1 块钢质环状垫片，垫片须平整、光滑，规格为 $\phi60$ mm × $\phi32$ mm ×（1~3）mm。

同一转向架的轴箱外圈弹簧自由高度之差不大于 3 mm，同一轴箱的外圈弹簧自由高度之差不大于 2 mm，同一组外簧、中簧自由高度之差为 31~35 mm。同一转向架的旁承弹簧自由高度之差不大于 2 m，同一旁承的两弹簧自由高度之差不大于 1.5 mm。

四、油漆与标记

金属表面清洁度须执行（GB 8923—2011）《钢表面锈蚀度等级和涂装前清洁度等级》的规定。各部分须符合下列标准：

① 车体及底架须达到 Sa2 级，局部不低于 Sa1 级。
② 对不易（喷）抛丸除锈部位或局部达不到标准者，须进行手工除锈，钢结构表面不低于 St2 级。
③ 经抛（喷）丸处理后固着良好的油漆可不处理，不作为清洁度的要求。
④ 按图样规定和相关标准进行涂打。

五、车辆落成要求

① 落成时须清除下心盘内的异物、上心盘须落入下心盘内。
② 车钩中心线高度允许通过调整钩托梁凸台方向（托梁开口冲车外方向）、增减下心盘垫板厚度、调整车钩托梁与冲击座组装处（60×60 m，厚度不大于 10 m）的垫板厚度规格等方法进行调整。
③ 须在平直线路上检查同一车辆两车钩中心线高度差，不得超过 10 mm。车钩上翘与下垂不得超过 5 mm。
④ 车钩须进行三态作用试验。
⑤ K3 转向架全车落成后，在车体两心盘处各加载 5 t 或在车体中央部位加载 10 t 后，上下旁承间不得有间隙、下旁承体下缘与下旁承盒底面的间隙为 2~6 mm，不符时可增减调整垫板。
⑥ 车辆在平直线路上检查同一端梁上平面与轨面的垂直距离，段修时左右相差不得超过 20 m，厂修时不超过 8 mm。
⑦ 段修、厂修时，车钩与冲击座间隙不小于 10 mm，一般检修时为 8 mm。

六、车辆润滑

车辆润滑按下表 9-1 执行。

表 9-1　车辆润滑表

序号	部件名称	润滑部位	润滑部位
1	车钩	3#钙基润滑脂	润滑部位：锁铁面、钩舌内侧。分解后或一年、五年检修时均需润滑
2	制动梁	3#钙基润滑脂	润滑部位：锁孔。在分解后或一年、五年检修时均需润滑
3	手制动装置	3#钙基润滑脂	润滑部位：锁孔。在分解后或一年、五年检修时均需润滑
4	闸瓦间隙调整器	3#钙基润滑脂	润滑部位：螺杆。在分解后或一年、五年检修时均需润滑
5	制动杠杆	3#钙基润滑脂	润滑部位：锁孔。在分解后或一年、五年检修时均需润滑
6	制动缸	3#钙基润滑脂	润滑部位：鞲鞴杆。一个月、一年、五年检修时均需润滑
7	滚动轴承	滚动轴承Ⅱ型润滑脂	润滑部位：轴承内部。每次分解重新组装时，均需润滑
8	起重机		按《起重机操作手册》执行
9	发电机		按《发电机操作手册》执行

七、故障处理

1. 车辆运行时发生剧烈的振动和摇摆

车辆运行时，如发生剧烈的振动或摇摆，应对下列部位进行检查，并按相应的技术条款进行修理。

（1）轴箱弹簧是否折断。

（2）转向架斜楔减振器（斜楔磨耗板、斜楔座加工面、轴箱磨耗板）磨耗过限或作用不良。

（3）转向架下心盘内存有异物。

（4）转向架左、右旁承与车体上旁承间隙不符合规定（在平直道上检查）。

（5）装载时偏载严重。

2. 车辆运行时发生有规律的跳动

车辆运行中如发生有规则的跳动，应检查车轮是否擦伤。

3. 制动缸不符合要求

制动时活塞行程不符合 155 ± 10（空车位）的规定。

（1）行程过长时作下列检查：

① 基础制动和空气制动装置中的杠杆、拉杆、闸调器、制动缸推杆的连接是否有异常或脱落。

② 如果闸调器的螺杆已缩至最短时，应考虑是否由于车轮踏面磨耗和闸瓦磨耗的共同影响。

（2）行程过短时作下列检查：

① 控制杠杆被卡住。

② 闸调器作用不良。

（3）基本无行程，检查制动缸漏泄。

4. 手制动转动不良

（1）检查手制动拉链是否卡住。

（2）手制动拉杆或手制动杠杆是否卡住。

第十章　工程车制动系统

第一节　JZ-7型空气制动系统原理

一、各阀控制关系

JZ-7型空气制动机系统如图2-29所示，图中各阀控制关系如下：

（1）全列车制动缓解时，自动制动阀控制分为两路：

① 自动制动阀→均衡风缸→中继阀→列车管压力变化→车辆制动机。

② 自动制动阀→均衡风缸→中继阀→列车管压力变化→机车分配阀→作用阀→机车制动缸。

（2）机车单独制动、缓解时：

单独制动阀→作用阀→机车制动缸。

（3）列车制动后单独缓解机车时：

单独制动阀→工作风缸→分配阀主阀→作用阀→机车制动缸。

二、自动制动阀

1. 自动制动阀总体

自动制动阀，又叫大闸、自阀，可以通过手柄控制整列车的缓解、制动和保压。

JZ-7型自阀采用控制均衡风缸压力控制整列车的列车管减压。

如图10-1所示，自阀手柄共有七个作用位置，其中最小减压位与最大减压位之间的范围称为制动区。

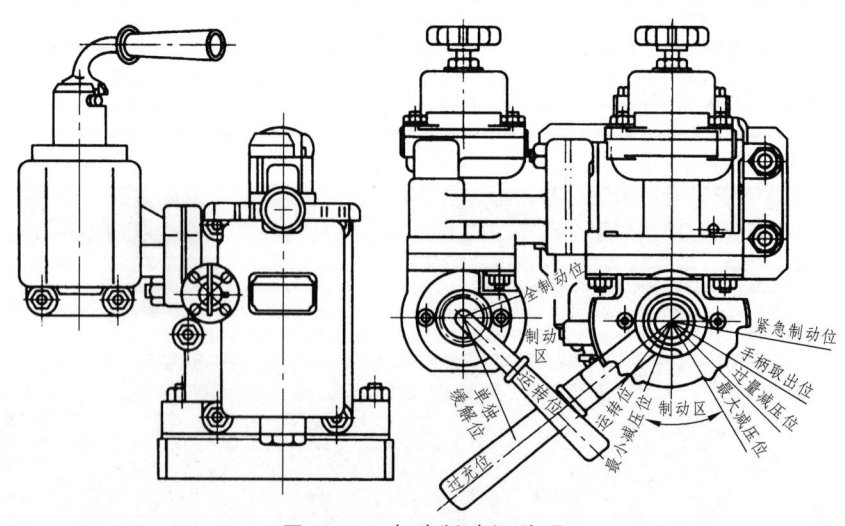

图10-1　自动制动阀外观

自阀由 7 部分组成：阀体与管座、手柄与凸轮、调整阀、放风阀、重联柱塞阀、缓解柱塞阀及客货车转换阀，如图 10-2 所示。

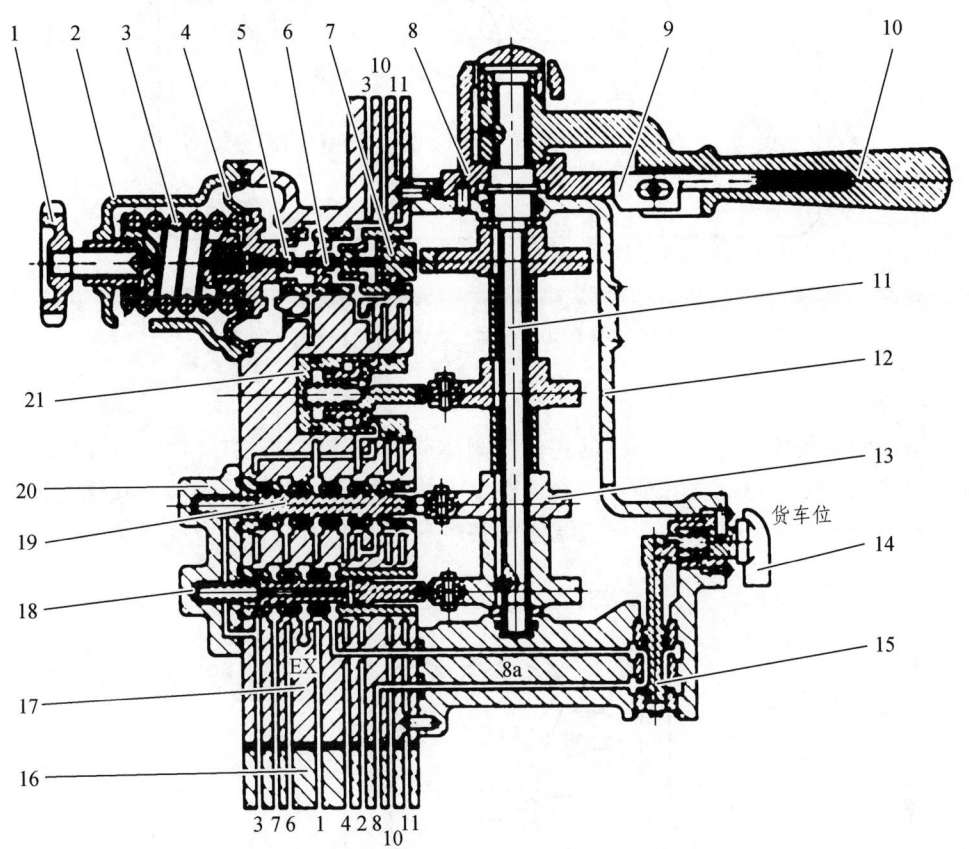

图 10-2　自动制动阀结构原理图（运转位）

1—调整阀手轮；2—调整阀盖；3—调整阀弹簧；4—调整阀膜板；5—排风阀；6—供气阀；7—调整流器阀柱塞；8—盖；9—手柄卡齿；10—手柄；11—凸轮轴；12—凸轮盒；13—凸轮；14—转换按钮；15—客、货车转换阀；16—管座；17—阀体；18—缓解柱塞阀；19—重联柱塞阀；20—前盖；21—放风阀

管号：1—均衡风缸管；2—制动管；3—总风缸管；4—中均管（中继阀均衡风缸管）；6—撒砂管；7—过充管；8—总风速断阀管；10—单独缓解管；11—单独作用管

单独制动阀用螺栓连接在自动制动阀阀体上。

2. 管　座

管座是制动阀的安装座，也是各管路的连接座，共有九根管子，如图 10-2 所示。各管在管座上的位置见图 10-3。

它接有九根管子：均衡风缸管 1、列车管 2、总风缸管 3、中均管 4、撒砂管 6、过充管 7、总风遮断阀管 8、单独缓解管 10、单独作用管 11。

单独缓解管 10 和单独作用管 11 是经自动制动阀的阀体通往单独制动阀的，与自动制动阀不发生关系。

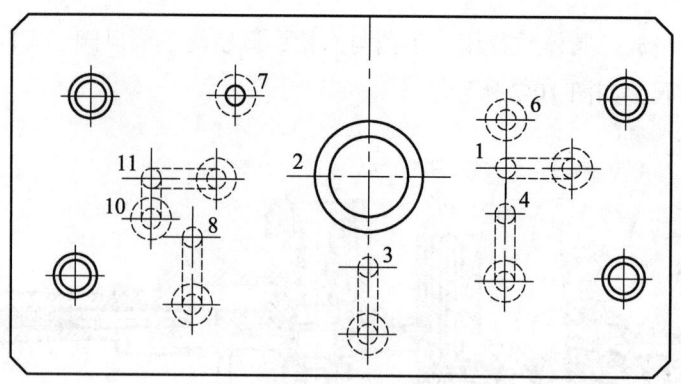

图 10-3 自阀管座上的管路布置图

1—接均衡风缸管；2—接列车管；3—接总风缸管；4—接中均管；6—接撒砂管；7—接过充管；
8—接总风遮断阀管；10—接单独缓解管；11—单独作用管

3. 阀 体

自动制动阀的阀体为连接各部件的主体，阀体前面装有四根杠杆（图10-4）及凸轮盒，阀体背面用螺栓装上调整阀盖和前盖，阀体左上方用螺栓安装单独制动阀。阀体内设有安装调整阀、放风阀、重联柱塞阀、缓解柱塞阀的各个柱塞阀套的圆孔和空气通路。

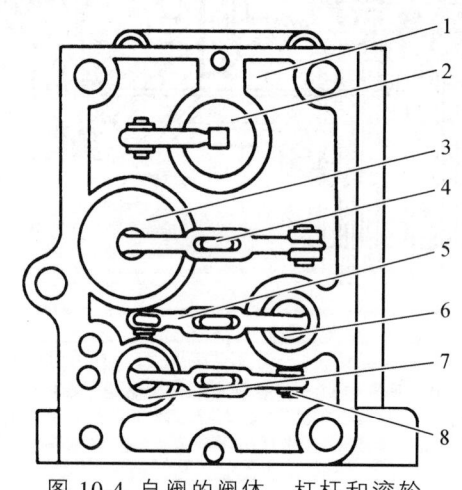

图 10-4 自阀的阀体、杠杆和滚轮

1—阀体；2—调整阀；3—放风阀；4—滚轮；5—杠杆；
6—重联柱塞阀；7—缓解柱塞阀；8—杠杆支点销

4. 手柄与凸轮盒

手柄与凸轮盒是自阀的操纵机构，凸轮盒上的定位盖板除设有七个凹槽用以定位外，其上有一缺口，手柄通过缺口装在凸轮轴上，以此限定手柄只能在手柄取出位才能取出和装上，其他位置则不能取出手柄。

凸轮轴上装有调整阀凸轮、放风阀凸轮、重联柱塞阀凸轮和缓解柱塞阀凸轮等四个凸轮。

自动制动阀的七个作用位置是通过移动手柄、转动凸轮轴来实现的。凸轮的升程或降程控制调整阀、放风阀、重联柱塞阀、缓解柱塞阀产生相应的左移或右移，从而沟通或遮断各管的通路，产生所需要的制动或缓解作用。

调整凸轮的圆周对应的制动区有一降压曲线，调整凸轮圆周的另一处上设有 12 个齿槽（图 10-5）。在制动区分别设有最小减压位和最大减压位。在最小减压位，均衡风缸的减压量为 45～50 kPa，手柄向最大减压位每转动一个齿槽，均衡风缸的减压量约增加 10 kPa，至第 12 个齿槽时减压量为 170～185 kPa，即为最大减压位（若列车管定压为 500 kPa，其最大减压量为 140 kPa，手柄移到减压 140 kPa 处即可）。手柄在过量减压位、手柄取出位、紧急制动位时，均衡风缸的减压量为 240～260 kPa。

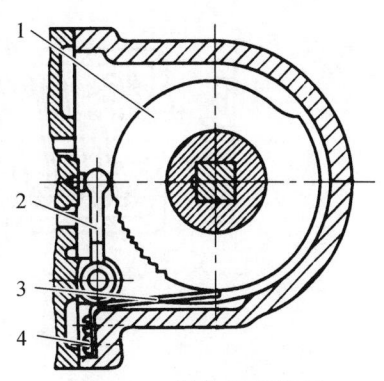

图 10-5　调整阀凸轮组

1—调整凸轮；2—支承；3—定位卡；4—螺钉

5. 调整阀

调整阀作用是控制均衡风缸的压力变化，通过中继阀的作用来控制列车管的充气和排风，从而实现列车的制动、缓解作用。

调整阀主要由调整手轮、调整阀盖、调整弹簧、调整阀膜板、调整阀座、排风阀、排风阀弹簧、供气阀、供气阀弹簧、调整阀柱塞和调整阀柱塞套等组成，如图 10-6 所示。

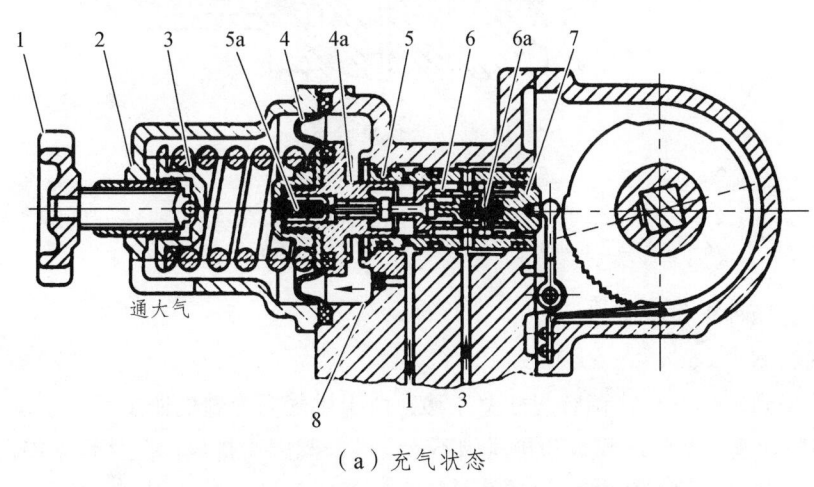

(a) 充气状态

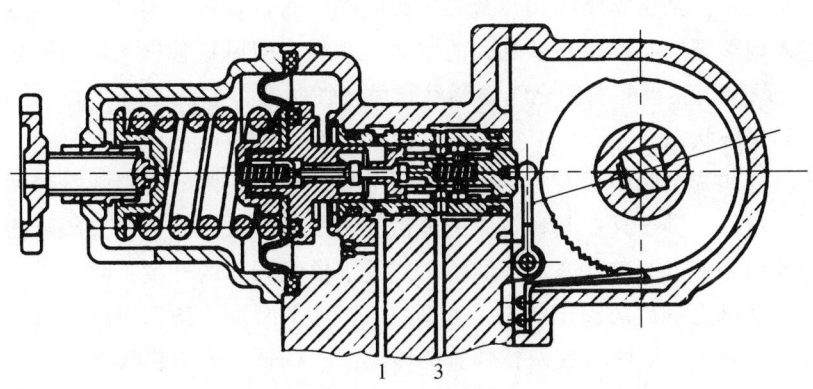

(b) 充气后保压状态

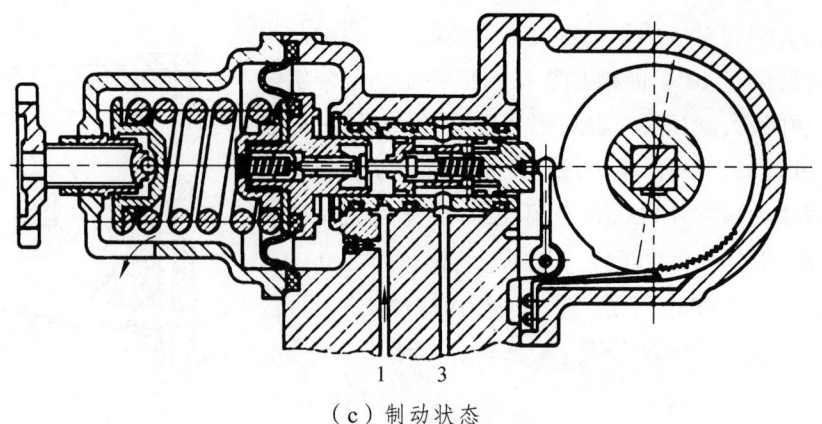

（c）制动状态

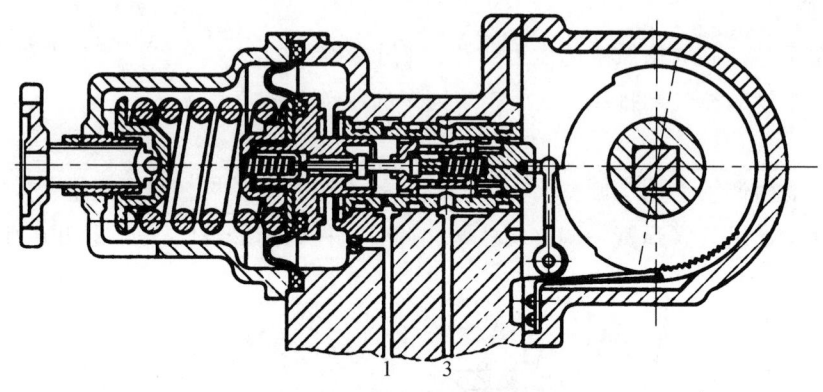

（d）制动后保压状态

图 10-6　调整阀结构图

1—调整手轮；2—调整阀盖；3—调整弹簧；4—调整阀膜板；5—排风阀；5a—排风阀弹簧；
6—供气阀；6a—供气阀弹簧；7—调整阀柱塞；8—缩口风堵

调整阀共有四种工作状态：

（1）充气状态。

调整凸轮得到一个升程，调整阀柱塞左移，由于供气阀弹簧的刚度远小于调整弹簧的刚度，起初，调整阀座、调整阀膜板和排风阀不动，供气阀因受排风阀阻挡也不能左移，因此，当调整阀柱塞左移时，则压缩供气阀弹簧关闭排风阀口而打开供气阀口，总风缸的压力空气经供气阀口进入调整阀座与调整柱塞之间的空间，并经均衡风缸管进入均衡风缸，同时经缩孔（$\phi 1\,mm$）向调整阀膜板的右侧充气，调整阀呈充气状态，如图 10-6（a）所示。

（2）充气后保压状态。

随着均衡风缸和调整阀膜板右侧的压力逐渐增高，膜板左侧的调整弹簧受到压缩，调整阀座及膜板逐渐左移，供气阀在其弹簧作用下供气阀口逐渐关闭。当调整阀座的左移距离等于调整凸轮的升程（等于调整柱塞左移的距离或等于供气阀口的开度）时，供气阀口则完全关闭，调整阀自动呈充气后的保压状态，如图 10-6（b）所示。均衡风缸获得与调整弹簧相等的压力。若均衡风缸有漏泄，在调整弹簧的作用下，则再次开启供气阀口，使均衡风缸压力能经常保持定压。

（3）制动状态。

调整凸轮得到一个降程，调整阀柱塞在均衡风缸压力空气的作用下右移一距离。最初，调整阀座因两侧压力相等，调整阀座及膜板仍处于原来的位置，但排风阀在其弹簧的作用下右移打开排风阀口，均衡风缸及膜板右侧的压力空气，经排风阀口、调整阀座的排风孔，从调整弹簧盒盖的缺口排向大气。调整阀呈制动状态，如图10-6（c）所示。

（4）制动后保压状态。

由于均衡风缸减压，调整阀膜板右侧的压力逐渐降低，在调整弹簧的作用下，调整阀座及调整阀膜板逐渐右移，排风阀口逐渐关闭。当调整膜板及调整阀座的右移距离等于调整凸轮的降程时，则完全关闭了排风阀口，调整阀自动呈制动后的保压状态，如图10-6（d）所示。均衡风缸获得一个相应的减压量。

此时，若均衡风缸有漏泄，在调整弹簧的作用下，则再次开启供气阀口，使均衡风缸压力能保持原有的减压量。

6. 放风阀

放风阀由放风阀、放风阀座、放风阀杆、放风阀套、弹簧等组成，如图10-7所示。放风阀的有效面积为3.7 mm^2，阀的全开行程为5 mm。

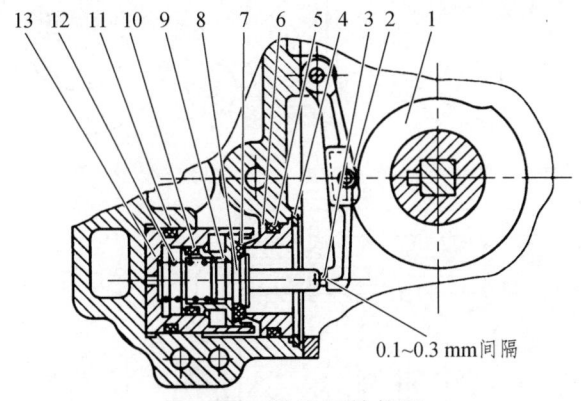

图10-7 放风阀结构图

1—放风阀凸轮；2—放风阀杠杆；3—柱塞头；4—弹簧挡圈；5—放风阀O形圈；6—放风阀座；
7—放风阀胶垫；8—放风阀杆；9—放风阀；10—、11—O形圈；
12—放风阀弹簧；13—放风阀套

在紧急制动时，放风阀凸轮推开放风阀，直接将列车管内的压力空气从凸轮盒下方的排风口迅速排向大气，以达到紧急制动的目的。当自阀手柄在其他各位置时，放风阀均处于关闭状态。

7. 重联柱塞阀

重联柱塞阀的功用：

① 连通或切断均衡风缸与中继阀的联系；

② 在紧急制动时连通总风缸与撒砂管，实现自动撒砂。

重联柱塞阀结构如图10-8所示。

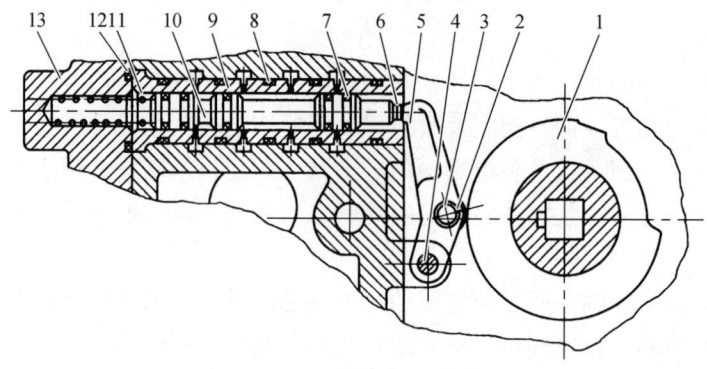

图 10-8 重联柱塞阀结构图

1—重联柱塞凸轮；2—滚轮；3—滚轮销；4—转销；5—放大杠杆；6—柱塞头；
7、8、12—O 形圈；9—重联柱塞阀套；10—重联柱塞阀柱塞；
11—柱塞弹簧；13—前盖

重联柱塞阀有三个作用位置，它各位置的通路如图 10-9 所示。

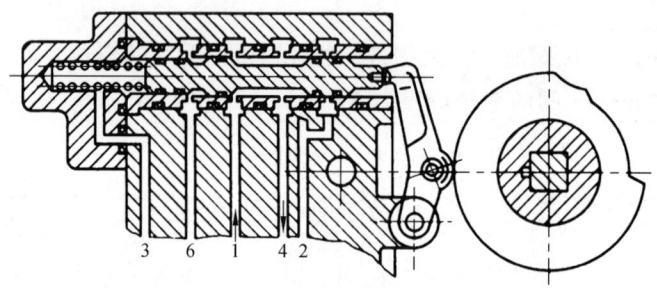

（a）自动制动阀手柄在 1~4 位时，管 1→管 4

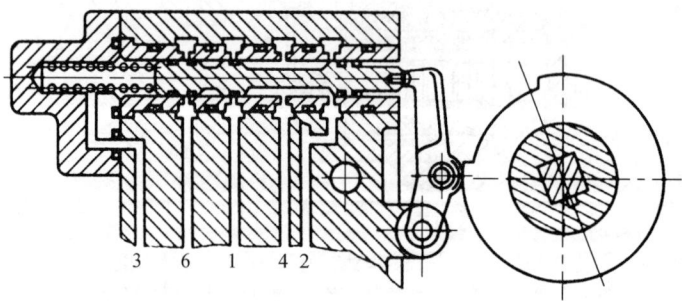

（b）自动制动阀手柄在 5 位（手柄取出位）时，管 2→管 4

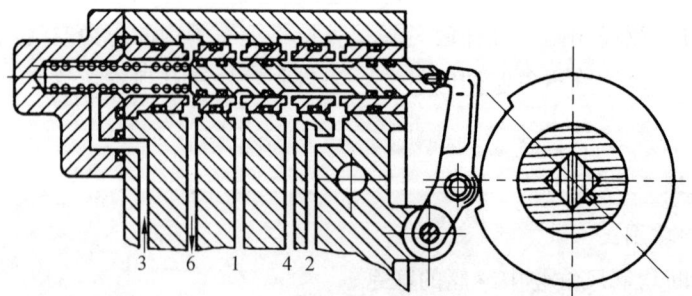

（c）自动制动阀手柄在 6 位（紧急制动位）时，管 2→管 4；管 3→管 6

图 10-9 重联柱塞阀作用位置

（1）自动制动阀手柄在 1~5 位，如图 10-9（a）所示，此时重联柱塞位于左端，形成通路：均衡风缸管 1→柱塞凹槽沟通→中均管 4。其作用是使均衡风缸的压力变化可以控制中继阀的动作。

（2）自动制动阀手柄在 6 位（手柄取出位）时，如图 10-9（b）所示。此时，重联柱塞阀凸轮得到一个降程（6 mm），在总风缸的空气压力和柱塞弹簧的作用下柱塞右移，形成一条通路：

列车管 2→柱塞凹槽沟通→中均管 4，其作用是使中继阀自锁。

（3）自动制动阀手柄在 7 位（紧急制动位）时，如图 10-9（c）所示。

重联柱塞阀凸轮得到一个更大的降程（6.5 mm），柱塞再次右移，此时柱塞尾端沟通：总风缸管 3→柱塞的左端→撒砂管 6，以实现自动撒砂。

另一路为：列车管 2→柱塞凹槽沟通→中均管 4，其作用是使中继阀自锁。

8. 缓解柱塞阀

缓解柱塞阀的功用：

① 自阀手柄在过充位时，使列车管得到比规定压力高 30~40 kPa 的过充压力，列车管能较快地充气；

② 根据自动制动阀手柄的位置及客、货车转换阀的位置，使中继阀的总风遮断阀开启或关闭，以控制总风缸压力经中继阀进入列车管的供气通路。

缓解柱塞阀由缓解柱塞阀柱塞、缓解柱塞阀套、柱塞弹簧及 O 形圈等组成，如图 10-10 所示。

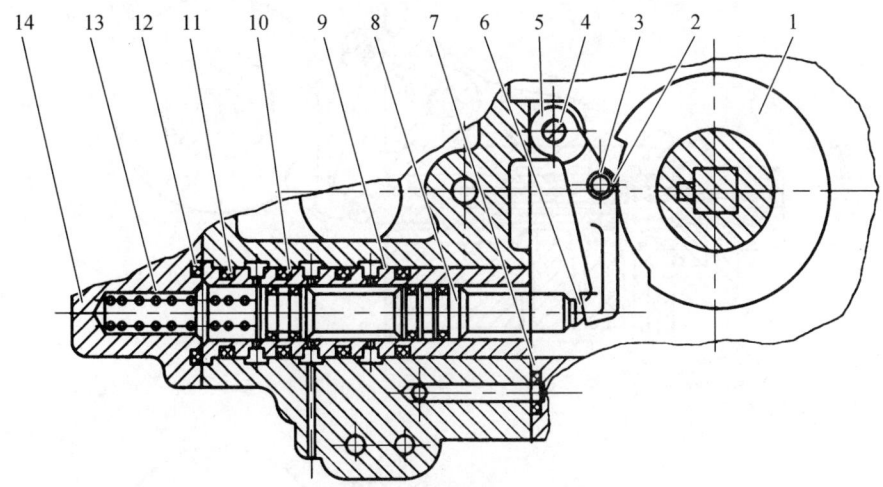

图 10-10 缓解柱塞阀结构图

1—缓解柱塞阀凸轮；2—滚轮；3—滚轮销；4—支点销；5—放大杠杆；6—柱塞头；7—胶垫；
8—缓解柱塞阀柱塞；9—缓解柱塞阀套；10、11、12—O 形圈；
13—柱塞弹簧；14—前盖

缓解柱塞阀有三个作用位置，各位置的通路如图 10-11 所示。

（1）自动制动阀手柄在 1 位（过充位）时，如图 10-11（a）所示。柱塞处于右极端，有两条通路：

① 总风缸管 3→柱塞的左端→过充管 7，该压力空气作用在过充柱塞上，以实现过充作用，使列车管获得高于定压 30~40 kPa 的压力；

② 遮断阀管道 8a→柱塞凹槽沟通自阀体侧小孔→大气，排出总风遮断阀管的压力空气，使总风遮断阀开启（客货转换阀货车位）。

（2）自动制动阀手柄在 2 位（运转位）时，如图 10-11（b）所示。

缓解柱塞阀凸轮得到一个升程（6.5 mm），柱塞向左移动，压缩缓解柱塞阀弹簧，关闭过充管 7 充气通路，原过充风缸内的压力空气经过充风缸上的 $\phi0.5$ mm 的小孔缓慢排大气，最终使列车管获得定压；而遮断阀管道 8a→柱塞凹槽沟通自阀体侧小孔→大气，仍使总风遮断阀开启（客货转换阀货车位）。

（3）自动制动阀手柄在 3~6 位时，如图 10-11（c）所示。

缓解柱塞阀凸轮得到一个更大的升程（6 mm），柱塞被移到最左端位置，沟通两条通路：
① 客货车转换阀在货车位时：

总风缸管 3→柱塞的中心孔→遮断阀管道 8a→客货转换阀（货车位）→8 号管，使总风遮断阀关闭；

若客货转换阀在客车位，由于 8 号管经客货车转换阀柱塞下方与大气相通故总风遮断阀处于开启状态。

② 过充管 7→柱塞凹槽沟通自阀体侧小孔→大气，以排出过充风缸压力空气，确保制动作用。

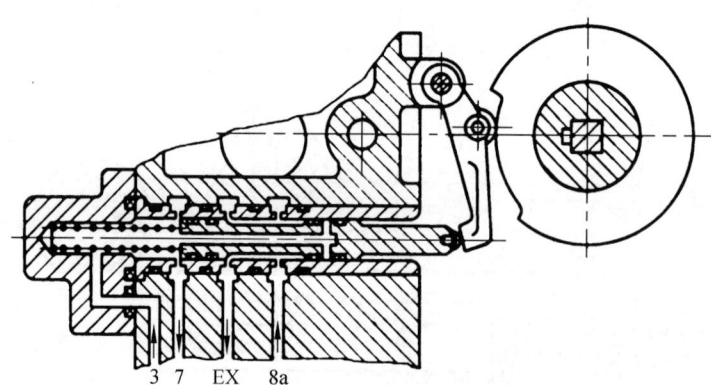

（a）自动制动阀手柄在 1 位（过充位）时，管 3→管 7，8a→大气

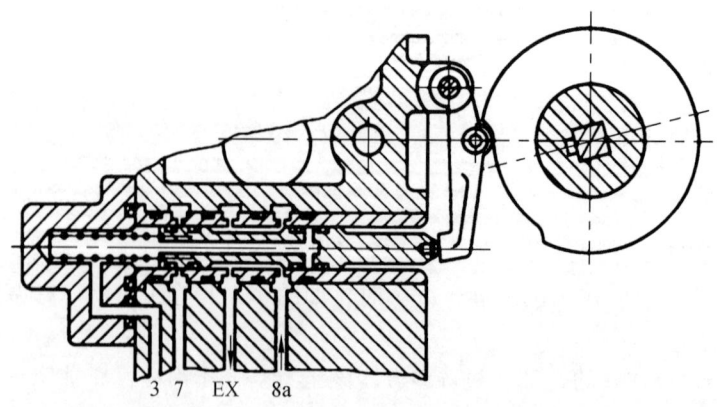

（b）自动制动阀手柄在 2 位（运转位）时，8a→大气

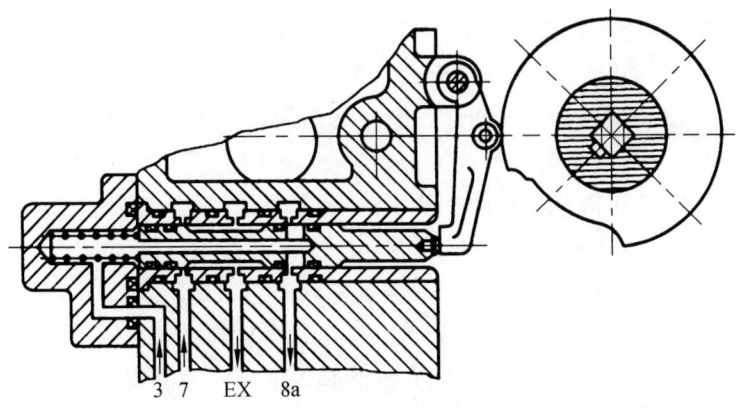

（c）自动制动阀手柄在 3~6 位时，管 3→8a，管 7→大气

图 10-11　缓解柱塞阀作用位置

9. 客货车转换阀（二位阀）

客货车转换阀：开启或关闭中继阀的总风遮断阀的控制机构，实现自动制动阀对操纵一次缓解型的制动机或操纵具有阶段缓解型的制动机的转换。客货车转换阀结构如图 10-12 所示。

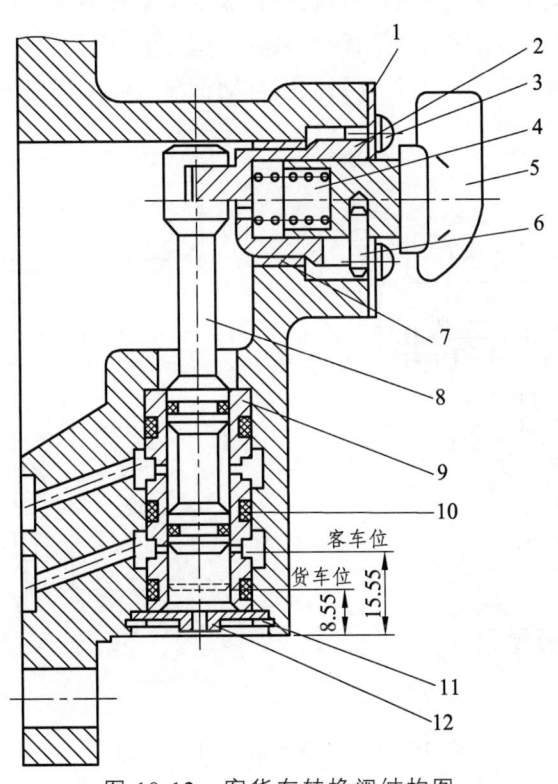

图 10-12　客货车转换阀结构图

1—指示牌；2—偏心杆；3—半沉头螺钉；4—按钮弹簧；5—转换按钮；6—销；7—偏心杆套；
8—二位阀柱塞；9—柱塞套；10，11—O 形圈；12—弹性挡阀

客货转换阀在转换时，压下转换按钮转到所需位置，而后松开按钮，在按钮弹簧的作用下转换按钮被弹起，并保持在该位置上。

客货车转换阀有两个作用位置：货车位和客车位。

1）货车位

如图 10-13（b），此时柱塞处于下端位置，遮断阀管道 8a→柱塞凹槽→总风遮断阀管 8，使总风遮断阀的开关受自阀缓解柱塞阀的控制（图 10-2）。

当自阀手柄在 1～2 位时，总风遮断阀管 8→遮断阀管道 8a→缓解柱塞→大气，总风遮断阀呈开启状态，开放了列车管风源（图 10-11）。

当自阀手柄在 3～6 位时，总风缸管 3→缓解柱塞→总风遮断阀管道 8a→总风遮断阀管 8，总风遮断阀呈关闭状态，列车管风源被关闭。这样，当自阀手柄在制动区内由最大减压位向最小减压位移动时，列车管的压力不能回升，能有效地操纵一次缓解制动机。

当自阀手柄在制动区制动保压时，因遮断阀关闭，列车管的压力若有漏泄也不能得到补风，以避免一次缓解型的制动机产生自然缓解的现象。

2）客车位

当转换按钮从货车位转换到客车位时，柱塞处于上端位置，总风遮断阀管 8→二位阀下端→大气，使总风遮断阀不受自阀缓解柱塞阀的控制，无论自阀手柄在何位置，总风遮断阀始终处于开启状态，也就是列车管的风源始终开放。当自阀手柄在制动区内由最大减压位向最小减压位移动时，列车管的压力可随均衡风缸的压力上升而上升。自阀手柄在制动区保压时，因遮断阀开启，列车管的压力若有漏泄能自动补漏，而保持列车管的正确减压量，有效地操纵阶段缓解型的制动机。

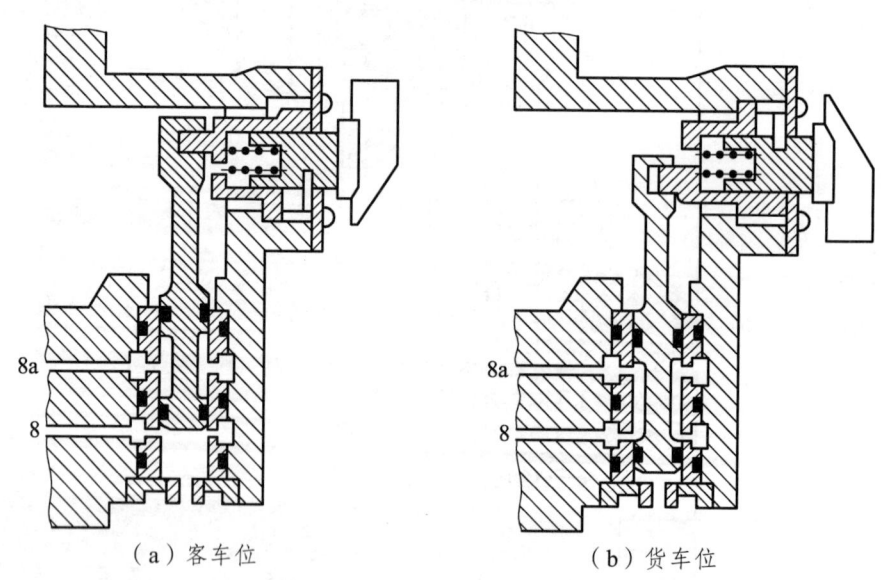

（a）客车位　　　　　　　（b）货车位

图 10-13　客货车转换阀作用位置

三、中继阀

1. 中继阀总体

中继阀受自阀的控制，根据均衡风缸的压力变化而动作，直接控制列车管的充气、排风和保压作用。

中继阀由双阀口式中继阀、总风遮断阀和管座三部分组成，如图 10-14 所示。中继阀采用双阀口止阀结构，具有充、排风快和灵敏度高的特点。

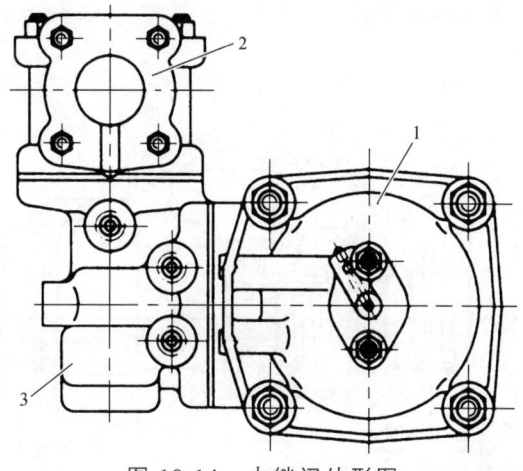

图 10-14　中继阀外形图

1—双阀口式中继阀；2—总风遮断阀；3—管座

2. 管　座

管座是双阀口中继阀和总风遮断阀的连接体。

在东风$_4$型内燃机车上，管座固装在两端司机室地板下面的车体上，其上连接有五根管子，即过充管 7、中均管 4、总风缸管 3、列车管 2 和总风遮断阀管 8，它们均与自动制动阀的管座相通，参见图 10-15。

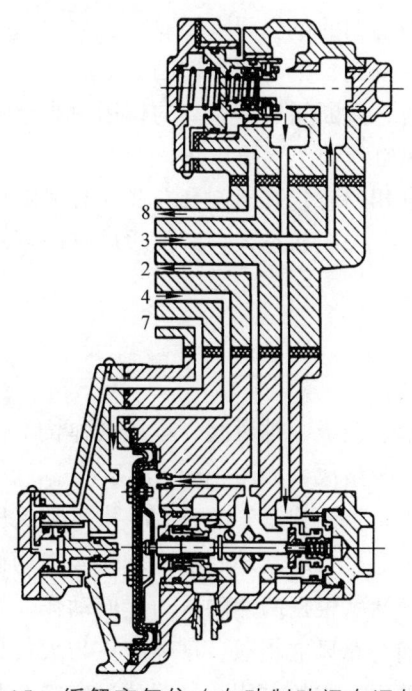

图 10-15　缓解充气位（自动制动阀在运转位）

2—接列车管；3—接总风缸管；4—接中均管；7—接过充管；8—接总风遮断阀管

3. 总风遮断阀

总风遮断阀主要由阀体、遮断阀、阀座、遮断阀套及弹簧等组成，其中遮断阀的组成与中继阀的排风阀相同，如图 10-16 所示。

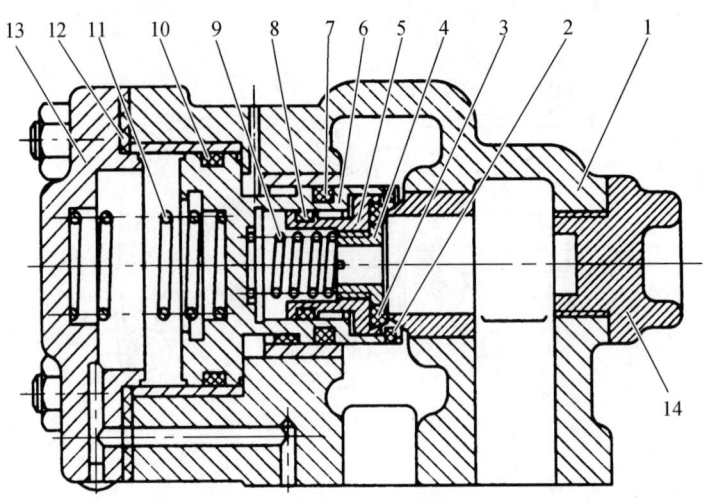

图 10-16　总风遮断阀结构图

1—遮断阀体；2—挡圈；3、12—胶垫；4—胶垫螺帽；5—遮断阀；6—遮断阀套；
7、8、10—O 形圈；9—遮断阀弹簧；11—弹簧；13—遮断阀盖；14—螺盖

遮断阀套左侧为弹簧室，通过遮断阀管 8 与自动制动阀相通；遮断阀右侧与总风缸相通。遮断阀在两侧压力差的作用下动作，分别处于开启或关闭状态。遮断阀外周空腔经阀体和管座内部通路与双阀口式中继阀的供气阀室相通。

遮断阀管内的空气压力的变化，由自阀来控制。

当总风遮断阀管通大气时，遮断阀套弹簧侧的作用力小于总风缸侧的作用力，遮断阀在总风作用下呈开放状态，总风缸压力空气可以进入双阀口式中继阀的供气阀室。

当总风遮断阀管与总风缸相通时，遮断阀套左侧在总风缸压力和弹簧压力共同作用下，其作用力大于右侧，遮断阀处于关闭状态，切断了总风缸向双阀口式中继阀的供气阀室供气的通路。

4. 双阀口式中继阀

1）双阀口式中继阀的结构

双阀口式中继阀由主活塞、膜板、排风阀、排风阀弹簧、供气阀、供气阀弹簧、阀座、顶杆、过充柱塞、阀体及阀盖等组成，如图 10-17 所示。

双阀口式中继阀作用：直接控制列车管的充气、排风和保压。

膜板活塞的左侧中均室，通过自动制动阀的中均管 4 与均衡风缸相通；膜板活塞的右侧与列车管 2 相通。中继阀膜板活塞根据两侧的压力差而动作，并通过顶杆与供气阀或排风阀联动。供气阀室经总风遮断阀与总风缸相通，排风阀室与大气相通，两阀座的中间与列车管相通。过充柱塞设在中继阀盖内，它的左侧与自阀的过充管 7 及过充风缸相通，其右侧通中均室，柱塞的中部经中继阀盖上的小孔与大气相通，以减少过充柱塞右移时的阻力。

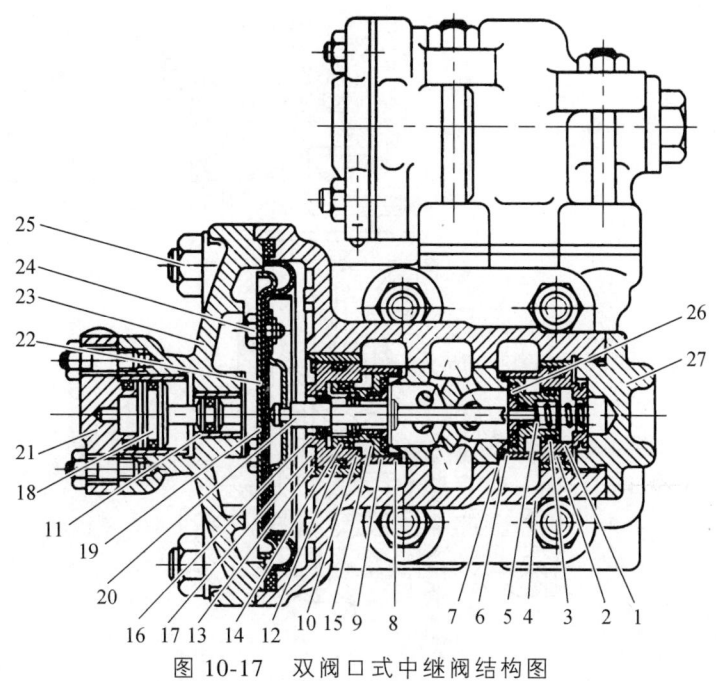

图 10-17 双阀口式中继阀结构图

1—供气阀套；2、3、11、12、14—O 形圈；4—供气阀；5—供气阀弹簧；6—胶垫螺帽；7—供气阀挡圈；
8—排风阀挡圈；9—排风阀胶垫；10—排风阀；13—定位挡圈；15—胶垫螺帽；16—排风阀套；
17—排风阀弹簧；18—过充柱塞；19—主活塞；20—顶杆；21—过流盖；
22—膜板；23—中继阀盖；24—螺钉；25—六角螺栓；
26—供气阀胶垫；27—螺盖

2）中继阀的作用位置

中继阀是自阀的执行机构，它受自阀的控制而动作，实现列车管的充气、排风和保压。中继阀有四个作用位置。

（1）缓解充气位。

当均衡风缸压力空气向中继阀膜板活塞左侧的中均室充气时，膜板活塞向右移动，通过顶杆压缩供气阀弹簧，打开供气阀，此时，若总风遮断阀呈开启状态，供气阀室的总风缸压力空气经供气阀口向列车管充气，并经 $\phi1$ mm 的缩孔向膜板活塞的右侧充气，列车管增压，中继阀呈缓解充气位，如图 10-15 所示。

为了提高列车管的充气速度，可使总风缸的压力空气经过充管 7 向过充风缸和过充柱塞的左侧充气，使过充柱塞右移，其端部顶在膜板活塞上。因此，中继阀膜板活塞左侧相应增加了一个压力（当总风缸压力空气在 750~900 kPa 时，设计值为 30~40 kPa），以延长供气阀口的开启时间，使列车管能获得高于定压 30~40 kPa 的过充压力，如图 8-18 所示。这样，提高了列车管压力充至定压的速度，列车迅速缓解，这对长大货物列车的充气和缓解极为有利。

要消除列车管的过充压力，只需将自阀手柄移置运转位，则过充柱塞左侧的压力空气经过充风缸上 0.5 mm 的小孔缓慢地排向大气，过充柱塞作用在膜板活塞上的附加压力也就随之渐渐消失。同时，列车管内高于定压的过充压力使膜板活塞左移，套装在膜板活塞的顶杆在左移时拉开了排风阀，徐徐排出列车管的过充压力。由于消除列车管的过充压力约需 2 min，它是由过充风缸上 0.5 mm 的小孔控制的，所以不会引起机车车辆的自然制动。

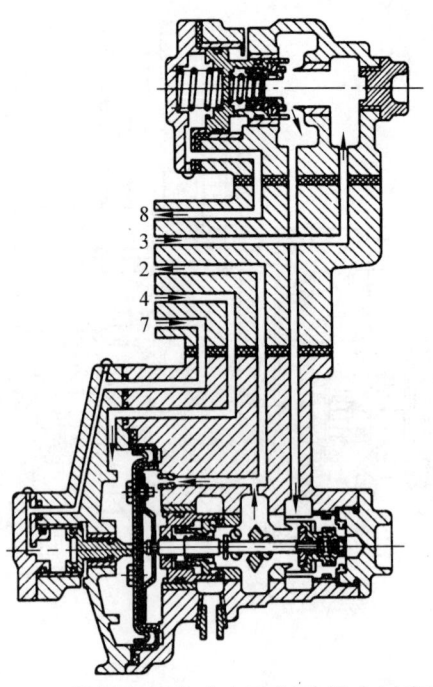

图 10-18　缓解充气位（自动制动阀在过充位）

（2）缓解后保压位。

列车管和膜板右侧压力逐渐增加，膜板活塞逐渐左移，供气阀弹簧推动供气阀和顶杆左移，供气阀口逐渐关小，当膜板两侧压力达到平衡时，供气阀口完全关闭，列车管获得与均衡风缸相等的压力，中继阀呈缓解后的保压位，如图 10-19 所示。

列车管若有漏泄时，膜板活塞在压力差的作用下右移，而开启供气阀口，总风向列车管补充压力空气，直至恢复到原来压力后又处于保压位。

（3）制动位。

均衡风缸减压，中继阀膜板活塞左侧的中均室压力下降，膜板活塞在其右侧列车管压力作用下左移，使顶杆带动排风阀离开排风阀座，并压缩排风阀弹簧，列车管的压力空气经排风阀口排向大气。同时，膜板活塞右侧的压力空气经 1 mm 的缩孔流回到列车管，随列车管的压力一起降低，列车管减压，中继阀呈制动位，如图 10-20 所示。

（4）制动后保压位。

随着列车管和膜板活塞右侧的压力降低，膜板活塞推动顶杆逐渐右移，排风阀在其弹簧的作用下，逐渐关闭排风阀口，当膜板活塞两侧压力达到平衡时，排风阀口完全关闭，列车管获得一个减压量，中继阀呈制动后的保压位，如图 10-21 所示。

膜板活塞左侧的中均室压力再次降低时，膜板活塞则再次左移，排风阀口重新开启，列车管再减压，直至膜板活塞两侧的压力平衡后，又处于制动后的保压位。由于列车管的压力逐次减压，形成了列车的阶段制动作用。

总风遮断阀关闭，列车管漏泄，压力空气则得不到补充。

总风遮断阀开启，列车管漏泄，压力空气能随时得到补充。

列车运行时，列车管维持原来的压力；列车制动后，则列车管始终保持原来的减压量，列车始终保持原定的制动力。

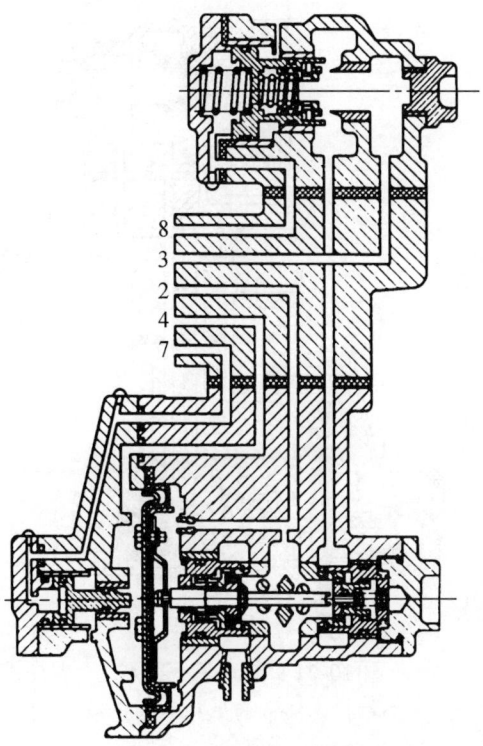

图 10-19 缓解充气后保压位

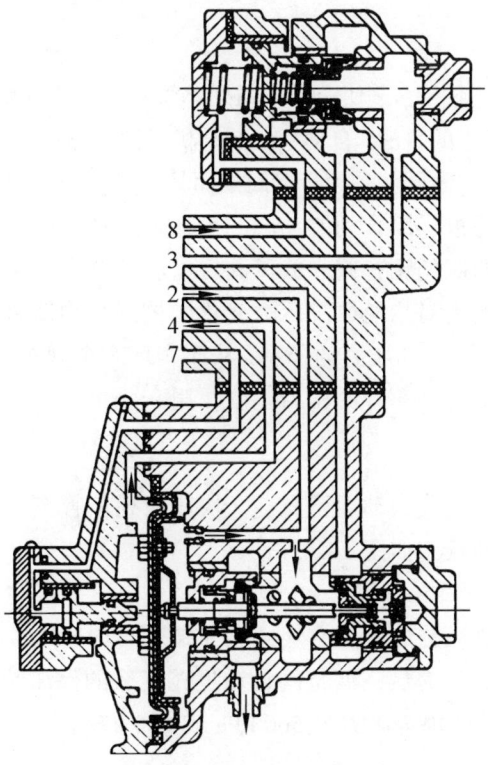

图 10-20 制动位

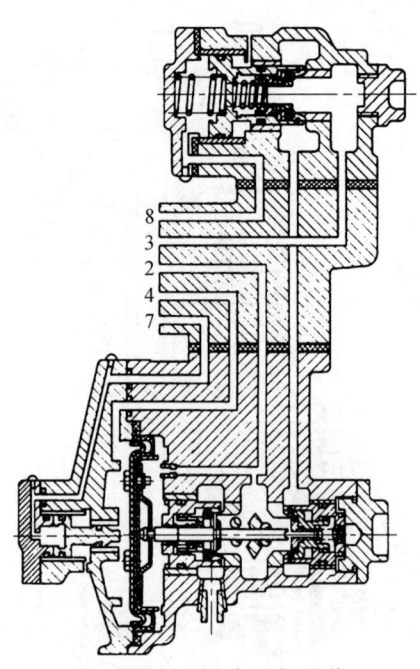

图 10-21 制动后保压位

2—接列车管；3—接总风缸管；4—接中均管；7—接过充管；8—接总风遮断阀管

四、自阀与中继阀的控制作用

1. 中继阀与自阀关系

由于被牵引的列车长度不一，欲使全列车的列车管减去相同的减压量，以达到全列车所有的车辆获得比较一致的制动力的目的，自动空气制动机采用了间接减压的控制方式，以达到准确控制列车管减压量的目的。中继阀就是为了能间接而又准确地控制列车管的减压量而设置的。

自动制动阀的作用是通过操纵自动制动阀的手柄来实现的。转动自阀手柄则凸轮轴带动各阀的凸轮一起转动，使相应的调整阀、放风阀、重联柱塞阀及缓解柱塞阀左移或右移，连通或遮断各相关的通路，实现对均衡风缸压力变化的控制；均衡风缸压力变化则控制了中继阀的动作，中继阀实行对列车管的压力的控制，从而实现对全列车的制动和缓解作用的控制。这就是自动制动阀与中继阀对列车管的压力控制作用。

2. 过充位

该位置是用于列车初充气或制动后再充气，快速向列车管充气、迅速缓解列车制动时所使用的位置。此时，自阀的状态如图 10-22 所示。

1）调整阀

调整阀呈充气状态，总风缸的压力空气经供气阀口向均衡风缸及膜板活塞右侧充气，当均衡风缸内的压力达到规定压力后，调整阀自动呈充气后的保压状态，参见图 10-6（a）及 10-6（b）。此时，均衡风缸的规定压力为 500 kPa 或 600 kPa。

2）放风阀

处于关闭状态。

3）重联柱塞阀

重联柱塞阀使均衡风缸管 1 与中均管 4 沟通。其作用是使中继阀的动作能受到均衡风缸压力的控制，中继阀形成缓解位和缓解后的保压位，列车管获得与均衡风缸相等的压力空气。

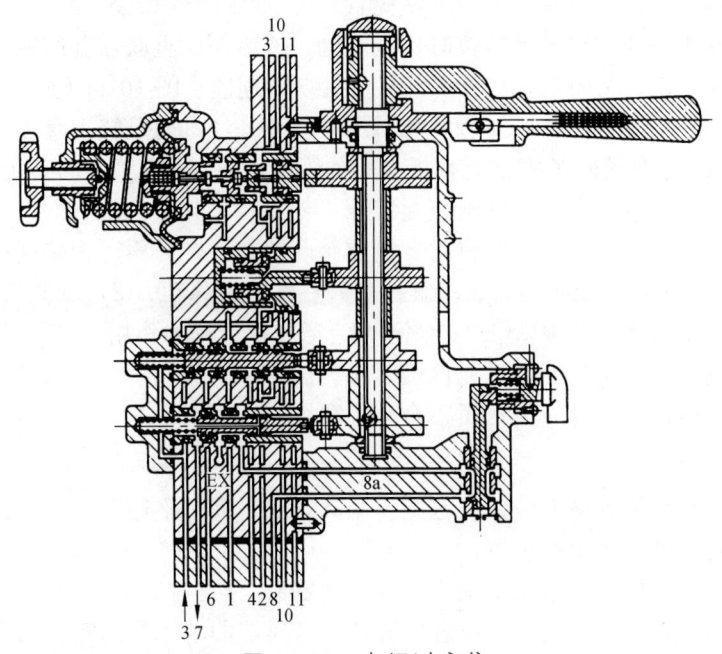

图 10-22　自阀过充位

1—接均衡风缸管；2—接列车管；3—接总风缸管；4—接中均管；6—接撒砂管；7—接过充管；
8—接总风遮断阀管；10—接单独缓解管；11—单独作用管

4）缓解柱塞阀

缓解柱塞阀此时有二条通路，即：

① 总风缸管 3→过充管 7；

② 自阀内的遮断阀管 8a→大气。

第一条通路：当总风经过充管向过充风缸及中继阀过充柱塞的左侧充气时，过充柱塞右移，其作用力作用在中继阀膜板左侧，这样，在中继阀膜板左侧相应增加了 30~40 kPa 的压力，中继阀形成缓解充气位和缓解充气后的保压位，列车管获得比定压高 30~40 kPa 的压力。

第二条通路：二位阀在货车位，总风遮断阀弹簧侧经 8 号管和该通路与大气相通，使总风遮断阀呈开启状态，总风经中继阀的供气阀口能向列车管充气，列车管增压。

由于中继阀膜板的左侧增加了 30~40 kPa 的压力，提高列车的充气速度，缩短充气时间，因此，列车管能得到比定压高 30~40 kPa 的过充压力，而均衡风缸压力保持定压不变。

自阀在过充位时，列车管高于定压 30~40 kPa 过充，全列车迅速缓解。

3. 运转位

运转位是单机运行或列车运行时，及列车制动后施行缓解时所放的位置。

自阀手柄在运转位时，列车管充至定压，并使列车管经常保持定压，列车管的压力若有漏泄能自动补偿。此时，自阀的调整阀状态如图 10-2 所示。

自阀手柄在运转位时，自阀的调整阀、放风阀、重联柱塞阀的位置和通路均与过充位相同，只有缓解柱塞阀的位置和通路不同。此时，缓解柱塞左移，切断总风缸与过充风缸的通路，而过充风缸内的过充压力由其上 0.5 mm 的小孔缓慢排大气而逐渐消除；缓解柱塞阀沟通遮断阀管道 8a 经缓解柱塞的凹槽从自阀体侧小孔通大气，遮断阀仍呈开启状态。

自阀手柄移运转位，一般有以下两种情况：

（1）自阀手柄由过充位移至运转位时，调整阀、放风阀、重联柱塞阀通路相同。而缓解柱塞阀的柱塞向左移动，关闭总风缸管 3 与过充管 7 的通路[图 10-11（a）、10-11（b）]。此时，过充风缸、过充管及过充柱塞左侧的总风压力空气，经过充风缸上直径为 0.5 mm 的小孔慢慢地排向大气，逐渐消除了中继阀膜板左侧的附加压力。列车管内高于定压的压力空气，经中继阀排风口慢慢地排向大气而逐渐恢复定压。

（2）自阀手柄由制动区移至运转位时，调整阀凸轮有一个升程，调整阀由制动保压状态变成充气状态，均衡风缸增至定压；而缓解柱塞阀柱塞向右移动，将遮断阀管 8a 经缓解柱塞的凹槽从自阀体侧小孔通大气，总风遮断阀开启。通过中继阀的作用，列车管可以获得定压，但其充气速度及列车的缓解速度比过充位慢，参见图 10-11（b）、图 10-11（c）。

自阀在运转位时，列车管充至定压，全列车缓解。

4. 制动区

制动区是最小减压位到最大减压位范围。制动区是对列车施行常用制动，使列车正常停车或调节列车运行速度时所用的位置。

在制动区内，均衡风缸的减压范围为 50~170 kPa，分别对应最小和最大减压位。

而列车管的减压量，由自阀手柄位置对应的均衡风缸的减压量而定。列车管规定压力为 500 kPa 时，其最大减压量为 140 kPa；列车管规定压力为 600 kPa 时，其最大减压量为 170 kPa。

自阀手柄由最小减压位向最大减压位逐次移动时，列车管的减压量逐渐增大，可实施阶段制动。

自阀手柄在制动区，其各阀的通路及作用如图 10-23 所示。

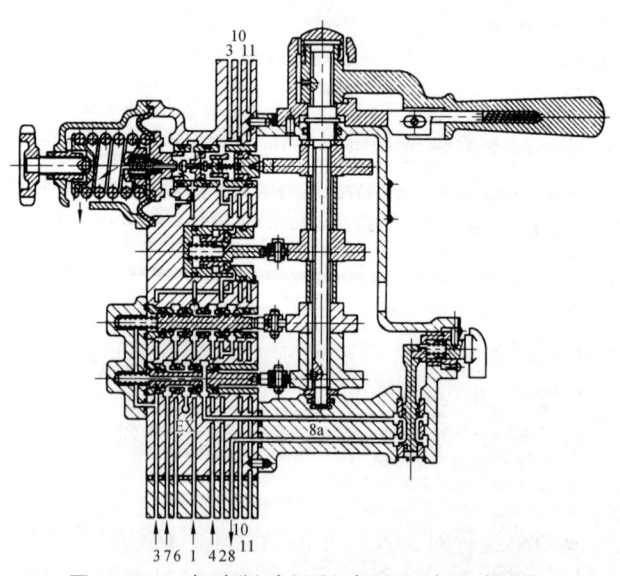

图 10-23　自动制动阀制动区及过量减压位

1—接均衡风缸管；2—接列车管；3—接总风缸管；4—接中均管；6—接撒砂管；7—接过充管；
8—接总风遮断阀管；10—接单独缓解管；11—单独作用管

1）调整阀

自阀手柄由运转位移到制动区内时，调整阀呈制动状态，调整阀膜板右侧及均衡风缸内的压力空气经排风阀口、调整阀座小孔，从调整弹簧盒盖下方的缺口排向大气，当均衡风缸的空气压力降到与自阀手柄位置所对应的压力值时，调整阀自动呈制动后的保压状态，参见图10-6。

2）放风阀

放风阀仍处于关闭状态。

3）重联柱塞阀

重联柱塞阀仍将均衡风缸管1与中均管4沟通，均衡风缸减压时，中继阀动作到制动位，使列车管得到相应的减压，列车产生制动作用；均衡风缸停止减压时，中继阀动作到制动后的保压位，列车管获得与均衡风缸相同的减压量，列车处于制动保压状态。

若均衡风缸的压力阶段降低，列车管的压力也为阶段减压，列车产生阶段制动作用。

4）缓解柱塞阀

缓解柱塞阀在制动区有二条通路：

（1）总风缸管3→缓解柱塞中心孔、径向孔→遮断阀管道8a；

（2）过充管7→缓解柱塞凹槽由自阀体侧小孔→大气。

第一条通路：当客货车转换阀在货车位时，总风缸压力空气3→缓解柱塞中心孔、径向孔→遮断阀管道8a→二位阀柱塞凹槽→总风遮断阀管8→总风遮断阀的左侧，使总风遮断阀呈关闭状态。此时，列车管若有漏泄就得不到补偿。

当客货车转换阀在客车位时，二位阀柱塞遮断了8a→总风遮断阀管8的通路，而总风遮断阀管8→二位阀柱塞下方的孔→大气，使总风遮断阀始终呈开启状态。此时，列车管的压力若有漏泄，经中继阀的作用可自动得到补偿。

若自阀手柄在制动区，由最大减压位向最小减压位移动时，均衡风缸的压力阶段上升，中继阀则产生缓解充气位，膜板右移并开启供气阀口，列车管的压力能随均衡风缸的压力阶段上升，列车产生阶段缓解作用（若车辆制动机具有阶段缓解的性能）。

第二条通路：过充管7→大气，使过充风缸、过充管及过充柱塞左侧的压力空气更快的排向大气，及时消除中继阀膜板左侧的附加压力，确保制动作用。

自阀在制动区时，列车管获得不同的减压量，列车产生常用制动。

5. 过量减压位

当列车制动、缓解频繁，或常用制动缓解后不久，列车管、车辆的工作风缸或副风缸还没恢复定压，而又需制动，为了确保车辆分配阀制动作用的形成所使用的位置称为过量减压位。

制动后，列车管向车辆的工作风缸或副风缸充气需要一定时间，当其没充到定压时，若施行正常的减压，车辆的分配阀或三通阀的主活塞两侧的压力差很小，主活塞无力或不能移动到制动位，车辆的制动力可能很小，甚至可能没有制动力，这时加大减压量（施行过量减压，列车管减压240~260 kPa）保证分配阀或三通阀主活塞两侧有足够的压力差，以使车辆有效地产生制动作用。

如果机车的作用风缸的压力已受到分配阀常用限压阀的限制或车辆的工作风缸压力已与容积室压力（或副风缸的压力与制动缸的压力）达到均衡时，这时施行过量减压是没有作用的。

此时，列车管再减压，制动缸的压力也不会再增加的。

在过量减压位时，自阀的各阀的通路、位置状态与制动区相同，只是调整凸轮较制动区有一个更大的降程，调整柱塞的右移量比最大减压位更大，均衡风缸的减压量增大到 240 ~ 260 kPa。

自阀在过量减压位，列车管获得 240 ~ 260 kPa 的减压量，全列车产生常用制动作用。

6. 手柄取出位

手柄取出位是本务机车的非操纵端、或重联补车及无动力回送的机车，不使用制动机，自阀手柄所放的位置。手柄取出后，使该端的自阀和中继阀失去对全列车制动机的控制作用。

自阀在手柄取出位时，其各阀的通路及作用如下，如图 10-24 所示。

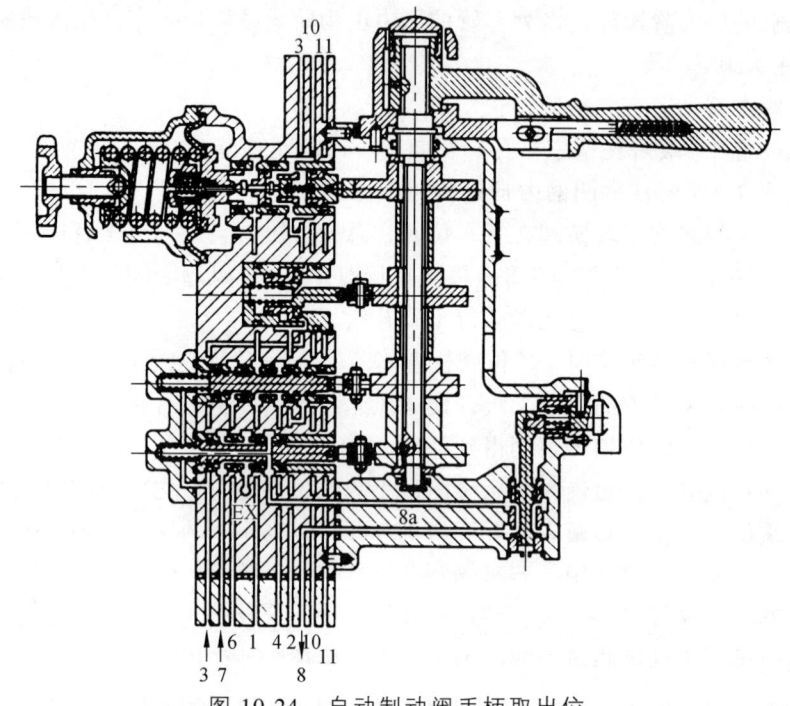

图 10-24 自动制动阀手柄取出位

1—接均衡风缸管；2—接列车管；3—接总风缸管；4—接中均管；6—接撒砂管；7—接过充管；8—接总风遮断阀管；10—接单独缓解管；11—单独作用管

1）调整阀

调整阀与过量减压位的状态相同，即均衡风缸的减压量为 240 ~ 260 kPa。

2）放风阀

放风阀仍处于关闭状态。

3）重联柱塞阀

重联柱塞阀的凸轮有一个降程，在总风缸压力和重联柱塞阀弹簧的作用下，重联柱塞右移，遮断了均衡风缸管 1 与中均管 4 的通路，而使中均管 4 与列车管 2 沟通，这样中继阀膜板两侧保持相等的压力，中继阀自锁，失去控制列车管能力。

在本务机车的非操纵端、或重联补车及无动力回送的机车不使用制动机时，制动机的手柄取出，避免手柄的误动作，又通过重联柱塞阀对中继阀锁闭这样的双重作用，确保失去对制动机的操纵，保证行车安全。

4）缓解柱塞阀

缓解柱塞阀与制动区时的状态相同。

自阀在手柄取出位时，失去了对列车管压力变化的控制能力，而由本务机车的操纵端来操纵整个列车的制动机。

7. 紧急制动位

紧急制动位是用于列车运行中发生意外情况、危及行车安全，需立即停车所使用的位置。自阀在紧急制动位时，其各阀的通路及作用如下，如图10-25所示。

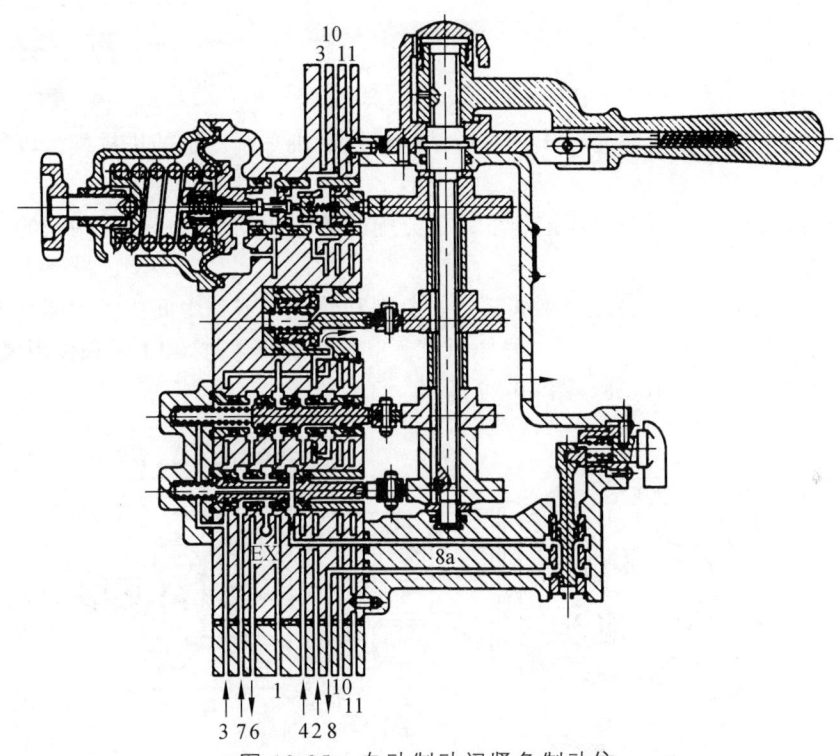

图 10-25　自动制动阀紧急制动位

1—接均衡风缸管；2—接列车管；3—接总风缸管；4—接中均管；6—接撒砂管；7—接过充管；
8—接总风遮断阀管；10—接单独缓解管；11—单独作用管

（1）调整阀：调整阀与过量减压位的状态相同，均衡风缸的减压量仍为 240～260 kPa。

（2）放风阀：放风阀阀杆左移，使放风阀口迅速打开，列车管内的压力空气经放风阀口，从凸轮盒下方孔迅速排向大气。由于放风阀口的面积较大，在 3 s 内能将单机的列车管内的压力自 500 kPa 或 600 kPa 降到零，使列车迅速产生紧急制动作用。

（3）重联柱塞阀。

重联柱塞阀凸轮有一个更大的降程，使柱塞移到右极端，沟通以下两条通路：

① 中均管 4→列车管 2；

② 总风缸管 3→柱塞左端→撒砂管 6。

第一条通路：使中继阀膜板的两侧压力始终保持一致，以防止膜板因列车管迅速排风受到剧烈拉伸而破损。

第二条通路：在紧急制动时能实现自动撒砂，防止因制动力过大而造成滑行，擦伤车轮踏面。

（4）缓解柱塞阀。

缓解柱塞阀与制动区时的状态相同。

自阀在紧急制动位时，列车管急速减压，中继阀形成制动位，全列车产生紧急制动。

自阀在紧急制动位时，列车管压力排为零。

五、分配阀工作原理

1. 分配阀概述

分配阀作用：

（1）根据列车管压力增减而动作，通过作用阀控制机车制动缸的进排气，以实现机车的制动和缓解。

（2）在自阀制动后，可在单阀控制下，使分配阀的主阀动作，通过作用阀的作用，单独缓解机车。

JZ-7型分配阀主要由主阀部、副阀部、紧急部和管座（或称中间体）四部分组成。还附设有四个风缸，即工作风缸（15 L）、降压风缸（8 L）、紧急风缸（3 L）和作用风缸（2 L）。分配阀的结构原理，如图10-26、图10-27所示。

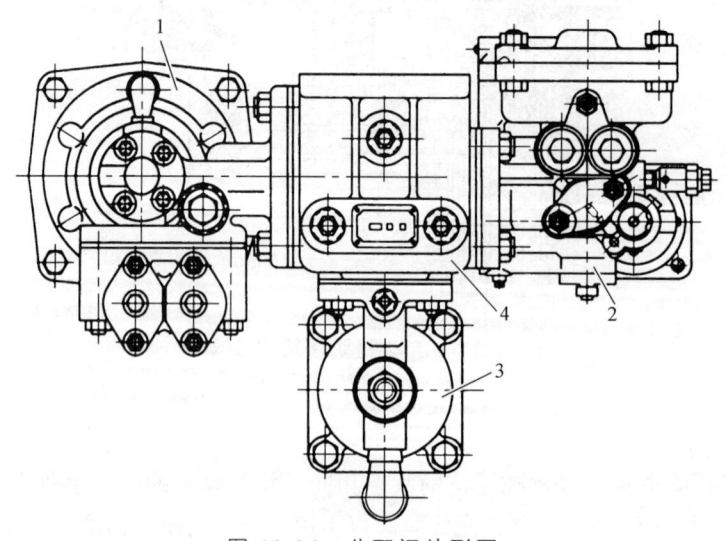

图 10-26 分配阀外形图

1—主阀部；2—副阀部；3—紧急部；4—中间体

2. 分配阀管座

分配阀的管座是主阀部、副阀部、紧急部及各管路的连接体。管座内设有两个空腔，一个空腔为局减室（1.2 L），它有一条通路通往副阀部的局减止回阀和充气阀的上端；另一个空腔内装有滤尘网，与列车管直接相通，以防止污物和尘埃进入分配阀体内，参见图10-27。

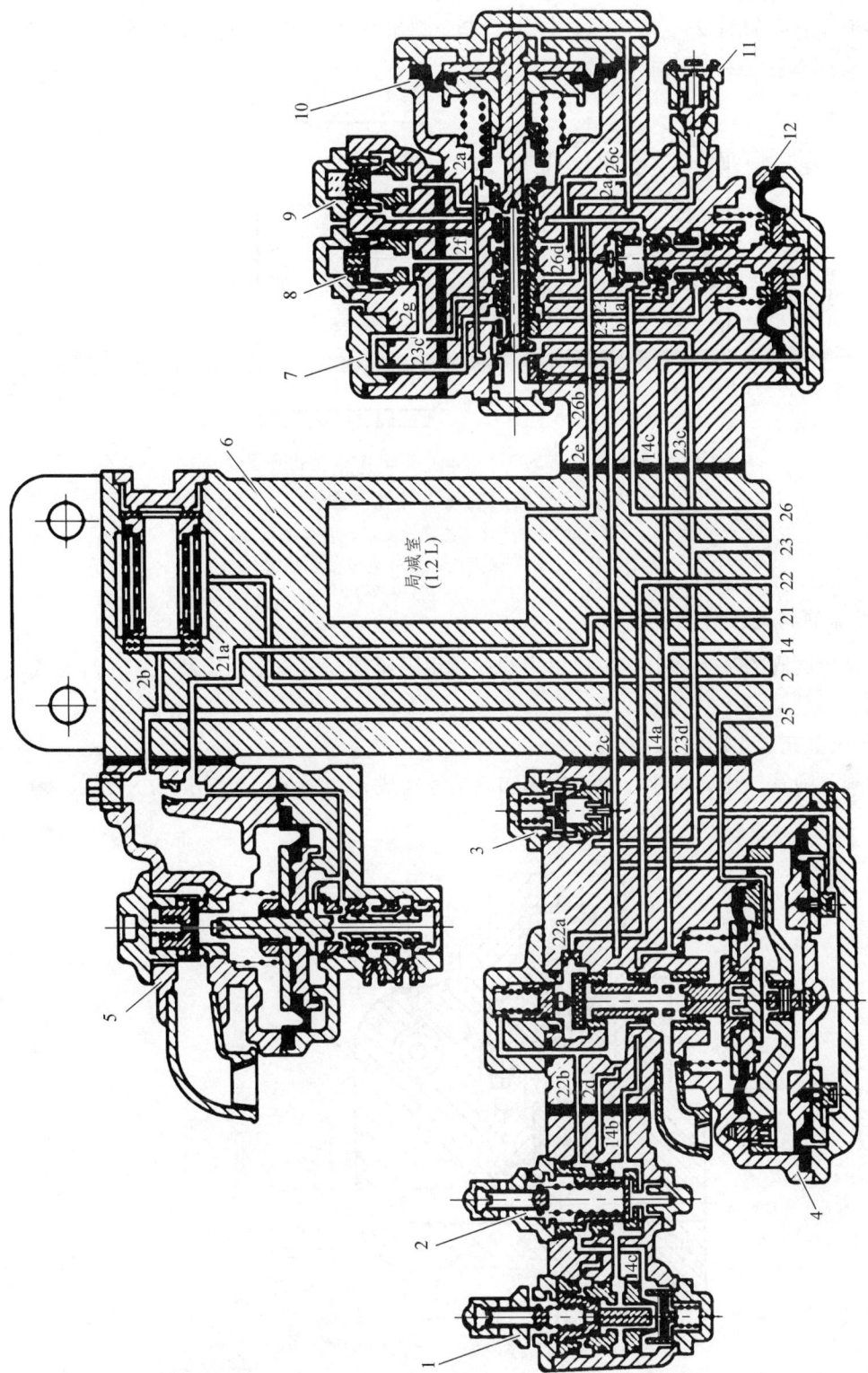

图 10-27 分配阀结构原理图（缓解充气位）

1—紧急限压阀；2—常用限压阀；3—工作风缸充气止回阀；4—主阀；5—紧急放风阀；6—管座；
7—转换盖板；8——次缓解逆流止回阀；9—局减止回阀；10—副阀；11—保持阀；12—充气阀

管座上装有 6 根管子和有一个通大气的孔，在管座上标有数字代号，如图 10-28 所示。管座底部接有工作风缸管 23、降压风缸管 26、紧急风缸管 21、作用风缸管 14 和大气孔 25，管座背部接有列车管 2 和总风缸管 22。

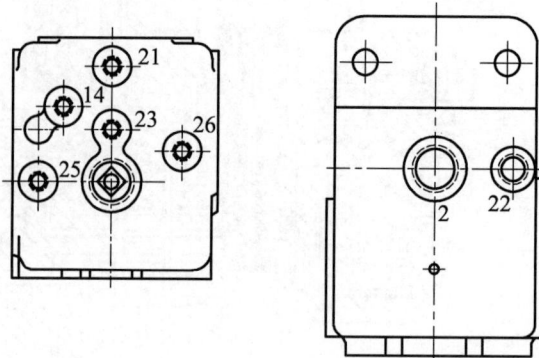

（a）管座底部管孔布置　　（b）管座背部管孔布置

图 10-28　分配阀管座上管孔布置

2—通制动管；14—通作用风缸；21—通紧急风缸；22—通总风缸；
23—通工作风缸；25—通大气；26—通降压风缸

3. 主阀部的构造及作用

主阀部是分配阀的基本部分，主要由主阀、常用限压阀、紧急限压阀和工作风缸充气止回阀等组成。

1）工作风缸充气止回阀

由止回阀、弹簧、止回阀座、弹簧挡圈和风堵等组成，如图 10-29 所示。

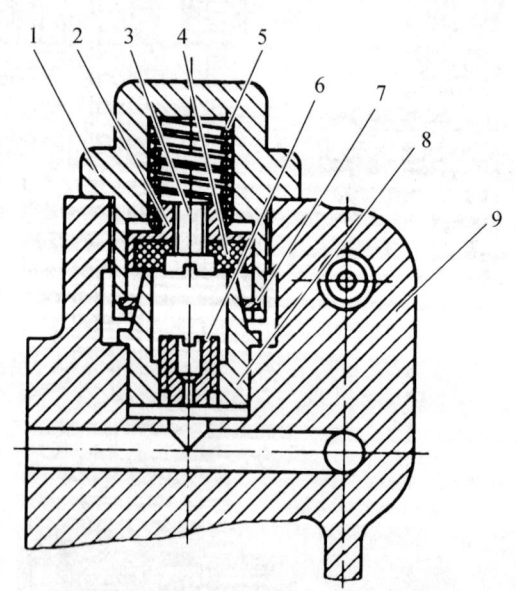

图 10-29　工作风缸充气止回阀

1—螺盖；2—止回阀；3—螺钉；4—胶垫；5—弹簧；6—风堵；
7—弹簧挡圈；8—止回阀座；9—主阀体

作用：在缓解充气时，列车管内的压力空气经止回阀向工作风缸充气，在制动减压时，防止工作风缸内的压力空气向列车管逆流，以避免产生不制动或制动力不成比例的现象。

2）主 阀

作用：控制作用风缸压力的变化，实现机车本身的制动、保压和缓解。

① 构造。

主阀是属于三压力机构的阀，主要由下盖、阀体、大膜板活塞、中盖、顶杆、小膜板活塞、主阀空心阀杆、缓解弹簧、供气阀和供气阀弹簧等组成，如图10-30所示。中盖用6个沉头螺栓固装于阀体上，将大、小膜板隔开，中心孔内装有顶杆，以O形圈保持气密，使大、小膜板活塞联动。

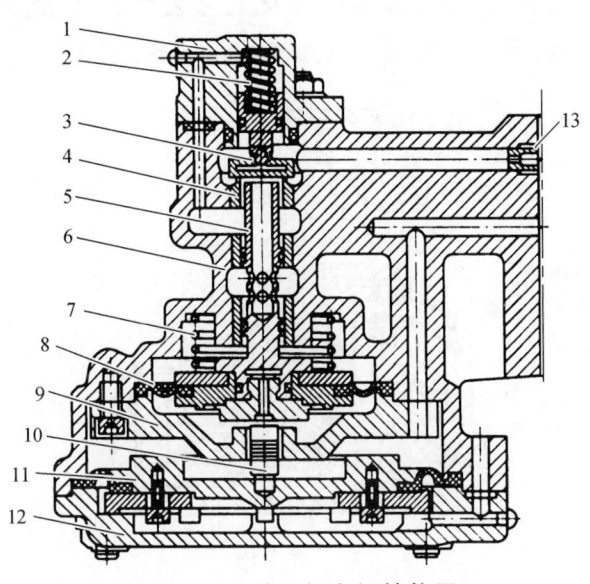

图10-30 分配阀主阀结构图

1—供气阀盖；2—供气阀弹簧；3—供气阀；4—供气阀座；5—空心阀杆；6—主阀体；
7—缓解弹簧；8—小膜板活塞；9—中间盖；10—顶杆；
11—大膜板活塞；12—下盖；13—限制堵

大膜板活塞上方通过阀体和中间体与列车管相通，下方通工作风缸；小膜板活塞的上方与作用风缸相通，下方通大气。因此，主阀是受这三个压差的支配产生动作的。作用风缸通过作用风缸管14经分配阀侧的变向阀与作用阀膜板活塞下方相通。大膜板活塞与小膜板活塞的面积比为2.7：1。

② 作用位置。

主阀有三个作用位置，如图10-31所示。

① 制动位。

当列车管减压时，大膜板活塞推动顶杆、带动小膜板活塞和空心阀杆向上移动，关闭排风口，顶开供气阀口。总风压力空气经供气阀口、常用限压阀柱塞凹槽到作用风缸，并经阀体上的缩孔到小膜板活塞上方，作用风缸增压，主阀呈制动位，如图10-31（b）所示。总风缸压力空气还经暗道进入供气阀的上部，平衡供气阀下部的空气压力，为及时关闭供气阀做好准备。

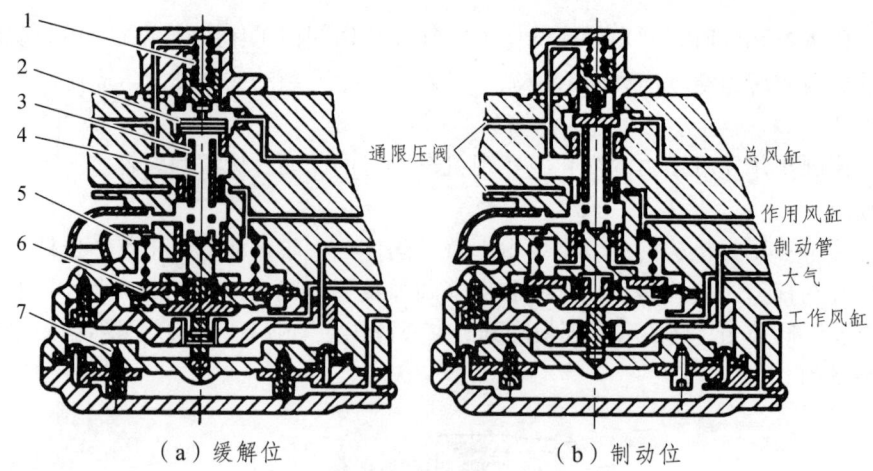

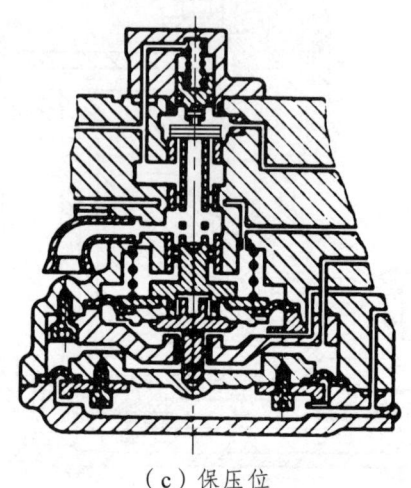

(c) 保压位

图 10-31　主阀作用位置

1—供气阀弹簧；2—供气阀；3—供气阀座；4—空心阀杆；
5—缓解弹簧；6—小膜板活塞；7—大膜板活塞

② 保压位。

当自阀手柄停留在制动区时，列车管停止减压。由于总风缸压力空气继续向作用风缸和小膜板活塞上方充气，使作用风缸压力逐渐增加，则大小膜板活塞逐渐下移，供气阀在其弹簧的作用下，使供气阀口逐渐关小，最后关闭供气阀口，但是空心阀杆仍与供气阀接触，排气阀口仍关闭，作用风缸停止增压，形成制动后的保压状态，如图 10-31（c）所示。

③ 缓解位（阶段缓解位、一次缓解位）。

制动后，当自阀手柄在制动区向最小减压位阶段移动时，列车管将获得阶段增压。大小膜板活塞在空气压力和缓解弹簧的作用下带动主阀空心阀杆下移，打开排气阀口。作用风缸的压力空气经限压阀凹槽沟通由主阀空心阀杆排向大气。作用风缸压力下降到一定程度，大小膜板活塞及主阀空心阀杆上移关闭排气阀口，压力停止下降，形成缓解后保压状态。

列车管再次增压时，大膜板活塞重复上述动作，形成阶段缓解作用，直到列车管充到规定的压力，作用风缸压力降到零，主阀处于完全缓解状态，如图 10-31（a）所示。

若通过单阀直接排出主阀大膜板下方的压力空气时，则主阀便动作到缓解位，排出作用风缸的压力空气，机车缓解。当大膜板下方的工作风缸压力小于大小膜板上方压力时，可以把作用风缸的压力排为零。

三压力结构分配阀的完全缓解，必须在列车管压力充到规定压力时才能完成。这样，当机车处于列车后部无火回送时，就会造成回送机车缓解时间过长的问题。

如何解决这一问题？

3）常用限压阀

作用是在常用制动时，使作用风缸压力不超过 350 kPa 或 420 kPa，以限制机车制动缸压力。

常用限压阀为柱塞式限压结构，它由调整螺钉、常用限压弹簧、柱塞限压阀、阀套及 O 形圈等组成，如图 10-32 所示。常用限压阀的上方为限压弹簧，下方与作用风缸连通。

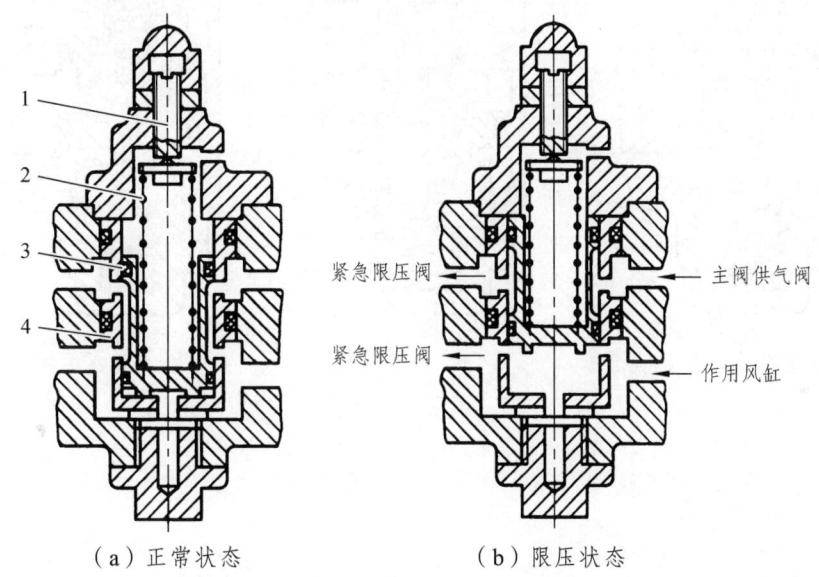

（a）正常状态　　　　（b）限压状态

图 10-32　常用限压阀作用位置

1—调整螺钉；2—常用限压弹簧；3—柱塞限压阀；4—阀套

常用制动时，由主阀供气阀口来的总风压力空气通过常用限压阀柱塞凹槽到作用风缸，并作用在常用限压阀柱塞下方，在作用风缸压力小于常用限压阀调整弹簧压力时，常用限压阀处于正常状态。当常用限压阀下部的空气压力超过弹簧调定的压力时，常用限压阀柱塞上移，遮断总风缸与作用风缸的通路，使作用风缸的压力停止上升，从而起到限压作用，常用限压阀处于限压状态。

限制的压力值可通过调整螺钉进行调整。若列车管定压为 500 kPa 时，将它调为 340～360 kPa；若列车管定压为 600 kPa 时，就将它调为 410～430 kPa。

4）紧急限压阀

作用：在紧急制动时，限制作用风缸的压力不超过 450 kPa，以达到限制机车制动缸压力的目的，防止机车制动力过大而造成滑行擦伤车轮踏面。

(1) 构造。

紧急限压阀结构如图 10-33 所示。柱塞上方为限压弹簧，下方为列车管压力和作用风缸压力，限压阀套下端、止阀下方及周围通主阀供气阀口或排气口。紧急限压阀是根据作用于柱塞上下方的压力，开启或关闭止阀而使作用风缸得到增压或限制其增压。

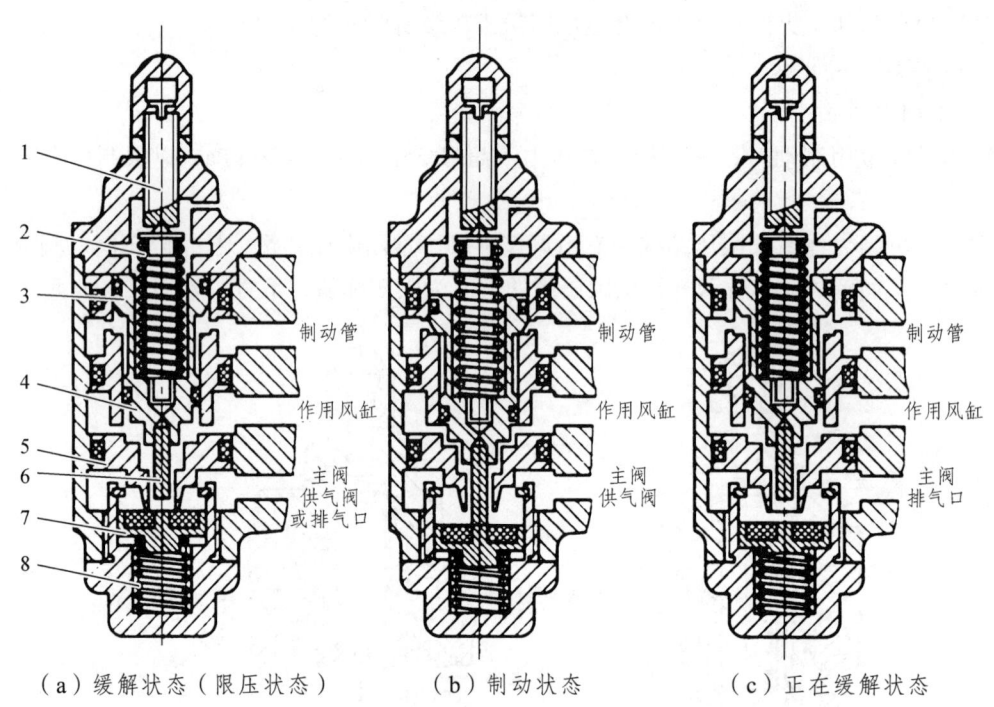

图 10-33 紧急限压阀作用位置

1—调整螺钉；2—紧急限压弹簧；3—柱塞（大直径）；4—柱塞（小直径）；
5—紧急限压阀套；6—柱塞顶杆；7—止阀；8—止阀弹簧

(2) 作用位置。

① 制动状态。

当施行紧急制动时，柱塞大直径下方列车管的压力空气迅速排大气，柱塞在限压弹簧的作用下迅速下移，柱塞顶杆顶开止阀，从主阀供气阀口来的总风缸压力空气经止阀口向作用风缸充气，呈制动状态，如图 10-33（b）所示。

② 限压状态。

当作用风缸的压力上升到紧急制动所限定的压力 450 kPa 时，柱塞在作用风缸的空气压力作用下，克服了限压弹簧力而上移，柱塞顶杆与止阀脱离接触，止阀在其弹簧作用下关闭阀口，停止向作用风缸充气，呈限压状态，参见图 10-33（a）。

③ 正在缓解状态。

自阀手柄从紧急制动位转到运转位或过充位时，列车管增压，分配阀主阀缓解，排气口开放。此时，作用风缸的压力从 450 kPa 开始下降，因常用限压阀已位于常用限压位，作用风缸的压力空气不能经常用限压阀柱塞凹槽排出，但紧急限压阀的止阀下方及周围已与大气相通，所以作用风缸的压力空气就压开紧急限压阀止阀口，形成通路：

作用风缸的压力空气→经止阀阀口→22b→从主阀空心阀杆排气阀口排向大气的通路,呈正在缓解状态,如图10-33(c)所示。

④ 缓解状态。

待作用风缸压力低于常用限压阀的限制压力(作用风缸的压力小于 340~360 kPa 或 410~430 kPa)时,常用限压阀就在其弹簧力作用下移动到下端正常状态的位置,这时作用风缸的压力空气,可从常用限压阀柱塞凹槽、主阀空心阀杆排气阀口排向大气[图10-31(a)]。紧急限压止阀直到作用风缸压力小于止阀弹簧力时,才上移到原位置,关闭阀口,呈缓解状态,如图10-33(a)所示。

4. 副阀部的构造及作用

1) 副阀部的主要功用

(1) 使分配阀实现一次缓解型或阶段缓解型的转换,并加快主阀的缓解速度。

在分配阀需要实行一次缓解作用时,通过副阀部的作用,使主阀大膜板上下沟通,分配阀主阀则成为二压力结构的阀,能有效地实现一次缓解作用。

在分配阀需要实行阶段缓解时,通过副阀部的作用,不沟通主阀大膜板上下方的联系,则分配阀主阀为三压力结构的阀,分配阀能实现阶段缓解作用。在阶段缓解时,由于副阀还能使工作风缸的一部分压力空气到降压风缸,使工作风缸的压力略有降低,从而提高主阀的缓解灵敏度和完全缓解的速度。

(2) 初制动时,能使列车管起局部减压作用。

在初制动时,一部分列车管压力空气进入局减室并排向大气,使列车管产生局部减压 25~35 kPa,这样,即使机车处于列车的尾部,当本务机车施行小量减压制动时,仍能起制动作用。

(3) 使工作风缸和降压风缸获得充气或消除过充压力。

自阀手把由过充位移回运转位后,使工作风缸和降压风缸的过充压力,由副阀部的原充气通路逆流列车管,随列车管的过充压力一起从中继阀的排气阀口排出而消除。

2) 副阀部结构

副阀部由转换盖板、局减止回阀、一次缓解逆流止回阀、保持阀、充气阀和副阀等六部分组成,参见图10-27。

(1) 转换盖板。

作用是沟通或遮断工作风缸和列车管的联系,而与客、货车转换阀的配合使分配阀具备一次缓解或阶段缓解性能。

转换盖板的结构比较简单,盖板上仅有两个孔用暗道连通,可分别与副阀体上的列车管孔 2g 和工作风缸管孔 23e 相对应。盖板通过两个螺栓安装于副阀阀体上,参见图10-27。

转换盖板置于一次缓解位:23e 与 2g 沟通,在列车管充气缓解时,通过副阀和一次缓解逆流止回阀的作用,使分配阀主阀大膜板上下的压力沟通,以实现一次缓解作用。此外,列车管的压力还可由该通路向工作风缸和降压风缸充气。在过充后,其过充压力也可由该通路逆流列车管,随列车管的过充压力一起消除。

转换盖板置于阶段缓解位,23e 与 2g 的通路遮断,工作风缸的压力空气不与列车管相通,从而使分配阀主阀仍为三压力结构的阀,以实现阶段缓解作用。

（2）局部减压止回阀。

局部减压止回阀的构造与工作风缸充气止回阀相同，参见图 10-29。

作用是在初制动时，使列车管压力空气经局止阀进入局减室，并由充气阀柱塞套上端排出部分压力，使列车管局部减压 25～35 kPa 的压力；在再制动时，因局减止回阀在局减室压力及其弹簧力的作用下而关闭，以防止局减室内的压力空气向列车管逆流，而引起副阀的自然缓解。

（3）一次缓解逆流止回阀。

简称"一次阀"，构造与局止阀基本相同，仅是在止阀上方少了一个弹簧，参见图 10-27 件号 8。

作用是和副阀、转换盖板一起完成分配阀一次缓解作用的控制。

当转换盖板在一次缓解位，在常用制动后缓解开始，因工作风缸压力大于列车管，则工作风缸的压力空气经副阀柱塞的凹槽（23b→23e）、转换盖板的通道（23e→2g），到一次阀的下方，顶开一次阀，从一次阀阀口的大通路（也经一次阀下方的缩口风堵）逆流列车管去，使分配阀主阀大膜板上下方的压力很快趋于一致，产生一次缓解作用。

当转换盖板在阶段缓解位，在常用制动后列车管阶段充气缓解时，因为作用风缸内仍有压力，充气阀在上端作用位，而转换盖板的通道（23e→2g）被遮断，工作风缸的压力空气只能经副阀左端的缩孔向降压风缸充气（23b→26b），而不能向列车管逆流。由于工作风缸向降压风缸充气而略有下降，从而加快了主阀的完全缓解的速度，提高了主阀缓解的灵敏度。

（4）保持阀。

保持阀如图 10-34 和图 10-35 所示。

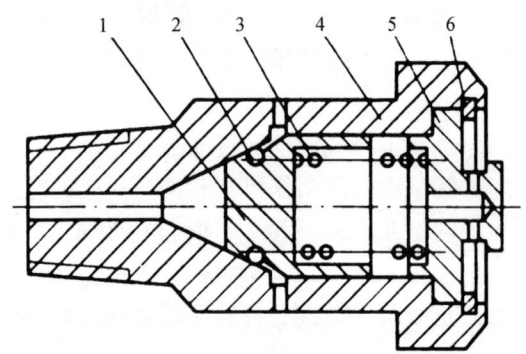

图 10-34 保持阀（压力不可调）

1—保持阀；2—O 形圈；3—弹簧；4—保持阀体；5—挡盖；6—挡圈

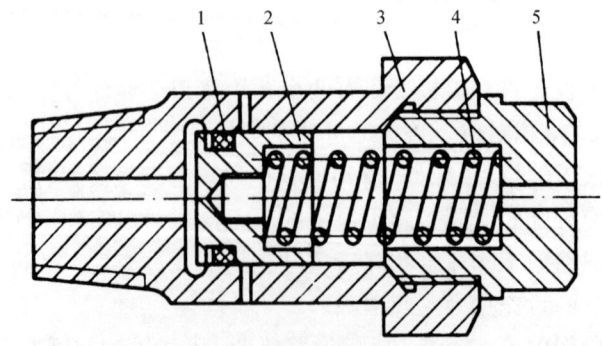

图 10-35 保持阀（压力可调）

1—O 形圈；2—保持阀；3—保持阀体；4—弹簧；5—挡盖

作用是在常用制动时,排出降压风缸的压力空气,以控制副阀活塞的作用位置。

在常用制动时,因副阀的作用,降压风缸的压力空气与保持阀相通,则降压风缸的压力推开保持阀,从保持阀阀体上的排气孔排向大气。当降压风缸的减压量与列车管的减压量相等时,副阀柱塞移到保压位,遮断了降压风缸与保持阀的通路,降压风缸的压力停止下降,保持阀阀口关闭。保持阀调整的压力为 280~340 kPa。

(5)充气阀。

充气阀的功用如下:

① 提供列车管向工作风缸、降压风缸充气的通路及消除它们的过充压力的通路。

② 排出局减压力。在常用初制动时,把列车管的一部分压力空气排向大气。

③ 在阶段缓解时,防止工作风缸和降压风缸的压力空气向列车管逆流。

充气阀属于二压力结构的阀,如图 10-36 所示,主要由充气阀柱塞、膜板活塞、充气阀套及弹簧等组成,膜板活塞上方为弹簧压力,而且在阀体上有小孔与大气相通,充气阀膜板活塞下方与作用风缸相通。

充气阀膜板活塞的动作主要受作用风缸的压力控制。

充气阀有两个作用位置,各位置通路如图 10-37 所示。

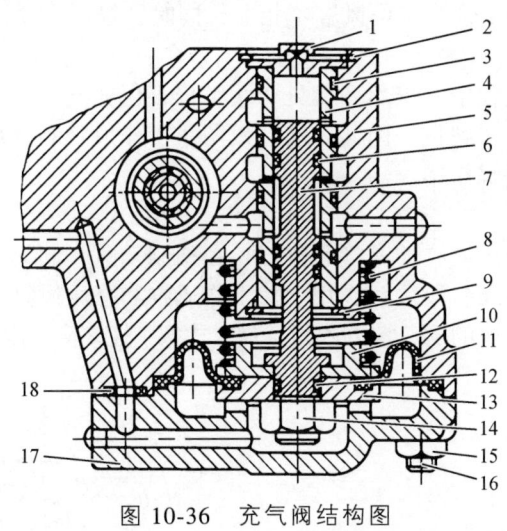

图 10-36 充气阀结构图

1—挡板;2、19—挡圈;3、6、12—O 形圈;4—充气阀套;5—副阀体;7—充气柱塞;
8—弹簧;10—压板;11—膜板;13—膜板托;14—双头螺栓;
15、16—六角螺母;17—盖;18—胶垫

缓解位:在缓解时,当作用风缸压力下降至 24 kPa 以下,膜板活塞在弹簧的作用下,处于下端位,充气阀柱塞沟通了 2h 与 23a 的联系,即列车管与工作风缸管相通,充气阀柱塞尾端还开启局减室与大气的通路 2a1,局减室内的压力空气可由 2a1 的通路从充气阀上端孔排向大气,如图 10-37(a)所示。

这时,列车管的压力空气可经 2h 与 23a 的通路向工作风缸充气,再由副阀左端体上的缩孔向降压风缸充气,直至工作风缸和降压风缸压力与列车管压力相等。若自阀手柄由过充位移至运转位时,则工作风缸和降压风缸的过充压力空气经 2h 与 23a 的通路逆流到列车管,随列车管的过充压力而一起消除。

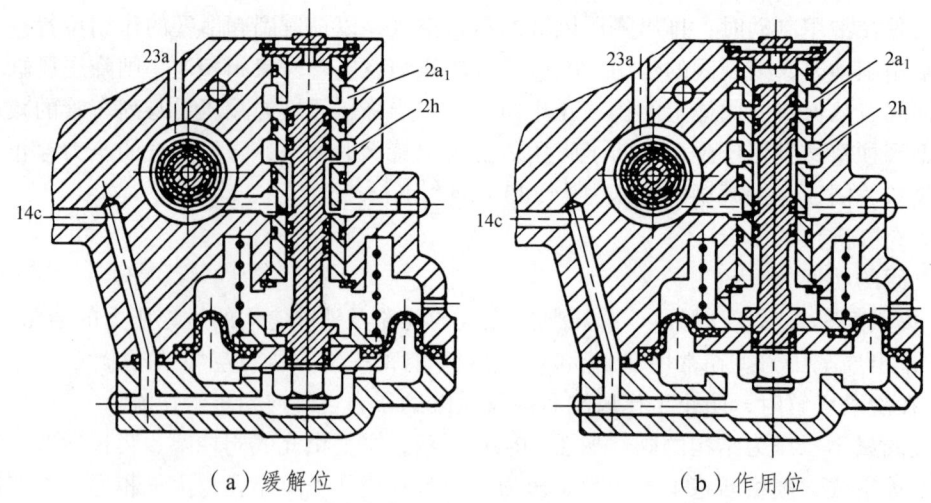

（a）缓解位　　　　　　　　　（b）作用位

图 10-37　充气阀作用位置

$2a_1$—通局减室；$2h$—通制动管；$23a$—通工作风缸；$14c$—通作用风缸

作用位：制动后，当作用风缸压力大于 24 kPa 时，膜板活塞及柱塞处于上端，柱塞遮断了 $2h$ 和 $23a$ 的联系，列车管与工作风缸不相通，同时，局减室 $2a_1$ 也不与大气相通，如图 10-37（b）所示。

这样，在阶段缓解过程中，虽然副阀处于缓解位，但充气阀只有在作用风缸的压力降到 24 kPa 以下时，才恢复到缓解位。因此，能有效防止工作风缸和降压风缸的压力空气逆流到列车管影响主阀的阶段缓解作用。

（6）副阀。

副阀的功用是控制降压风缸的充气和排气、在初制动时，起局部减压作用、与转换盖板合用使制动机起一次缓解或阶段缓解作用、使工作风缸和降压风缸获得或消除过充压力。

副阀是属于二压力结构的阀，它由膜板活塞、柱塞、柱塞套、内外弹簧及 O 形圈等组成，如图 10-38 所示。

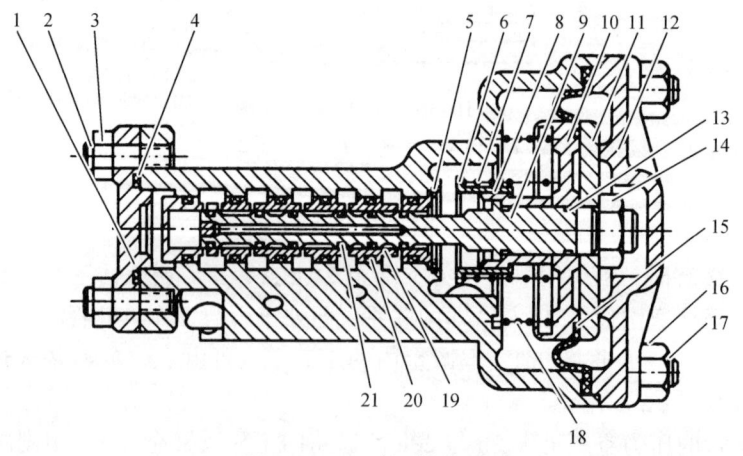

图 10-38　副阀结构图

1—盖；2、17—双头螺栓；3、14、16—六角螺母；4、13、20、21—O 形圈；5—挡圈；6—弹簧托；
7—缓解弹簧；8—套；9—副阀柱塞；10—副阀内活塞；11—压板；12—副阀盖；
15—膜板；18—稳定弹簧；19—副阀套

副阀膜板活塞的左侧为列车管的压力空气,右侧为降压风缸的压力空气,膜板活塞的左侧还有内外弹簧力的作用。降压风缸的作用是控制副阀活塞的制动、保压和缓解的作用位置。

局部减压作用是由局减止回阀和充气阀配合完成的。

副阀的动作是由膜板活塞两侧列车管和降压风缸的压力差而产生的,在列车管压力的控制下,它有四个作用位置。

① 缓解充气位。

当列车管增压时,膜板活塞处于右极端位置,柱塞凹槽使23a(及23e)与23b沟通,并经副阀左端体上缩孔使23b与26b沟通,如图10-39(a)所示,并参见图10-27副阀部分。

若是初充气,列车管可由下述通路向工作风缸和降压风缸充气,直至工作风缸和降压风缸的压力与列车管的压力相等。

列车管压力空气 ⟶ 2f ⟶ 一次阀下方缩孔 ⟶ 2g ⟶ 2h充气阀柱塞凹槽 ⟶ 23a
⟶ 转换盖板(一次缓冲位)⟶ 23e

副阀柱塞凹槽 ⟶ 23b ⟶ 23C ⟶ 23 ⟶ 工作风缸。⟶ 26c ⟶ 副阀膜板模式右侧。
⟶ 副阀左端体上缩孔 ⟶ 26b ⟶ 26 ⟶ 降压风缸。

当自阀由过充位移至运转位,则工作风缸和降压风缸的过充压力空气由上述通路逆流到列车管,随列车管的过充压力一起消除。

若是制动后再充气,转换盖板置于一次缓解位,在缓解的初期,因工作风缸的压力大于列车管和降压风缸的压力,则形成了工作风缸压力空气向列车管逆流、向降压风缸充气的现象,其通路如上基本相同,方向不同。

这样,分配阀主阀大膜板上下的压力相通,三压力结构的主阀变成二压力结构的阀。在小膜板上方作用风缸的压力作用下,主阀呈缓解位,产生一次缓解作用。

一旦列车管的空气压力大于工作风缸压力,列车管的压力空气则又沿初充气的通路,向工作风缸和降压风缸充气。

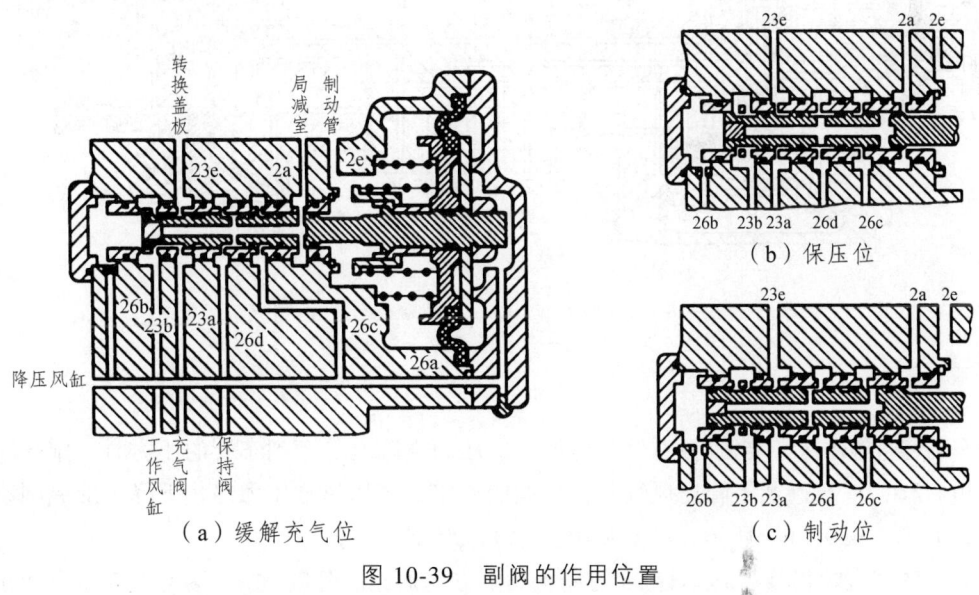

图 10-39 副阀的作用位置

1—膜板活塞;2—稳定弹簧;3—缓解;4—柱塞;5—柱塞阀套
2a—通局减止回阀;2e—通制动管;23a—通充气阀;23b—通工作风缸;
26a、26b、26c—通降压风缸;26d—通保持阀;23e—通转换盖板

② 制动位。

列车管减压制动时，在降压风缸压力作用下，副阀膜板活塞及柱塞左移，首先打开局减通路：

制动管压力空气（副阀柱塞右端）→ 2a ┬→ 顶开局止阀 → 局减室。
　　　　　　　　　　　　　　　　　　└→ 2a^1 → 充气阀柱塞上端 → 大气。

使列车管局减 25～35 kPa，提高列车管的排风速度。

副阀膜板与柱塞继续左移，打开降压风缸排气的通路：

降压风缸的压力空气→26c→副阀柱塞中心、径向孔→26d→保持阀→大气。

与此同时，副阀柱塞遮断了 23b 与 26b 的通路，即断开了工作风缸与降压风缸的联系，如图 10-39（c）所示，并参见图 10-40 副阀部分。

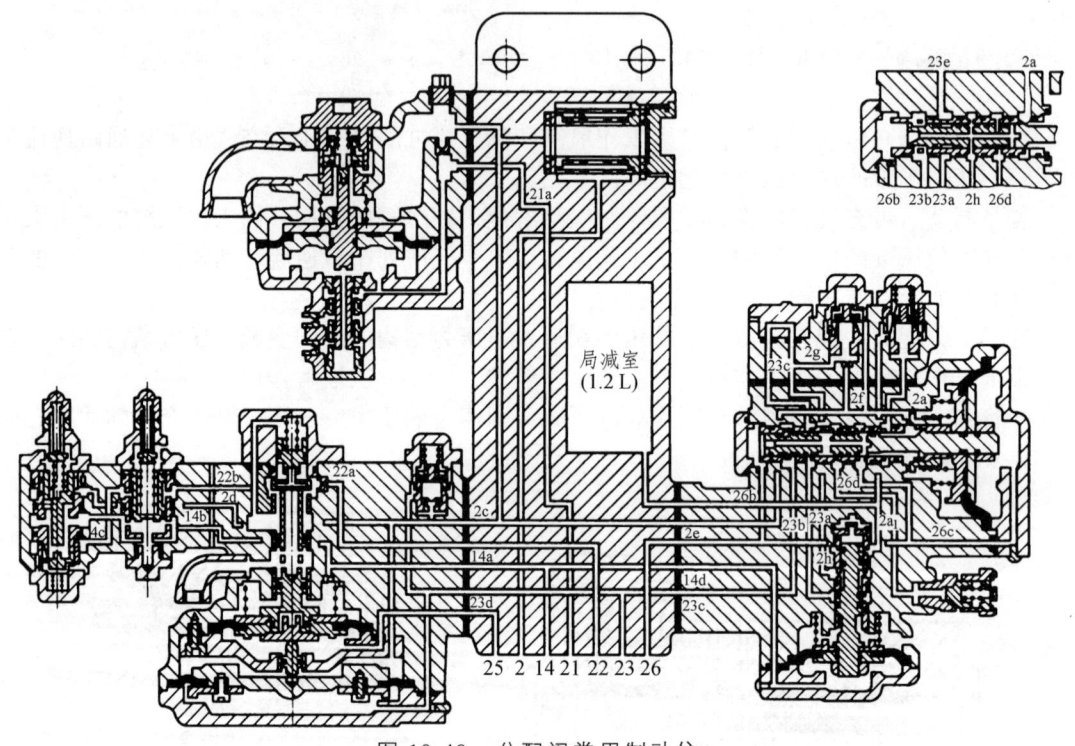

图 10-40　分配阀常用制动位

23—工作风缸管；26—降压风缸管；21—紧急风缸管；14—作用风缸管；
25—接大气；2—制动管；22—总风缸管

③ 保压位。

列车管停止减压后，当膜板右侧降压风缸的压力下降至等于列车管的压力时，副阀膜板及柱塞稍右移，柱塞遮断了降压风缸与保持阀的通路，降压风缸压力停止下降。形成制动后保压位，如图 10-39（b）所示，并参见图 10-40 副阀部分。

此时，柱塞右端仍开启列车管 2a 与局止阀下方的通路，但是，在局减室空气压力和止阀弹簧的作用下，局止阀关闭阀口，因充气阀仍在作用位，故列车管不再获得局减，局减室也不会排大气。

④ 阶段缓解作用。

当转换盖板置于阶段缓解位，在列车管阶段增压时，可形成阶段缓解作用。

制动后列车管增压时，膜板及柱塞右移至缓解充气位，使 23b 与 26b 沟通，工作风缸压力空气则向降压风缸和副阀膜板右侧充气。

列车管停止增压后，由于工作风缸压力空气继续向降压风缸和膜板右侧充气，当膜板右侧的降压风缸压力与膜板左侧的列车管压力相等时，在缓解弹簧的作用下，副阀膜板及柱塞稍左移，遮断了 23b 与 26b 的通路，副阀呈缓解后的保压位。

在列车管阶段增压时，副阀则重复上述动作。同时，分配阀主阀也重复缓解位及缓解后的保压位，作用风缸压力阶段下降，产生阶段缓解作用。

在列车管阶段增压时，因工作风缸的压力逐次向降压风缸充气而下降，所以，列车管的压力不必充达定压，而只需充到大于工作风缸的压力时，即可实现完全缓解。这样，提高了三压力机构的主阀完全缓解的速度。

5. 紧急部的构造及作用

紧急部即为紧急放风阀。

作用是紧急制动时，提供列车管又一条排气的通路，加速列车管的排气，确保产生紧急制动。

紧急放风阀装在分配阀管座前面的下部，结构如图 10-41 所示。膜板活塞上方通列车管压力，下方通紧急风缸的压力，膜板活塞的动作主要由列车管的充、排气来控制。

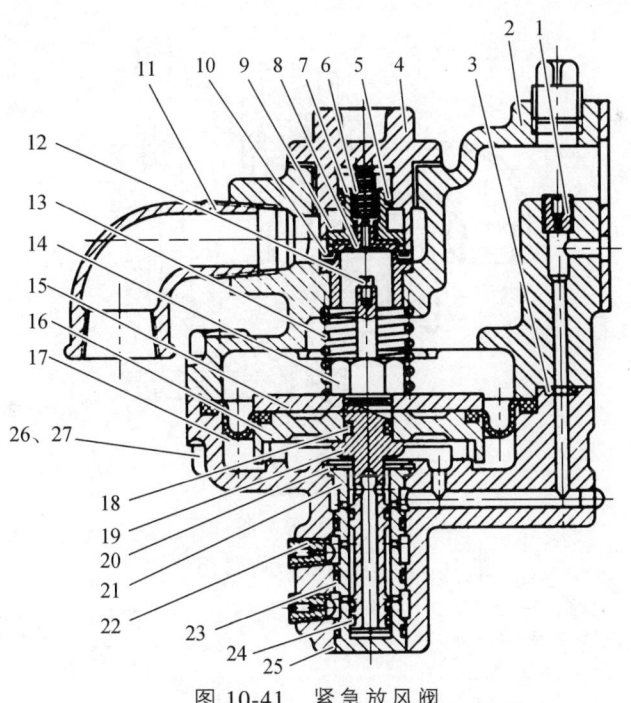

图 10-41 紧急放风阀

1—充气限制堵；2—紧急放风阀上体；3、9—胶垫；4—螺盖；5、18、23、24—O形圈；6—放风阀弹簧；7—放风阀；8—螺帽；10、20—挡阀；11—内外弯接头；12—触头；13—复原弹簧；14—螺母；15—压板；16—活塞；17—膜板；19—柱塞杆；21—放风阀套；22—缩口风堵；25—紧急放风阀下体；26—六角螺母；27—双头螺栓

紧急放风阀的阀体上有三个缩口风堵，阀上体的风堵叫充气限制堵（$\phi1.5$ mm），阀下体有两个风堵，上边的叫第一缩口风堵（$\phi1.2$ mm），下边的叫第二缩口风堵（$\phi0.9$ mm），第一缩口风堵的孔径比第二缩口风堵的孔径大，如若将一、二风堵装错位置或充气限制堵被污物堵塞，常用制动时会起紧急制动作用。

紧急放风阀有三个作用位置，如图10-42所示。

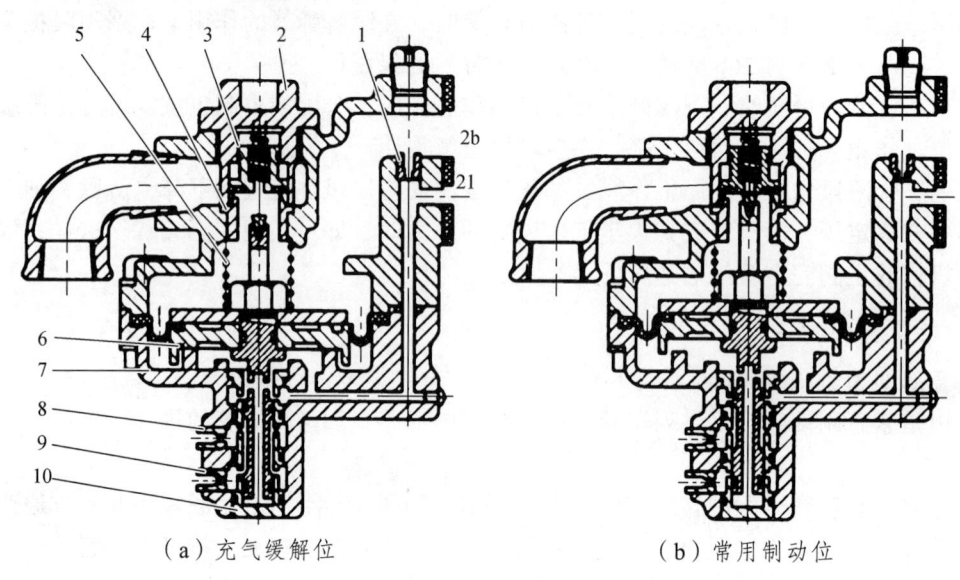

（a）充气缓解位　　　　　　（b）常用制动位

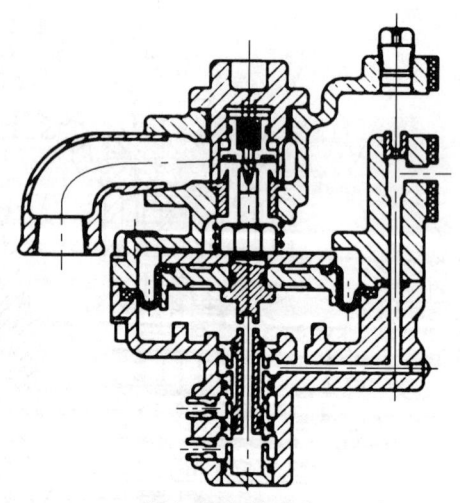

（c）紧急制动位

图 10-42　紧急放风阀作用位置

1—充气限制堵；2—上盖；3—放风阀；4—阀座；5—复位弹簧；6—膜板活塞；
7—柱塞杆；8—第一缩口风堵；9—第二缩口风堵；10—柱塞套

1）充气缓解位

由于列车管增压，膜板活塞处于下端位置，进入膜板活塞上方的列车管压力空气，通过阀上体的充气限制堵向紧急风缸充气，同时，也向紧急活塞下方及柱塞杆下端充气，直至膜板上下方压力相等，如图10-42（a）所示。

2）常用制动位

列车管常用制动减压，膜板活塞在上下压力差作用下带动顶杆上移至与放风阀接触而停止，因活塞上下压力差小而无力顶开放风阀，处于常用制动位。

膜板活塞上移后，膜板活塞下方的紧急风缸的压力空气→放风阀柱塞杆的凹槽→第一缩口风堵→大气，同时，紧急风缸的一部分压力空气经充气限制堵逆流到列车管，由于风堵的限制，紧急风缸压力空气下降速度几乎等于列车管制动时的排气速度，故放风阀一直处于安定状态，如图10-42（b）所示。

当列车管停止减压后，在复原弹簧的作用下，阀膜板活塞又回到充气缓解位，膜板活塞上下方的压力仍相等。

3）紧急制动位

紧急制动时，由于列车管急速减压，膜板活塞上下方形成了较大的压力差，膜板活塞在紧急风缸压力空气作用下上移，柱塞杆顶开放风阀，使列车管的压力空气经放风阀阀口迅速排向大气，如图10-42（c）所示。紧急风缸的压力空气也经柱塞杆凹槽→第一缩口风堵→大气，又经柱塞杆径向孔、中心孔→第二缩口风堵→大气，另有一小部分则经充气限制堵逆流到列车管。

当列车管的压力空气排完，紧急风缸内的空气压力排到小于放风阀弹簧和复原弹簧力时，放风阀被弹簧压下关闭放风阀阀口，同时，膜板活塞及柱塞阀杆也随之下移，关闭了紧急风缸排气的第一、二缩口风堵而呈充气缓解位。

在紧急制动后，紧急风缸压力没有排到小于放风弹簧和复原弹簧力之前，放风阀仍处于开启状态，如果这时向列车管充气，只会浪费压缩空气而毫无作用。

由试验得知，紧急风缸的压力自 500 kPa 排到小于放风阀弹簧和复原弹簧力的时间为 9.2 s；紧急风缸在常用全制动位减压 170 kPa 的时间为 9 s。

六、分配阀的作用

1. 缓解充气位

分配阀有四个作用位置，即缓解充气位、常用制动位、缓解与阶段缓解位和紧急制动位，它的作用位置将直接控制作用风缸压力的变化，从而使作用阀产生不同的作用位置，实现对机车的制动、缓解和保压作用的控制。

在缓解充气位时，制动管的压力空气经滤尘网及下述通路向分配阀各气室充气，参见图10-27。有三个通路：

```
通路1:
                              ┌─→ 2d ─→ 紧急限压阀大直径下方。
制动管2 ─→ 滤层网 ─→ 2b ─→ 2c ─┤    主阀大膜板活塞上方。
                              └─→ 工作风缸充气止回阀 ─→ 主阀大活塞下方。
                                                    └─→ 23d ─→
        ┌─→ 23 ─→ 工作风缸。
        └─→ 副阀23c ─→ 23b ─→ 缩孔 ─→ 26b ─┬─→ 26 ─→ 降压风缸。
                                          └─→ 26c ─→ 副阀膜板活塞右侧
```

通路2：

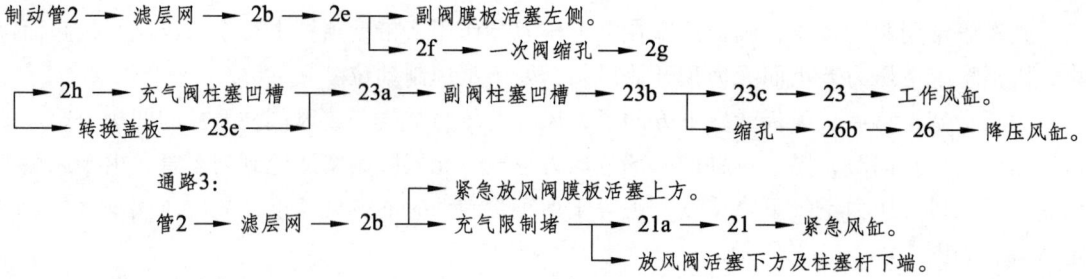

通路3：

```
         ┌→ 紧急放风阀膜板活塞上方。
管2 → 滤层网 → 2b ─┼→ 充气限制堵 → 21a → 21 → 紧急风缸。
         └→ 放风阀活塞下方及柱塞杆下端。
```

分配阀各气室充满风后，其状态是：

（1）主阀部。

主阀大膜板活塞处于下端位置，呈缓解位。

制动管经充气止回阀向工作风缸充至规定压力，大膜板活塞上下方空气压力相等。主阀部空心阀杆与供气阀脱离接触，开放排气阀口，作用风缸和小膜板活塞上方的压力空气→14a→14b→常用限压阀柱塞凹槽→22b→主阀空心阀杆中心孔→大气。作用风缸压力排为零，通过作用阀的作用，机车制动缸也排为零，机车缓解。供气阀在其弹簧和总风压力的作用下关闭供气阀口。

常用限压阀柱塞在其弹簧作用下处于下端位置。紧急限压阀在制动管建立了正常压力后，柱塞阀处于上端位置，止阀关闭阀口。

（2）副阀部。

副阀膜板活塞处于右端位置，呈缓解充气位。

副阀活塞两侧空气压力相等。

充气阀膜板活塞在其弹簧作用下处于下端位置，柱塞尾端使局减室与大气相通。

保持阀、局减止回阀和一次缓解逆流止回阀均处于关闭状态。

（3）紧急部。

紧急放风阀膜板活塞处于下端位置，呈充气缓解位。

紧急放风阀膜板活塞上下具有相等的压力，放风阀在其弹簧作用下关闭放风阀口。

在缓解充气位时，分配阀附设的四个风缸呈现三充一排的状态，即工作风缸、降压风缸、紧急风缸处于充气状态，充气压力与制动管相等；作用风缸通大气，压力排为零。当制动管过充时，工作风缸、降压风缸、紧急风缸也充气达过充压力。

2. 常用制动位

当制动管减压时，副阀膜板活塞在降压风缸压力作用下左移，压缩外弹簧，形成制动位。

副阀膜板活塞左移时，其柱塞前端首先开启制动管 2f 的局减通路 2a，参见图 10-40 的 A 部，同时，柱塞尾端遮断了制动管、工作风缸和降压风缸间互相联系的通路，即 23b 与 26b 及 23a 与 23b 的通路。副阀的局减通路如下：

```
                    ┌→ 局减室。
制动管的压力空气2e → 2a → 局减止回阀 ─┤
                    └→ 2a₁ → 从充气阀上端孔 → 大气。
```

制动管局部减压 25～35 kPa。由于有了局减作用，本务机车施行小减压制动，也能保证副阀膜板活塞移动到制动位产生制动作用。

副阀膜板活塞继续左移到制动位时，副阀柱塞沟通了副阀膜板活塞右侧的降压风缸压力空气从保持阀排大气的通路：

膜板活塞右侧的压力空气 26c→副阀柱塞径向孔及中心孔→柱塞凹槽→26d→保持阀→大气。

当降压风缸压力降到与制动管压力相等时，膜板活塞在弹簧的作用下移到保压位，降压风缸经保持阀通大气的通路被遮断，如图 10-40，图 10-43 所示。

由于制动管减压和副阀部的局减作用，迅速形成主阀大膜板活塞上下的压力差，使大膜板活塞上移，推顶杆使小膜板活塞及空心阀杆上移，顶开供气阀，打开供气阀口，开通总风缸的压力空气向作用风缸充气通路，形成制动位，如图 10-40 所示。作用阀形成制动位，机车制动增压，机车制动。

制动时，主阀形成总风缸向作用风缸充气及各处的通路：

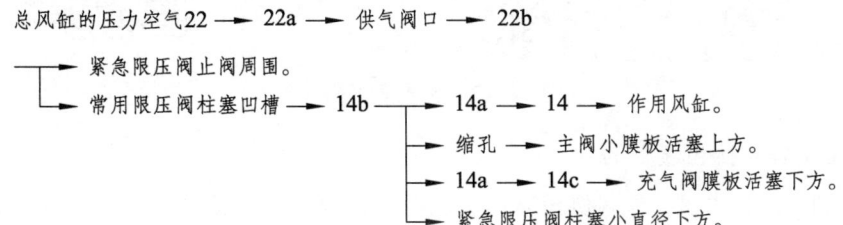

当作用风缸压力大于 24 kPa 时，充气阀膜板活塞上移至作用位，关闭局减室通大气的通路 2a1，局减终止。制动管初次减压后，局减室通大气的通路关闭，当制动管再次减压时，由于局减室的压力高于制动管的压力，局减止回阀呈关闭状态，故局减作用只发生在初次制动时。

制动管减压后，当主阀小膜板上方增加的压力与大膜板上方减少的压力相等时，在供气阀弹簧和缓解弹簧的作用下，大小膜板下移，供气阀关闭供气阀口，总风缸停止向作用风缸充气，但主阀空心阀杆仍与供气阀保持接触，排气阀口仍关闭，形成制动后的保压状态，如图 10-43 所示。作用阀形成保压位，机车制动缸保持一定压力。

如果作用风缸压力上升到常用限压值时，则常用限压阀柱塞上移，遮断其供气通路，使作用风缸的压力限压后不再上升。

当制动管施行阶段减压制动时，主阀、副阀就多次重复上述制动-保压位的动作，作用风缸压力阶段增压，通过作用阀的作用，机车制动缸压力也阶段增加，从而机车得到阶段制动作用。

在常用制动位时，作用风缸上升的压力根据分配阀主阀大小活塞的面积比，按接近 1∶2.5 倍的关系上升。

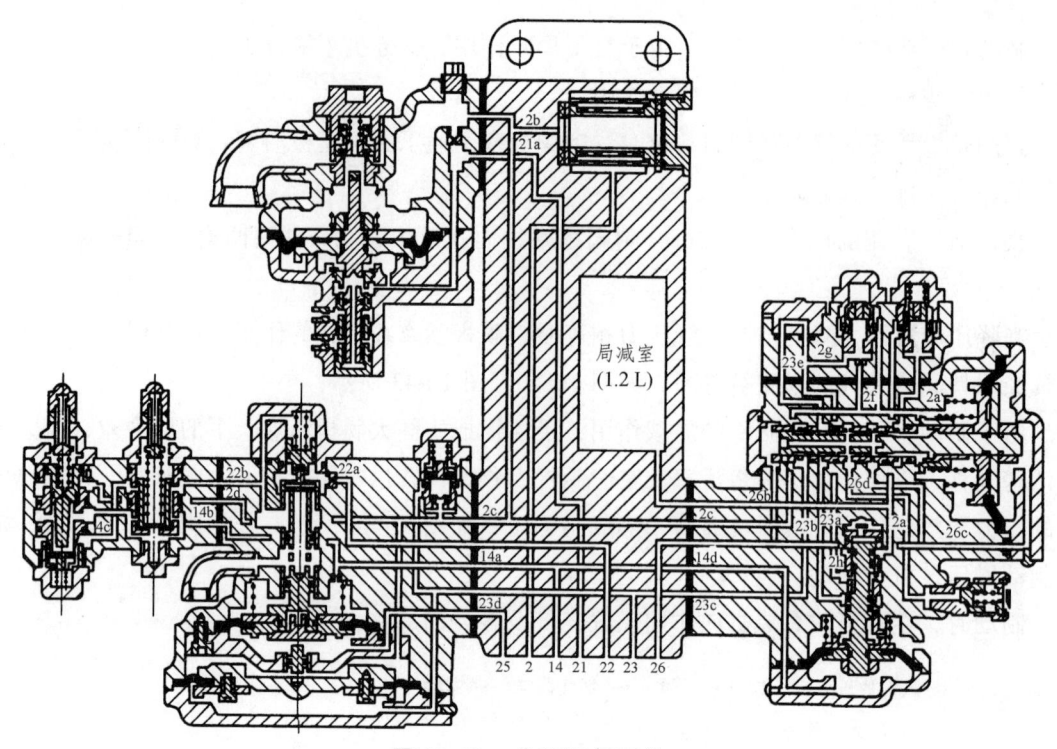

图 10-43 分配阀保压位

3. 一次缓解与阶段缓解位

在常用制动时,由于工作风缸没减压,因此,在制动后的缓解初期,制动管及降压风缸的压力低于工作风缸的压力。

1)当转换盖板处于一次缓解位时,23e 与 2g 沟通

由于制动管增压,副阀膜板活塞两侧产生压力差,使膜板活塞向右移动至缓解充气位。副阀柱塞尾端开启了工作风缸向降压风缸充气的通路,并遮断了副阀膜板活塞左侧制动管与局减室的通路。

(1)工作风缸向降压风缸和制动管逆流的通路。

```
                                              → 26c → 副阀膜板活塞右侧。
工作风缸23 → 23c → 23b → 副阀左端缩孔 → 26b → 26 → 降压风缸。
                        → 副阀柱塞凹槽 → 23e → 转换盖板 → 2g →

   → 顶开一次缓解逆流止回阀(大通路)
   → 经一次阀下方的缩孔(小通路) → 2f → 2e → 2 → 列车管。
```

由于工作风缸压力空气流入降压风缸和制动管以及制动管的充气增压,使主阀大小膜板上下方的三者压力失去平衡,大膜板连同空心阀杆迅速下移,打开空心阀杆排气阀口,主阀呈缓解位。

因工作风缸管与制动管沟通,使主阀三压力结构变为二压力结构,分配阀形成了一次缓解作用。

（2）作用风缸排大气的通路。

作用风缸→14→14a→14b→常用限压阀柱塞凹槽→22b→主阀空心阀杆中心孔→大气。

由于作用风缸排大气为零，作用阀将形成缓解位，机车制动缸压力也排为零，机车缓解。

当作用风缸压力小于 24 kPa 时，充气阀呈缓解位。充气阀膜板活塞在其弹簧力的作用下移至缓解位，柱塞凹槽沟通了 2h 与 23a 通路，局减室内的压力空气经充气阀（2a1）上端孔排向大气。

由于沟通了 2h 与 23a，此时，制动管向各气室充气的情况与缓解充气位相同。

2）当转换盖板处于阶段缓解位时，23e 与 2g 的通路遮断（图 10-44）

在制动管阶段充风时，且作用风缸内仍大于 24 kPa 时，充气阀处于上端作用位，工作风缸的压力空气只能经副阀左端体上的缩孔流入降压风缸，不能经转换盖板及充气阀逆流到制动管去。当降压风缸空气压力上升到稍高于制动管压力时，副阀膜板活塞左移到保压位，关闭工作风缸（23b）向降压风缸（26b）充气的通路。

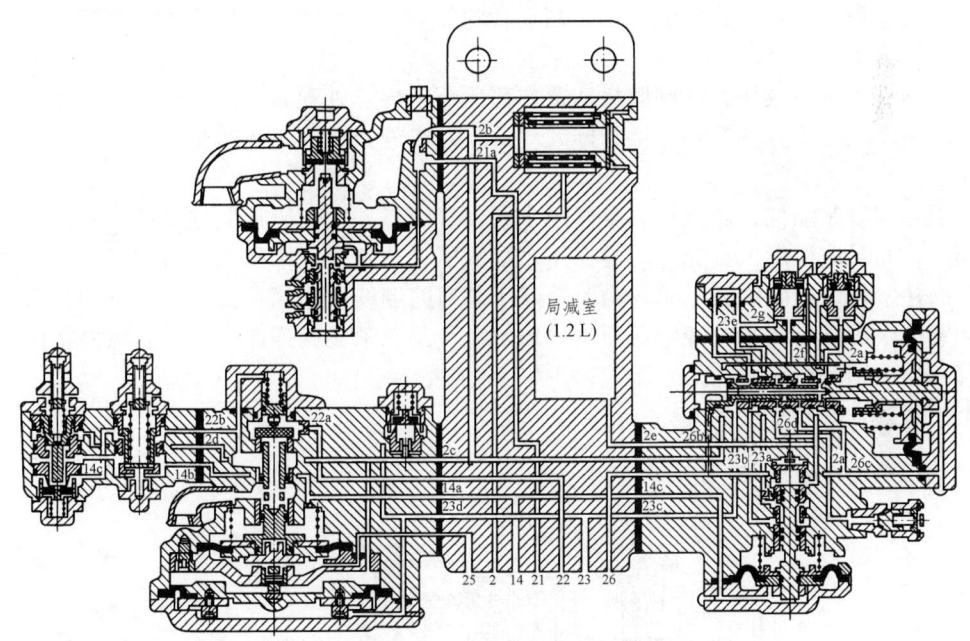

图 10-44　分配阀缓解再充气位

（1）阶段缓解时，工作风缸向降压风缸充气的通路为：

工作风缸→23→23b→副阀左端体上缩孔→26b→26→降压风缸。

此时，由于制动管增压，再加上工作风缸降一部分压力到降压风缸，促使主阀大膜板迅速下移，作用风缸压力空气经主阀空心阀杆排气口排向大气。当制动管增压停止后，因作用风缸的压力下降，空心阀杆上移关闭排气阀口，作用风缸停止排气。

（2）在阶段缓解时，作用风缸排气的通路为：

作用风缸→14→14a→14b→常用限压阀柱塞凹槽→22b→主阀空心阀杆中心孔→大气。

由于作用风缸压力下降，作用阀形成缓解位，机车制动缸排气，当制动缸压力下降到与作用风缸压力相等时，作用阀形成保压位，机车制动缸停止排大气，机车处于制动保压状态。

由于制动管的增压是阶段控制的，而作用风缸的压力也是阶段下降的，它的降压次数与制动管的增压次数相同。制动管如此施行阶段增压，作用风缸、制动缸压力也如此阶段下降，就形成了阶段缓解作用。

在一次缓解时，工作风缸压力向降压风缸充气；同时工作风缸又与制动管沟通，使主阀三压力结构变为二压力结构，实现制动管一增压就缓解的一次缓解作用。

在阶段缓解时，制动管增压，副阀也呈缓解位，由于转换盖板的遮断，充气阀又处于作用位，因此，工作风缸压力只能经副阀左端体上的缩孔向降压风缸充气，而不能流向制动管，使分配阀成为三压力机构。

由于工作风缸向降压风缸送风而降低了压力，制动管只要增压到大于工作风缸的压力，而不需充到定压，分配阀就形成了完全缓解，从而加快了主阀完全缓解的速度，提高了主阀的缓解灵敏度。

4. 紧急制动位

当列车施行紧急制动时，制动管压力迅速降低，产生紧急制动作用。

（1）紧急放风阀处于紧急制动位，制动管的压力空气经紧急放风阀阀口迅速排大气，制动管空气压力迅速下降。

（2）制动管迅速减压，副阀膜板活塞左移压缩了内、外弹簧，此时副阀的通路与制动位相同。降压风缸的压力空气经保持阀排大气，压力降至 280～340 kPa 时，不再降低。充气阀呈作用位。

（3）主阀呈制动位，总风压力空气经主阀供气阀口、常用限压阀柱塞凹槽和紧急限压阀止阀阀口，同时向作用风缸充气。当作用风缸的压力达到常用限压阀调整的规定压力时，常用限压阀柱塞供气通路关闭。总风由紧急限压阀通路继续向作用风缸充气，直到作用风缸压力上到紧急限压阀所调整的规定压力 450 kPa 时，紧急限压阀通路关闭，总风停止向作用风缸充气，如图 10-45 所示。

由于制动管急速减压，全列车产生紧急制动作用。

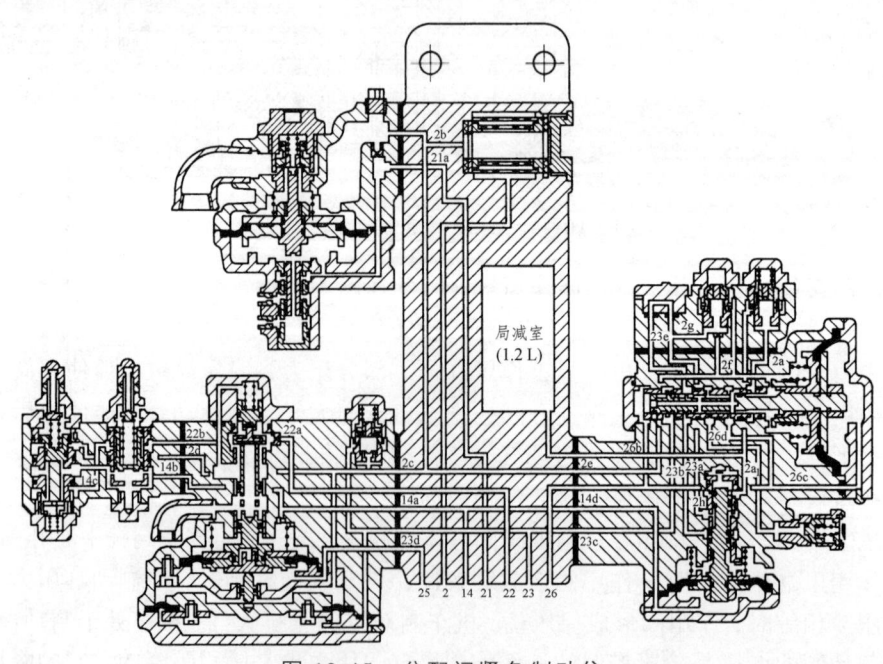

图 10-45 分配阀紧急制动位

5. 分配阀与作用阀、单独制动阀的关系

1）分配阀与作用阀的关系

分配阀的动作控制了作用风缸压力的增减，作用风缸压力则控制作用阀动作，作用阀的动作控制了机车制动缸的充、排气，实现机车的制动、缓解和保压作用。

分配阀与作用阀的这种控制关系，是通过分配阀的作用风缸管和分配阀侧的变向阀来与作用阀实行联系的。见综合作用图。

2）分配阀与作用阀的关系

当分配阀形成制动位时，主阀供气阀来的压力空气经作用风缸管 14 进入作用风缸，并将分配阀侧的变向阀推向左侧，而进入作用阀膜板下方，作用阀形成制动位，使机车产生制动作用。缓解时，作用风缸和作用阀膜板下方的压力空气经分配阀侧变向阀和作用风缸管 14 从原路由主阀的空心阀杆排大气，作用阀形成缓解位，机车缓解。

3）单独制动阀与分配阀的控制关系

单独制动阀的单独缓解管是直接与工作风缸和分配阀的主阀大膜板下方相通。制动后，分配阀的主阀形成制动后的保压位，通过作用阀的作用，机车制动缸保持一定压力。这时，单独制动阀若置单独缓解位，通过单独缓解管 10 排出工作风缸的压力空气，使处于平衡状态的主阀大膜板下方压力降低，主阀动作到缓解位，作用风缸排大气，通过作用阀的动作，机车制动缸排大气，机车缓解。

当机车制动缸压力为 450 kPa，施行单独缓解时，需 15 s 待制动缸压力下降到 180 kPa 后机车才开始缓解，制动缸完全缓解则需 28 s。

七、单独制动阀与作用阀

1. 概 述

单独制动阀是机车单独制动和缓解作用的操纵部件，而作用阀则是控制部件。

作用阀功能是根据作用管的压力变化而动作，直接控制机车制动缸的进排气，通过基础制动装置，完成对机车的制动与缓解。

作用管压力的变化既可受单独制动阀的控制，也可以受分配阀的控制。

2. 作用阀

1）作用阀的构造

作用阀主要由膜板活塞、空心阀杆、O 形圈、供气阀、供气阀弹簧、缓解弹簧、阀体、上盖及管座等组成，如图 10-46 所示。

管座上装有作用管 14、制动缸管 12、总风缸管 3 等三根管，分别与阀体上的对应孔道相通。膜板活塞下方通作用管，可与单独制动阀的作用管相连；膜板活塞上方除设有缓解弹簧外，通过缩口风堵（$\phi 2.5$ mm）与制动缸管相通；供气阀上方通总风缸管，其尾端装有柱塞与弹簧等稳定装置；空心阀杆上端部叫排风口，中部有排气中心孔。

2）作用阀的作用

根据作用管的压力变化，作用阀有缓解、制动、保压三个作用位置。

（1）缓解位。

当作用活塞下方的作用管压力下降时，作用活塞在制动缸和缓解弹簧的压力作用下，带动空心阀杆下移,空心阀杆上端离开供气阀的底面,打开排气阀口,活塞上方的制动缸压力空气经空心阀杆的中心孔排向大气,机车呈缓解状态。

若作用活塞下方的作用管压力降至零,则制动缸的压力也降至零,活塞处于下极端位置,机车呈完全缓解状态,如图10-46所示。

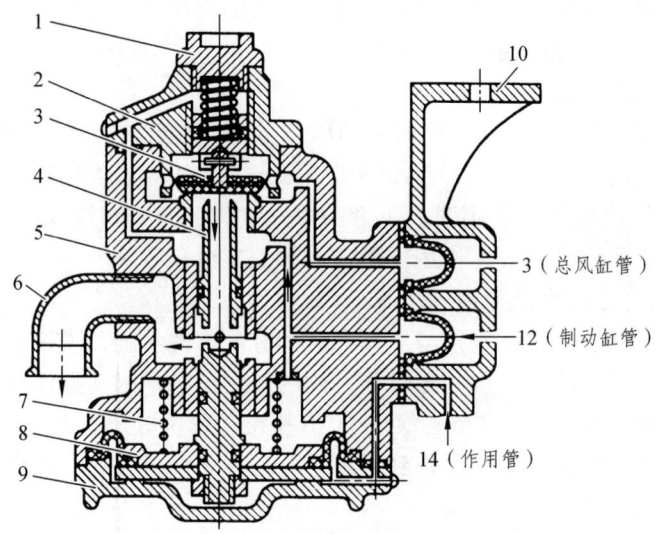

图 10-46 作用阀结构图(缓解位)

1—上堵;2—上盖;3—供气阀;4—空心阀杆;5—阀体;6—外接弯头;
7—缓解弹簧;8—作用活塞;9—下盖;10—管座
图中无引线的阿拉伯数字均表示管号,以下同

(2)制动位。

如图10-47所示,作用活塞下方的作用管压力增高时,作用活塞连同空心阀杆上移。首先,空心阀杆上端与供气阀底面密贴,关闭了排气阀口,然后,顶开供气阀打开供气阀口。总风缸压力空气经供气阀口、空心阀杆外侧空腔向制动缸充气,同时,经缩口风堵(ϕ2.5 mm)向作用活塞上方充气,制动缸压力增加,机车制动。

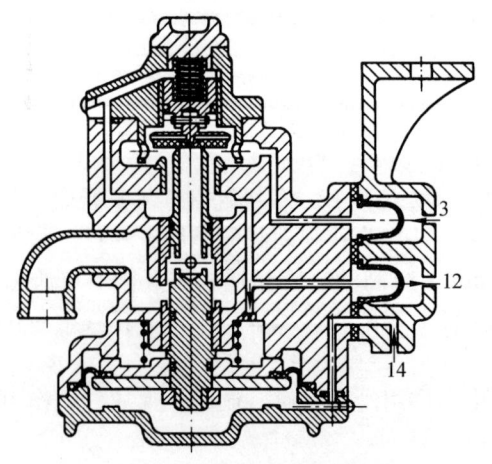

图 10-47 作用阀制动位

（3）保压位。

在制动位时，由于制动缸的压力不断上升，作用活塞上方的压力也逐渐增加，作用活塞在其上方制动缸压力、缓解弹簧和供气阀弹簧压力的作用下逐渐下移，供气阀的开度逐渐减小。

当作用活塞上下方的压力相平衡时，供气阀口关闭，但空心阀杆上端仍密贴供气阀的底面，排气阀口仍然关闭，制动缸保持一定压力，机车呈制动后的保压状态，如图 10-48 所示。

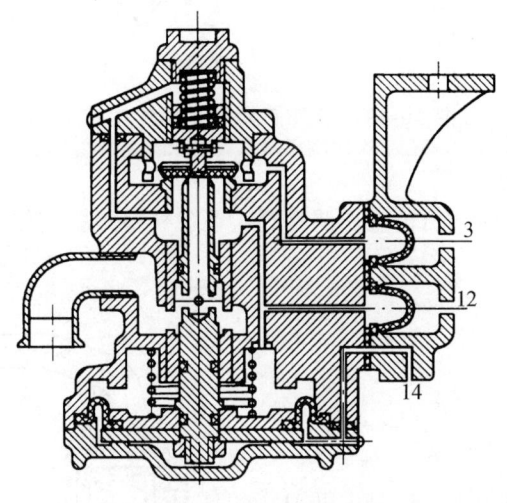

图 10-48　作用阀保压位

若制动缸或其管路漏泄时，作用活塞上下压力则又失去平衡而上移，重新开启供气阀口向制动缸补充压力空气，待压力恢复后，仍呈保压状态。因此，作用阀具有良好的制动力不衰减性。

若作用管及其管路漏泄时，作用活塞则在上方制动缸压力作用下下移，开启排气阀口，制动缸的压力从作用阀的排气口排出，制动缸便不能保压。

若作用管压力阶段增加时，作用阀重复上述制动位和保压位的动作，制动缸压力则阶段上升，机车可得到阶段制动作用。若作用管压力阶段下降时，作用阀重复上述保压位和缓解位的动作，制动缸压力则阶段下降，机车可得到阶段缓解作用。

通过控制作用管的压力变化，可使机车得到制动、缓解或保压的作用。

3. 单独制动阀

1）概　述

单独制动阀主要用于单独控制机车的制动和缓解，而与列车的制动状态无关。在自阀制动后，还可实现机车的单独缓解作用而仍然保留车辆的制动状态。由于它是自动保压式的，可以实现机车的阶段制动和缓解。

单独制动阀有三个作用位置，即单独缓解位、运转位和制动区。运转位到全制动位之间为制动区，如图 10-49 所示。单独制动阀手柄在单独缓解位时，受到缓解弹簧的作用，一松开手柄，它能自动返回到运转位。

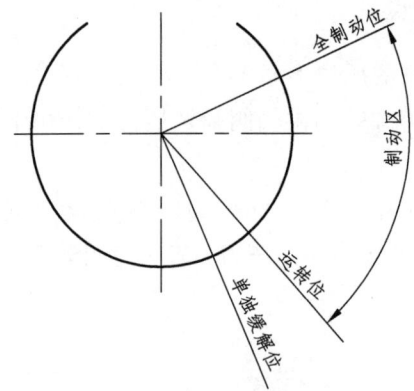

图 10-49 单独制动阀手柄作用位置

2）单独制动阀的构造

单独制动阀主要由手柄、凸轮盒、调整阀、单缓柱塞阀、定位柱塞和阀体等组成，如图 10-50 所示。

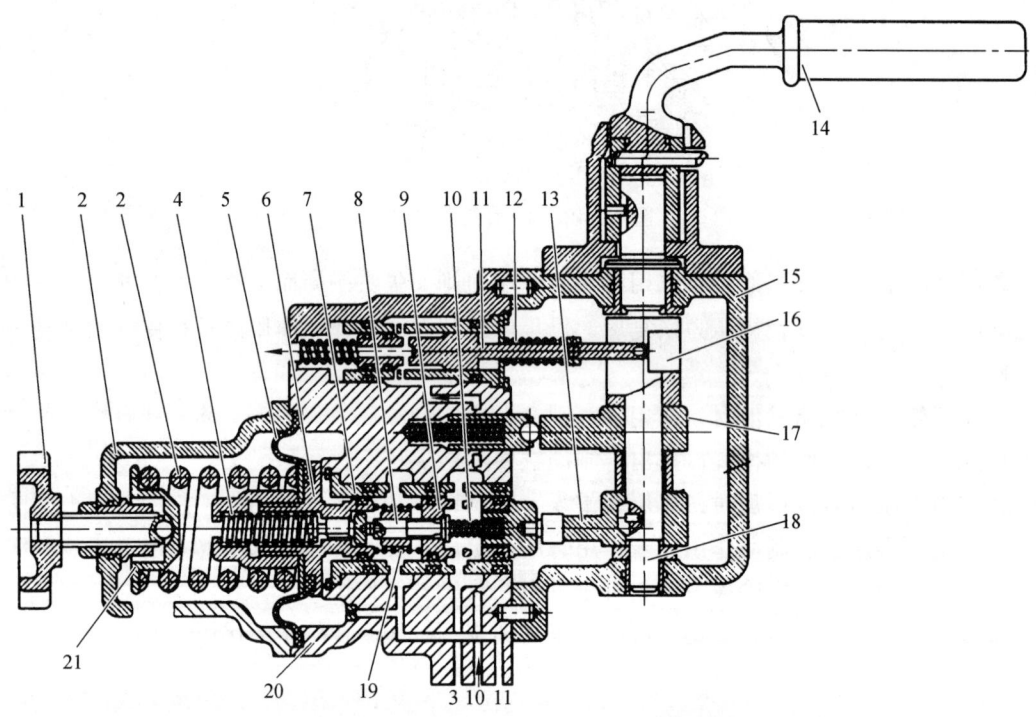

图 10-50 单独制动阀结构图（单独缓解位）

1—调整手轮；2—调整阀盖；3—调整弹簧；4—排气阀弹簧；5—调整阀膜板；6—调整阀座；7—排气阀；
8—供气阀；9—调整阀柱塞；10—供气阀弹簧；11—单缓柱塞；12—定位柱塞；13—调整阀凸轮；
14—手柄；15—凸轮盖；16—单缓凸轮；17—定位凸轮；18—凸轮轴；
19—缓解弹簧；20—阀体；21—调整弹簧托

（1）阀体。

单独制动阀的阀体用螺栓紧固在自动制动阀的阀体上，经自动制动阀的阀体分别通总风缸管 3、单独缓解管 10 和单独作用管 11。

单独作用管 11 经变向阀与作用阀作用管 14 相连，单独缓解管 10 与工作风缸 23 相连。阀体上装有单缓柱塞阀、定位柱塞阀、调整阀。

（2）手柄与凸轮盒。

凸轮轴上装有三个凸轮。单阀的手柄直接套装在凸轮轴上，构成单阀的操纵机构。在运转位时，手柄可取出，以避免在非操纵端产生误动作。

凸轮轴上的单缓凸轮 16，可推动单缓柱塞阀的动作；定位柱塞凸轮 17，将制动区分成若干个"级"，每级对应一个制动缸压力；调整阀凸轮 13，它可控制调整阀的供、排气的作用。

制动区范围内调整凸轮为一个弧形的斜面，使手柄在不同的位置时具有不同的制动力，如图 10-51 所示。

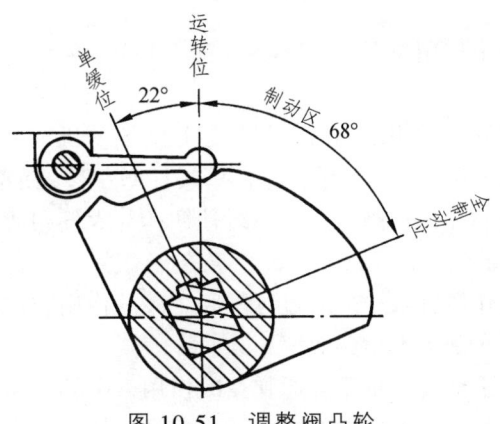

图 10-51 调整阀凸轮

（3）单缓柱塞阀。

作用：当列车制动后，通过排工作风缸的风，达到单独缓解机车制动，而仍然保持列车制动的目的。

单缓柱塞阀结构如图 10-52 所示。

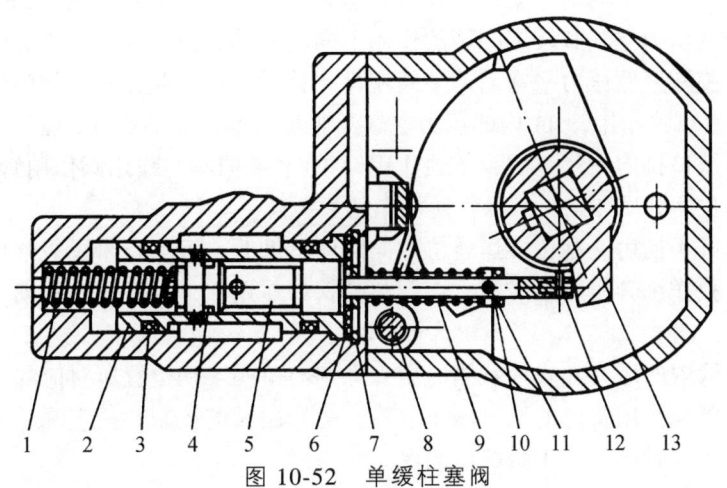

图 10-52 单缓柱塞阀

1—单缓柱塞阀弹簧；2—单缓阀套；3、4—O 形圈；5—单缓柱塞；6—定位片；
7—弹性胀圈；8—转销；9—复原弹簧；10—弹簧挡圈；
11—开口销；12—柱塞头；13—单缓凸轮

（4）调整阀。

作用：直接控制单独作用管的充、排气，使机车产生制动、缓解的作用。调整阀结构参见图 10-50，主要由调整手轮、调整弹簧、调整阀座、调整阀膜板、排气阀、排气阀弹簧、缓解弹簧、调整阀柱塞、调整阀柱塞套、供气阀、供气阀弹簧等组成。

3）单独制动阀的作用位置

单阀的单独作用管 11 经变向阀与作用阀的作用管 14 相连，可直接控制作用阀的动作，使机车产生制动或缓解作用。单阀的单独缓解管 10 与工作风缸管 23 相连，在自阀制动后，排出工作风缸的压力空气，可使机车单独缓解。

单阀与自阀配合，可交替的使用机车和车辆的制动，实行凉闸，控制列车运行速度并减小列车的纵向冲动。

单独制动阀有下述三个作用位置。

（1）单独缓解位。

单独缓解位用于自阀施行常用制动后，根据运行需要使机车单独缓解的位置。

当单阀手柄移到单独缓解位时，单缓凸轮推单缓柱塞左移，使单独缓解管 10 经单缓柱塞凹槽、柱塞的径向孔和中心孔，从阀体上的单缓柱塞孔与大气相通，把工作风缸的压力空气排向大气，如图 10-50 所示，使机车缓解。

机车的缓解是因为工作风缸减压，通过分配阀主阀的作用，排出作用风缸的压力空气，再经作用阀的动作，使机车制动力得到缓解。

当松开单独制动阀的手柄时，由于复原弹簧的作用，手柄自动恢复到运转位，单缓柱塞关闭了单独缓解管的排气口，工作风缸的压力停止下降，使单独缓解作用中断。

单独缓解位与运转位的调整凸轮是在一个同径的圆面上，所以其调整部的作用、通路相同。

（2）运转位。

运转位是用于机车运行时所放的位置，在此位置，机车制动得到缓解。

当单独制动阀手柄由制动区某一位置移到运转位时，使调整阀凸轮得到一个降程，调整阀在单独作用管的压力空气和缓解弹簧的作用下向右移动，供气阀仍处于关闭状态。

起初，调整膜板两侧压力平衡而调整阀座没有移动，排气阀在排气阀弹簧的作用下，打开了排气阀口，使单独作用管 11 内的压力空气及膜板右侧的压力空气，经调整阀座的小孔从调整弹簧盒盖的缺口排向大气。因为单独作用管 11 经变向阀与作用阀作用管 14 相连，所以作用阀处于缓解位，如图 10-53 所示，使机车得到缓解。

若单独制动阀手柄由全制位向运转位方向阶段移动时，可实行阶段缓解控制。即当调整阀膜板右侧的单独作用管压力下降时，在调整弹簧的作用下，调整阀座逐渐右移，排气口逐渐关闭。

当单独作用管内的压力和膜板右侧的压力降到与单阀手柄位置所对应的压力时，排气阀口则完全关闭，单独作用管内的压力停止下降。经作用阀的控制，机车制动缸内的压力降到与作用管的压力相等时机车处于缓解后的保压状态。

如此实行阶段操纵，调整阀则重复上述动作，可实现机车的阶段缓解。

当单阀手柄移到运转位时，排气阀不再关闭，而呈开启状态，单独作用管内的压力降为零，机车制动缸的压力也降为零，机车完全缓解。

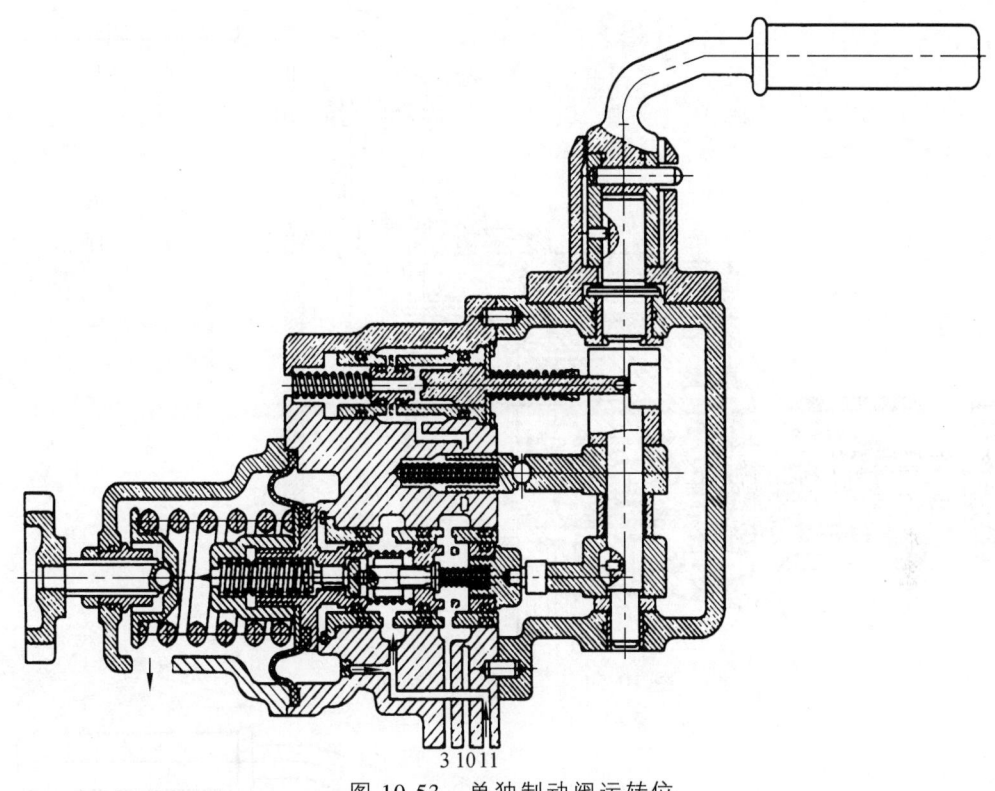

图 10-53 单独制动阀运转位

（3）制动位。

制动区用于单机运行、调车作业使机车产生制动作用；或列车运行中缓解车辆，对机车制动，实现交替使用机车车辆制动达到机车车辆相互凉闸的目的时所使用的位置。

当单阀手柄从运转位移到制动区某一位置，调整凸轮得到一个升程，供气阀在其弹簧压力作用下与调整阀柱塞左移一个距离，先推动排气阀左移，压缩排气阀弹簧，关闭排气阀口（供气阀弹簧的预紧力大于排气阀弹簧的预紧力），调整阀柱塞继续左移，因调整弹簧压力远大于供气阀弹簧，调整阀座不动，供气阀受到排气阀的阻挡，而压缩供气阀弹簧开启了供气阀口，总风经供气阀口进入单独作用管，同时经阀体上的缩口风堵（$\phi 1\ mm$）进入膜板右侧。

由于单独作用管 11 经变向阀与作用阀的作用管 14 相连，使作用阀处于制动位，机车制动，如图 10-54 所示。

随着单独作用管内的压力及膜板右侧的压力逐渐升高，调整阀座压缩调整弹簧而逐渐左移，此时，调整阀柱塞不动，供气阀在其弹簧的作用下，也随之逐渐左移关闭供气阀口。当单独作用管内的压力和膜板右侧的压力增加到与单阀手柄位置所对应的压力时，供气阀口完全关闭，调整阀座及膜板停止移动。总风停止向单独作用管充气，作用管的压力停止增加，作用阀呈保压位，如图 10-55 所示。机车呈制动后的保压状态。

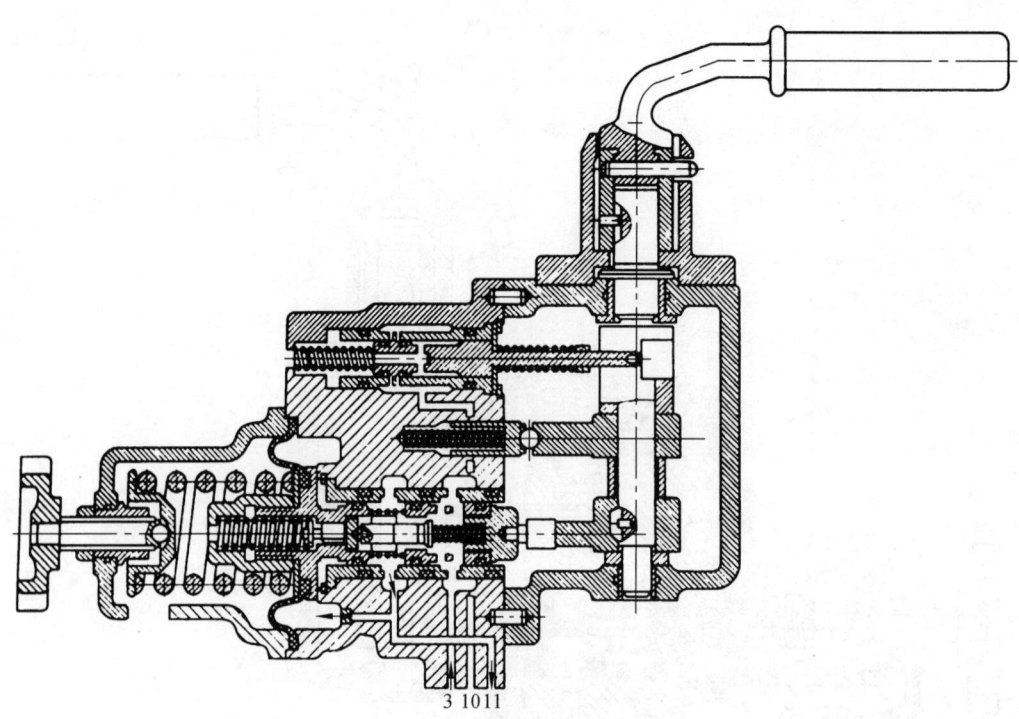

图 10-54 单独制动阀制动区

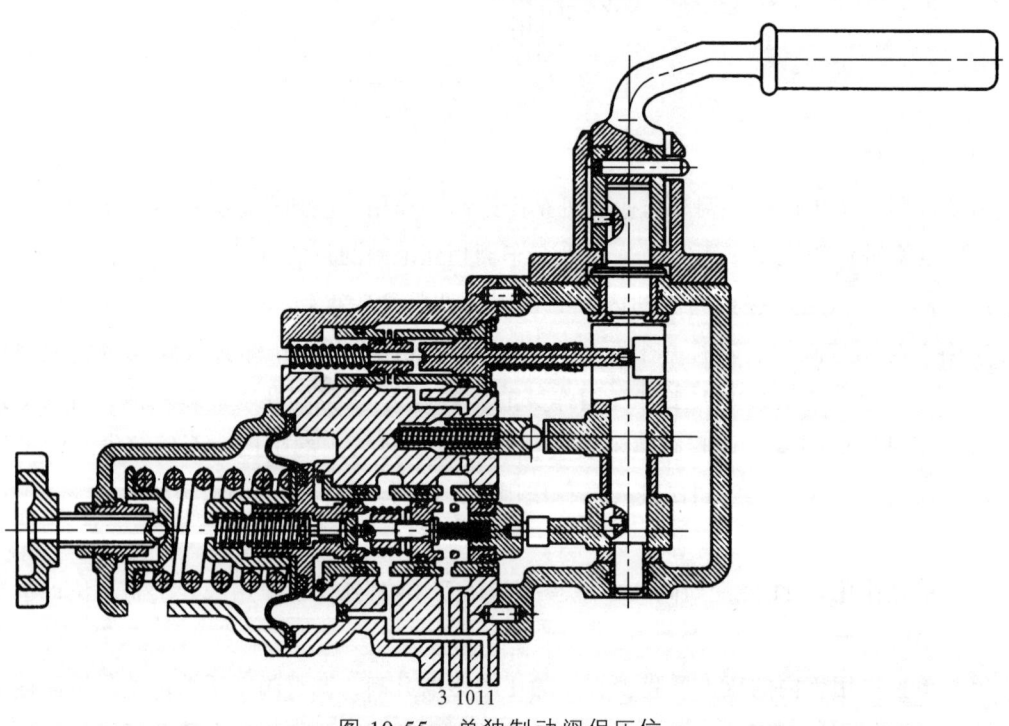

图 10-55 单独制动阀保压位

若单独制动阀手柄向全制动位阶段移动时,调整阀则重复上述动作,机车可得到阶段制动作用。在全制动位时,机车制动缸的压力规定为 300 kPa,旋转单阀的调整手轮可改变调整弹簧的压缩量,调整其压力。

3. 单独制动阀、变向阀与作用阀在作用上的联系

作用阀的作用是控制机车制动缸的充气、排气和保压，从而使机车产生制动、缓解和保压作用；而单独制动阀是为单独操纵机车的制动和缓解作用而设，单独制动阀的单独作用管 11 经由变向阀与作用阀的联系，构成了控制关系。

变向阀又称换向阀或双向阀，它是改换气流通路的装置。

在 JZ-7 型空气制动机的管路系统中设有两个变向阀，一个用于转换自阀和单阀对作用阀的控制，也叫分配阀侧变向阀；另一个用于转换两端单阀对作用阀的控制的变向阀，也叫单阀侧变向阀。变向阀组成如图 10-56 所示。

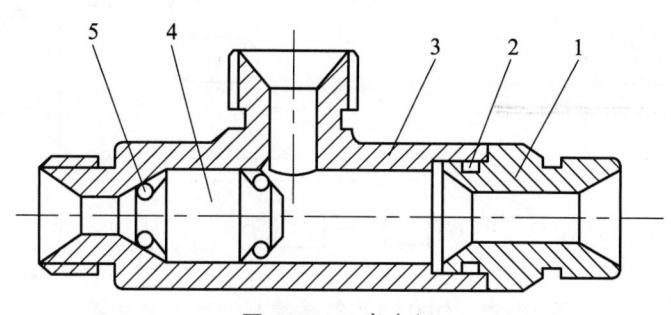

图 10-56　变向阀
1—阀盖；2、5—O 形圈；3—阀体；4—柱塞

当压力空气由变向阀的一端充入时，便将柱塞推向另一端，柱塞端部的 O 形圈被紧压在阀体（或阀盖）的锥形面上，将该通路堵死，只允许压力空气从一端流入。

JZ-7 型空气制动机是双端操纵的制动机，运行时，制动机只能由任意一端来进行操纵，对制动机实行操纵的一端叫操纵端；而不对制动机实行操纵的那一端，则叫非操纵端。

为了保证行车安全，除了规定非操纵端的单独制动阀手柄限制在运转位才能取下实行切换外，操纵端的单独制动阀对作用阀的操纵，又通过单阀侧变向阀来实现切换，以确保操纵端对制动机的操纵作用。

单机运行需要对机车制动和缓解时，操纵端的单阀单独作用管的气压把变向阀柱塞推向非操纵端，切除非操纵端单阀对作用阀的控制，同时，把分配阀侧的变向阀推向右移，实现单阀单独作用管与作用阀的联系，从而建立单阀对作用阀的制动与缓解作用的控制关系。

单独制动阀也可以实现列车制动后单独缓解机车制动力的作用，它是通过与分配阀的工作风缸联系管-单阀的单独缓解管 10 的排气，再通过分配阀的主阀的动作来实现的。

第二节　H6 型空气制动系统原理

一、轨道车空气制动系统概述

轨道车制动系统包括空气制动系统、基础制动系统和手制动这三部分。

空气制动系统通过制动缸活塞杆带动基础制动装置对轨道车施行制动力；而手制动则是通过人力带动基础制动装置对轨道车施加一定的制动力，防止轨道车在停车时滑行；在紧急情况下，如空气制动失效并已采取降速措施或运行速度不高时，也可使用手制动作为辅助制动。

轨道车空气制动系统采用排风制动。

作用原理：将列车管的气体减压，制动缸充风增压，活塞杆伸出，推动基础制动装置产生制动力，轨道车制动。列车管充风，制动缸排风，活塞杆缩回，轨道车缓解。

典型的两种轨道车制动管路如图 10-57、图 10-58 所示。

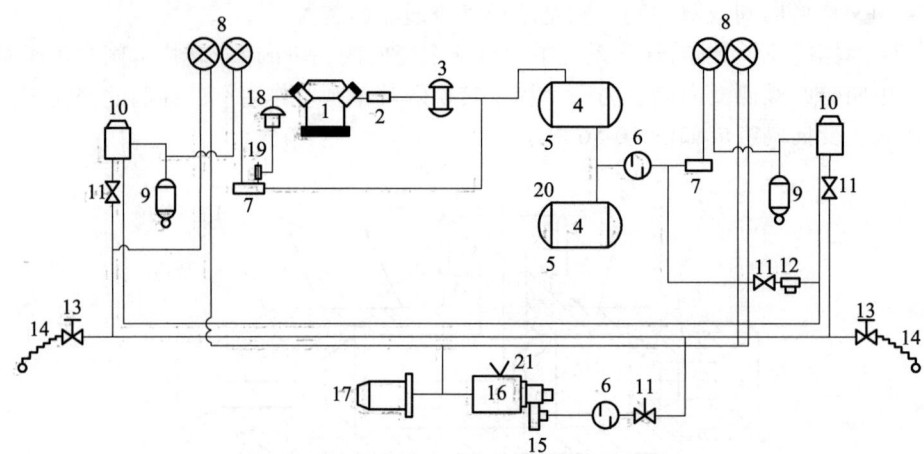

图 10-57 QD160 型轨道车制动系统原理图

1—空压机；2—单向阀；3—油水分离器；4—风包；5—放水开关；6—远心集尘器；7—分配器；8—双针压力表；9—均衡风包；10—H6 型自动制动阀；11—截断塞门；12—M-3A 型减压阀；13—$1\frac{1}{4}$ in 折角塞门；14—软管连接器；15—K1 型三通阀；16—副风缸；17—制动缸；18—空滤器；19—压力调动阀；20—安全阀；22—缓解阀

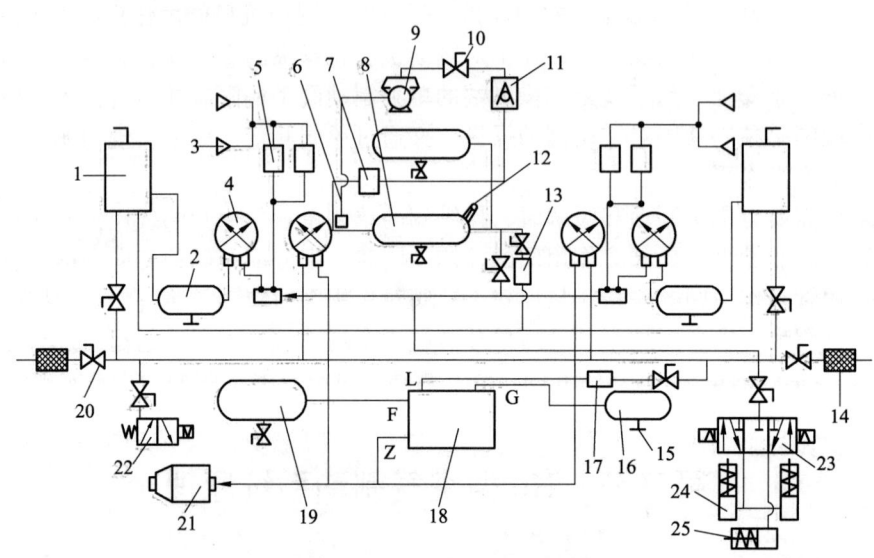

图 10-58 JW3 型制动系统原理图

1—H6 型自动制动阀；2—均衡风缸；3—机车风喇叭；4—双针压力表；5—喇叭开关；6—压力调节阀；7—油水分离器；8—储风缸；9—空气压缩机；10—截断塞门；11—单向阀；12—安全阀；13—给风阀；14—制动软管连接器；15—缓解阀；16—工作风缸；17—远心集尘器；18—104 型客车分配阀；19—副风缸；20—折角塞门；21—制动缸；22—紧急制动电控阀；23—DQK2622b 型电控换向阀；24—侧风门汽缸；25—百叶窗汽缸

二、空气制动系统结构原理

空气制动系统主要部件包括空气压缩机、安全阀、自动制动阀、M-3A型减压阀、三通阀或分配阀、制动缸、缓解阀及风缸等。

1. 空气压缩机

轨道车一般采用 W-0.9/7A 或 W-0.9/8B 型空压机，两种空压机结构相仿，只是额定排气压力分别为 700 kPa 或 800 kPa。

额定排气量为 0.9 m^3/min，额定转速为 1 450 r/min，配用功率为 7.5 kW，单级风冷，润滑油量为 1.8 L 左右。

下面介绍 W-0.9/8B 型空压机，示意图如图 10-59 所示。

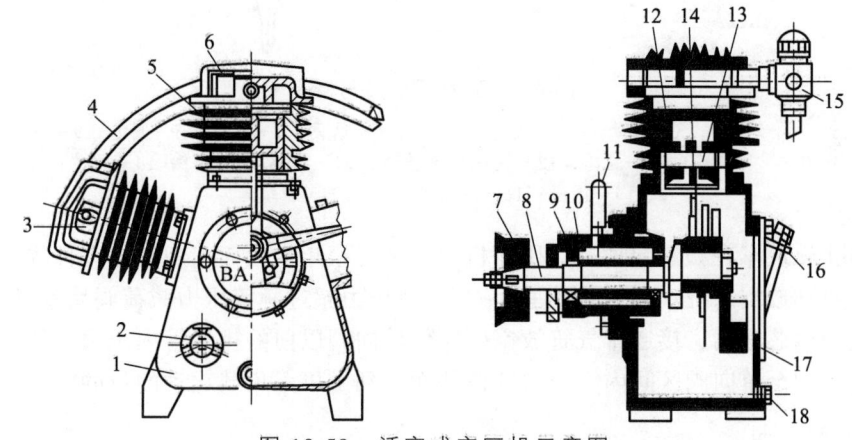

图 10-59 活塞式空压机示意图

1—机体；2—油位显示器；3—汽缸盖；4—排气管总成；5—汽缸；6—进排气阀；7—风扇轮；
8—曲轴；9—轴承盖；10—轴承座；11—呼吸管；12—活塞；13—活塞销；
14—连杆；15—呼吸管总成；16—前盖；17—单向阀；18—放油塞

发动机以三角皮带连接空压机主机皮带轮，通过曲轴、连杆、活塞组件的往复运动，使汽缸容积发生变化，由此而产生的压力气体由排气阀排出汽缸，经单向阀进入储气罐。

压力自动控制进气由压力调节阀和减荷阀所组成，见图 10-60。

当储气罐压力超过额定压力时，压力气体将调节阀顶开经过管路进入减荷阀体，将减荷阀内活塞向上推动与阀体闭合，堵塞进气通道，主机进行空转。

当储气罐内压力降至额定压力以下时，调节阀内弹簧使阀塞回位，减荷阀亦恢复原状，主机开始正常工作。

调节阀可以根据储气罐实际要求压力（实际使用压力）在 0.45～0.9 MPa 进行调整。

调整方法为：

（1）先松开压紧螺母；

（2）拧动调节螺栓调整控制压力；

（3）压力调整到所需要的压力后将压紧螺母拧紧。

调节阀同减荷阀的连接方法采用铜管连接，一端接调节阀排气接嘴，另一端接减荷阀体下端的接嘴。

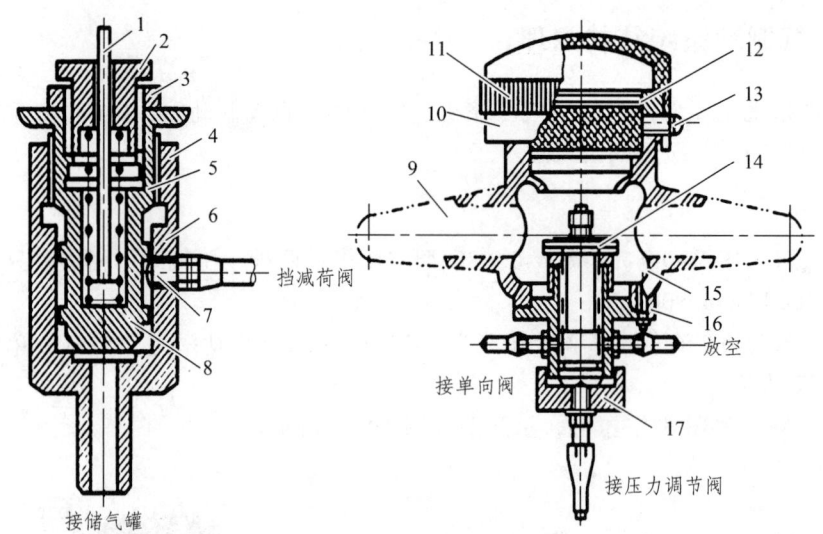

图 10-60 压力调节阀与减荷阀

1—导杆；2—调节螺栓；3—螺母；4—阀座；5—螺母；6—阀体；7—弹簧；8—阀芯；9—减荷阀体；
10—减荷阀盖；11—滤芯；12—孔用弹簧挡圈；13—减荷阀盖螺钉；14—阀芯；
15—阀座；16—阀座螺钉；17—阀座螺母

为了防止轨道车在频繁起动时，压缩机主机带压扭矩太大而引起机器零件损伤，在排气管路中设置自动放空系统。其主要原理为：当储罐压力超过额定压力减荷阀堵塞进气管道时，由于减荷阀内阀芯运动，接通排气管放空管路使单向阀以前的排气管内压力气体排出管路，保证主机排气阀至单向阀区间内无压力气体从而达到主机无负载起动的目的。

2. 自动制动阀

轨道车目前一般采用 H6 型自动制动阀，又名大闸、自阀。从 2006 年开始新轨道车技术规范要求采用 JZ-7 型或 DK-1 型自动制动阀。自阀直接控制列车管的充、排风，使轨道车缓解、制动。

所谓"排风制动"，就是把列车管的气体减压后制动。轨道车制动力的大小与列车管减压量的大小成一定比例。由于轨道车所带车辆数量不一定，列车管的容积一时难以准确掌握，压力难以均衡。

因此，在大闸内装设有一个均衡活塞，这个均衡活塞，就是自动控制列车管减压量的。

所谓均衡，就是均衡列车管的压力，按照帕斯卡定律，在封闭容器内气体的各处压强都相等，严格来说，是与风量、容积大小无关的，但由于结构限制，大闸内的均衡活塞上方容积实在太小，很难精确地控制减压量，故此在大闸外部另设一"均衡风缸"，容积为 9.37 L 左右，用管道连接于均衡活塞上方，以扩大活塞上方容积，使能较精确地控制均衡活塞的减压量。

大闸均衡活塞（也叫鞲鞴）的作用原理如图 10-61 所示。

图 10-61 甲表示：在均衡活塞上下两方的压强相等，此时均衡活塞靠自重下落，排风阀封闭排风口，因此气体无流动现象。

图 10-61 乙表示：当司机施行减压时，均衡活塞上方的压强降低，于是由列车管来的风压，推动均衡活塞上升，排风阀离开排风口，将列车管内的压缩空气自排风管排出。当均衡活塞上下两方压强相等时，活塞又以自重下落，关闭排风口，停止排风。

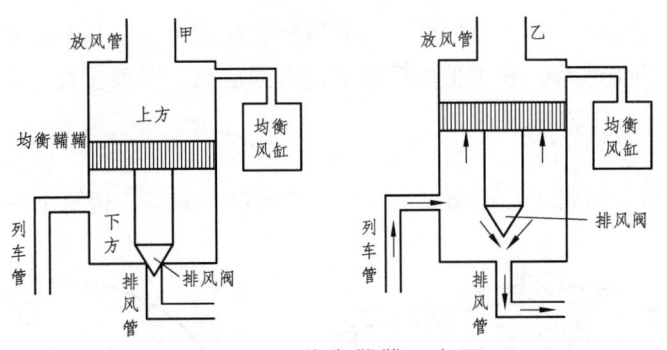

图 10-61 均衡鞲鞴示意图

大闸的均衡活塞外圆上嵌有胀圈（图 6-62），中间体内有弹簧。当总风包风压经减压阀后（500 kPa）进入活塞上方，压强高于活塞下方时，压缩其中心体内弹簧，将活塞压下，开启特设的四周旁通沟（四条窄沟）时，上方高压气体经四个旁通沟流入下方，联通列车管。

等均衡活塞上下两方的压强相等而平衡时，压缩弹簧将活塞向上推起，关闭旁通沟，使上下两方的压力经常保持平衡。

以上是大闸内平衡活塞以及平衡风包之间的工作关系和工作原理，要实现列车管放风制动，首先要将活塞上方的风，也就是均衡风包内的风放掉，于是列车管风压推动活塞向上，使排风阀开启，列车管风压是通过排风口外溢，以造成制动。

H6 型自阀其结构由阀上体（内装有回转阀）、阀座、阀中体（内装有均衡活塞）和管座（其连接总风包、减压阀、均衡风缸、列车管、作用筒和缓解管六根管道）四部分组成，如图 10-63 所示。

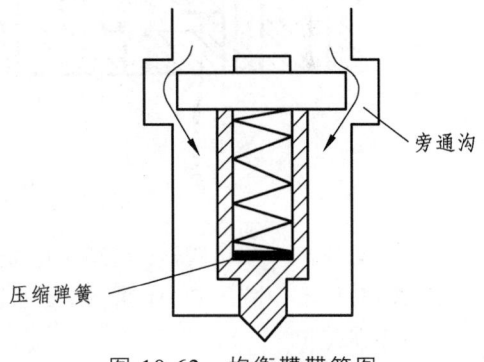

图 10-62 均衡鞲鞴简图

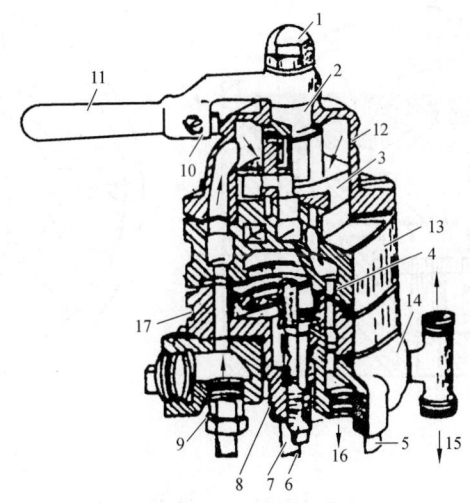

图 10-63 H6 型自阀结构图

1—手把螺帽；2—回转阀键；3—回转阀；4—均衡活塞；5—缓解管；6—作用筒管；7—排风口；
8—排风阀；9—总风缸管；10—卡齿；11—手把；12—阀上体；13—阀座；
14—管座；15—均衡风缸；16—制动管；17—阀中体

在轨道车上仅使用其三条：总风管、均衡风缸管和列车管，其余堵塞不用。

轨道车自阀的四个通路，在手把的控制下，根据范围，实现缓解、保持、常用制动和非常制动四个位置。

1）缓解位

如图10-64所示，向列车管迅速充风，通过下列两条通路，轨道车得到缓解。

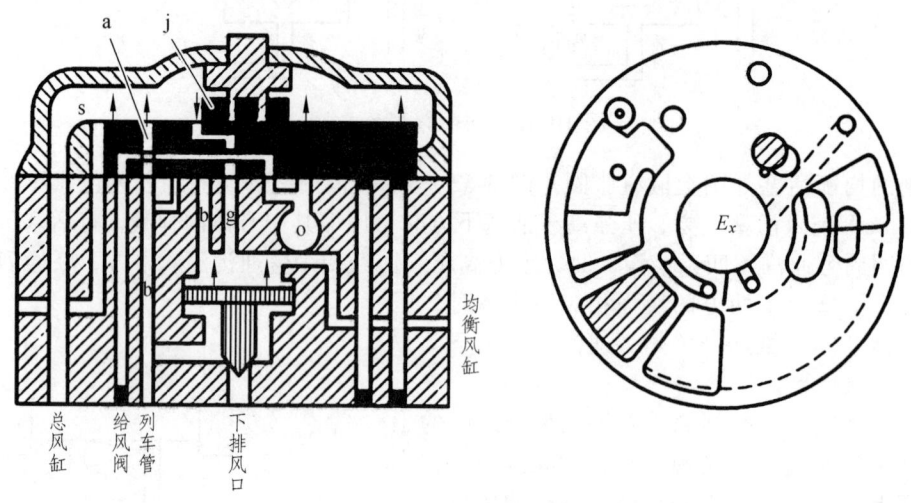

图 10-64　缓解位通路

① 总风缸→减压阀→a通道→b通道→列车管；
② 总风缸→减压阀→j通道→g通道→均衡风缸。

2）保持位

如图10-65所示，三条通路全部堵死。

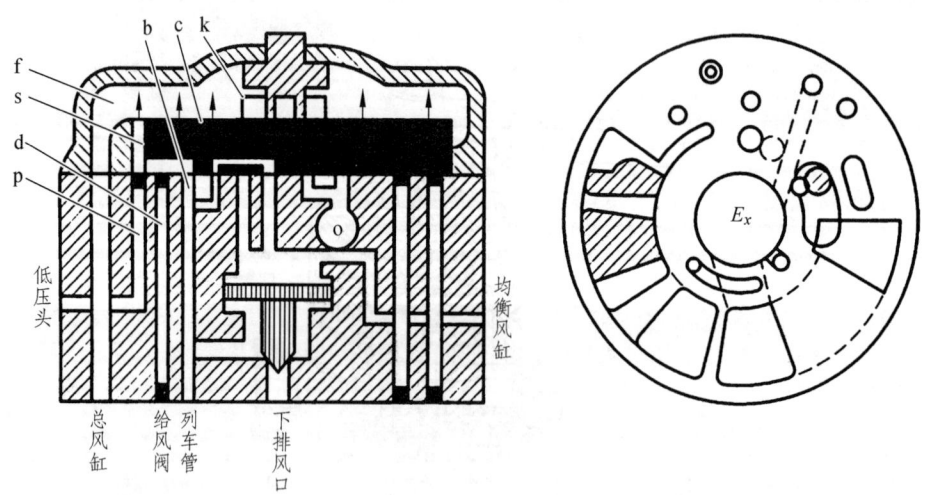

图 10-65　保持位

3）常用制动位

如图10-66所示，常用制动位是轨道车需减速或停车时使用的较缓和的制动位。

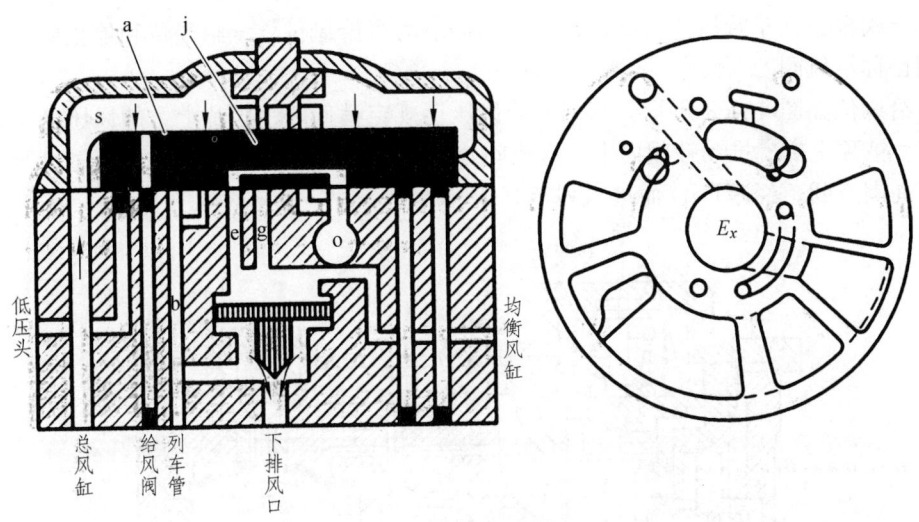

图 10-66 常用制动位通路

它仅经过均衡风包到 e 通道、h 通道、o 通道，由侧方排风口排出高压空气。这样均衡活塞上方的压强降低，活塞受列车管来的高压空气压力作用，空气从排风口排出，使列车产生制动。

4）非常制动位

非常制动位是遇有紧急情况迅速停车时的制动位。如图 10-67 所示，它有两条通路：

① 列车管→b 通道→c 通道→h 通道→o 通道→侧方排风口；

② 均衡风包→g 通道→h 通道→o 通道→侧方排风口。

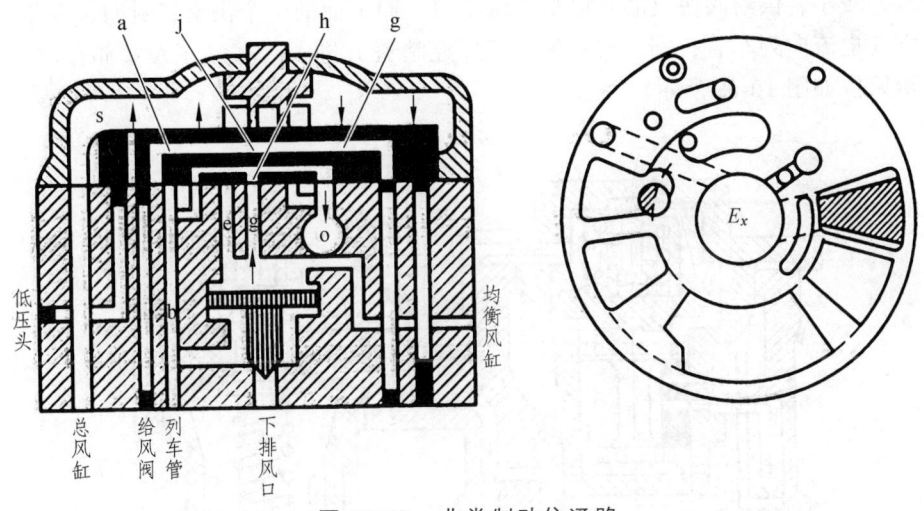

图 10-67 非常制动位通路

3. M-3A 型减压阀

在轨道车后部，总风包与自动制动阀之间，设减压阀一只。其功用是将总风包经列车管输出的 700 kPa 高压气体，经减压阀降为 500 kPa，避免由于制动力过大，使闸瓦抱死轮对造成滑行而擦伤车轮，同时它能使列车管经常保持规定压强，不使因微小泄漏而发生自然制动。

减压阀根据列车管风压的高低，可自动调节为半给风位、全给风位和停止给风位，因此减压阀也称给风阀。

半给风位如图 10-68 所示。当列车管风压比规定稍低时，膜片上方的风压低于弹簧作用力，膜片被顶上突，推动针阀向上，形成间隙，活塞上方 A 室的高压气体经过针阀间隙和膜片顶部周围空间，经暗道 D 而进入列车管。

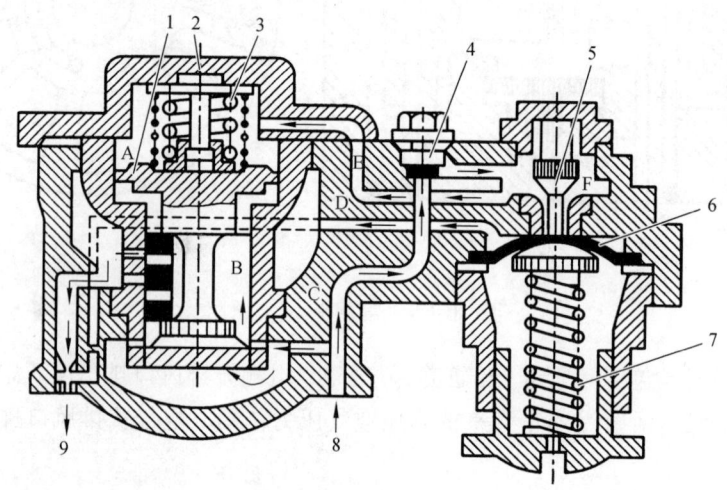

图 10-68　半给风位

1—活塞；2—组合弹簧外簧；3—组合弹簧内簧；4—缩口风堵；5—针阀；
6—膜片；7—调整弹簧；8—接总风包；9—接列车管路

由总风包进入活塞下方 B 室的高压空气推动活塞，因而带动供给阀块上移，又因活塞上下两面压差较小，供给阀块仅能开放半个供给口，而下面的一个供给口封闭，因此进入 B 室的高压空气也流向列车管；同时有一部分气体经暗道 E 进入活塞上方 A 室储存。

全给风位如图 10-69 所示。

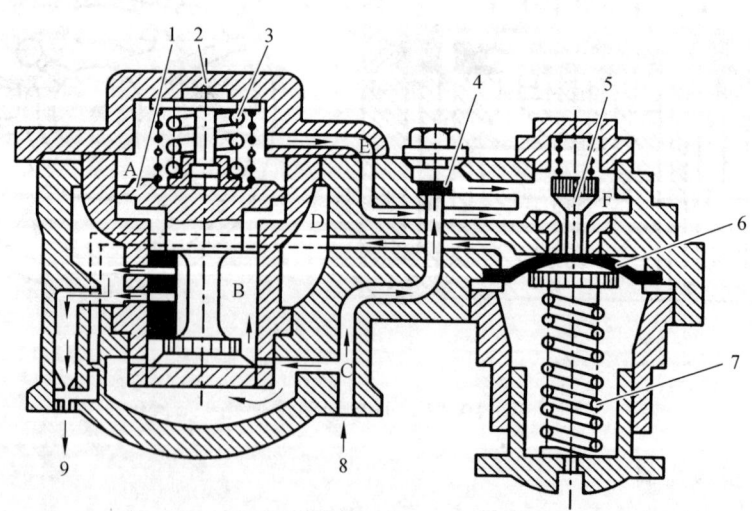

图 10-69　全给风位

1—活塞；2—组合弹簧外簧；3—组合弹簧内簧；4—缩口风堵；5—针阀；
6—膜片；7—调整弹簧；8—接总风包；9—接列车管路

当列车管无风压或风压很低时，活塞上方 A 室压力小，下方压力大，由总风包进入 B 室的高压气体推动活塞上移，将组合弹簧全压缩，阀块的两个供给口全开放，总风包气体向列车管呈全给风位。由总风包来的高压气体经暗道 C 和缩口风堵与膜片周围空间经暗道 D 汇流入列车管，A 室的气体也同时流入列车管。

停止给风位如图 10-70 所示。当列车管风压达到规定压力时，气体从列车管经暗道口至膜片上方，克服调整弹簧推力将膜片压平，此时，针阀下落封闭座口，堵塞经暗道口去列车管的通道，由总风包来的高压气体，只能由暗道 C 经缩口风堵至调压阀室 F，再经暗道 E 进入 A 室，推动活塞下落，因而带动供给阀块下移封闭供给口而呈停止给风位。此时，活塞上下两面的压强平衡。

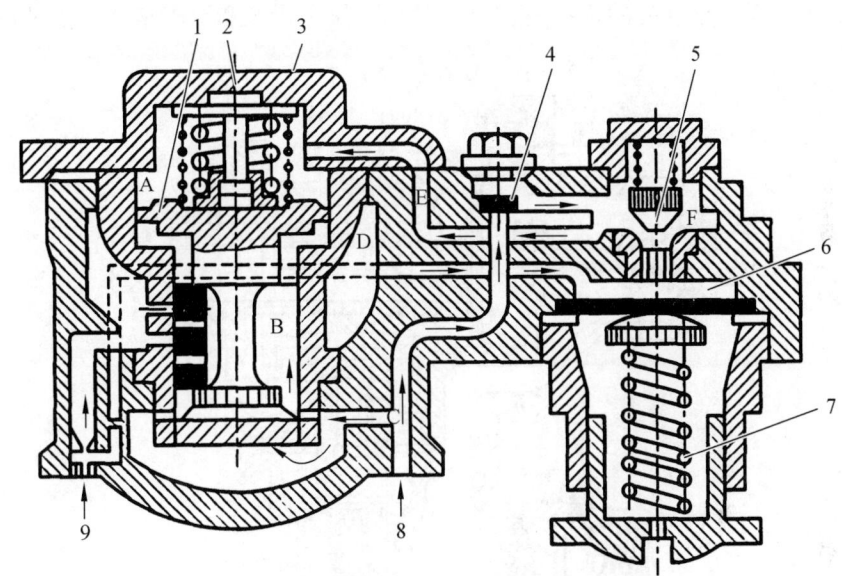

图 10-70　停止给风位

1—活塞；2—组合弹簧外簧；3—组合弹簧内簧；4—缩口风堵；5—针阀；
6—膜片；7—调整弹簧；8—接总风包；9—接列车管路

当列车管风压有所降低时，活塞上下两面又产生压力差，调整弹簧又将膜片顶突再形成全给或半给风位，这样使列车管能经常保持规定压强。

4．三通阀

1）三通阀结构

轨道车一般采用货车三通阀，依据车辆的自重及载重采用 K1、K2、GK 等型号的三通阀。这三种三通阀的结构及作用原理相仿。GK 为 K2 型三通阀的改进型。现将上述三类三通阀的外观区别说明如下。

阀体外部铸字：在各型三通阀阀体一侧分别铸有 GK、K-2、K-1 字样。安装面螺栓孔：GK 型有四个，K2 型有三个，K1 型有两个。阀体与阀下体组装螺栓：GK 型与 K2 型为四根，K1 型为两根。阀体顶部：K1 型、K2 型和 GK 型阀体顶部均铸有一条凸筋，GK 型在凸筋上设有一个缺口。

所谓"三通阀"，是指它与列车管、制动缸、副风缸三者相通，所以叫三通阀。它是轨道车空气制动系统中最主要的部分。它能够按列车管风压的变化不同发生不同的作用，使轨道车产生减速、停车等。

K 型三通阀如果是和制动缸、副风缸装在一起，叫 KC 型制动装置，不能整体安装的，叫 KD 型制动装置。轨道车一般采用 KD 型制动装置。

轨道车上使用较多的为 K2 型三通阀，下面介绍 K2 型三通阀。三通阀由作用部、递动部、减速部和紧急部四部分组成。K2 型三通阀的结构如图 10-71 所示。

三通阀作用部由主活塞、滑阀、节制阀组成。为防止滑阀和节制阀因副风缸回风顶起而产生径向位移，在其上部装有簧片。在缸壁内底部上方开有凸形槽充风沟，滑阀、节制阀及簧片用销钉连在主活塞上，滑阀下面沿滑阀座轴向移动，滑阀座底部开有气路连接孔四个，与三通阀体连通，由滑阀随主活塞杆的移动，开通或遮断节制阀、滑阀和滑阀座上三者间的连接通路。

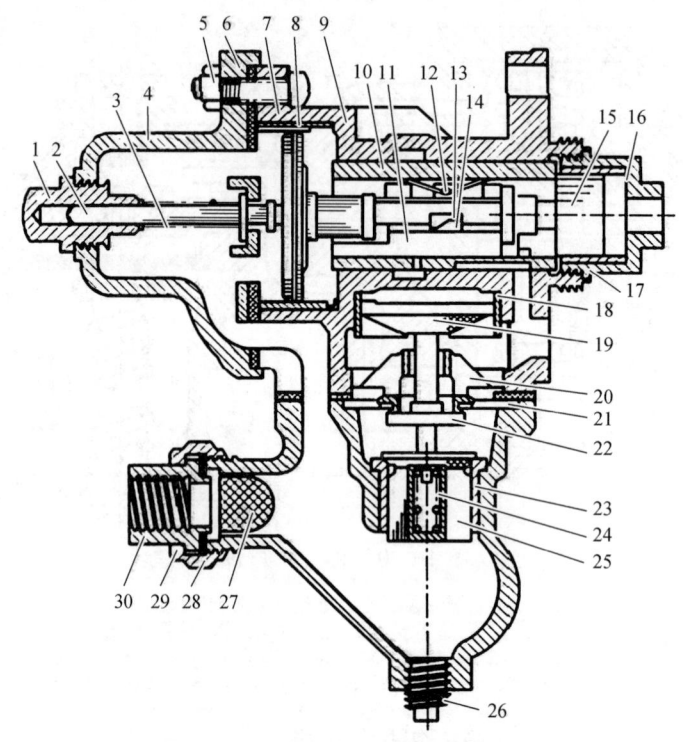

图 10-71　K2 型三通阀的结构图

1—递动杆螺帽；2—递动杆；3—递动弹簧；4—风筒盖；5—连接螺栓；6—风堵盖垫；7—主鞲鞴室铜套；
8—主鞲鞴；9—阀体；10—滑阀室铜套；11—滑阀；12—滑阀弹簧；13—节制阀弹簧；14—节制阀；
15—减速弹簧套；16—减速递升；17—减速弹簧盖；18—紧急鞲鞴铜套；19—紧急鞲鞴；
20—紧急阀座；21—下体垫；22—紧急阀；23—止回阀座；24—止回阀弹簧；
25—止回阀；26—丝堵；27—滤尘网；28—胶垫；
29—活接头螺母；30—活接头

三通阀递动部由递动杆、递动弹簧及阀盖组成，递动的功能是按列车管减压充风、副风缸回风的快慢，确定主活塞、滑阀的不同作用位置。

三通阀减速部由减速弹簧和弹簧套组成。

当减速缓解时，减速弹簧被压缩，用以调整主活塞行程。

三通阀紧急部由紧急活塞、紧急阀、止回阀和止回阀弹簧等组成。当紧急制动时，部分列车管空气进入止回阀上方,从紧急活塞周围间隙流入制动缸,促使列车管局部迅速减压。同时列车管空气顶开止回阀,进入紧急活塞上方,流入制动缸,加速了制动。

2)三通阀的作用原理

因三通阀与列车管、副风缸、制动缸三者相通,所以产生的充风、制动、缓解三个作用与列车管、副风缸、制动缸相关。作用原理如图10-72～10-74所示。

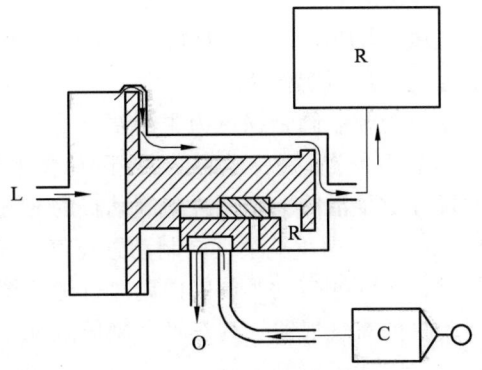

图 10-72　三通阀充气缓解位

L—列车管；R—副风缸；C—制动缸；O—大气

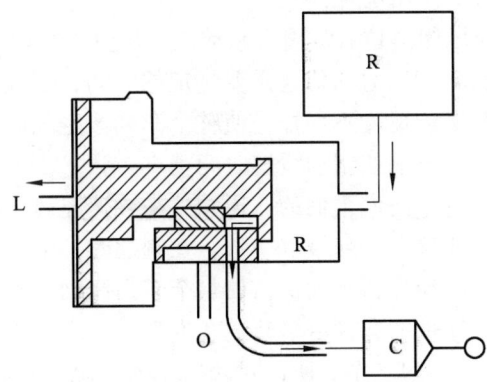

图 10-73　三通阀减压制动位

L—列车管；R—副风缸；C—制动缸；O—大气

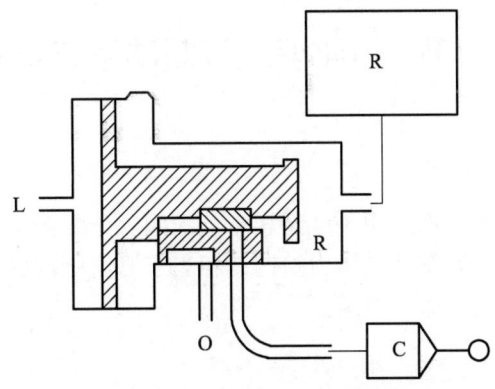

图 10-74　三通阀制动保压位

L—列车管；R—副风缸；C—制动缸；O—大气

（1）充风。

列车管初充风增压，高压空气经主风包、减压阀、自动制动阀、列车管、三通阀向副风缸充风，以备制动时使用。

（2）制动。

列车管减低一部分风压，使副风缸风压进入制动缸内，产生制动。

（3）缓解。

当制动后再度向列车管充风，高压空气经三通阀充风沟向副风缸补充不足的风压，同时，制动缸风压经滑阀通路排出大气，起缓解作用。

红色零件是滑阀，其上蓝色为节制阀，绿色为主活塞。

制动位和制动保压位时，滑阀的位置是一样的，主要区别在于节制阀的位置发生了变化。

制动位时，节制阀的位置开放了滑阀上副风缸向制动缸的充气线路；当列车管停止减压（减压量需小于最大有效减压量）后，副风缸继续向制动缸充气，直至副风缸压力略低于列车管压力（可克服系统阻力）时，主活塞带动节制阀向副风缸侧（图示右侧）略微移动，由节制阀切断滑阀上副风缸向制动缸的充气通路，列车管、副风缸和制动缸压力均保持不变，形成制动保压位。

3）三通阀的作用位置

K及GK型三通阀有六个作用位置：

全充风缓解位、减速充风缓解位、常用全制动位、常用急制动位、保压位、紧急制动位。

在长大列车中，由于制动管压力的传递需要一定的时间，因此，前后车辆的开始制动时间也就不一样，造成前后车辆的速度不一样，使整个车列产生纵向冲动。

要消除冲动，就要使前后车辆的制动缓解时间基本一致，因此也就有了三通阀的两个缓解位与两个制动位。在缓解时，前面车辆的三通阀处在减速充风缓解位，缓解慢；后面的处在全充风缓解位，缓解快，使整个车列缓解一致。在制动时，前面车辆的三通阀处在全制动位，制动慢；后面的处在急制动位，制动快，使整个车列制动一致。

对于轨道车来说，其所拖带的车辆由于轨道车本身牵引力不大，所拖带的车辆不可能太多，一般为1-2两节，最多也不过5节，所以对轨道车列来说，要求前后车辆充风缓解一致，排风制动一致，也就不成为多大的问题。

第三节 104型空气制动系统原理

一、分配阀

现在新出厂的轨道车大多都采用104型客车分配阀。分配阀与三通阀同样采用的是二压力控制阀。采用工作风缸与列车管二压力控制，相当于三通阀的副风缸与列车管二压力控制作用，以适应与旧型三通阀无条件混编。

1. 作用原理

104型分配阀采用间接作用方式。旧型制动机中的三通阀，采用直接作用方式，即：列车管增压时，主活塞带动节制阀和滑阀移动，直接连通列车管与副风缸以及制动缸与大气的通路；列车管减压时，主活塞带动节制阀和滑阀朝相反方向移动，直接连通副风缸与制动缸的通路。这样的结构比较简单。

其缺点是一种型号的三通阀只能与固定尺寸的制动缸和副风缸配套使用。也就是说，采用直接作用方式的三通阀，其品种随车辆载重量（或总重）的等级不同而增多。

为此，104型空气制动机采用了具有间接作用方式的分配阀，在结构上通过增设具有固定容积的工作风缸和容积室以及均衡部，来达到间接控制副风缸和制动缸作用的目的，亦即用列车管压力的变化来控制工作风缸和容积室的压力，再由工作风缸压力来控制副风缸的充气，和由容积室压力的变化来控制制动缸的充气、保压和排气。104型分配阀作用原理如图10-75所示。

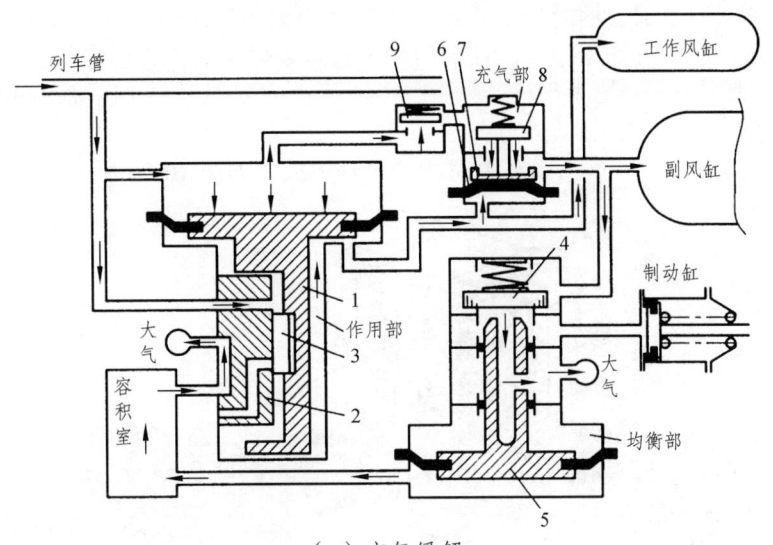

（a）充气缓解

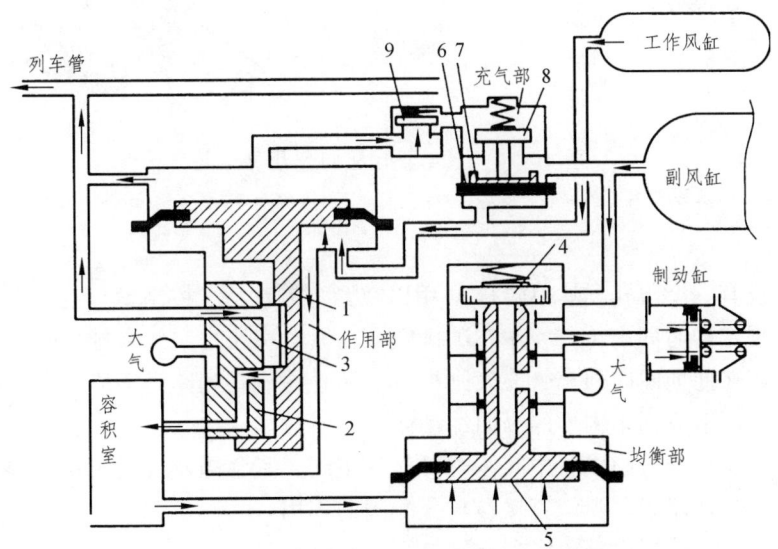

（b）减压制动

图10-75　104型分配阀作用原理图

1—主鞲鞴；2—滑阀；3—节制阀；4—均衡阀；5—均衡鞲鞴；6—充气膜板；
7—充气鞲鞴；8—充气阀；9—充气止回阀

充气缓解见图10-75（a）所示：列车管增压，列车管压力空气进入作用部主活塞上部，推动主活塞1带动节制阀3、滑阀2下移，到达充气缓解位。列车管压力空气经滑阀2的充气孔向工作风缸充气。同时进入充气膜板下部，推动充气膜板6和充气活塞7上移，活塞顶杆推开充气阀8，使列车管压力空气经充气部向副风缸充气。

同时，容积室压力空气（制动作用后再充气时），经滑阀通路排入大气，容积室压力下降后均衡活塞5下移，制动缸压力空气经均衡活塞杆上的通路排入大气，使制动机缓解。

减压制动见图10-75（b）所示：列车管减压，工作风缸压力空气推动主活塞1带动节制阀3、滑阀2上移，到达制动位。工作风缸压力空气经滑阀的制动孔送入容积室，容积室压力空气进入均衡活塞下部，推动均衡活塞5上移，均衡活塞杆推开均衡阀4，使副风缸压力空气进入制动缸，产生制动作用。制动缸充气受容积室压力的控制。

2. 104型分配阀结构

104型分配阀由主阀、紧急阀和中间体三部分组成，如图10-76所示。

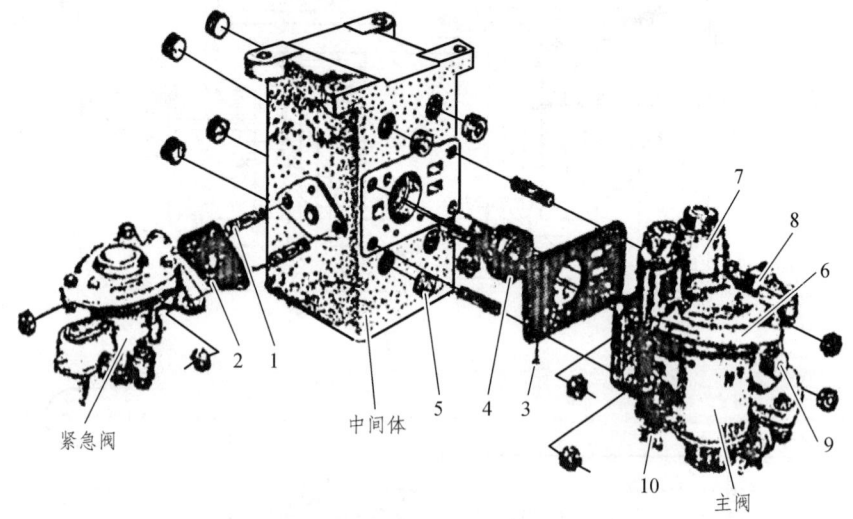

图10-76　104型分配阀作用原理图

1—双头组装螺栓；2—紧急阀垫；3—主阀垫；4—滤尘器；5—丝堵；6—作用部；
7—充气部；8—均衡部；9—局减阀；10—紧急增压阀

紧急阀内设有三个限孔，其中限孔V用以在紧急制动后，控制紧急室压力空气排入大气的速度，使在规定的时间内（15 s左右）排完。在紧急室压力空气未排尽时，放风阀一直处在开放状态，若在此期间向列车管充气则无效。防止司机在列车尚未停车就进行列车管充气和制动机缓解，而造成列车剧烈的纵向冲动或断钩事故。

（1）中间体：用铸铁制成。中间体既可作为主阀、紧急阀及各连接管路的安装座，又在中间体内部设有各通路和空腔，直接参与分配阀的作用。

（2）主阀：通过控制主阀可实现充气、缓解、制动、保压等功能，是分配阀中最主要的部分。它由作用部、充气部、均衡部、紧急增压阀五部分组成。

（3）紧急阀：在紧急制动时加快列车管的排气，使紧急制动作用确实可靠，提高紧急制动灵敏度和紧急制动速度。

二、其他制动部件

1. 制动缸

制动缸结构如图 10-77 所示,由制动缸活塞、活塞杆、缓解弹簧等组成。

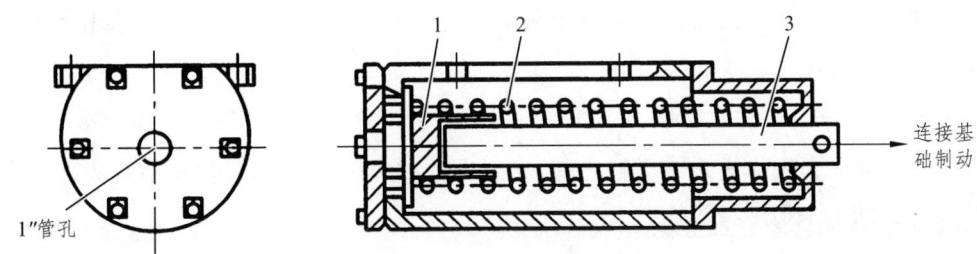

图 10-77 制动缸结构图

1—制动缸活塞;2—缓解弹簧;3—活塞杆

当列车管减压时,副风缸通过三通阀或分配阀将压力空气送入制动缸内,推动制动缸活塞移动,并带动基础制动装置产生制动。当缓解时,压力空气经三通阀或分配阀排风口排向大气,而缓解弹簧将活塞推回原位。

2. 缓解阀

缓解阀由阀上体、阀下体、缓解杆和阀组成,如图 10-78 所示。

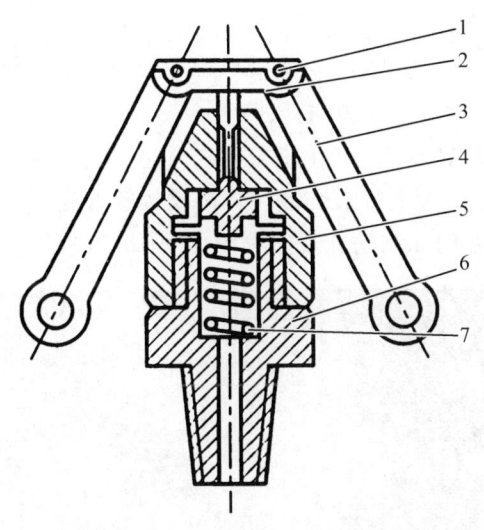

图 10-78 缓解阀结构图

1—销子;2—阀;3—缓解杆;4—阀垫;5—阀上体;6—阀下体;7—弹簧

主要用于解编后或制动中的车辆,或因主风包风压过低不能使轨道车自动制动阀缓解时,使用缓解阀排出副风缸(或工作风缸)内的压力空气,将制动缸内的压力空气由三通阀(或分配阀)排出,完成缓解。

缓解阀安装于副风缸（或工作风缸）缸体上，当向外拉动缓解杆时，阀芯被压下离开阀座，压力空气经间隙排于大气，当松开手把，阀芯则因弹簧的弹力恢复原位而停止排风。

3. 安全阀

安全阀装在总风缸上，为空气制动系统的保护装置。当总风压力超过 810 kPa 时，安全阀开始排风，降低风压。当总风压力低于额定压力 710 kPa 时，弹簧复位，停止排风，保持制动系统额定压力。

4. 油水分离器

其作用是使压力气体进入总风缸之前，滤去油、水等杂物。每日出车前乘务人员应打开放水开关，使油水杂物排出筒外。

5. 双针压力表

轨道车上装有两级双针压力表，前后各两只。它显示均衡风包（黑针）、总风包（红针）、列车管（黑色）、制动缸（红色）的风压值，供乘务人员观察。该双针压力表特将两组压力表机构装在一个表盒内，各个机构所起作用各不干涉，两指针均独立工作不相关联。

压力表的结构：由风管、指针、弹簧、扇形齿轮、连杆、杠杆、小齿轮和表壳等零件组成。

因风管的弯曲，在压力空气进入后便产生变形，从而带动连杆、杠杆、扇形齿轮作逆时针方向转动，而与之相啮合的小齿轮连同指针顺时针方向转动。风管变形量取决于空气压强，因此指针在表盘上刻度的指示值即为空气压力值。

6. 折角塞门

折角塞门是用来连接车辆的风路。它的水平端与车辆列车管相接，自弯曲端装制动软管，中间的塞门心（即开关）用来开关或遮断风路。

开关时，提起手把，旋转 90°。当手把方向与管道平行时为开，与管道垂直时为关。因此在开或关时，必须将手把的突起部位与塞门体凹槽接触准确，并落入槽内定位和注意脱槽，避免制动系统失效。折角塞门和制动软管实物图如图 10-79 所示。

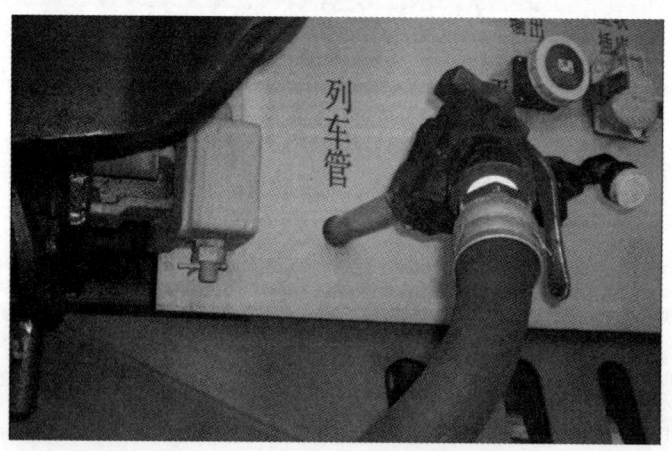

图 10-79　折角塞门和制动软管

7. 制动软管

制动软管是用来连接两车辆的制动主管的，由帆布涂注橡胶压制而成的承受 1 MPa 压强的胶管，一端装有接头与折角塞门固定，另一端装有连接器，用卡子在软管上箍紧，用以两车的连接。摘开连接器后，用带有吊链的防尘堵堵盖管孔，并将其吊起，防止摆动。

第四节　120 型空气制动系统原理

一、120 型制动机的组成

120 型货车制动机主要由 120 型分配阀（或叫控制阀）、空重车调整装置、加速缓解风缸、副风缸和降压风缸等组成，如图 10-80 所示。

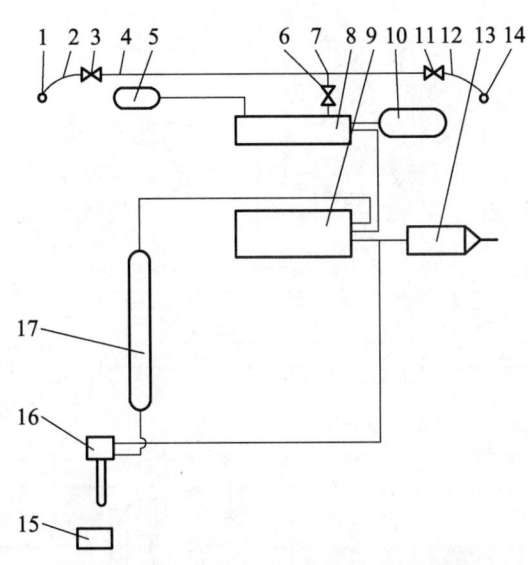

图 10-80　120 型空气制动机的组成

1、14—制动管软管连接器；2、12—制动管软管；3、11—折角塞门；4—制动管；5—加速缓解风缸；
6—截断塞门和远心集尘器组合装置；7—制动支管；8—120 型控制阀；9—调整阀；
10—副风缸；13—制动缸；15—挡铁；16—传感器；17—降压气室

120 型分配阀由中间体、主阀、半自动缓解阀（简称缓解阀）和紧急阀等四部分组成，结构原理如图 10-89 所示。

中间体外部四个立面分别作为主阀、紧急阀安装座和列车管、加速缓解风缸管、副风缸管和制动缸管的安装座，内部设有 1.5 L 的紧急室和 0.6 L 的局减室两独立空腔。

主阀控制列车管压力的变化，实现车辆的制动、缓解及保压作用，如图 10-82、图 10-83 所示，主阀由作用部、减速部、局减阀、加速缓解阀和紧急二段阀等五部分组成。

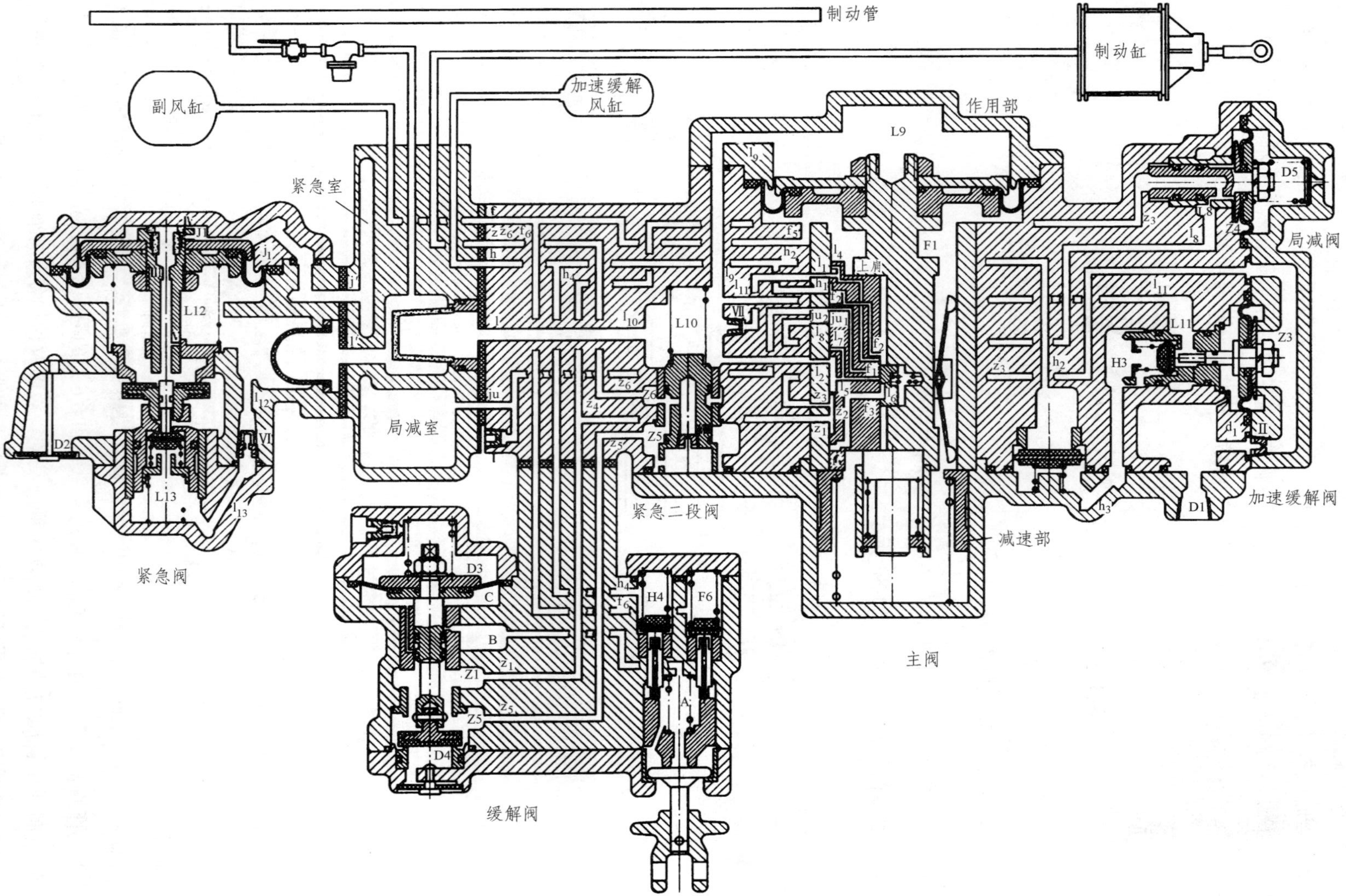

图 10-81 120 型分配阀作用原理图（充气缓解位）

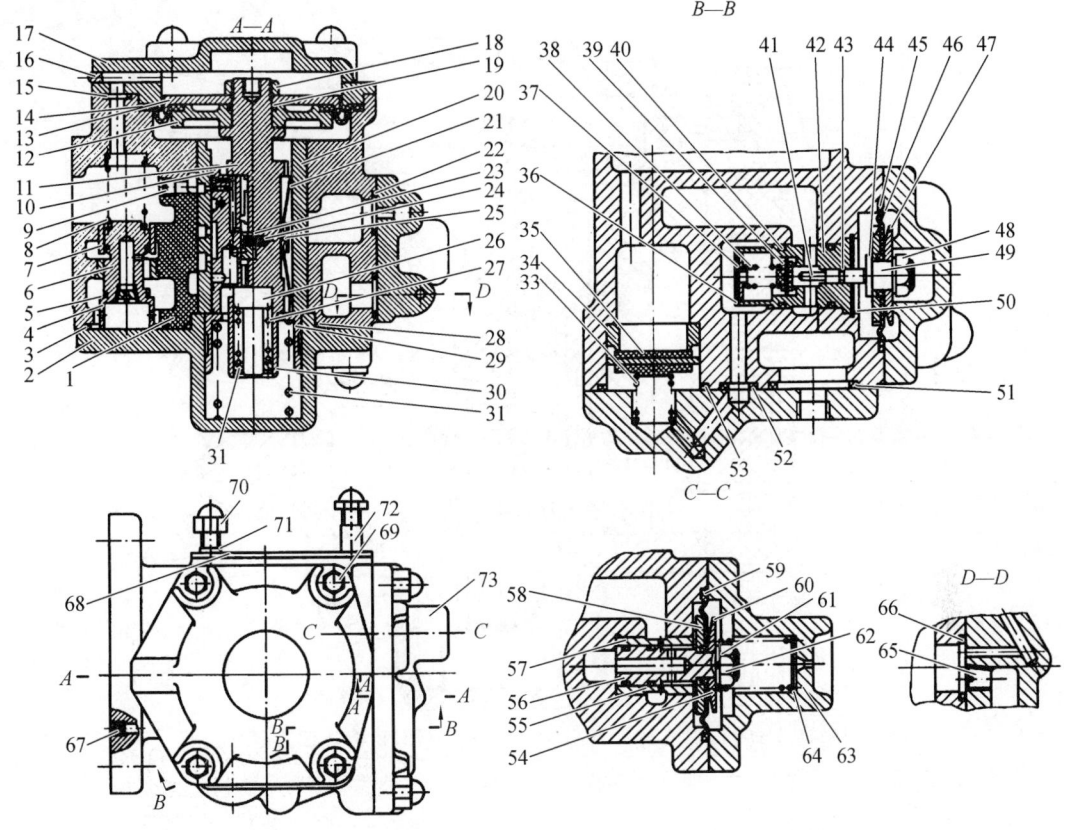

图 10-82 120 型分配阀主阀

1—主阀体；2—主阀下盖；3、5、19、22、28、40、43、51、52、53、55、66—O 形圈；4—缩孔堵Ⅶ（配套 254 mm 制动缸没此缩孔）；6—二段阀；7—二段阀套；8—二段阀弹簧；9—缩孔堵Ⅵ（配套 254 mm 制动缸没此缩孔）；10—滑阀；11—活塞杆；12—主活塞；13—主活塞压板；14—主活塞膜板；15—密封圈；16—塞堵；17—主阀上盖；18—主活塞压板螺母；20—滑阀套；21—滑阀弹簧；23—节制阀；24—节制阀弹簧；25—滑阀弹簧销；26—稳定杆；27—稳定弹簧；29—减速弹簧套；30—稳定弹簧座；31、36、50—挡圈；32—减速弹簧；33—止回阀弹簧；34—止回阀座；35—夹心圈（ϕ38）；37—加速缓解阀弹簧座；38—加速缓解阀弹簧；39—夹心阀；41—顶杆；42—加速缓解阀套；44—紧固螺钉；45—加速活塞膜板；46—加速活塞；47—加速活塞压板；48—加速活塞螺母；49、61—垫圈；54—局减阀弹簧；56—局减阀；57—局减阀套；58—局减活塞；59—局减膜板；60—局减活塞压板；62—局减活塞螺母；63—毛毡；64—局减阀弹簧垫；65—缩孔堵Ⅱ（配套 254 mm 制动缸没此缩孔）；67—缩孔堵Ⅰ；68—缓解阀座垫；69—螺钉；70—螺母；71、72—螺柱；73—主阀前盖

120 型分配阀的主阀作用部结构与 104 型作用部类似，它利用列车管与副风缸两者所形成的压力差，产生动作，通过滑阀、节制阀沟通滑阀座上的不同通路，实现制动机的充气、局减、制动、保压和缓解等作用。滑阀、节制阀，滑阀座上的孔槽通路见图 10-84。

120 型分配阀减速部作用是在列车管充气时，根据列车前后部不同的增压速度，在主活塞两侧形成不同的压力差，控制主活塞停留在不同的位置，使列车前后部产生不同的充气缓解作用，从而使列车前后部充气缓解作用趋于一致，减少冲击。减速部结构与 104 型分配阀的减速部相同，如图 10-83 所示。

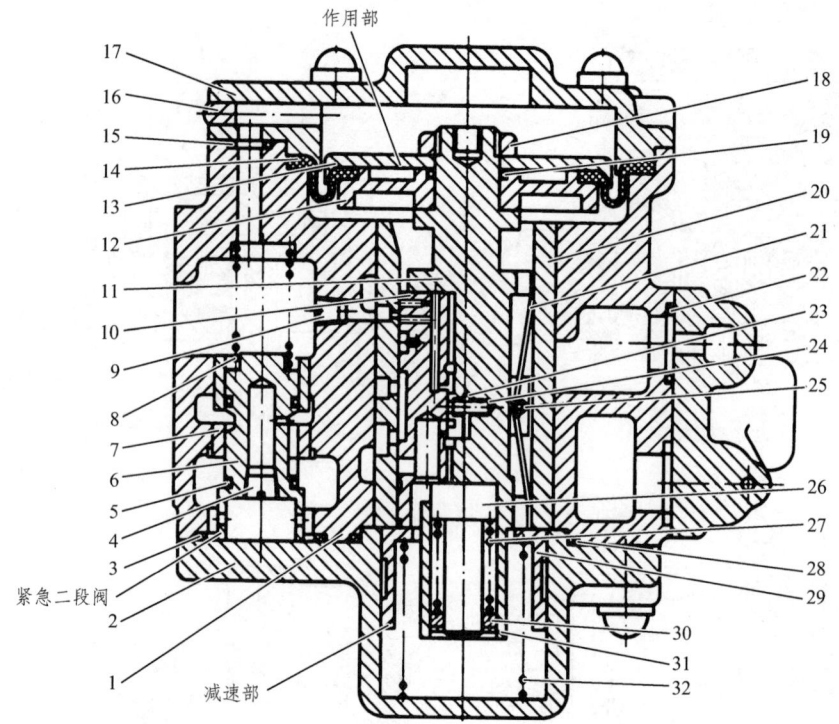

图 10-83 120 型分配阀作用部、减速部和紧急二段阀

（图注同图 10-82）

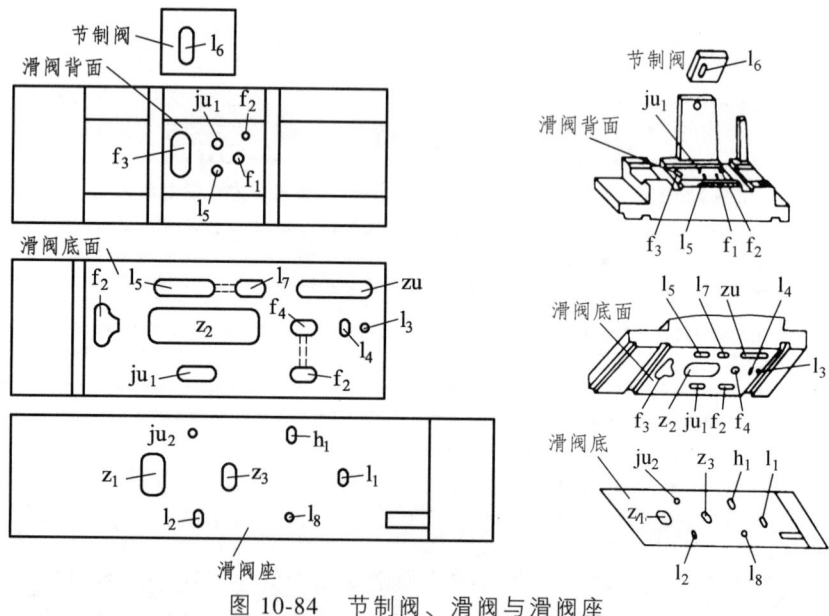

图 10-84 节制阀、滑阀与滑阀座

局减部作用：制动减压初期，将列车管的部分压缩空气送入制动缸，加快列车管的减压速度，提高制动缸的初压力，确保后部车辆迅速产生制动作用，以提高制动波速，同时可使本车辆制动获得跃升的初压力。局减部结构与前述 104 型分配阀中的局减阀相似，如图 10-85 所示。

- 286 -

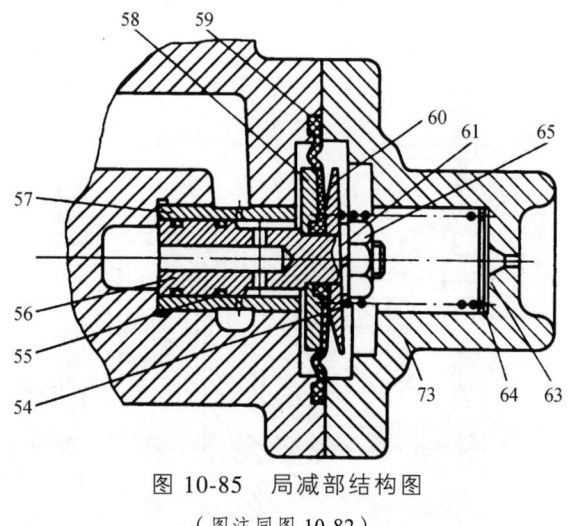

图 10-85　局减部结构图

（图注同图 10-82）

加速缓解阀加快列车的缓解速度。当本车列车管获得增压，其制动机缓解时，将其制动缸的压力空气作为信号推开加速缓解阀的夹心阀，加速缓解风缸的压力空气经夹心阀充入列车管，使列车管产生局部增压作用，提高缓解波速，有利于减小列车低速缓解时的纵向冲动。

加速缓解阀结构如图 10-86 所示。

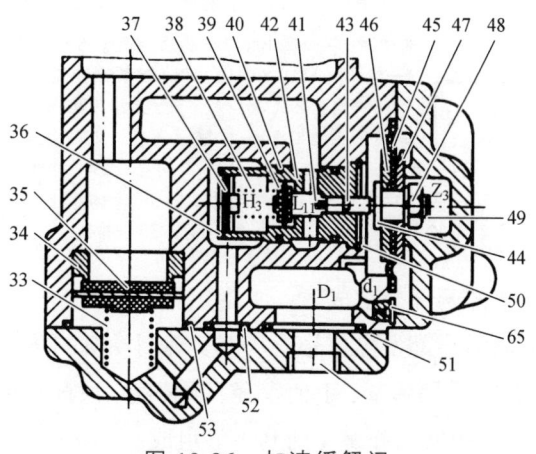

图 10-86　加速缓解阀

40、43、51、52、53、55—O 形圈；36、50—挡圈；33—止回阀弹簧；34—止回阀座；35—夹心圈（ϕ38）；
37—加速缓解阀弹簧座；38—加速缓解阀弹簧；39—夹心阀；41—顶杆；42—加速缓解阀套；
44—紧固螺钉；45—加速活塞膜板；46—加速活塞；47—加速活塞压板；
48—加速活塞螺母；49、65—缩孔堵Ⅱ（配套 254 mm 制动缸设此缩孔）；
71、72—螺柱；73—主阀前盖

紧急二段阀在紧急制动时使制动缸压力呈先快后慢的二段上升（先跃升至 120～160 kPa，然后由 ϕ3 mm 的小孔通路向制动缸充气），从而减轻了长大货物列车的纵向冲动。

其结构与前述 104 型分配阀的紧急二段阀相似，如图 10-82 所示。

缓解阀作用是：人工拉动缓解阀拉杆，主阀开始排风或缓解活塞部下方排风，松开拉手，制动缸的压力空气便会自动排完，实现制动机缓解。其结构如图 10-87 所示。

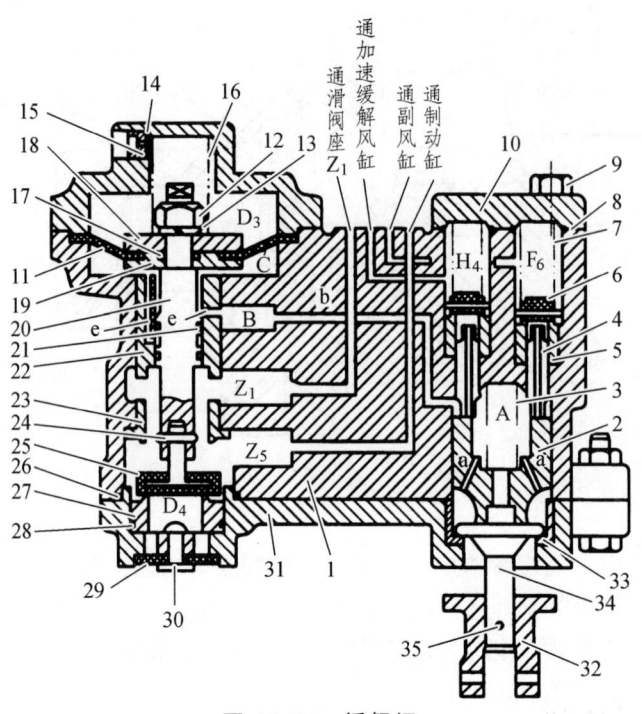

图 10-87 缓解阀

1—缓解阀体；2—顶杆座；3—手柄弹簧；4—顶杆；5—止回阀座；6—止回阀；7—止回阀弹簧；
8、17、21、26、28—O 形圈；9—螺钉（M10×25）；10—缓解阀上盖；11—缓解活塞膜板；
12—螺母（M10）；13—垫圈；14—滤尘网（φ8）；15—缩孔堵（φ2）；16—缓解阀弹簧；
18—缓解活塞压板；19—缓解活塞；20—缓解活塞杆；22—缓解活塞杆套；
23—上阀座；24—销轴；25—排气阀；27—下阀座；29—排气口胶垫；
30—排气口销；31—缓解阀下盖；32—手柄；
33—手柄座套；34—手柄座；35—销

缓解阀由手柄部和活塞部两部分组成。

手柄部根据人工操纵向活塞部发出信号，从而实现制动机的缓解作用。

手柄部由手柄、手柄座、手柄弹簧、手柄座套、顶杆座、顶杆（两套）、止回阀座（两套）、夹心阀（排气止回阀两套）、止回阀弹簧（两套）等组成。

活塞部由缓解活塞膜板、缓解活塞、缓解活塞压板、O 形圈 21（D16×2.4）和 17（D14×2.25）、缓解活塞杆、缓解阀弹簧、缓解活塞杆套、排气阀、上阀座、下阀座、销轴、O 形圈 28（D45×3.1）和 O 形圈 28（D35×3.1）等组成。

紧急阀作用是紧急制动时加快列车管的排气（即紧急局减作用），使紧急制动的作用可靠，提高紧急制动灵敏度和紧急制动波速。紧急阀结构与 104 型分配阀的紧急阀相似。

二、120 型分配阀作用原理

120 型分配阀有充气缓解位、减速充气缓解位、常用制动位、保压位和紧急制动位等 5 个作用位置，如图 10-81 所示。

1. 充气缓解位

当司机操纵自动制动阀向列车管增压时，列车后部车辆列车管增压较慢，主活塞两侧形成的压力差较小，主活塞带动节制阀、滑阀向下移动，滑阀下部碰到减速弹簧套，不压缩减速弹簧，形成充气缓解位。其空气通路如下（参见图10-81）：

1）充气通路

（1）列车管→副风缸。

列车管压缩空气经主阀安装面孔 1→L10→缩孔堵Ⅶ（ϕ0.8 mm，用ϕ356 mm 制动缸时无此缩孔堵）→滑阀座上的充气用孔 11→滑阀底面的充气孔 14→副风缸充气孔 f1→滑阀室 F1→经滑阀室孔 f5 后，一路经主阀安装面孔 f 到副风缸；另一路经 f6 到半自动缓解阀的副风缸止回阀上方 F6。

（2）滑阀室→加速缓解风缸。

① 滑阀室 F1 的压缩空气→滑阀上加速缓解风缸充气孔 f2→滑阀座上孔 h1→通路 h→加速缓解风缸；

② 另一路经暗道 h4→缓解阀加速缓解风缸止回阀上方 H4；

③ 第三路经暗道到加速缓解阀的止回阀上方。

初充气时，可顶开止回阀进入加速缓解阀的夹心阀左侧 H3，若是制动后的再充气，滑阀室向加速缓解风缸的充气通路将有短时逆流，当滑阀室压力上升后，按上述顺序向加速缓解风缸充气。

加速缓解风缸的压缩空气也来自列车管。

（3）列车管→加速缓解阀。

列车管压缩空气经主阀安装面孔 1→L10→暗道 l11→加速缓解阀的夹心阀右侧 L11，可顶开夹心阀进入夹心阀左侧 H3。

（4）列车管→紧急室。

列车管压缩空气经紧急阀安装面孔 1′→紧急活塞下侧 L12→紧急活塞杆轴向孔及轴向缩孔Ⅲ→径向缩孔Ⅳ→紧急活塞上侧 J1→紧急阀安装面孔 j′→紧急室 J。

（5）列车管→放风阀导向杆下侧。

列车管压缩空气经紧急阀安装面孔 1′→L12→l12→缩孔堵Ⅵ→放风阀导向杆下侧 L13，形成背压，并与放风阀弹簧一起使放风阀处于关闭状态，与先导阀弹簧一起使先导阀处于关闭状态。

另外，滑阀座上的 l2 孔和 ju2 孔分别与滑阀上的 15 孔和 ju1 孔对准，即 l2→15，ju1→ju2，列车管的压缩空气到 11 孔，然后到 15 孔，为"局部减压"作准备。列车管压缩空气进入 L10 后，与紧急二段阀弹簧一起使紧急二段阀处于下方开放位置。

2）缓解通路

制动缸压缩空气经主阀安装面孔 z→暗道 z6→紧急二段阀套外围 z6→紧急二段阀的 Z5→暗道 z5→半自动缓解阀的 Z5 空腔→半自动缓解阀上阀口→Z1 空腔→暗道 z1→滑阀座上的制动缸孔 z1→滑阀底面的缓解联络槽 z2→滑阀座上的缓解孔 z3→暗道 z3→加速缓解阀活塞右侧 Z3→缩孔堵Ⅱ→暗道 d1→排气口 D1→大气。

在初充气时，该缓解通路形成，但无压缩空气流动，主阀排气口没有风排出。

3）加速缓解作用

制动后再充气时，缓解通路有压缩空气流动。进入加速缓解活塞右侧 Z3 的缓解压缩空气，由于受缩孔堵Ⅱ的限流不能立即排出，该压缩空气推动加速缓解活塞左移，通过加速缓解活塞左侧的顶杆顶开夹心阀，将加速缓解阀的夹心阀左侧 H3 的压缩空气经开放的夹心阀进入夹心阀右侧 L11 再经暗道 l11 进入列车管，使加速缓解阀的止回阀下方的压力下降。

由于此时加速缓解风缸内的压缩空气为定压，高于列车管内压缩空气，加速缓解风缸的压缩空气就顶开止回阀向列车管充气，形成"局部增压"作用。其通路如下：

加速缓解风缸的压缩空气→主阀安装面孔 h→暗道 h2→止回阀上侧（顶开止回阀）→止回阀下侧→暗道 h3→夹心阀左侧 H3→开放的夹心阀→夹心阀右侧 L11→暗道→l11→l10→列车管，起"局部增压"作用，提高缓解波速。

2. 减速充气缓解位

列车管增压时，由于列车前部车辆增压较快，主活塞两侧压力差较大，主活塞带动节制阀、滑阀下移，滑阀下部碰到减速弹簧套后，压缩减速弹簧进一步下移，形成减速充气缓解位。减速充气通路如下：

列车管压缩空气经主阀安装面孔 1→L10→缩孔堵Ⅶ→滑阀座上的充气用孔 l1→滑阀底面的减速充气孔 13→滑阀顶面孔 f1→滑阀室 F1→副风缸。

由于 13 孔径为 1.9 mm，所以，列车管向副风缸充气速度稍微减慢，向加速缓解风缸充气速度也减慢，其余各通路与充气缓解位相同。当副风缸充至定压时，在减速弹簧的作用下，主活塞上移至充气缓解位。

需要说明的是在该位置时，滑阀底面的缓解联络槽 z2 仍沟通滑阀座的 z1 与 z3，所以制动缸的排气及利用制动缸空气压力作为加速缓解阀的动作信号与充气缓解位相同。

3. 常用制动位

当各风缸压力达到定压后，列车管减压制动时，由于副风缸压缩空气来不及经 f1，l4（或 l3）和 l1 孔向列车管逆流，使主活塞两侧产生一定的压力差，主活塞克服稳定弹簧的弹力先带动节制阀上移（上移 6 mm），关闭滑阀上的 f1 孔和 f2 孔，同时，节制阀上的 l6 沟通了第一阶段局减通路，形成第一阶段局减。主活塞两侧压力差进一步增大后，主活塞带动滑阀、节制阀一起上移，形成制动位，此时，第一阶段局减结束，第二阶段局减通路开通。两个局减阶段的通路如下：

1）第一阶段局部减压（列车管→局减室）

列车管压缩空气经主阀安装面孔 1→L10→滑阀座上的局减用孔 l2→滑阀底面的局减孔 l5→节制阀上的局减联络槽 l6→滑阀上的局减室入孔 ju1→滑阀座上的局减室孔 ju2→主阀安装面孔 ju→局减室 Ju，再经主阀安装面上的缩孔堵Ⅰ（ϕ8 mm）缓慢排向大气。这样，列车管内部分压缩空气在制动一开始就排向局减室，使制动作用可靠。

2）第二阶段局减（列车管→制动缸）

列车管压缩空气经主阀安装面孔 1→L10→滑阀座上的局减用孔 l2→滑阀底面的局减孔 l5→滑阀内暗道→滑阀底面的局减阀入孔 l7→滑阀座上的局减阀孔 l8→暗道 l8→局减阀套外围

空腔 L8→局减阀套上小孔→局减阀径向孔和轴向孔→局减阀左侧→暗道 z4→z1→半自动缓解阀的 Z1 空腔→上阀口→Z5 空腔→暗道 z5→紧急二段阀的 Z5→紧急二段阀与套之间空腔→紧急二段阀套外围 Z6→暗道 z6→主阀安装面孔 z→制动缸。

第二阶段局减将列车管部分压缩空气经开放的局减阀导入制动缸，当制动缸压力上升至 50~70 kPa 时，局减活塞在制动缸压力作用下向右移动，局减阀密封圈关闭了套上小孔，使该通路被切断，第二阶段局减结束。

3）制动缸充气（副风缸→制动缸）

副风缸压缩空气经主阀安装面孔 f→滑阀室孔 f5→滑阀室 F1→滑阀上的制动孔 f3→滑阀座上的制动缸孔 z1→暗道 z1（与第二阶段局减通路合并）→半自动缓解阀的 Z1 空腔→上阀口→Z5 空腔→暗道 z5→紧急二段阀的 Z5→紧急二段阀外围 z6→暗道 z6→主阀安装面孔 z→制动缸。

常用制动时，由于列车管减压速度相对较慢且减压量不大，紧急二段阀上侧 L10 的压力下降也不大，所以紧急二段阀上、下两侧不能形成足以克服紧急二段阀弹簧弹力的压差，紧急二段阀在弹簧作用下仍处于下方开放位置。

与 103 型分配阀的紧急阀一样，120 型分配阀的紧急阀由于在常用制动时列车管减压速度较慢，紧急室压缩空气经 0.3 mm 缩孔Ⅲ向列车管逆流及安定弹簧的作用，紧急活塞仍处于上方，紧急放风阀仍关闭，保证常用制动的安定性。

4. 制动保压位

1）保压过程

施行常用制动减压后列车管停止减压，开始时主活塞仍处于制动位，副风缸压缩空气继续经滑阀上的制动孔 f3 进入制动缸，所以副风缸压力仍在下降。当副风缸压力下降到与列车管压力平衡时，主活塞在其自重和被压缩的稳定弹簧弹力作用下，带动节制阀下移，滑阀未动，节制阀遮断了制动孔 f3，切断了副风缸与制动缸的通路，副风缸停止向制动缸充气，形成保压位。

2）压力保持作用

节制阀下移遮断制动孔 f3 的同时开放了加速缓解风缸充气孔 f2，经呼吸小孔 f4（ϕ0.2 mm）、滑阀座上的 11 孔沟通了副风缸和列车管的通路，即：副风缸（F）←→f2←→f4←→11 列车管（L10）。这就是 120 型阀的压力保持作用。其意义在于：

① 常用制动保压时，若列车管有轻微漏泄，副风缸可以向列车管补风，使主活塞两侧压力保持平衡，从而保证分配阀不会产生再制动。

② 常用制动保压时，若副风缸系统有轻微漏泄，列车管可以向副风缸系统补风，以保持主活塞两侧压力平衡，从而保证不会产生自然缓解。

需要说明的是，制动着的车辆发生自然缓解，特别在长大下坡道上运行是很危险的。在机车使用压力保持操纵时（如 JZ-7 型机车制动机），由于列车管的漏泄可由机车补足，因而副风缸漏泄导致自然缓解的可能性更大。有了这个呼吸小孔 f4 后，由于具有压力保持性能，在一定程度上可防止自然缓解。

5. 紧急制动位

当司机施行紧急制动或车长拉动紧急制动阀施行紧急制动时，列车管大量急剧减压。120型分配阀的主活塞两侧形成极大的压力差，主活塞带动节制阀、滑阀迅速上移，形成紧急制动位。

紧急制动时，除紧急二段阀外，主阀各部分的动作以及形成的各个通路与常用制动相同，只是动作更快，且制动缸获得与副风缸压力平衡的最高压力。

1）紧急阀放风作用

紧急制动时，由于列车管大量急剧减压，紧急室压缩空气来不及经缩孔Ⅲ向列车管逆流，紧急活塞两侧产生足以克服安定弹簧弹力的压力差，紧急活塞压缩安定弹簧向下移动。

当紧急活塞向下移动时（下移3 mm）；紧急活塞杆首先接触先导阀顶杆，紧急活塞两侧压力差继续增加，紧急活塞杆再下移推动先导阀顶杆，压缩先导阀弹簧，开放先导阀，使放风阀导向杆下方的压缩空气通过开放的先导阀排向大气，放风阀的背压迅速消失。

由于受到缩孔堵Ⅵ的限制，列车管压缩空气不可能迅速地补充背压，紧急活塞受到的向上的抵抗力进一步降低，紧急活塞进一步下移，活塞杆较容易地顶开放风阀，使列车管压缩空气通过开放的放风阀排向大气，起强烈的局减作用。

由于紧急活塞杆接触到先导阀顶杆，活塞杆中心孔被关闭，紧急室压缩空气只能通过0.1 mm 缩孔 V 限速向大气排气。紧急制动后约 15 s 左右，紧急活塞在安定弹簧作用下才能复原，放风阀才能关闭，从而保证了紧急作用的可靠性，以防止在施行紧急制动后未停车前司机施行缓解而形成剧烈的纵向冲击。

2）紧急二段阀作用

紧急制动时，列车管压缩空气迅速大量地排向大气，使得紧急二段阀上方压力迅速降低，副风缸压缩空气又迅速地经滑阀上制动孔 f3、滑阀座上制动缸孔 z1、半自动缓解阀的 Z1 空腔和 Z5 空腔、紧急二段阀等进入制动缸。

在紧急制动初期，由于列车管剩余压力较高及紧急二段阀弹簧的作用，此时紧急二段阀下侧 z5 的压力仍未上升到一定程度，紧急二段阀仍处于下方，副风缸压缩空气经紧急二段阀与套之间较大的通路进入制动缸，制动缸压力上升较快。

当制动缸压力（即紧急二段阀下方 Z5 的压力）上升到一定时（600 kPa 列车管定压：120～150 1 kPa），紧急二段阀上移到关闭位，阀下部的凸台部分关闭了紧急二段阀与套之间的较大通路，副风缸的压缩空气此时只能经过阀中心孔、径向小孔 Z6 进入制动缸，即副风缸向制动缸充气受到径向小孔 z6（$\phi 3.0$ mm）的限制，制动缸压力上升速度较慢。这样就使紧急制动时制动缸压力分先快后慢两个阶段上升，减轻了长大货物列车的纵向冲击力。

参考文献

[1] 胡跃进. 轨道车专业知识培训教材[M]. 成都：西南交通大学出版社，2012.

[2] 曹双胜，等. 城市轨道交通车辆检修工艺设备及工程车辆[M]. 重庆：重庆大学出版社，2013.

[3] 铁路岗位职工编审委员会. 轨道车司机[M]. 北京：中国铁道出版社，2010.

[4] 何霖. 城市轨道交通运营筹备与组织[M]. 北京：中国劳动社保保障出版社，2008.

[5] 何宗华，汪松滋，何其光. 城市轨道交通运营组织[M]. 北京：中国建筑工业出版社，2003.

[6] 孙有望，李云清. 城市轨道交通概论[M]. 北京：中国铁道出版社，2000.

[7] 毛保华. 城市轨道交通系统运营管理[M]. 北京：人民交通出版社，2006.

[8] 褚延辉，等. 城市轨道交通车辆结构与维修[M]. 北京：机械工业出版社，2012.

[9] 邱及建. JZ-7型空气制动机[M]. 北京：中国铁道出版社，1996.

[10] 刘柱军，等. 城市轨道交通车辆制动系统[M]. 北京：人民交通出版社，2013.

[11] 李益民，等. 城市轨道交通车辆制动系统维护与检修[M]. 北京：机械工业出版社，2012.

[12] 深圳地铁岗位培训系列教材编委会. 工程车结构原理与使用维护知识汇编，2008.